国家出版基金项目
NATIONAL PUBLICATION FOUNDATION

“十四五”
国家重点出版物
出版规划项目

建设金融强国丛书
主编　张晓晶

养老金融

林义等/著

SPM 南方传媒 | 广东经济出版社
·广州·

图书在版编目（CIP）数据

养老金融 / 林义等著. -- 广州：广东经济出版社，2025. 4. --（建设金融强国丛书）. -- ISBN 978-7-5454-9439-6

Ⅰ. F832

中国国家版本馆 CIP 数据核字第 2024L5B050 号

策　　划：刘卫平　刘亚平
责任编辑：陈念庄　曾常熠
责任校对：黄梓芮
责任技编：陆俊帆
封面设计：奇文雲海 CHIVAL design

养老金融
YANGLAO JINRONG

出 版 人：刘卫平
出版发行：广东经济出版社（广州市水荫路 11 号 11 ～ 12 楼）
印　　刷：广州市豪威彩色印务有限公司
（广州市增城区宁西街新和南路 4 号一楼 106 房）

开　　本：787mm×1092mm　1/16
印　　张：27
版　　次：2025 年 4 月第 1 版
印　　次：2025 年 4 月第 1 次
书　　号：ISBN 978-7-5454-9439-6
字　　数：386 千字
定　　价：78.00 元

发行电话：（020）87393830
如发现印装质量问题，请与本社联系，本社负责调换

建设金融强国丛书
编辑委员会

总　序

2023年召开的中央金融工作会议提出了加快建设金融强国的宏伟目标。这是以习近平同志为核心的党中央深刻把握国际国内形势变化，立足两个大局，着眼于党和国家事业的长远发展所作出的重大战略部署。当前和今后一个时期的金融工作都要围绕加快建设金融强国这个目标来展开。

纵观公元1500年以来的大国兴衰史，金融在各国的现代化进程中发挥了不可或缺的关键支撑作用。“金融活，经济活；金融稳，经济稳。”作为国民经济的血脉，金融通过发挥资源动员、资源配置、交易媒介、风险管理、价格发现和支付清算等核心功能，为实体经济的发展创造稳定、安全、有活力的货币金融环境。同时也要注意到，金融强国应建立在强大的经济基础之上。“经济兴，金融兴；经济强，金融强。”实体经济是金融的根基，经济的繁荣和强盛为金融的强大提供坚实的物质基础。

当今世界，百年未有之大变局加速演进，大国博弈日趋激烈。俄乌冲突爆发之后出现的一系列对俄金融制裁事件清晰表明，金融是大国博弈的必争之地，金融对强国建设的作用更加凸显。如果一个国家的金融血脉受制于人，甚至被人“卡脖子”，势必导致经济与金融之间的循环不畅，那么该国的现代化进程就有可能迟滞甚至中断。

中国共产党在长期的革命和建设过程中高度重视金融工作。新中国成立70多年来，特别是改革开放40多年来，我国金融改革发展稳定各项工作取得历史性成就，金融业总体规模位居世界前列，金融体制改革沿着市场化法治化方向阔步前行，同时也牢牢守住了不发生系统性金融风险底线，助力创造“两大奇迹”，有力支撑了中国式现代化建设大局。

立足当下，面向未来，我国已进入新发展阶段，中国共产党正带领全国人民朝着全面建成社会主义现代化强国的宏伟目标前进。坚持高质量发展这个新时代的硬道理，推动我国经济实现质的有效提升和量的合理增长，是推进强国建设的必由之路，也为优化金融服务指明了方向和目标。金融乃国之重器，关系中国式现代化建设全局。加快推动金融高质量发展，进而实现我国金融由大到强的历史性转变，是以中国式现代化推进强国建设、民族复兴伟业的必然要求。金融强国建设是一项复杂的系统工程，绝不是轻轻松松、敲锣打鼓就能完成的。在加快建设金融强国的新征程上，我们必须保持历史耐心和战略定力，长期努力，久久为功，蹄疾步稳地做好金融改革发展稳定各项工作。

第一，加快建设金融强国，必须坚持守正创新，在坚定不移走中国特色金融发展之路的前提下不断深化金融体制改革。一方面，作为中国特色金融发展之路基本要义的“八个坚持”，是党和人民推动金融创新发展的经验总结和智慧结晶，必须长期坚持。另一方面，金融强国建设对金融体制改革提出许多新要求新任务，必须牢记金融服务实体经济的初心使命，根据生产力发展要求和金融强国建设要求，不断深化金融体制改革，建立与新质生产力发展相适应的新型生产关系，为金融强国建设提供强大动力。

第二，加快建设金融强国，必须坚持以高质量发展为主题。当前，我国金融发展的基本特征是“大而不强”，说到底就是金融发展质量不高，不能充分满足实体经济和人民群众的金融服务需要。必须坚持经济和金融“一盘棋”思想，统筹推进经济和金融高质量发展，在做好科技金融、绿色金融、普惠金融、养老金融、数字金融五篇大文章的过程中不断增强我国金融的适应性、竞争力和普惠性，逐步从金融大国迈向金融强国。

第三，加快建设金融强国，必须在确保国家金融安全的前提下稳步推进。安全是发展的前提，发展是安全的保障，二者辩证统一，必须把金融发展和金融安全统一到金融强国建设全局中加以系统谋划，系统把握金融发展与金融安全之间的内在关系。一方面，要树立底线思维，增强忧患意识，为推动高质量发展创造安定的环境和稳定的预期；另一方面，要在实现金融稳定的前提下推动经济增长，优化要素禀赋结构，改变力量对比，实现主动安全、动态安全。

在中国式现代化进程中，加快建设金融强国是一项前无古人的伟大事业，需要调动一切积极因素来加以推进，需要一系列主客观条件的支撑和保障。其中，金融强国理论研究的作用不可低估。正如恩格斯所说，“一个民族要想站在科学的最高峰，就一刻也不能没有理论思维”。对金融强国开展系统深入的理论研究，有助于全面总结全球范围内金融强国建设的经验教训，探究我国金融强国建设的历史逻辑、理论逻辑和实践逻辑，为加快建设金融强国提供学理支撑和理论先导。

基于上述考量，我们邀请多位国内一流金融学者，共同编写这套“建设金融强国丛书”，力图对金融强国建设问题进行多层面、多维度的理论透视，激发更多金融学人投身金融强国理论研究，为以金融高质量发展助力强国建设、民族复兴伟业作出积极贡献。

本套丛书由七部专著构成，可以用“1+6”（即“1个总论+6个分论”）来概括。

作为总论的《建设中国特色金融强国》一书由中国社会科学院金融研究所张晓晶、董昀撰写，力图从历史、理论和现实三个维度开展研究，为理解中国特色金融强国建设搭建“四梁八柱”。

在6个分论当中，中金公司彭文生等撰写的《科技金融》，复旦大学陈诗一、李志青、黄明撰写的《绿色金融》，中央财经大学李建军、彭俞超和首都经济贸易大学马思超撰写的《普惠金融》，西南财经大学林义等撰写的《养老金融》，北京大学黄益平、黄卓、谢绚丽撰写的《数字金融》等五部著作围绕做好金融五篇大文章这个总题目展开，深入探讨以做好五篇大文章推动金融高质量发展和金融强国建设的一系列关键问题，涉及相关理论基础、现状、目标、路径、方法等方面。西南财经大学王擎等撰写的《大国金融安全》则从统筹发展和安全的战略视角，系统探讨维护国家金融安全的若干重大理论和现实问题，致力探寻为金融强国建设提供可靠安全屏障的战略路径。

建设金融强国是一项极具开拓性和探索性的事业，需要我们在实践中持续探索。同样，推进中国特色金融强国理论建设、建构中国自主的金融学知识体系，也绝非一朝一夕可以完成的工作，亦需要我们持之以恒地推进。从这个意义上讲，“建设金融强国丛书”的编写和出版只是一个开始。我们恳切期望得到广大同行和各界朋友的批评指正。

張曉晶

2024年11月

导 言

养老金融是一个新兴的研究领域，目前国内的研究还主要是围绕养老金制度并拓展到养老服务金融和养老产业金融领域。本书的研究试图在吸收国内外养老金融研究及实践创新成果的基础上，对养老金融创新发展的理论和政策问题进行新的尝试，力图拓宽研究范围，围绕养老金融如何在积极应对人口老龄化的国家重大战略框架发挥重要作用这一主线进行系统深入的研究。同时，也将养老金融纳入建设金融强国的重要战略构想之中，探索老龄化对金融体系的影响及应对之策，探索老龄社会场景下养老金融的发展模式和服务方式。聚焦养老金融服务于老龄化国家重大战略的路径与方式，既重视探索养老金融发展的基础理论问题，又重视研究养老金融的机制与制度建设问题，同时重视研究养老金融的重要理论和政策问题。

养老金融是国家经济社会的重大战略问题，是国际社会应对人口老龄化挑战的战略制高点。养老金融在一国的老龄化政策作用空间，是国际国内研究的前沿课题，需要从理论创新与实践创新的结合上拓展老龄金融与养老金融的研究领域，明确养老金融在积极应对人口老龄化国家战略中的重要定位。尽管养老金融的重点任务仍然是完善多层次养老保障制度体系和服务体系，但从战略高度着眼，需要拓展战略思维，将养老金融融入积极应对人口老龄化的国家战略，更加突出积极应对、科学应对、主动应对和全民应对的战略新思维。本书着力从一般现实的传统养老保险安排，拓展到人口老龄化发展的重大战略举措和战略构想；从对老年人的生活、生命质量的关注，延伸到关注人的全生命周期的综合均衡发展，以及经济社会文化重构、国家金融安全、金融稳定和宏观经济健康运行的重要战略议题。本书对养老金融创新发展的研究思路，主要围绕下面几个方面展开。

一是围绕理论创新和制度建构层面研究养老金融，从老龄金融内涵外延的理论拓展来重新认识其重要作用，从养老金融促进多层次养老保障体系可持续发展，从养老金金融、养老服务金融及养老产业金融创新发展的不同层面进行分析，完善养老金融的政策体系和服务体系。重视从养老金融与投融资管理的视角聚焦养老金融创新发展，寻找养老金融与银发经济良性互动的新动能。

二是数字经济与老龄社会的叠加，使传统的金融知识体系、金融模式面临很大的挑战，老龄家庭财富管理和老龄家庭金融资产配置需要重构，老年经济金融风险增大和老年人金融问题突出，已成为一个重要的且社会关注度很高的问题，甚至影响到国家金融安全和金融稳定。因此，我们需加快构建老年友好型金融体系。传统金融、养老储蓄和养老保险的知识体系都将面临重新建构，需要学术理论界和金融保险行业能够有所创新和突破。从家庭养老金融资产配置、养老金融风险管理及养老金融认知能力提升的角度，分析全生命周期养老金融风险管理及养老金融素养能力提升路径成为本书研究的重要方面。我国养老金融风险管理的理论研究和政策研究滞后于客观现实需要，国家保护老年人防范金融风险的相关养老金融政策、养老金融理财安全政策等也亟待出台。

三是从国内外养老金融实践探索的角度分析养老金融创新发展的有益经验，展望养老金融的发展趋势。在数字经济与老龄社会叠加的社会场景中，各金融、保险机构在养老金金融、养老服务金融及养老产业金融领域展开积极的探索和实践创新，通过对养老金融实践创新经验的梳理总结，可以促进理论创新和养老金融政策体系完善，也有助于更好更清晰地分析养老金融的未来发展趋势。

本书框架由导言及其他十一章内容构成。第一章主要基于国家重大战略分析老龄化进程对金融的影响，探讨老龄社会与金融创新的关系、发展养老金融的重大战略意义。第二章探讨老龄金融与养老金融的内涵外延，从全生命周期理论、行为金融学、社会保险经济学等多维视角探讨养老金融理论创新的重要议题，提出养老金融需要重视的若干重要理论和政策问题。第三章围绕养老金融与多层次养老保险体系优化的理论和政策问题进行分析，提出促进多层次养老保险体系优化思路和加快发展个人养老金制度的政策思路。第四章聚焦养老服务金融创新与发展的理论和政策问题，从理论角度分析了养老服务金融创新发展的着力点，分析养老服务金融的前景展望和实现路径。第五章围绕养老产业金融创新与发展的理论与政策问题，分析养老产业金融发展的内在动力机制，分析养老产业金融面临的主要问题，探讨养老产业金融的发展趋势。第六章围绕养老金融与养老基金投融资管理的理论和政策问题，分析养老金融与养老基金投融资管理的内在关联，探索养老金融与资本市场实现良性互动的约束条件，探讨养老金融促进银发经济健康发展的理论与政策思路。第七章探讨养老金融与家庭养老财富管理的理论问题，分析家庭养老财富管理若干基本理论问题，分析家庭养老财富管理存在的问题及面临的新挑战，探讨如何通过养老金融创新发展赋能家庭养老财富管理。第八章围绕金融素养与家庭养老金融资产配置优化的理论问题进行分析，通过养老金融知识体系的更新与升级，以及养老金融素养与认知能力的提升，进一步优化家庭养老金融资产配置，提升国民养老抗风险的整体能力和水平。第九章讨论养老金融的风险管理，通过养老金融风险的识别与衡量，分析养老金融风险控制手段与方法，提出养老金融的风险管理策略。第十章围绕国内金融机构和非金融机构在养老金融的实践创新上的具体做法及经验总结，展望养老金融创新发展的未来趋势。第十一章围绕发达国家、发展中国家养老金融的创新探索，为我国养老金融创新发展提供有益的经验借鉴与政策启示。

目　录

CONTENTS

Chapter 1

第一章

国家重大战略视域下的养老金融

第一节

人口老龄化对金融发展的影响

一、人口老龄化趋势及其特征

自2000年进入老龄社会以来，中国老年人口规模和比重持续上升，人口老龄化进程不断加快，高龄化趋势日益凸显，呈现出老龄人口规模巨大、人口增长呈负值、少子化与老龄化伴生、城镇化与老龄化并行、区域人口增减分化等趋势性特征。人口老龄化成为当前和未来社会发展的重要趋势，也是今后较长一段时期中国的基本国情。2019年11月，《国家积极应对人口老龄化中长期规划》印发，积极应对人口老龄化上升为国家战略。

（一）我国老年人口规模及老龄化趋势

受人口预期寿命延长和出生率持续降低的影响，近几十年来，全球持续经历着前所未有的人口结构变化。2020年，全球65岁及以上的老年人已达7.27亿人，其中，中国有1.91亿人，占全球65岁及以上老年人口的26.3%，居世界前列。预计2020—2050年的三十年间，全球老年人口还将翻一番，超过15亿人，65岁及以上的老年人口占总人口的比重也将由9.3%上升至16%[1]。

图1-1和表1-1展示了全球及世界主要经济体的人口老龄化趋势。2010—2035年是全球人口老龄化高峰期的第一阶段。其间，中国自2016年以后，人口老龄化加速发展，老年人口抚养比趋势线格外陡峭，自2020年趋近20%后，经过15年时间将达到35.1%，并最终在2050年达到47.5%，即平均每2个15～64岁的劳动年龄人口赡养1个65岁及以上的老年人。全球人口老龄化高峰期的第二阶段为2035—2050年。在这一阶段，尽管中国老年人口抚养比增长较前一阶段有所趋缓，但仍然在世界主

[1] United Nations Department of Economic and Social Affairs. World population ageing 2020 highlights: living arrangements of older persons [R]. Geneva: UN, 2020.

要经济体老龄化水平中位居第三，远超印度、美国和全球平均水平，仅次于日本和欧盟。

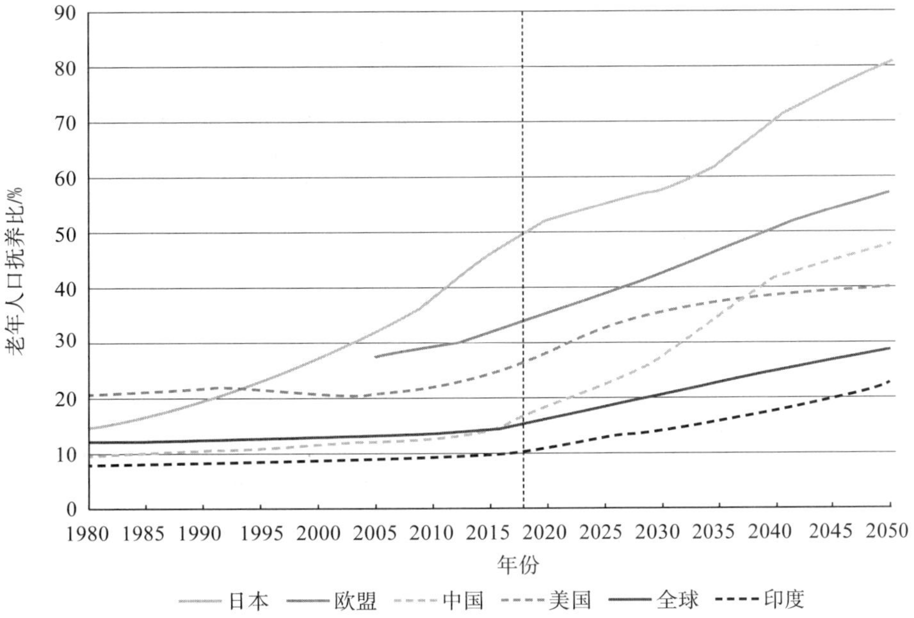

图1-1　全球及世界主要经济体人口老龄化趋势

资料来源：欧盟数据库（Eurostat），2022年。

注：人口老龄化趋势用老年人口抚养比来衡量，即65岁及以上老年人口数/15～64岁劳动年龄人口数×100%。

表1-1　全球及世界主要经济体老年人口抚养比

单位：%

经济体	1980年	1985年	1990年	1995年	2000年	2005年	2010年	2015年	2020年	2025年	2030年	2035年	2040年	2045年	2050年
欧盟	—	—	—	—	—	27.2	28.8	31.5	34.8	38.5	42.7	47.2	51.0	54.2	56.7
全球	12.1	11.9	12.0	12.4	12.8	13.2	13.2	14.3	16.3	18.2	20.5	22.9	25.0	26.6	28.4
中国	9.6	10.3	10.2	10.4	11.3	12.0	12.2	14.1	18.5	22.2	27.4	35.1	41.8	44.5	47.5
日本	14.7	16.6	19.3	22.8	27.3	32.1	37.9	46.2	52.0	54.8	57.7	62.0	70.7	76.3	80.7
印度	7.7	7.8	7.9	8.2	8.6	9.0	9.3	9.9	11.3	12.7	14.1	15.7	17.6	19.7	22.5
美国	20.4	20.8	21.6	21.7	20.9	20.7	21.8	24.6	28.4	32.5	36.0	38.1	39.0	39.5	40.4

资料来源：欧盟数据库（Eurostat），2022年。

注：老年人口抚养比＝65岁及以上老年人口数/15～64岁劳动年龄人口数×100%。

从第七次全国人口普查数据看，2020年末，我国65岁及以上人口占总人口比重已近14%，基本进入深度老龄社会。

二、金融的人民性和国家战略地位

金融是“国之大者”，关系中国式现代化建设全局。作为现代经济社会发展的血脉，金融发挥着引导资金流向、优化资源配置的关键作用。2023年末，中央金融工作会议提出推动金融高质量发展、加快建设金融强国的战略目标，将以人民为中心的金融价值取向作为中国特色金融发展的根基，强化金融为国家重大战略、中小微企业和“三农”服务，为重点领域、薄弱环节、弱势群体服务的关键内容，凸显科技金融、绿色金融、普惠金融、养老金融和数字金融“五篇大文章”的特色优势，更加重视金融持续服务民生福祉和经济社会发展的能力水平。

金融的人民性和国家战略地位集中体现在以下三个方面。

（一）建有最广泛的金融服务网络

中国的金融机构根植于民，承担着金融基础设施建设、金融知识普及、促进就业、支持实体经济发展和乡村振兴等诸多服务民生的公共职能和社会责任，其分支机构和基层网络遍布大中小型城市和村镇社区，打通了服务民生的“最后一公里”，为国家金融稳定和金融安全构建了一张立体的安全网，也为金融普惠赋能民生社会发展提供了重要的通道。

相关数据显示，截至2023年12月末，我国银行业金融机构法人共有4490家，其中开发性金融机构1家，政策性银行2家，国有大型商业银行6家，股份制商业银行12家，城市商业银行125家，民营银行19家，农村商业银行、农村信用社、村镇银行合计3742家。与此同时，银行网点数量庞大，分布密集，与人民生活联系密切。截至2022年12月31日，全国共有银行网点222949个，其中国有大型商业银行105919个，股份制商业银行15107个，城市商业银行19714个，农村商业银行（含农村合作银行、农村信用社）74462个，其他银行（含村镇银行、民营银行、外资银行等）7747

个。广泛的金融机构及其服务网络为养老金融发展提供了重要的基础设施供给。

（二）支持国计民生的重要领域和行业

金融天然承担着资金融通和资源配置等重要功能，以市场和金融工具为载体，引导资金从盈余方流向稀缺方。

中国的民营企业贡献着50%以上的税收，60%以上的国内生产总值，70%以上的技术创新成果，80%以上的城镇劳动就业，90%以上的企业数量[1]。在对国计民生的重要领域和行业的支持上，民营小微企业成为金融支持实体经济的重点之一。为将资金更多地引向民营小微企业，银行加大了对民营经济和普惠小微贷款的支持力度。截至2024年5月末，全国本外币民营经济贷款余额66.4万亿元，较2018年末增长81.6%，跃升较大。

同时，科技创新和先进制造业的资金投入也呈现出较大增幅。2023年前11个月，全国累计发行科创票据3600亿元，较2022年发行量增长1倍；截至2023年10月末，专精特新企业、科技型中小企业、高新技术企业贷款同比增长分别为17.7%、22.1%和15.7%，相比同期各项贷款，增速显著趋高；制造业中长期贷款余额12.2万亿元，近三年持续保持约30%的高增速。

此外，在健全农村金融体系的进程中，金融支持乡村振兴也成为金融高质量发展的重要内容。更多的金融资源配置至乡村全面振兴的重点领域和薄弱环节，截至2023年11月末，全国涉农贷款余额为56.22万亿元，同比增长15.1%[2]。为促进养老服务供给，中国人民银行普惠养老专项再贷款试点也于2022年4月开展，以降低普惠养老服务机构的融资成本，推动普惠养老服务供给，加快健全养老服务体系。

（三）服务最广大的民生群体

从微观运行机制看，以不同金融机构和各类金融市场为载体，金融天然具有的清算功能、支付功能、资金融通功能和风险管理功能，使其服务着最广大的民生群

[1]　曾诗阳. 民营经济走向更广阔舞台［N］. 经济日报，2022-03-30.

[2]　邱海峰. 金融有力有效支持实体经济发展［N］. 人民日报海外版，2024-01-15.

体。从银行性金融机构的账户管理和储蓄业务看，截至2021年末，全国共开立银行账户136.64亿户，其中，个人银行账户135.81亿户，约占全国开立银行账户总数的99.4%，较2020年增加了11.20亿户，涉及面较广。另外，全国加载有金融功能的社保卡持卡人至2023年末已达13.79亿人，保险密度从2012年的1144元/人上升至2022年的3179元/人，股票市场投资者超过2亿人。金融机构及其网点下沉，与最广大的人民群众有着密切联系，随着科技金融和数字金融的发展、金融机构数字普惠金融能力的提升，金融机构将不断改善民生体验，更好地服务于民。

随着人们对共同富裕目标和美好生活的追求越来越高，金融市场投资工具和产品不断丰富，供给不断增大且日益多元，广大人民群众将获得更多高质量的金融服务，以增加个人收入和家庭财富，使经济发展成果更多更好地由全体人民共享。尤其在进入深度老龄社会后，人口高质量发展、积极应对人口老龄化战略和金融高质量发展将实现系统协同，强有力地支持银发经济发展和长寿时代的养老金融需求。

三、人口老龄化对金融发展的影响

人口老龄化是一个动态过程，在长时期的人口结构变化中，它不仅仅是老年人口规模的持续相对扩大，更重要的是，它系统性、深层次地影响着社会结构的重塑，进而影响经济社会的生产运行模式和人民生活。从生命历程的角度看，进入老龄社会后，整个社会的运行将围绕新的经济社会需求展开，人们需要进行两个方面的考量：一是如何为老年时期的消费和需求提前做好准备，如何储备足够的经济资源以换取年老时所需的物质、服务和精神资源；二是如何有效安排当前占人口比重更大的老年群体的经济社会生活，当前生产的产品和服务如何满足老年群体的各类需求，即“备老”和“为老”。这一系列跨时间、跨空间的资源配置和价值交换，是未来金融的核心议题。人口老龄化对金融发展产生漫长而深远的影响，老龄问题本质上也是重大的金融问题。

（一）支撑国家重大战略的协同推进

在宏观层面，人口老龄化对金融发展的影响主要体现在国家战略的系统推进和协同相融上。

人口老龄化的快速发展，推动积极应对人口老龄化战略的演进实施。2000年，我国65岁及以上老年人口比重超过7%，正式进入老龄社会。同年，《中共中央、国务院关于加强老龄工作的决定》发布，从国家层面对人口老龄化问题给予定性：老龄问题涉及政治、经济、文化和社会生活等诸多领域，是关系国计民生和国家长治久安的一个重大社会问题。这一时期，中央政府作出以家庭养老和社区养老为主，完善养老保障制度、发展养老服务业的政策安排。2006年，《中华人民共和国国民经济和社会发展第十一个五年规划纲要》提出“积极应对人口老龄化”，从老龄社会建设的总体要求出发，对社会氛围营造、老年人权益保障、老年服务设施建设等方面作出了改革安排，将老龄化问题融入经济社会协同发展的系统工程中来解决。人口老龄化问题仍被视为与长期以来的年轻型社会相矛盾的社会问题，而处理这一重大社会问题的切入点则是建立政府主导下的社会化养老金制度和扩大公共养老服务供给，但以市场化为基础的养老金融发展明显不足。

党的十八大报告提出，要积极应对人口老龄化，大力发展老龄服务事业和产业；2012年修订的《中华人民共和国老年人权益保障法》明确提出，积极应对人口老龄化是国家的一项长期战略任务。在此背景下，2013年出台的《国务院关于加快发展养老服务业的若干意见》，明确提出培育养老产业集群，并将老年金融服务作为养老服务业的一部分，金融支持养老发展初现端倪。《中华人民共和国国民经济和社会发展第十三个五年规划纲要》《“十三五”国家老龄事业发展和养老体系建设规划》《国家人口发展规划（2016—2030年）》就人口老龄化的经济金融应对提出重要的战略规划。

党的十九大以后，“积极应对人口老龄化”被提升到了前所未有的高度，催生了金融参与老龄社会建设的新机遇。在顶层设计上，党的十九届五中全会首次将积极应对人口老龄化上升为国家战略；党的二十大报告继续强化养老事业和养老产业的协同发展，强调完善基本养老保险全国统筹制度，发展多层次、多支柱养老保险体系；在2023年10月的中央金融工作会议中，首次提出“五篇大文章”之一的养老金融，从国家层面正式开启了金融助力老龄社会建设的新篇章。国务院办公厅印发的《关于发展银发经济增进老年人福祉的意见》首次从国家顶层设计层面，对“老年阶段的老龄经济”和“未老阶段的备老经济”进行了界定，明确了养老金融在助力银发经济发展中的根本定位，为老龄社会下的金融高质量发展指明了方向，推动了人口老龄化趋势下人口战略与金融战略的系统协同。

（二）优化金融生态和市场供给

在微观层面，人口老龄化进程的加快，使得人们对更加充足更可持续的养老金制度有了更高要求，对老年经济保障、服务保障和精神慰藉也有了更高质量的需求。金融机构承担着创新养老金产品和服务的职责，肩负对养老产业的信贷和投融资支持，具备参与多层次养老金制度建设的受托、账管、托管、投资管理等天然优势，拥有开展金融知识普及和助老服务的畅通网络。因此，人口老龄化的发展为金融机构的优化和产品服务创新提供了广阔的空间。与此同时，金融市场的扩容发展，也为养老金融资产尤其是养老基金提供了保值增值的沃土；养老基金的不断发展壮大，为金融市场稳定和国家金融安全提供了坚实的保障。因此，在微观层面，人口老龄化对金融发展的影响主要体现在以下两个方面。

1.传统意义上的举足轻重

随着人口老龄化的发展，社会化的养老金制度日趋完善，不论是现收现付还是基金积累的养老金制度，由跨生命周期的养老金融资源配置积聚起来的养老基金在资本市场上占有较大份额，作为长期的重要机构投资者，扮演着举足轻重的角色。因此，长期以来，传统意义上人口老龄化对金融发展的影响，主要通过养老基金对资本市场的优化、对金融产品的创新促进来实现。

（1）战略储备基金成为资本市场稳定和创新发展的“压舱石”。

为积极应对人口老龄化，我国于2000年设立全国社会保障基金（简称“全国社保基金”），以作为应对人口老龄化高峰时期养老保障支出补充和调剂的战略储备。2015年，国务院印发施行《基本养老保险基金投资管理办法》，开启了全国社会保障基金理事会受托管理各省（区、市）基本养老保险部分结余基金的新纪元，资本市场上的养老基金权重不断增大。截至2022年末，全国社保基金积累资产总额已达2.88万亿元，年均投资收益率为7.66%，其中，直接投资资产规模达0.96万亿元，委托投资资产规模达1.93万亿元[1]。作为国家战略储备，全国社保基金以长期投资、价值投资、责任投资的理念不断优化投资策略、进行产品开发，为金融市场注入持续发展的动能，分享着国民经济增长的长期收益和资本市场健康发展的成果。

表1-2显示了在资本市场上投资运作的全国社保基金及其受托管理资金的投资渠道及其收益。从表1-2可以看出，银行存款、债券、信托贷款是全国社保基金份额较大且长期稳定的保值增值方向；股票、资产证券化产品、证券投资基金、股权、股权投资基金等也成为其多元化配置资产、分散风险的重要渠道。

表1-2　全国社保基金资产总额及其投资收入结构

项目		2010年	2015年	2020年	2021年	2022年
资产总计/万亿元		0.86	1.91	2.92	3.02	2.88
总收入/亿元		442.79	2309.43	2400.29	2374.88	961.16
利息收入	数值/亿元	144.30	416.44	584.76	606.31	644.38
	占比	42.53%	17.59%	14.10%	47.63%	52.10%
证券价差收入	数值/亿元	185.17	1560.47	1406.81	1323.62	-146.33
	占比	54.59%	65.88%	33.91%	100.04%	11.83%
股利收入	数值/亿元	60.63	122.56	215.49	194.41	227.29
	占比	17.87%	5.17%	5.19%	15.27%	18.38%
信托投资收益	数值/亿元	10.14	23.48	0.94	0.81	0.55
	占比	2.99%	0.99%	0.02%	0.06%	0.04%

[1]　全国社会保障基金理事会社保基金年度报告（2022年度）［EB/OL］．（2023-09-28）［2024-06-23］．https://www.ssf.gov.cn/portal/xxgk/fdzdgknr/cwbg/sbjjndbg/webinfo/2023/09/1697471208931405.htm.

续表

项目		2010年	2015年	2020年	2021年	2022年
衍生金融工具收益	数值/亿元	0.07	−0.13	3.27	3.30	−5.82
	占比	0.02%	0.01%	0.08%	0.26%	0.47%
长期股权投资收益	数值/亿元	42.13	152.24	150.17	203.88	202.68
	占比	12.42%	6.43%	3.62%	16.02%	16.39%
股权投资基金收益	数值/亿元	0.35	34.37	38.85	42.55	38.41
	占比	0.10%	1.45%	0.94%	3.34%	3.11%

资料来源：依据相关年份《全国社会保障基金理事会社保基金年度报告》整理。

（2）基本养老保险基金入市带给资本市场新动能。

如图1-2所示，中国基本养老保险基金累计结余规模不断增大，从2005年的0.40万亿元增长至2023年的7.82万亿元，随着人口老龄化进程的加快和通胀水平的波动，公共养老基金保值增值压力日渐增大。《基本养老保险基金投资管理办法》于2015年8月颁布后，全国社会保障基金理事会于2016年12月开始全面受托管理各省（区、市）基本养老保险基金结余资金，至2022年，受托管理资产总额达1.85万亿元，超过结余基金总体规模的1/5，年均收益率为5.44%（见表1-3）。随着基本养老保险基金保值增值渠道的不断拓展，基本养老保险基金与金融市场的互动增强，将为资本市场带来新的动能。

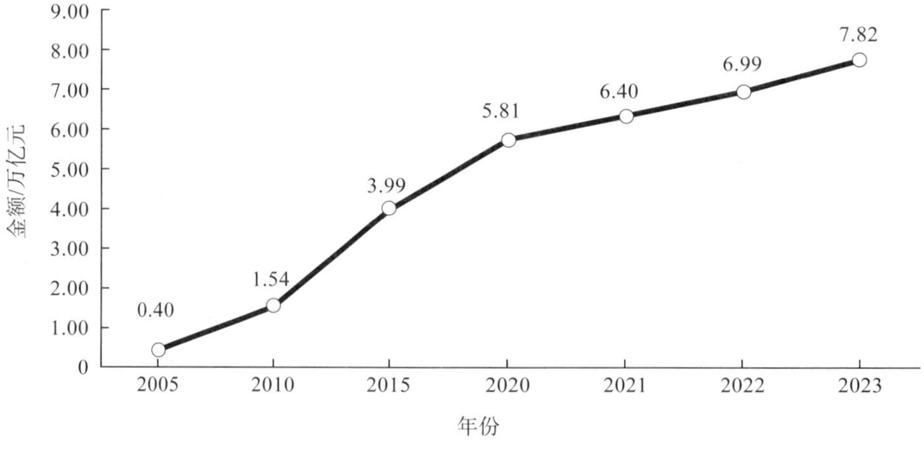

图1-2 全国基本养老保险基金累计结余规模

资料来源：根据相关年份《人力资源和社会保障事业发展统计公报》整理绘制。

表1-3　全国社会保障基金理事会受托运营的基本养老保险基金收益情况

年份	资产总额/亿元	收益额/亿元	收益率/%	年均收益率/%
2016	—	0.36	—	—
2017	3155.19	87.83	5.23	—
2018	7032.82	98.64	2.56	—
2019	10767.80	663.86	9.03	—
2020	13950.85	1135.77	10.95	6.89
2021	16898.52	631.80	4.88	6.49
2022	18453.73	51.05	0.33	5.44

资料来源：根据相关年份《全国社会保障基金理事会基本养老保险基金受托运营年度报告》整理。

注：基本养老保险基金自2016年12月受托运营。

（3）补充养老保险基金对金融机构和金融市场结构的持续优化。

从多层次养老金体系结构看，除基本养老保险制度外，中国三支柱养老保险体系还包括与职业和雇主关联的第二支柱企业年金制度，以及第三支柱个人养老储蓄制度。尽管第二、三支柱补充养老保险发展缓慢，但是，以信托模式为基础、基于市场化运作的补充养老保险基金，对金融机构的创新发展和金融市场结构的持续优化仍然有着重要影响。自2004年5月1日《企业年金试行办法》正式实施以来，中国企业年金计划建立数和覆盖职工数不断增大，基金规模不断扩充。截至2023年末，已有14.17万户企业建立企业年金，覆盖职工3144万人，企业年金基金规模达3.19万亿元，2007年以来的年均投资收益率为6.26%；与此同时，机关事业单位建立的职业年金规模为2.56万亿元，2019年以来的年均投资收益率为4.37%[1]。

由于企业年金基于信托模式运作，因此涉及众多金融机构，其中涵盖12家受托人、18家账户管理人、10家托管人、22家投资管理人，还有诸多专业养老险公司、银行、信托、证券、资管、基金也参与其中。如表1-4所示，受托管理企业年金基

[1]　2023年度人力资源和社会保障事业发展统计公报[EB/OL].（2024-06-17）[2024-06-23].https://www.mohrss.gov.cn/xxgk2020/fdzdgknr/ghtj/tj/ndtj/202406/t20240617_520366.html.

金的金融机构由专业养老险公司、银行和信托机构构成，国寿养老、平安养老、工商银行、泰康养老、太平养老、长江养老、建信养老等7家专业养老险公司和银行托管企业年金基金的市场集中度为94.37%，体现了金融机构养老金业务的不断细化和专业化分工。

表1-5显示了专业养老险公司正逐步打破长期以来银行性金融机构作为账户管理人的天然优势，在2023年的18家企业年金基金账户管理人中，银行性金融机构占9家，然而，管理个人账户数排名前四的建信养老和国寿养老两家专业养老险公司，却占领了市场约20.11%的份额。

如表1-6所示，2023年排名靠前的工商银行、建设银行、中国银行、农业银行、交通银行五家国有大型银行托管企业年金资产份额近80%，远高于招商银行、中信银行、光大银行、浦发银行、民生银行五家股份制银行近60个百分点，体现了企业年金基金托管市场同业间的优化和专业化发展。同时具备受托人、账户管理人、投资管理人三项资质的专业养老险公司，其中7家参与了企业年金基金投资管理，在众多基金公司和证券公司中脱颖而出，受托管理资金市场份额合计约50%，体现了人口老龄化趋势下，专业养老险公司与资本市场的同步成长（见表1-7）。

表1-4　2023年企业年金基金法人受托管理情况

机构	受托管理资产金额/亿元	份额/%
国寿养老	7037.49	29.97
平安养老	4744.59	20.20
工商银行	2794.86	11.90
泰康养老	1921.39	8.18
太平养老	1678.56	7.15
长江养老	1544.63	6.58
建信养老	1492.86	6.36
农业银行	947.15	4.03
中国银行	563.11	2.40
中信信托	377.22	1.61

续表

机构	受托管理资产金额/亿元	份额/%
人民养老	218.09	0.93
招商银行	165.59	0.71
合计	23485.54	—

资料来源：根据《2023年度全国企业年金基金业务数据摘要》相关数据编制。

注：因四舍五入，各数相加与总数可能略有出入。

表1-5　2023年企业年金基金账户管理情况

机构	企业账户数/个	份额/%	个人账户数/个	份额/%
工商银行	51434	18.56	13137585	41.79
中国银行	15883	5.73	4123659	13.12
建信养老	13924	5.03	3828311	12.18
国寿养老	15722	5.67	2494677	7.93
招商银行	8253	2.98	2224781	7.08
交通银行	8669	3.13	1360685	4.33
长江养老	6363	2.30	1058478	3.37
光大银行	4036	1.46	814859	2.59
平安养老	1258	0.45	502208	1.60
农业银行	9172	3.31	384392	1.22
中信银行	1071	0.39	334561	1.06
泰康养老	1316	0.47	292003	0.93
浦发银行	2288	0.83	261633	0.83
华宝信托	423	0.15	258288	0.82
民生银行	1016	0.37	246721	0.78
太平养老	577	0.21	82627	0.26
新华养老	301	0.11	31579	0.10
人民养老	22	0.01	3368	0.01
合计	141728	—	31440415	—

资料来源：根据《2023年度全国企业年金基金业务数据摘要》相关数据编制。

注：上表按个人账户数份额降序排列。

表1-6　2023年企业年金基金托管情况

机构	托管资产金额/亿元	份额/%
工商银行	10268.26	32.78
建设银行	6000.27	19.15
中国银行	4613.25	14.73
农业银行	2421.02	7.60
招商银行	2332.25	7.45
中信银行	1642.37	5.24
交通银行	1592.90	5.09
光大银行	1228.42	3.85
浦发银行	1226.14	3.91
民生银行	549.09	1.75
合计	31873.96	—

资料来源：根据《2023年度全国企业年金基金业务数据摘要》相关数据编制。
注：因四舍五入，各数相加与总数可能略有出入。

表1-7　2023年企业年金基金投资管理情况

机构	组合资产金额/亿元	份额/%
泰康资产	5327.63	17.16
国寿养老	4056.06	13.06
平安养老	2758.34	8.88
易方达	2524.81	8.13
工银瑞信	2312.25	7.45
南方基金	2033.90	6.55
长江养老	1292.81	4.16
华夏基金	1263.47	4.07
中信证券	1205.59	3.88
人民养老	1028.52	3.31

续表

机构	组合资产金额/亿元	份额/%
富国基金	982.55	3.16
华泰资产	851.27	2.74
中国国际金融	795.79	2.56
海富通基金	794.79	2.56
嘉实基金	784.52	2.53
太平养老	729.51	2.35
招商基金	678.46	2.18
博时基金	598.09	1.93
国泰基金	549.87	1.77
建信养老	376.58	1.21
银华基金	87.64	0.28
新华养老	18.36	0.06
合计	31050.80	—

资料来源：根据《2023年度全国企业年金基金业务数据摘要》相关数据编制。

2.创新意义上的探索突破

人口老龄化对金融生态的营造、对金融机构和金融市场的优化，其核心是金融业参与多层次养老保障制度建设、积极融入人口老龄化战略、促进养老事业和养老产业协同发展。

（1）积极应对人口老龄化战略下的养老金融顶层设计。

在积极应对人口老龄化战略下，我国以满足人民群众对美好老年生活的向往为目标，推动金融高质量发展，养老金融受到前所未有的重视。2023年10月末，中央金融工作会议提出加快建设金融强国的战略目标，养老金融被列为推动金融高质量发展的“五篇大文章”之一；2024年，《国务院办公厅关于发展银发经济增进老年人福祉的意见》作为首个以银发经济为主题的国家专项文件，为“为老”和“备老”趋势下养老服务金融、养老产业金融、养老金金融的探索发展提供了指引和广阔的政策空间。

一是积极应对人口老龄化战略的推进促进了养老服务金融的新生。在国家人口战略的顶层设计下，中国人民银行联合民政部、银监会、证监会和保监会于2016年发布《关于金融支持养老服务业加快发展的指导意见》，其目标是积极融入国家养老服务体系建设，通过创新金融服务模式、拓宽居民养老财富储备渠道、提高居民养老服务的支付能力、提升人民群众享有养老金融服务的便利性、开发符合养老跨生命周期需求的差异化金融产品，以满足人民群众日益增长的养老金融服务需求。2022年，银保监会、央行出台的《关于加强新市民金融服务工作的通知》，更加强化了以人民为中心、以满足人民对美好生活向往和促进全体人民共同富裕为目标的金融供给侧结构性改革，将长期护理保险和第三支柱养老储蓄的差异化发展作为创新养老金融服务产品、加大新市民养老保障力度的重要内容。

二是人口老龄化进程的加快推动了养老产业金融的加速发展。2013年，《国务院关于加快发展养老服务业的若干意见》发布后，中央财政就下拨了24亿元专项资金，支持吉林、山东等8个省份开展以市场化方式运营的养老服务产业试点工作，银行性金融机构也参与其中，共同构建多方社会力量支撑的养老服务产业基金平台。2015年，民政部、国家发展改革委等10部委联合印发的《关于鼓励民间资本参与养老服务业发展的实施意见》，使金融机构的枢纽作用日益凸显。2016年，中国人民银行、民政部等发布《关于金融支持养老服务业加快发展的指导意见》，强调金融机构对养老产业投融资发展和信贷政策的大力支持，提出迫切需要创新适合养老服务业特点的贷款方式，探索拓宽养老服务业贷款抵押担保范围，加大对养老领域的信贷支持力度，并通过上市融资、债券市场融资等方式，加大对养老服务企业和产业的资金支持。国务院办公厅发布关于“银发经济”的国家专项文件后，2024年5月，国家金融监督管理总局发布的《国家金融监督管理总局关于银行业保险业做好金融“五篇大文章”的指导意见》，强调要通过优化金融产品和服务，发挥资源协同优势，提升金融机构在养老等关键领域的服务能力和覆盖面，持续强化对健康产业、养老产业、银发经济的金融支持。

三是我国向人口高质量发展的迈进对养老金金融提出了更高的要求。党的十八大以来，我国加速推进基本养老保险、企业（职业）年金与个人储蓄性养老保险、商业保险相衔接的多层次养老保险体系建设。具有转折性、标志性意义的是，2022年，国务院办公厅发布《关于推动个人养老金发展的意见》，这标志着我国第三支柱个人养老金制度的正式建立；其后，《个人养老金实施办法》出台，标志着这一个人养老储蓄制度的落地实施。至此，满足条件的个人可以通过在银行等金融机构开立账户的方式，在享有每年1.2万元延税额的基础上，向个人养老储蓄账户存入资金，以购买特定的养老保险、养老理财、养老基金等一揽子养老金融产品，这一举措拓宽了居民的养老资产管理渠道。

（2）养老金融趋势下的金融机构和金融市场优化。

人口老龄化与养老金融发展相伴相生。养老金融趋势下的金融机构和金融市场优化集中体现在以下两个方面。

一是同业机构和养老金融业务的专业化。2000年，我国进入老龄社会，2004年12月，通过分离重整原保险公司力量，全国首批专业养老保险公司相继成立，并以企业客户为主要服务对象，专职经营企业（职业）年金和团体养老保障业务。相关数据显示，截至2023年末，全国专业的养老保险机构共有10家，包括平安养老（2004年）、太平养老（2004年）、泰康养老（2007年）、国寿养老（2007年）、长江养老（2007年）、安邦养老[1]（2013年）、新华养老（2016年）、人民养老（2017年）、恒安标准养老（2020年）、国民养老（2022年）。其中，恒安标准养老保险有限责任公司是中国批准设立的第一家有外资背景的养老保险机构。此外，以国有银行为背景、于2015年末正式成立的建信养老金管理有限责任公司，引入全国社会保障基金理事会作为战略投资者，成为中国首家专业养老金管理机构。

与此同时，一些大型国有企业由于建立的年金计划规模庞大，也组建了专门的养老金运营管理机构。如国内单体规模最大的央企年金计划之一“中石化企业年金

[1]　2019年更名为大家养老。

计划”，于2022年8月成立中石化产融养老有限公司，专门负责企业年金资产配置、投资监督、风险管控、账户管理等受托运营职能，打造企业年金管理运营系统。

二是金融机构养老金融业务发展的战略布局和内部机构优化。随着“五篇大文章”之一的养老金融上升为国家战略，各类金融机构也开展了养老金融板块的业务和专业机构优化。各大银行性金融机构除了继续探索拓展受托管理的企业年金、职业年金基金以外，较为统一和典型的养老金融发展举措主要有以下两个：第一，是以构建个人养老金制度体系和管理体系为契机，积极参与特定养老储蓄、养老理财产品、普惠养老再贷款等养老金融产品试点，加快个人养老金融产品创新，加大对养老相关企业的资金支持力度，增强养老金融的普惠属性；第二，是协同多张养老金融牌照和多家养老金融业务子公司，构建养老全流程综合服务，打造适老化养老金融服务网点，拓宽机构的泛金融服务功能，营造养老金融场景生态，并在内设部门中专门成立养老金融委员会，以统筹养老金融相关业务和战略发展。近年来，各大银行纷纷成立养老理财子公司，2021年，10家银行理财子公司参与了国民养老保险的筹建，成为养老金融市场上分业经营和混业经营共存的重要标志。

第二节

老龄社会与金融创新

一、老龄社会与金融创新的基本逻辑

从社会形态及其发展历程来看，相较于年轻型社会和成年型社会，老龄社会的形成不仅仅是老年人口数量的增多、占比的增大，更与经济、社会、政治、文化、心理等方面的因素密不可分。

（一）老龄社会是新的经济社会形态的重塑

老龄社会带来社会年龄结构、人口年龄结构和家庭结构的变化。首先，社会年龄结构的变化表现为出生率降低、家庭少子化趋势显现、人口死亡率降低、人均预期寿命延长。这一系列人口因素的自然演化，是科技进步、社会变革、文化变迁、经济水平提升共同影响的结果。其次，人口年龄结构的变化，也将同步影响劳动力市场结构和人力资源结构的转变，进而对社会储蓄、生产、投资和消费结构产生影响，逆向作用于经济发展，其中包括对金融发展的影响。最后，随着人口老龄化进程的加快，家庭结构也经历着变迁。区别于年轻型社会的扩大家庭结构和成年型社会的联合家庭及核心家庭，老龄社会将以核心家庭为主并出现越来越多的空巢家庭和丁克家庭，人们的养老方式也由以家庭养老为主发展为越来越多地依靠社会化养老，代际关系发生转变，在此过程中，社会化的养老保障制度得以强化和完善。因此，老龄社会也是一种新的社会结构，需要营造全龄友好的社会氛围，也需要强化以适老化为目标的公共基础设施建设，其中包括养老金融基础设施的完善。此外，老龄社会本身也是一种新的文化价值引领和重塑，需要我们转变社会认知和社会思维，从发展的角度审视人口老龄化带来的机遇和挑战，树立全生命周期思维和人本思维，挖掘老龄社会更宝贵的生产力和创新力。

（二）老龄问题本质上是重大的金融问题

从本质上看，金融创新是服务于金融高质量发展、坚持走中国特色金融发展之路的重要内容。坚持以人民为中心的价值取向，创新金融产品和服务以满足人民群众对老龄社会美好生活的向往，突出养老金融的普惠特色，增强金融基础设施的可及性和可得性，是坚持金融工作人民性的具体体现。因此，老龄社会中的金融创新，与银发经济和长寿经济相伴生，是要从根本上解决国民的养老金融素养和认知提升问题，以构建新的与社会和经济结构相适应的金融业态和生态。

因此，从跨时空的资源配置视角来看，老龄问题本质上也是重大的金融问题，不仅需要升级金融工具，创新金融市场发展，为人们提供充分的养老金融资产配置渠道，开展“备老活动”，也需要有足够的养老金融服务、财富管理和产业投融资支持，为“为老活动”提供充分的保障。金融创新成为老龄社会重塑的重要通道和枢纽。

二、老龄社会下金融创新的关键驱动

2023年中央金融工作会议强调，金融是国民经济的血脉，是国家核心竞争力的重要组成部分，要加快建设金融强国，全面加强金融监管，完善金融体制，优化金融服务，防范化解风险，坚定不移走中国特色金融发展之路，推动我国金融高质量发展，为以中国式现代化全面推进强国建设、民族复兴伟业提供有力支撑[1]。在2023年5月召开的二十届中央财经委员会第一次会议上，习近平总书记提出了以人口高质量发展支撑中国式现代化的重要论断和工作要求[2]。人口高质量发展不仅是解决人口问题的关键，也是推进中国式现代化、促进人口与经济社会协同发展的重要途径。随着老龄社会的发展，以满足人民群众多层次、多样化的养老需求为目

[1] 中央金融工作会议在北京举行 习近平李强作重要讲话 赵乐际王沪宁蔡奇丁薛祥李希出席[N].人民日报，2023-11-01（1）.

[2] 以人口高质量发展支撑中国式现代化（深入学习贯彻习近平新时代中国特色社会主义思想）[N].人民日报，2023-06-08（9）.

标，提供强有力的经济保障和积极的金融支持，成为积极应对人口老龄化的重要物质基础。为此，亟须从补齐老龄社会金融生态构建的短板着手，为老龄社会养老金融创新注入新的动力。

（一）公共养老金替代率的经济保障作用有限

从国际经验看，充足的老年收入保障是多层次、多渠道的，通常以基本的公共养老金为基础，辅之以补充性的老年经济支持。因此，发挥金融功能，创新金融产品和服务，拓展基于市场化运营的补充养老金计划和更为广泛的保值增值来源，成为老龄社会下金融创新的重要内容。

然而，长期以来，中国覆盖城乡的基本养老保险制度提供的基本养老金水平较低，对老年群体的经济支持有限，亟须拓宽收入来源渠道。如表1-8所示，从整体情况看，尽管城镇企业职工月人均养老金从2005年的714元上涨至2022年的2995元，但从退休收入对就业人员的工资收入及城镇居民可支配收入的替代来看，养老金水平呈逐年下降趋势，养老金替代率由2005年的58%下降至2022年的40%，下降约18个百分点，城镇企业职工月人均养老金与城镇居民月人均可支配收入的差值也从2005年的160元扩大到2022年的1112元，给更加充足、更可持续的养老金制度目标带来严峻的挑战。

表1-8　城镇企业职工基本养老金水平

年份	城镇企业职工月人均养老金/元	城镇居民月人均可支配收入/元	与可支配收入的差距/元	城镇单位就业人员月平均工资/元	养老金替代率/%
2005	714	874	160	1517	58
2012	1686	2047	361	3147	54
2017	2500	3033	533	5003	50
2020	2940	3652	712	6463	45
2021	3037	3951	914	7072	43
2022	2995	4107	1112	7469	40

资料来源：根据国家统计局数据库整理编制。

注：养老金替代率=养老金水平/退休前工资水平×100%；城镇单位就业人员月平均工资=（城镇非私营单位平均工资+城镇私营单位平均工资）/2；2005年养老金替代率为直接数据。

分地区看，如表1-9所示，全国31个省（区、市）的养老金水平及其替代率参差不齐，且养老金水平与地区经济发展水平并不直接线性相关。不论是经济更发达的北京、广东、浙江、江苏等省，还是社会保障支持力度更高的西藏、青海、新疆、宁夏等民族地区，其养老金总体水平仍然存在较大的补充空间，这也为养老金融的差异化发展提供了广阔的市场。

表1-9　各地区城镇企业职工基本养老金水平

序号	省（区、市）	城镇企业职工月人均养老金/元	城镇单位就业人员月平均工资/元	养老金替代率/%
1	西藏	4865	7557	64
2	上海	4467	10501	43
3	北京	4365	11199	39
4	青海	4080	6155	66
5	浙江	3731	7049	53
6	山西	3494	4902	71
7	山东	3490	5970	58
8	天津	3412	7273	47
9	新疆	3360	5789	58
10	宁夏	3346	6140	54
11	江苏	3275	6977	47
12	广东	3218	7306	44
13	福建	3171	6116	52
14	重庆	3163	6229	51
15	陕西	3111	5469	57
16	内蒙古	3079	5537	56
17	河北	3075	5094	60
18	湖北	3028	5556	54
19	辽宁	2943	5228	56
20	云南	2931	5793	51
21	江西	2880	5294	54
22	甘肃	2845	5146	55
23	河南	2832	4874	58

续表

序号	省（区、市）	城镇企业职工月人均养老金/元	城镇单位就业人员月平均工资/元	养老金替代率/%
24	黑龙江	2830	4718	60
25	贵州	2830	5692	50
26	安徽	2816	5768	49
27	四川	2813	5912	48
28	广西	2749	5333	52
29	海南	2745	5750	48
30	湖南	2734	5428	50
31	吉林	2622	5005	52

资料来源：《中国统计年鉴2021》；国家统计局。

注：城镇单位就业人员月平均工资=（城镇非私营单位平均工资+城镇私营单位平均工资）/2。

（二）补充养老金覆盖率不足

老龄社会对养老金融创新的需要，还集中体现在当前补充养老保险市场发展的滞后。

1.企业年金市场创新乏力，覆盖率不足

作为与职业、行业、雇主和人员激励关联的补充养老金计划，企业年金尤其是企业年金集合计划，在中国有着庞大的目标群体。如表1-10所示，截至2023年底，全国登记在册的市场主体已达1.84亿户，其中，企业5826.8万户，个体工商户1.24亿户；从结构上看，个体工商户占市场主体总量的67.39%，全国企业占全国市场主体的比重在2012年到2023年间长期维持在24.9%～31.5%的水平，民营企业长期以来都是企业中的大多数。然而，对比我国企业年金的发展不难发现，由于缺乏适应新业态和非正规就业趋势的企业年金集合计划扩面，依托大企业建立起来的企业年金单一计划，不论是企业户数的新增还是覆盖职工范围的新增都极其有限，建立企业年金的企业户数占全国企业数的比重从2012年的0.4%一直降到2023年的0.24%，企业年金市场金融创新乏力，庞大的潜在需求与固化的市场供给之间存在严重错位和极度不平衡。

表1-10　全国市场主体规模与企业年金计划建立鸿沟

年份	全国市场主体（企业、个体工商户、农民专业合作社）/亿户	全国企业占全国市场主体的比重/%	民营企业占全国企业的比重/%	建立企业年金的企业				
				户数/万户	增速/%	占全国企业的比重/%	缴费职工数/万人	增速/%
2007	—	—	—	3.2	—	—	—	—
2012	0.55	24.9	79.4	5.5	21.8	0.40	1846.6	17.1
2013	0.61	25.2	82.1	6.6	20.8	0.43	2056.3	11.4
2014	0.69	26.2	85.0	7.4	12.4	0.41	2292.8	11.5
2015	0.77	28.2	87.3	7.6	1.6	0.35	2316.2	1.0
2016	0.87	29.8	88.9	7.6	1.1	0.29	2324.8	0.4
2017	0.98	30.9	89.9	8.0	5.4	0.26	2331.4	0.3
2018	1.10	31.5	90.5	8.7	8.7	0.25	2388.2	2.4
2019	1.23	31.3	91.1	9.6	9.8	0.25	2547.9	6.7
2020	1.38	31.3	91.8	10.5	9.6	0.24	2717.5	6.7
2021	1.54	31.4	92.1	11.8	11.7	0.24	2875.2	5.8
2022	1.69	31.4	88.7	12.8	8.5	0.24	3010.9	4.7
2023	1.84	31.5	89.7	14.1	10.2	0.24	3144.0	4.4

资料来源：根据国家市场监督管理总局相关数据与人力资源和社会保障部《全国企业年金基金业务数据摘要》整理编制。

注：基于《关于做好原有企业年金移交工作的意见》的实施，表中建立企业年金的企业户数以2007年为基点；自2012年开始，分地区公布数据。

2.多层次养老金体系协同度不足

与第一层次的基本养老保险制度相比，市场属性和金融功能更加凸显的企业年金，从2000年到2023年的二十余年间，缴费职工数占基本养老保险企业参保职工数的比重长期维持在10%以下，政府推行的公共养老金计划和市场化运作的补充养老金计划协同度不高（见表1-11）。尽管企业年金基金规模逐年上升，2023年企业年金基金占城镇职工基本养老保险基金累计结余的比重接近41%，但是企业年金的职工覆盖人数占基本养老保险参保职工人数的比重却没能同步提升，越来越多的补充性养老金财富在小众群体中积累分配，弱化了企业年金作为雇主责任险的普惠属性，准公共产品呈现出俱乐部产品特征。由于金融创新的缺乏，企业年金的发展与第二支柱的目标定位不相匹配。

表1-11　企业年金与基本养老保险协同发展的扩面鸿沟

年份	城镇职工基本养老保险		企业年金			协同度	
	企业参保职工数量/万人	累计结余/亿元	企业户数/万户	缴费职工数量/万人	资产金额/亿元	覆盖面/%	基金积累/%
2000	9124	947	—	560	192	6.14	20.27
2001	9198	1054	—	193	49	2.10	4.65
2006	14131	5489	2.4	964	910	6.82	16.58
2007	15183	7391	3.2	929	1519	6.12	20.55
2008	16587	9931	3.3	1038	1911	6.26	19.24
2009	17743	12526	3.4	1179	2533	6.64	20.22
2010	19402	15365	3.7	1335	2809	6.88	18.28
2011	21565	19497	4.5	1577	3570	7.31	18.31
2012	22981	23941	5.5	1847	4821	8.04	20.14
2013	24177	28269	6.6	2056	6035	8.51	21.35
2014	25531	31800	7.3	2293	7689	8.98	24.18
2015	26219	35345	7.6	2316	9526	8.83	26.95
2016	27826	38580	7.6	2325	11075	8.35	28.71
2017	29268	43885	8.0	2331	12880	7.97	29.35
2018	30104	50901	8.7	2388	14770	7.93	29.02
2019	31177	54623	9.6	2548	17985	8.17	32.93
2020	32859	48317	10.5	2718	22497	8.27	46.56
2021	34917	52574	11.8	2875	26406	8.23	50.23
2022	36711	56890	12.8	3010	28718	8.20	50.48
2023	37925	78173	14.2	3144	31874	8.29	40.77

资料来源：根据历年《人力资源和社会保障事业发展统计公报》相关资料整理计算。

注：协同度即各项指标中企业年金与基本养老保险的比值。

（三）老年群体经济活力偏低

随着人均寿命的延长，我国男性60周岁、女性50周岁（女干部55周岁）的原法定退休年龄呈现出无法满足老龄社会发展和老年人力资源开发需求的特征。长期以来，老年人口劳动参与率低，导致该群体经济活力不足、金融参与度不够，尤其在养老财富积累和保值增值的黄金期，发展滞后的养老金融市场和匮乏的养老金融资产配置渠道，将使大规模待转化的养老金融资产无法激活，养老金融市场的海量潜能也无法有效释放。

1.老年人口劳动参与率低，金融引导不足

如图1-3所示，过去的40年间，我国已经达到原法定年龄进入退休状态的老年人群的劳动参与率为28%～36%，与尚未达到原法定退休年龄人群的劳动参与率75%～87%相比，差距较大。

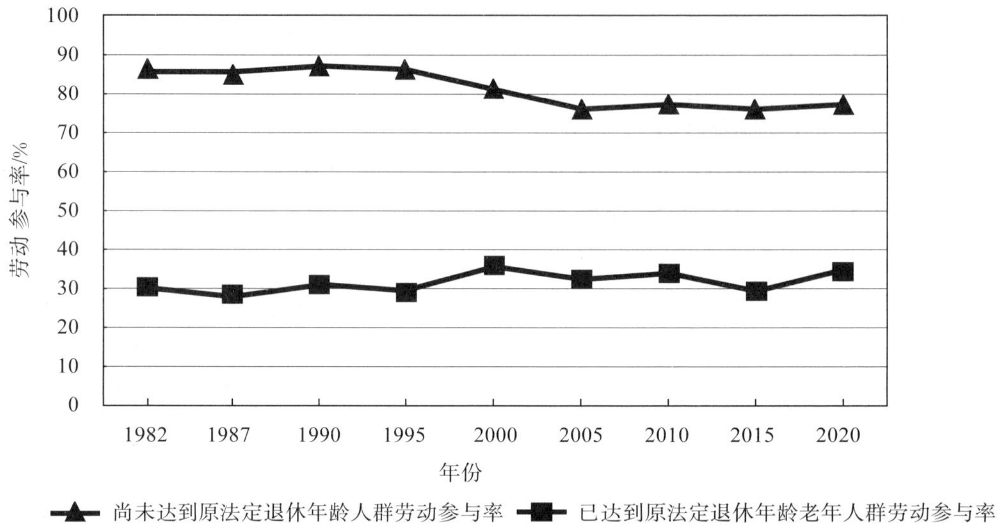

图1-3　中国劳动参与率

资料来源：United Nations, Economic and Social Commission for Asia and the Pacific (ESCAP). Labour force participation of older persons and population ageing in China: trends, challenges and ways forward[R]. Bangkok: United Nations ESCAP, 2024.

注：（1）劳动参与率的计算涵盖城乡人口。（2）以1982年、1990年、2000年、2010年、2020年五次全国人口普查和1987年、1995年、2005年、2015年全国1%人口抽样调查的数据为计算依据。

男女性别的差异增大了劳动参与率和金融参与度不足对女性老年群体的风险（见图1-4）。中国劳动参与率性别鸿沟较为明显，依据第七次全国人口普查数据，在25～44岁的年龄区间，按性别区分的城镇劳动参与率趋势线较为平坦，男性和女性的劳动参与率分别在90%～95%和80%～85%的区间内，两者之差约为10%。由于女性原法定退休年龄（50周岁）远早于男性（60周岁），因此，在50～59岁，男性和女性的劳动参与率鸿沟达到最大水平，约为15%。与此同时，由于老年人口劳动参与率水平较低，劳动参与率鸿沟在达到男性原法定退休年龄后不断收窄，直至75岁几乎完全消失。

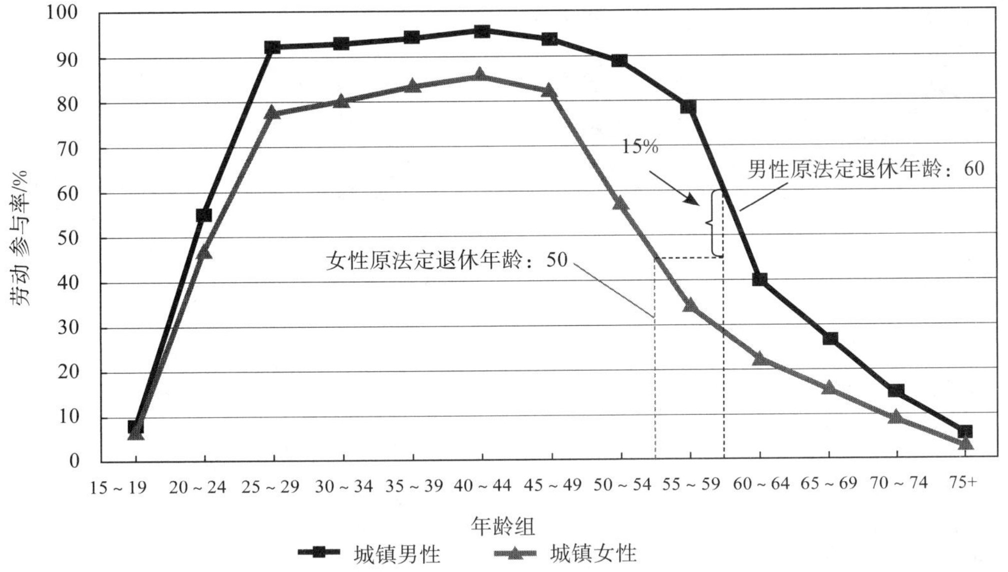

图1-4 按性别划分的中国城镇劳动参与率鸿沟

资料来源：United Nations, Economic and Social Commission for Asia and the Pacific (ESCAP). Labour force participation of older persons and population ageing in China: trends, challenges and ways forward[R]. Bangkok: United Nations ESCAP, 2024.

注：以2020年第七次全国人口普查数据为计算依据。

从国际比较的视角来看，自20世纪90年代以来，尽管中国城乡劳动参与率高于经合组织国家平均水平，但排除农村就业因素，城镇65岁及以上老年人口的经济活动较少，不论是男性还是女性，均低于经合组织国家平均水平，男性尤甚（见图1-5）。因此，不论是针对广大农村地区的数字普惠养老金融扩面，还是面向城市的多样化养老金融产品创新，均在老龄社会中呈现出迫切的需求。

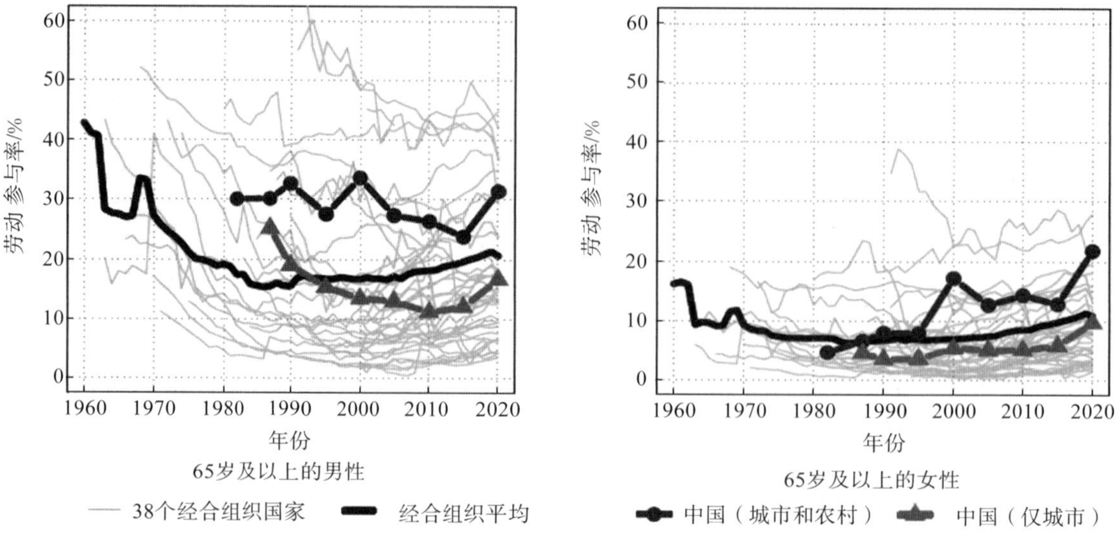

图1-5 中国和经合组织国家65岁及以上老年人口劳动参与率对比

资料来源：United Nations, Economic and Social Commission for Asia and the Pacific (ESCAP). Labour force participation of older persons and population ageing in China: trends, challenges and ways forward[R]. Bangkok: United Nations ESCAP, 2024.

注：以经济合作与发展组织（OECD）在线数据库、中国人口普查和1%人口抽样调查数据为计算依据。

2.潜在养老资产规模可观

我国住户存款积累有较大规模，存在向养老金融市场适度释放的空间预期。从更广泛的意义上看，居民储蓄通常是指一定时期内居民可支配收入相对于居民消费的剩余，它表现为对各种资产（实物的和金融的）的持有。从生命周期-持久收入假说来看，这是人们为追求跨期效用最大化而在不同生命周期中平滑消费所致；从预防性储蓄动因来看，生活在风险社会，居民以储蓄来增加自身的安全感，以备未来不时之需；从目标性储蓄理论来看，理性人通常会有意识地考虑结婚、生育、年老退休等重大事件对未来生活的影响并对其作出相应的经济安排，有目的地进行储蓄。因此，释放储蓄空间，将中长期储蓄转化为专门的养老金融产品，根据不同地区的储蓄率水平推进差异化的多层次养老保障体系协同发展，成为重要的改革方向。

一方面，我国人民币存款中住户存款居多，住户存款中定期及其他存款占比更大（见表1-12）。住户存款占境内人民币存款总额的比重持续上升，至2022年已达46.3%，较2015年提升近7个百分点；住户存款中，以定期存款为主的存款份额占比较大，占住户存款总额的比重近70%。相比代表流动性偏好的活期存款，定期存款的长期持有性、收益性和安全性相对有保障，能够视为准养老储蓄资产，并具备向企业年金型养老金融产品转化的条件。

表1-12　中国住户存款及其结构

年份	境内存款/万亿元	住户存款/万亿元	住户存款占境内存款的比重/%	活期存款/万亿元	活期存款占住户存款的比重/%	定期及其他存款/万亿元	定期及其他存款占住户存款的比重/%
2015	139.1	55.2	39.7	20.6	37.3	34.6	62.7
2016	155.2	60.7	39.1	23.7	39.0	37.0	61.0
2017	168.2	65.2	38.8	25.3	38.8	39.9	61.2
2018	180.8	72.4	40.0	27.2	37.6	45.3	62.6
2019	196.2	82.1	41.8	29.9	36.4	52.3	63.7
2020	215.7	93.4	43.3	33.1	35.4	60.3	64.6
2021	235.8	103.3	43.8	34.8	33.7	68.6	66.4
2022	261.8	121.2	46.3	38.8	32.0	82.4	68.0

资料来源：根据中国人民银行“金融机构信贷收支统计”相关数据整理编制。

另一方面，我国居民有一定程度的投资能力和家庭资产管理驱动，市场投资者数量和投资规模可观，为家庭金融资产的合理配置和养老金融创新提供了条件。相关数据显示，截至2021年底，我国个人股票投资者超过1.97亿人，基金投资者超过7.2亿人[1]；截至2023年8月，股市投资者已超2.21亿人，个人投资者占比达99.8%，投资者分布广泛。同时，从投资者持有资产情况看，2021年，在A股市场占比最大的一般个人投资者当年新增1958万人，个人投资者持有的股票市值25.6万亿元，持股占比达34%，远高于专业投资者（22.4%）、个人大股东（7.2%）和政

[1]　中国证券业协会.中国证券业协会发布《2021年度证券公司投资者服务与保护报告》[EB/OL].（2022-05-15）[2024-06-23].https://www.nbd.com.cn/articles/2022-05-15/2279924.html.

府（5.3%）的持股比例。此外，从人均持有的资产规模看，深交所2021年个人投资者状况调查报告显示，投资者证券账户平均资产规模达60.6万元，较2020年增加0.9万元[1]。

（四）老年群体照护需求增大

老龄社会中更加充足更可持续的养老经济收入保障，除了以多层次养老保障体系为基础的养老金金融和养老服务金融、以医养融合为载体的养老产业金融外，还有不可或缺的养老照护金融，即解决高龄老人和失能老人的长期照护问题的融资。尽管长期护理保险的二期试点已全面铺开，但是中国养老照护金融发展仍然滞后，随着老龄化进程的加快、高龄老人的增多，老年照护的需求增大，但经济支持力度严重不足，这为老龄社会中养老金融创新提出了新的目标。

从第七次全国人口普查数据看，老年照护需求增大而经济支持不足呈现出以下特征。

1.老年群体长期照护需求增大

我国有相当一部分老年人生活独立、经济独立，对老年经济保障有多样化的需求，但随着年龄的增长，老年伴侣彼此的相互扶持作用逐渐减弱，大多数老年人需要可持续的经济保障和照护。如图1-6所示，从不同健康状况老年人的居住情况来看，大多数健康和基本健康的老年人，与配偶共同居住的比重均超过40%，即便是身体状况不太好的老年人，不论生活能否自理，其与配偶共同居住的比重也都在30%左右。同时，与子女同住的老年人也占有较大比重，尤其是随着老年人健康状况的改变，不健康但生活能自理的老年人与子女同住的比例达23.97%，不健康且生活不能自理的老年人与子女同住的比例达32.22%，远高于健康状况尚好的老年人。

[1] 资料来源：深交所《2021年个人投资者状况调查报告》。

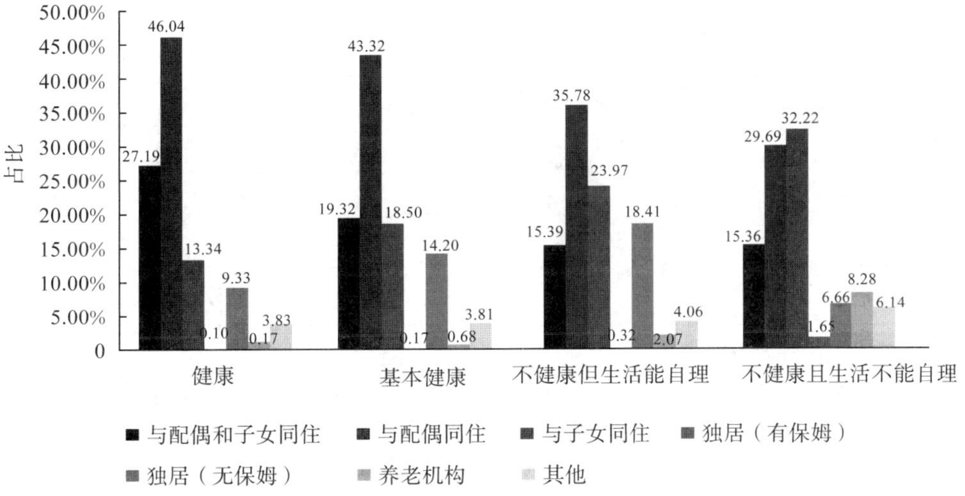

图1-6 60岁及以上老年人健康状况与居住情况

资料来源：依据第七次全国人口普查资料整理绘制。

同时，机构养老在老年人群体的生活中并不普遍，健康的老年人选择机构养老的极少，不健康且生活不能自理的老年人选择机构养老的占比仅为8.28%。健康和基本健康的独居老年人极少选择保姆照护，不健康但生活能自理的独居老年人选择保姆照护的占比也很低，不健康且生活不能自理的独居老年人选择保姆照护的仅有1.65%。这部分人需要在长期照护的养老金支持中获得更多保障。

分区域看，在城、镇、乡三个不同的区域，不论是健康群体还是身体状况欠佳的群体，农村地区的独居老年人所占比重都比城镇地区更高，且农村地区老年人与照护者共同居住的比重要低于城镇地区，与配偶共同居住的比重则高于城镇地区（见表1-13）。因此，农村地区老年人尤其是高龄老人，成为长期照护保险发展的薄弱地带。

表1-13 城、镇、乡的60岁及以上老年人健康状况与居住情况

居住情况	健康和基本健康			不健康		
	城	镇	乡	城	镇	乡
有照护者共同居住	43.6%	41.9%	35.5%	43.1%	44.3%	39.9%
与配偶同住	42.8%	43.2%	47.6%	31.9%	32.7%	36.4%
独居（无保姆）	9.6%	10.4%	12.7%	13.9%	14.7%	17.6%
养老机构	0.3%	0.5%	0.3%	6.6%	3.9%	1.7%
其他	3.7%	4.1%	3.8%	4.5%	4.5%	4.4%

资料来源：依据第七次全国人口普查资料整理绘制。

注："有照护者共同居住"包括与配偶和子女共同居住、与子女共同居住、独居（有保姆）三种情况；"不健康"包括生活能自理的和生活不能自理的两类人群。

2.老年群体可持续经济来源单一

长期以来，我国老年群体对基本养老金的依赖程度高，经济来源单一。对于不同健康状况的老年人，养老金和家庭成员供养都是其主要经济来源（见图1-7）。健康的老年人主要依靠养老金生活的比重接近40%，不健康的老年人对家庭成员供养的依赖度超过50%。养老金对老年群体的支持度随着其身体健康状况的变差而降低，家庭成员供养对老年群体的支持度随着其身体健康状况的变差而增强。在健康和基本健康的老年人中，依靠劳动收入生活的占有一定的比重，分别接近30%和20%，可见仍有相当一部分老年人在退休后选择继续就业。财产性收入和其他收入对老年人群的支持度较小。值得关注的是，不健康人群中靠最低生活保障金生活的比例超过10%，这也为养老保障的充足性和养老金融产品的多样化提出了更高的要求。

三、老龄社会下金融创新的基本内涵

随着人口老龄化的持续深化，需要更好地发挥金融的作用，满足促进养老金积累和保值增值、支持养老产业和银发经济发展、服务老年人等诸多需求，亟须建立健全的符合中国国情的养老金融体系，促进多支柱养老保障体系发展，积极应对人

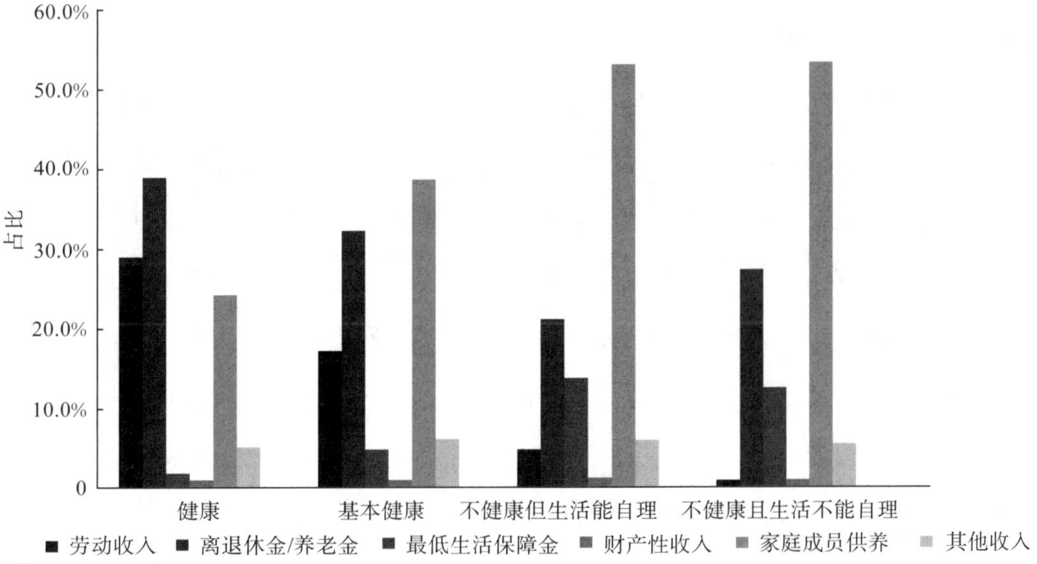

图1-7　60岁及以上老年人健康状况与主要经济来源

资料来源：依据第七次全国人口普查资料整理绘制。

口老龄化。促进养老金融创新、推进金融高质量发展、加快建设金融强国，以全面推进中国式现代化，助力共同富裕。老龄社会下的养老金融发展，在提升社会和家庭资源配置效率、促进居民资产保值增值等方面发挥着重要作用；数字普惠养老金融的发展，也能使更多人民群众通过高质量金融服务增加收入和财富，使经济发展成果更多更好地让全体人民共享。

（一）将金融创新融入积极应对人口老龄化国家战略

发展养老金融是国家经济社会的重大战略问题，是国际社会应对人口老龄化挑战的战略制高点。长期以来，养老金融创新的关键领域仍然是完善多层次养老保障制度体系和服务体系，但从战略高度着眼，应该拓展战略思维，将养老金融融入积极应对人口老龄化的国家战略，以更加突出积极应对、主动应对和全民应对的战略新思维，将老龄社会金融创新的重心从一般现实的养老安排拓展到着眼于未来深度老龄社会发展的战略举措，从对一个国家全体公民老年期的生活质量和生命质量问题的关注延伸到对涉及经济文化社会重构、国家金融安全、金融稳定和宏观经济健康运行的重大战略关键的突破。

养老金融服务积极应对人口老龄化国家战略的理论创新涉及两个层面的基本问题。一是在宏观层面上，主要从资金融通的角度将老龄社会的运行规律与金融的天然优势相结合；二是在微观层面上，主要从养老金融资产配置的角度将人类个体全生命周期的基本规律和新金融生态营造相融通。以此为基础，将养老金融作为老龄社会的新的金融业态，拓展其内涵和外延，剖析其作为老龄社会战略关键的作用机理和实现路径，并通过长寿经济的良性互动、制度文化资源的内生促进、数字技术的推进倒逼，探索养老金融发展的内生动力机制，走好中国特色金融发展之路。

（二）养老金金融的内涵式发展

我国多层次养老保险制度长期发展缓慢，单纯依靠商业养老保险承担第三层次的保障任务已显力不从心，亟须通过制度创新、政策创新和发展环境激励等多元驱动，为传统的储蓄、金融理财、财富管理等金融工具赋予更多的养老功能，加快实现第三支柱养老金制度的快速发展，惠及更多人群。

养老金金融的内涵和外延需拓展至更宽泛的领域，包括养老金计划、养老储蓄和金融机构提供的所有具备养老财富储备功能的产品，都应被纳入为应对老龄化挑战的养老经济保障的各项经济准备和养老财务规划中；将传统的储蓄投资等一般金融行为，有意识、有计划地转化为为人的全生命周期做财务准备的养老金融行为。养老金金融的发展既可以提高多元化的财务准备，为老年风险管理提供经济支持，又有助于减轻单一支柱下政府承担养老保险的无限责任，有助于唤醒普通民众的自我保障意识，将养老保障的财务规划关口前移，实现更加积极主动的经济保障安排和养老金融规划。

养老金金融将聚焦城乡老年群体的经济风险、老年金融风险、健康风险、服务照料风险、老年心理风险，探讨养老保障体系如何更有效地实现经济保障、服务照料、精神慰藉、技术支撑的系统集成和高效协同，养老金融如何更有效地助力个人养老金制度快速发展，将养老金融思维嵌入养老保障高质量发展进程。

（三）养老服务金融的内涵式发展

新兴技术在极大地提高金融服务效率的同时，也正在成为老年人参与现代金融体系的“数字鸿沟”和数字金融风险。一方面，复杂性金融产品层出不穷，适老化信息技术发展欠缺；另一方面，受身体机能、教育水平、经济状况等因素限制，老年群体的知识获取速度跟不上技术更新速度，老年人在适应金融数字化方面有新的风险。随着社会老龄化程度的加剧，金融服务应充分考虑老年群体金融脆弱性强、金融知识薄弱、数字化水平低等特殊性，从金融体系适老化改造和老年数字鸿沟弥合两个方面推进老年友好型金融体系构建。从金融机构适老化、金融产品适老化、金融服务适老化三个角度出发，推动金融体系适老化改造，着力优化老龄金融行为，提升老龄金融风险管理能力。

老年金融风险增大和老年人金融问题突出，已成为一个重要的且社会关注度很高的问题，甚至影响到国家金融安全和金融稳定。以养老为名侵犯老年人合法权益、破坏老龄事业发展的欺诈类犯罪也呈高发多发态势。为此，在新发展阶段，养老服务金融需要涵盖全社会养老金融知识体系的重构和养老金融素养的提升，需要加强宣传教育服务，并将“时间银行”等老年志愿服务、医养护融通服务等“泛金融”功能纳入养老服务金融的综合目标中。

（四）养老产业金融的内涵式发展

养老产业金融将重点关注投融资创新支持长寿经济发展的作用路径，将养老金融融入积极应对人口老龄化战略思维和发展新质生产力目标，与金融供给侧结构性改革和老龄社会中新经济、新产业转型相协同。强化养老基金运营管理服务能力和基金保值增值途径，结合养老金融政策及相关金融支持，持续稳定养老产业资金投向，通过探寻养老基金ESG投资[1]、老龄产业投融资、普惠养老贷款等，促进银发

[1]　ESG投资是指在投资决策过程中，不仅关注传统的财务因素，还关注环境（Environmental）、社会（Social）和公司治理（Governance）三个维度的非财务因素的投资方法。这种投资策略将社会责任履行考虑在内，旨在促进可持续发展，同时实现长期投资回报。

经济、长寿经济发展与养老产业金融发展良性互动，从“备老”和“为老”的新质生产力提升着手，优化国内国际双循环的投融资路径，提升养老基金运营管理服务能力和养老产业金融对实体经济与公益事业的支持力度，促进养老事业和养老产业协同发展。立足全体公民适应老龄社会的全生命周期的金融决策及其影响的制度安排，夯实以养老保障、医疗保障和长期照料服务为核心的老龄金融制度基础和产业发展根基。

第三节

发展养老金融的重大战略意义

一、发展养老金融是实施积极应对人口老龄化国家战略的重要组成部分

大力发展养老金融是实施积极应对人口老龄化国家战略的重要组成部分，是拓展多层次养老保障制度及服务空间的需要。党的二十大强调，要实施积极应对人口老龄化国家战略，发展养老事业和养老产业。据统计，2022年，全国60周岁及以上老年人口已超过2.8亿人，占总人口的比重为19.8%，其中65周岁及以上老年人口达2.1亿人，占总人口的比重为14.9%，这标志着中国已经进入深度老龄社会。“十四五”时期是中国积极应对人口老龄化的战略窗口期。我国的养老保障制度体系已经形成，养老保险的覆盖面超过10亿人，建成了世界上规模最大的养老保险制度体系和服务体系。但是受国内国际诸多经济社会因素制约，老龄化的深层次挑战和风险仍不应低估，亟须从中国经济社会长期可持续发展的战略高度，直面新发展环境下积极应对人口老龄化国家战略实施进程中出现的新问题和新挑战。

积极发展养老金融，为庞大的老年人群提供养老金融、养老健康金融及养老护理服务金融，无疑是新时代多层次养老保障体系优化和服务拓展的重要任务。近年来，我国加快推进养老金融发展且取得积极成效，第二、三层次养老保险建设提速，个人养老金制度正式启动实施，银行等诸多金融机构积极参与到大养老、大健康和大护理的新领域，成为发展养老金融的重要力量，养老金融已融入积极应对人口老龄化国家战略。我们应将养老金融作为老龄社会新的金融业态，探索其作为老龄社会战略关键的作用机理和实现路径，并通过养老金融与长寿经济的良性互动、制度文化资源的内生促进，通过数字技术推动制度创新，构建养老金融发展的内生动力机制，提炼养老金融和积极应对人口老龄化国家战略推进的优化路径，实现有

显著中国特色的养老金融理论创新。

二、发展养老金融是银发经济背景下助推国内国际双循环的新动能

大力发展养老金融是银发经济背景下助推国内国际双循环的重要引擎和新发展动能。中国养老健康产业和养老服务产业的市场潜力巨大，数字经济与银发经济的结合已成为经济发展的新形态，发展养老金融是促进经济发展的加速器。通过规模巨大的养老基金投融资管理创新，实现与资本市场的良性互动；发展养老金融既是寻找经济发展和实现养老基金保值增值的新途径，又是有待开发的广阔服务领域，还能提供养老服务领域的就业机会。

强化养老基金投融资管理创新，利用金融手段扩充老年保障基金规模，强化养老基金与资本市场互动和与长寿经济互动的发展思路，强化养老基金参与国内国际双循环的长期战略投资，提升老龄社会的整体经济实力，提升养老保障体系的服务空间与服务能力。要加快养老金融体系的创新发展，满足老龄社会不同类型的服务需求，加快养老金融产业、养老健康产业和养老照护服务与老龄事业的深度融合发展，强化金融产品的适老化开发与普及，引导中国龙头养老金融企业提升养老信托、养老健康、养老照护等新产品开发及服务递送的能力，通过完善多层次医疗保障和养老护理金融服务体系，促进银发经济发展和养老金融产业取得实效。

强监管和防风险是2023年中央金融工作会议特别强调的内容。金融风险的防范和化解程度，既与经济金融健康发展相关，也与亿万老年人的养老储蓄和家庭金融资产的安全息息相关，养老金融风险防范也应引起高度重视。要立足养老金融消费风险的新特征，持续推进养老金融风险监管和防控机制创新。在养老金融领域，需要加强对老年人金融欺诈风险的防范与有效处理，强化养老金融知识普及，提升老年人养老金融素养，切实保障老年人的养老储蓄、养老资产与养老房产的安全。要将有效防范养老金融风险纳入建设金融强国和金融风险防控的重要议题。

三、发展养老金融是国家金融安全和治理能力提升的重要内容

在服务国家重大战略、促进养老金融高质量发展的过程中，应积极探索老龄社会新金融生态的新生长点，协同推进人口和金融高质量发展。以学习2023年中央金融工作会议精神为契机，以自觉服务国家重大战略为己任，系统深入地研究养老金融的理论和政策问题，将养老金融作为重大战略议题，并将其融入国家金融安全、国家治理能力提升中，回应养老金融理论研究界和业界的热切关注。

首先，厘清和深入研究养老金融的若干重要理论和政策问题。比如，发展养老金融如何破解多层次养老保险制度的瓶颈并有效弥补短板？如何拓展多层次养老保险制度的作用边界和重点领域？如何有效发挥养老金融的普惠作用并兼顾不同群体的多元化养老金融服务需求？如何实现养老金融在促进养老基金投融资管理创新方面的关键实现路径？如何探索养老基金与银发经济协同发展的新动能及机制创新？

其次，强化理论探索，注重将养老金融拓展至更宽泛的领域，养老金金融、养老储蓄金融、养老健康金融、养老照护金融以及金融机构提供的养老产品和服务等均应被纳入积极应对人口老龄化国家战略的实施要点。完善养老经济保障的养老金金融、养老金融投融资体系，提升国家的整体老年经济保障能力。老龄社会快速到来，我们正面临未富先老和未备先老的挑战。在完善多层次养老保障体系的同时，要有意识、有计划地为人们的全生命周期的养老金融进行规划准备，不断优化基于全生命周期考量的养老金融行为，不断提升养老金融风险防控能力。养老金融的健康发展可以提高多元化的财务准备能力，为老年人提供可靠的经济保障，有助于减轻单一养老保险层次下政府承担养老保险无限责任的压力，也有助于唤醒普通民众的自我保障意识，更有助于将养老保障的经济规划、养老健康管理、养老服务规划和老年心理规划关口前移，加快构建养老健康金融、养老服务金融和养老照护金融体系，发挥好养老金融的制度保障、经济保障和综合服务保障的整体协同作用。

最后，加快提升老年金融风险管理能力，强化老龄化国情教育，探索基于全生

命周期的老龄风险认知行为优化的实现路径，提升人们的养老金融素养和养老金融风险防控能力。加快构建养老金融知识体系，实现经济、社会、科技和文化的系统集成和协同推进，更好地服务国家重大战略，谱写养老金融理论创新和政策储备的新篇章。

Chapter 2

第二章

养老金融理论创新

第一节

养老金融研究的缘起及评价

一、养老金融研究学术史的简要梳理

（一）养老金融研究的缘起

养老金融最初来自英美学者基于养老保险财务可持续性而展开的研究拓展。学界将养老金融表述为“老龄金融”或“老年金融”。20世纪80年代末，为尽可能地缩小“健康寿命”“资产寿命”与“生存寿命”间的差距，学界逐渐将老年学与金融学研究相结合，诞生了老年金融学（Financial Gerontology）。其研究内容横跨金融、生物、保健、医疗、教育、心理学、社会学等多个领域，是从学术上正确认识老年期和老龄化过程的学科，也是贯穿21世纪的长期研究课题。

美国著名金融学家兹维·博迪（Zvi Bodie）在美国《经济文献杂志》（*Journal of Economic Literature*）上发表的论文《作为保险的养老金计划》，较早地提出了养老保险基金增加是促进资本市场发展和金融创新的重要因素，他也特别强调养老金计划与金融创新的观点。这是研究养老金融的重要经典文献。

为积极应对人口老龄化给养老保险制度运行带来的挑战，2000年，兹维·博迪和E·菲利普·戴维斯（E. Philip Davis）编辑出版了论文集《养老金金融导论》（*The Foundations of Pension Finance*），正式将养老金金融作为学术研究的重要方向，指出养老金金融对于个人、政府、金融机构、企业等不同市场主体的重要意义，提出了养老金金融的理论框架并梳理了自20世纪70年代以来养老金融领域的代表性论文和主要观点。该论文集是研究养老金金融的重要参考文献，对养老金金融的传播和研究产生了重要的学术影响。

2006年，英国著名养老保险专家大卫·布莱克（David Blake）主编的《养老金金融学》（*Pension Finance*）一书，较早地对养老金金融进行了专题研究，其研究内容包括养老保险基金所持有的金融资产、衍生工具、另类投资的保值增值、个人养老资产配置、企业年金的投资与管理、养老保险基金风险管理、养老保险基金投资绩效评价等多个方面。

日本老年金融研究专家清家笃在2016年成立了由医学、工学、经济学和法学专家等组成的老龄社会金融经济医学研究会，2017年，他编辑出版了《老年金融学》一书。该书从交叉学科的新视角，探讨了老年金融学的基本内涵和一些有创新性的研究结论。

随着我国步入老龄社会，国内学界也逐渐开始重视研究发展养老金融。20世纪90年代，有学者提出多层次养老保险的实施将积累数额巨大的养老基金，这些基金将成为制约一国资本市场的重要融资力量。同时，还提出通过组建社会保障银行来实施养老保险基金的投资运营与有效监管（林义，1995）。有学者对养老金制度与资本市场进行了系统深入的研究，并出版了学术专著（李绍光，1998）。

进入21世纪，有学者对国内外养老基金与资本市场互动等前沿问题进行了分析。国家自然科学基金委员会管理科学部在争议中立项资助了“养老基金与资本市场互动创新”的项目。《养老基金与资本市场互动发展的制度分析》是国内较早探讨养老金融与养老保险制度协同发展的文献。作者认为，巨额养老基金在老龄化背景下登台，对经济发展和金融体系发展均会产生人们未曾充分估量的制度变迁效应。而作为长期契约性储蓄计划的养老基金在参与资本市场发展中的复杂性往往超出人们以往的估计，既涉及与人们退休行为相关的强制或非强制储蓄过程，又与投资行为、投资过程关联密切，更重要的是，会受到一国的经济制度、决策过程及人们的文化观念等深层因素的制约（林义，2005）。

也有学者系统研究了养老金投资与资本市场的关系，在借鉴国际经验的基础上，探讨了养老保险基金、全国社保基金、企业年金投资与资本市场的关系，并探讨了商业养老保险与资本市场的关系（伊志宏　等，2009）。

随后，国内更多的研究学者开始将养老金融定义为满足社会成员养老需求而开展的金融活动，具体包括以养老金制度化储备和养老基金管理为主的养老金金融、以老年人财富管理为主的养老服务金融和以支持养老产业投融资为主的养老产业金融三个部分，探讨了养老金在直接和间接融资市场投资的理论和实践问题、养老资产的综合性金融服务问题（胡继晔，2013；杨燕绥，2014；董克用 等，2017）。

（二）养老金融与多层次养老保障体系

人口老龄化背景下，养老保险制度的可持续发展受到重点关注，商业银行参与第二支柱企业年金制度建设的相关资料是早期研究养老金融在养老保险体系中运用的重要参考资料（王大波 等，2006）。有学者针对我国多家商业银行养老金融服务与产品开发展开研究，探讨了老龄金融对商业银行产品丰富性、银行经营能力改善、银行业务创新发展的贡献度（林义，2017）。有学者肯定了第三支柱在我国养老金融体系中的重要作用（郑秉文，2016），指出应该鼓励更多金融机构参与养老保障体系建设，建立包含商业养老保险、银行理财产品等在内的个人养老金产品体系，推动养老金第三支柱发展。有学者围绕老龄化进程对金融的影响、养老金融与多层次养老保障体系建设、多层次社会保险基金投融资管理与金融市场创新发展等开展研究（林义 等，2021）。有学者围绕新型就业三重挑战探讨第三支柱的制度设计思路。

养老金融创新是养老服务和养老保险领域的重要支柱。默顿（Merton）等（1995）提出契约金融机构理论，认为随着老龄化的发展，金融机构需要实现资源的迅速转移、风险的全面把控、资金的快速结算等，最终形成契约金融机构。Davis（1998）在默顿契约金融机构理论的基础上，进一步分析了老龄化与金融机构发展之间的关系，从理论上指出了养老金制度改革可能对欧洲金融市场产生根本性影响，涉及私营部门对金融资产需求的变化以及资本市场和银行业的发展质量。他认为，养老保险基金规模扩大有利于增强证券市场的作用、减少传统银行的作用，降低银行的比较优势，最终得出人口老龄化有益于契约金融机构向市场转化、养老基金将成为老年人口的主要金融需求的结论。林德伯格（Lindbergh）等（2001）借助联合国人口预测数据建立生命周期模型，认为在经济高度发展社会中的人口老龄化，将会引起客户金融需求的变化，形成信贷类产品向储蓄类产品、储蓄类产品向基金投资组合（养老金）类产品的逐渐转变。迪克伯沃尔德（DyCbtwald）（2004）认为，人口老龄化带来了金融市场结构的变化，为商业银行提供了新的发展机遇，银行可以借助理财服务、债券服务、养老基金等金融产品创新来吸引老年客户。阿瑞斯塔（Arista）（2006）将金融机构的传统储蓄业务和养老金、共同基金业务进行对比，认为传统储蓄业务将随着经济高度发展下的人口老龄化加剧而被逐渐替代。

林义（2017）指出，养老保险各层次关联的改革向长寿风险管理、劳动力市场完善和金融市场创新等相关领域延伸，是一个值得重视的新发展趋势。老龄化可能产生退休金缺口、拉大城乡养老保障差距（曾毅，2005），加剧催生养老金融需求，发展养老金融业务也直接回应了老龄化的挑战。重视老龄金融与发展社区居家养老服务相结合以应对老龄化（童星，2015）、基于系统集成的视角积极应对人口老龄化下的社会保障改革、重视数字经济发展下的智慧养老金融建设，均是养老金融助推多层次养老保障体系高质量发展的重要动力。朱俊生 等（2021）指出，直接融资不足是我国金融体系的突出特征，间接融资主导导致风险积聚于银行业内部，银行保守的投资倾向又阻碍了资本市场发展。保险业作为契约型金融机构，可以积聚长期资金，缓解直接融资与间接融资之间的失衡，将会在推动多层次养老保险体系完善中扮演更加重要的角色。

2008年，国家积极应对人口老龄化战略研究项目启动，开启老龄化的战略系统研究并提出总体设计思路。应对老龄化挑战上升为国家战略，为老年学理论的拓展和老龄科学学科体系构建提供了重要机遇，老龄社会研究成为热点问题而备受重视，老龄金融作为应对人口老龄化的重要战略制高点，其概念也被首次提出，人口老龄化的基础理论研究有了新的起步（党俊武，2013）。基于对成功老龄化框架的探讨和对人口老龄化趋势的预测分析，有学者呼吁以战略思维积极应对人口老龄化的挑战，认清老龄社会面临的形势并采取应对之策（林熙 等，2013）。中国老龄社会的治理应基于“中国特征”并将其转化为“中国优势”，实现从碎片化管理向整体性治理、从聚焦于老年人口向强调全人口全生命周期的转变（胡湛 等，2018）。

（三）养老金融与银发经济

关于人口老龄化储蓄效应和经济增长效应的研究是较早的对养老金融与银发经济协同发展的探讨（王德文 等，2004），近年来也受到广泛关注。随着人口红利的消失，老龄化对金融领域影响深远（李扬，2021），人口老龄化与宏观经济运行的关系研究受到重视（胡鞍钢 等，2012；翟振武 等，2016；封进，2019）。养老基金的发展可以拉动内需、转变居民生活方式和国家经济增长方式，养老金融的相关研究符合我国养老事业发展和社会保障制度深入改革的需要。

银发时代，养老产业是增长最快的领域，同时也是在市场中被严重误解的领域（Coughlin，2017）。银发经济体系的基本理念是积极老龄化，形成老龄经济发展模式（杨晓奇，2021）是加快内循环的重大战略主攻方向。银发经济快速发展的关键在于有强大的金融支撑，应全面实施老龄金融工程，实施金融支持老龄经济产业计划，探索政策性金融和商业金融、老龄金融和老龄宜居产业混业运作模式；针对大量闲置国有资产，开展老龄经济产业多领域使用方式创新（党俊武，2020）。

哈蒙德（Hammond）等（2004）从个人理财的角度研究了养老金储蓄和管理方面的误区，根据生命周期的特点，在研究生命周期投资理论和风险管理理论的基础上，创造性地设计了一些生命周期金融产品，对养老产业融资发展意义深远。丁志勇（2018）分析了金融机构支持老龄产业的实施路径，认为金融机构应结合实际需求延长贷款期限，提供贷款利率优惠，通过银团贷款、发行债券等多种融资方式，切实满足养老产业发展需求。李立达（2024）指出，保险机构投资养老产业具有天然优势，保险资金具有期限长、来源稳、规模大的特点，投资康养产业可以延长保险产品上下游服务链，打造“产品+服务”模式，提升产品差异化竞争力。董克用 等（2017）认为，鼓励社会资本、多元化投资主体参与到养老产业建设中是拓展养老产业融资渠道的有力手段。

由于养老产业面临资本短期高回报需求与长期盈利周期之间的矛盾（柯文轩等，2023），加之投资预期收益具有较大的不确定性，金融机构投资养老产业的积极性不足。长寿风险给养老保障体系带来的冲击是世界各国面临的共同难题，预期寿命的延长增加了养老基金的负债（Bisetti et al.，2014）。为了积极应对长寿风险挑战，更多国家选择从DB-PAYGO（现收现付的收益确定型）模式向Funded-DC（缴费确定型）模式转变，随着养老基金规模的不断扩大，有更多长线资金可用于投资。近年来，ESG投资在经济社会可持续发展中扮演了重要角色，在国外养老基金投资实践中取得良好成效。根据养老产业的行业特征，广泛的“养老产品”具有准公共物品属性（高珂 等，2022），因此投资养老产业契合ESG投资理念中的社会责任投资。游丽君（2015）通过剖析典型养老产业案例，探究了全国社会保障基金投资银发产业存在的问题，并提出了落实、创新银发产业的扶持政策的建议。郑秉文 等（2021）讨论了中国养老基金实行ESG投资的意义、实践及主要问题。

（四）老年风险管理与国民金融素养

老年群体常面临多种类型的金融欺诈。Burnes et al.（2017）估计了美国老年群体中金融剥削和金融欺诈的发生率，发现2012年至2017年间的老年人金融欺诈发生率约为5.6%。随着老龄化的加剧，老龄金融风险问题的影响将变得更加显著。与国外相比，我国老龄金融欺诈的发生率更高。《中国养老金融发展报告（2021）》显示，2021年，有15.6%的被调查对象反映在金融投资中有过上当受骗的经历。重视老年需求满足与金融素养培养成为老龄金融教育的重要内容。

20世纪90年代以来，消费者的金融素养低下使得金融决策不理性被视为导致金融危机的主要原因之一，人们逐渐意识到现实中不存在消费者完全理性与信息充分的完全竞争市场，人们的消费行为在很大程度上受到金融知识、金融技能等因素的影响，关于金融素养的研究也开始正式兴起。经济合作与发展组织（OECD）（2016）将金融素养定义为作出合理财务决策并最终实现个人财务福祉所需的意识、知识、技能、态度和行为的组合，主要包括金融知识、金融态度和金融行为三个要素。其中，金融知识是金融素养的基础，掌握金融知识使人们可以理解金融产品和服务的特性。在掌握金融知识的前提下，人们的金融态度直接影响他们是否采取恰当的金融行为，而金融行为进一步决定了人们的短期福祉和长期福祉。

在人口老龄化的背景下，为适应养老金制度转变对个人养老责任的要求，许多国家的退休政策的首要目标之一便是为国民提供全面的金融教育，通过提高国民金融素养，帮助其优化养老资产配置、进行合理的预防性储蓄与退休规划。Lusardi（2007）利用2004年健康与退休研究（HRS）问卷数据，最早发现金融素养水平高、退休规划意识较强的群体的养老资产持有量是金融素养水平低、无退休规划意识的群体的两倍。米切尔（Mitchell）和乌古斯（Utkus）（2013）探讨了未来预期和金融知识对消费者参与401（k）计划的影响。金融素养水平较高的群体倾向于选择较复杂的、能在长期退休规划中产生更高的预期回报率和更少的非系统性风险的资产组合（Lusardi et al.，2014）。周弘 等（2020）基于2014年中国家庭追踪调查（CFPS）数据，探索了金融素养对家庭风险态度及商业保险参保率的影响，发现家庭金融素养的提高能显著增加养老计划的多样性。有学者从供给侧出发，提出了养老服务金融普惠性的新理念，同时考察了国民金融素养与养老服务金融普惠性之间的关系，以及国民金融素养对养老金融资产配置的影响（朱文佩 等，2022）。金融素养较高的群体倾向于选择较为复杂的资产组合，这些资产组合能在长期的退休规划中产生更高的预期回报率和更少的非系统性风险（Rooij et al.，2011）。然而，目前人们的平均金融素养水平不足以应对过多的投资选择和较为复杂的金融产品。Iyengar et al.（2004）发现，当可供选择的养老金计划数量增加时，养老金计划的参与率反而会下降。因此，养老金融产品的设计需要与国民的金融素养水平相匹配，国民的金融素养水平过高或过低都会对产品需求造成影响。

二、国内外相关研究评价

尽管近年来养老金融引起多方重视，金融机构更是将其视为未来业务发展的重要生长点，但总体而言，养老金融在积极应对人口老龄化国家战略中的定位仍不够清晰。理论界和业界对与行业发展相关的养老金融问题研究较多，围绕积极应对人口老龄化国家战略探索养老金融的研究成果较少；将养老金融直接等同于养老金金融来研究的较多，对养老金融的内涵外延、制度及政策框架的系统深入研究较少；从金融保险行业角度对养老金融发展业务、技术问题研究较多，对养老金融如何有效融入积极应对人口老龄化国家战略的若干关键问题研究较少；对养老金融的产品和服务关注较多，对养老金融与国家金融安全、金融风险管理及养老金融认知和养老金融教育的战略问题关注较少。

本书将围绕养老金融在积极应对人口老龄化国家战略推进中的作用途径的相关重大理论问题和关键政策问题展开系统研究，研究养老金融的理论框架、养老金融支持多层次养老保险制度的路径、养老服务金融及养老产业金融的发展趋势、养老金融与养老基金投融资管理的理论与政策问题、养老金融与家庭养老财富管理、养老金融风险管理、金融素养与老年金融教育等理论和政策问题。本书力求突出战略定位、理论创新和制度完善，分析养老金融在建设金融强国进程中的重要作用，提出养老金融服务积极应对人口老龄化国家战略的政策建议。

第二节

老龄金融与养老金融：理论边界及其拓展

如何有效应对人口老龄化的严峻挑战，是一个世界性的世纪难题，已成为各国政要关注的影响经济社会发展的关键性议题之一。然而，不同于世界上的任何一个国家，我国的人口老龄化呈现出老年人口规模超大、老龄化发展迅速、地区发展不平衡、城乡倒置显著、老龄化超前于现代化的显著特征，是伴随21世纪始终的经济社会发展难题。我国的人口老龄化问题与家庭少子化相交织、老龄化发展与新业态相交织，呈现出与欧美国家和地区迥然不同的发展态势。我国人口老龄化的发展与现代化、城镇化进程相伴随，社会结构面临大转型，人员流动总量和结构均呈现出中国自身发展的特点。我国的人口老龄化进程与传统家庭结构的巨变相交织，主张发展集经济保障、精神慰藉、服务保障于一体的综合性老年保障，这成为我国区别于欧美国家和地区的又一重大特征和制度需求。中国特色的老龄化，既凸显了应对策略的战略研究高度，也突出了政治、经济、社会、文化等全方位的战略部署需求。

党的二十大报告和国家“十四五”规划明确提出实施积极应对人口老龄化国家战略，提出全面建成多层次养老保障体系的目标、原则和内容，养老金融的兴起是弥补多层次养老保障发展短板的新研究领域和重大战略议题。受国际国内诸多因素制约，老龄化的深层次挑战和风险仍然不能低估，亟须从中国经济社会长期可持续发展的战略高度，直面新发展环境下积极应对人口老龄化国家战略进程中养老金融发展面临的新问题和新挑战。系统研究养老金融在积极应对人口老龄化国家战略中的重要定位，分析养老金融促进第三层次养老保险制度快速发展的作用机理和服务空间拓展，研究养老服务金融、养老产业金融和养老教育金融在推进积极应对人口老龄化国家战略实施中的理论创新、制度完善和政策协同问题，这些都是需要重视的重要战略问题。养老金融在积极应对人口老龄化国家战略中的定位仍不够清晰，但近年来引起多方重视，金融机构更是将其视为未来业务发展的重要增长点。养老金融的理论和政策研究，无论是深度还是广度都有待进一步深化与拓展。

一、老龄金融与养老金融

随着积极应对人口老龄化国家战略的推进和建设金融强国步伐的加快，养老金融开始受到多方关注，也逐渐开始成为学术研究的前沿及政策研究的热点领域。然而，从国家长期发展战略的角度进行考察，老龄金融的内涵与外延比养老金融更为深刻和宽广。虽然老龄金融与养老金融在一般政策语境下可以通用，但从发展战略及理论探索的角度来看，老龄金融的术语更加科学并具有更为广阔的延展空间。养老金融一般是指老龄社会中，通过金融制度创新、金融机制创新和金融服务手段创新，为老年人提供养老金融服务的总称。养老金融通常以养老金金融、养老服务金融和养老产业金融三大载体为支撑，为老年人提供养老经济保障和养老服务保障。

养老金融顺应人口老龄化发展的新形势，作为积极应对人口老龄化国家战略的重要组成部分，超越通过养老机构、保险机构提供养老产品与服务的既有制度安排，充分发挥金融的传统功能和创新功能，拓展养老金体系和养老服务的制度能力和服务能力，更全面地融入国家多层次社会保障体系建设，增强老龄社会治理能力，提升老龄社会的整体风险管理能力。养老金融是在现有制度和政策框架下，拓展既有养老保险和养老服务的范围及空间，利用金融制度创新和服务创新，盘活养老资源，开发养老金融产品及养老金融服务项目，使对老年人的经济保障和服务保障进入高质量发展的健康轨道，提升养老金融服务国家重大战略的能力，以养老金融的制度创新、服务创新及综合能力整体提升，助力实现中华民族伟大复兴。

老龄金融涵盖了养老金融的若干核心要素，在服务国家重大战略方面扮演同样的角色并发挥积极的制度绩效和服务功能。但老龄金融的研究视角、战略定位、理论创新的深度、广度及服务空间，都有别于目前学界界定的养老金融的范围和服务领域。应该说，老龄金融是在与老龄社会结构重大变革密切关联的金融领域新变革下出现的一门新兴学科以及一个全新的研究领域。

人口老龄化进程受到关注并引起重视已有50多年的时间，从1969年马耳他政府向联合国教科文组织提交报告，呼吁重视日益严重的人口老龄化现象，到1982年联合国召开首届老龄问题世界大会，都标志着老龄问题开始引起各国政要的关注。联合国及多个国际组织在应对人口老龄化挑战中发挥了积极作用。积极老龄化、健康老龄化、成功老龄化成为不少国家采取的发展战略和应对策略，也取得阶段性的政策效果。然而，人们对老龄社会的既有认知及为应对人口老龄化挑战所采取政策的效果显示，我们对老龄化的经济、社会及文化影响的认识需要重新进行反思，对老龄经济政策、社会政策及文化影响后果的评估也需要进行理性反思，对应对老龄社会挑战的诸多社会保护制度、金融保险制度及养老保险制度、健康保险制度的有效性及可持续发展问题更是需要进行理性反思。

目前，应对老龄社会挑战的大多数制度安排和政策主张，主要是延续工业化时代早期的社会保险制度。不论是采取现收现付制、普遍保障制，还是基金积累制，都是基于传统工业社会结构下对社会成员面临生老病残、死亡等社会风险，为其提供经济保障的制度安排。多数国家的社会保险制度，是为缓解社会矛盾、化解社会风险所采取的社会政策。经过长期演化与发展，社会保险制度为老年人提供了养老保险和健康保险等制度安排，商业化、市场化的健康保险也发挥着不同程度的补充性保障作用。

应对老年人养老、健康风险的既有制度安排，长期以来在既有均衡的人口结构下，发挥了积极的制度供给作用和政策效应。然而，随着老龄化程度的加深，传统的养老保险制度、健康保险制度运行压力在不断增大，加上科技革命、人工智能技术的广泛应用，社会经济环境的变化、社会文化价值观念的震荡与变革等诸多因素的共同作用，在既有人口结构、人口均衡约束下形成的养老保险制度可能难以继续稳健运行。超老龄社会出现了老年人口规模超大、高龄老年人占老年人的比例日益增大、青年一代缴费意愿下降等现象，在经济环境不佳等因素的共同作用下，无论是政府实行的社会保险模式还是商业养老保险制度，都面临潜在风险。制度的不可持续风险在显著增加，传统制度模式运行受阻，亟须进行老龄金融的理论创新与制度创新，这成为老龄金融受到各国重视的直接动因。

从经济、社会、文化和科技等角度考察老龄金融的发展前景，无疑会引发人们更深层次的思考。首先，从人口老龄化发展趋势来看，在科技革命及人工智能的推动下，人均寿命不断延长，人口年龄构成的既有特征与规则将很快被打破。高龄老人的数量及占老年人口的比例，会在不太长的时间里以极快的速度增加，很有可能会出现完全不同的深度老龄化的社会场景。以传统的保险制度为核心的既有制度形态难以为继，促使老龄金融理论创新的步伐必须加快。显然，老龄社会加速发展的趋势打破了既有生命周期均衡的千年运行模式，即便是在继续维持较高出生率的前提下，人类的老年生活时期也将大大长于幼年、青年、壮年期，这对人类社会的影响甚为深远，无论是对经济结构、社会结构，还是对文化发展的影响都非常深远。

其次，家庭结构变化、生育意愿改变及文化价值观巨变都深刻影响着我国老龄化的未来发展进程。受多种因素的制约，东亚文化圈里的多个国家和地区的传统家庭结构与生育文化都面临严峻挑战。尤其是近年来，我国“90后”“00后”等青年一代的生育观更是出现剧烈震荡乃至颠覆性的变化。老年人高龄化与出生率持续低迷的趋势，使人口结构中“一老一小”的问题尤为突出，也加大了现行养老保险制度的可持续发展风险，多层次养老保险制度发展提速非常必要。既有的制度形态难以为继，必须加快老龄金融理论创新的步伐。多层次养老保险制度改革与服务拓展成为必要，老龄金融理论创新发展更显紧迫。

最后，基于全生命周期构建老龄金融已成为一种新的研究视角。既有的养老保险理论研究和制度设计大多聚焦于生命周期的老年阶段。不管是养老保险，还是养老金融、老龄金融，其保障重心和服务对象自然是老年群体。但理论创新、制度设计与政策创新又必须跳出养老单纯是老年人的事和为老年人服务的传统分析视野，需要基于全生命周期的理论和战略视野看待积极应对人口老龄化国家战略的制定与实施，同时需要基于经济、社会、科技、文化等全方位战略定位来审视老龄社会的挑战及应对策略。因此，我们要理性看待既有生命周期均衡被打破以后的新机遇与挑战，深度挖掘老龄金融与银发经济的发展潜力，探索积极应对、系统应对、综合应对、科学应对老龄社会挑战的新方略。这也是老龄金融受到重视的重要决策基础。

二、多维视角下老龄金融的理论拓展

老龄金融是近年来受到各界关注的重要课题，2023年中央金融工作会议第一次将养老金融作为做好金融“五篇大文章”的重要议题，并将其纳入建设金融强国的重要发展战略之中。需要指出的是，迄今为止，对养老金融的大多数研究更多地聚焦于传统的养老保险、养老服务等领域，并赋予其一定的金融属性，抑或立足于养老金领域的金融支持进行拓展。这对于厘清发展养老金融的各重要方面是非常必要的，有助于从制度建设、政策完善方面促进老龄金融的健康发展，但仍需从新的研究视角进行理论创新与空间拓展。

（一）全生命周期视角下的老龄金融

人口因素一直是制约经济社会发展的重要且关键的核心变量。人口总量与结构直接影响生产、交换、分配和消费的形态与特征，影响经济政策、社会政策的制定及实施效果。人类社会迄今数千年的发展历程表明，在21世纪的二三十年代以前，人类社会主要是以青壮年为导向和主体的社会形态。随着人均寿命的延长及少子化趋势的加剧，老龄社会悄然而至，人口老龄化在短短几十年的时间里成为各国不得不系统应对的严峻挑战。从人均寿命50岁左右的传统社会到人均寿命80岁左右的老龄社会，人的生命周期曲线出现大幅度的跳跃，使千年来传统的少年、青年、壮年、老年的稳定生命周期出现严重失衡。如果说传统社会中老年阶段较其他各个阶段的时间都更为短促，那么，老龄社会中老年阶段的时间将大大超过少年、青年、壮年阶段，这打破了生命周期的既有均衡，出现了人类历史上前所未有的跳跃式发展，呈现出人类社会老年生活历程逐渐延长的世界性图景。

在既有均衡的生命周期框架内，美国著名经济学家莫迪利亚尼（Modigliani）在20世纪50年代提出生命周期假说，强调人们的消费主要取决于个人在生命周期内所能获得的财产与收入。基于理性的考虑，消费者会充分考虑其拥有的在不同生命周期的现期及未来收入，合理安排消费、储蓄与投资，使消费水平在整个生命周期内保持稳定，从而实现效益最大化[1]。正是基于生命周期的假设，莫迪利亚尼强调，养老金体系的首要目标是帮助家庭通过对整个生命周期消费的合理调整，有效分配生活资源[2]。萨缪尔森（Samuelson）和默顿在此基础上发展了生命周期组合模型和连续时间下的生命周期模型，强调人的一生有儿童期、成年期和老年期三个不同的阶段，通过对个人资产在生命周期内的合理配置，实现消费与投资效应的最大化[3]，以及实现养老资产效应的最大化，并最终实现生命周期内的投资组合效应最大化。

大多数经济、金融及保险理论是在既有生命周期理论的框架下，基于经济理性和对风险的考虑，来构建消费、储蓄和投资的理论框架，探讨不同生命周期阶段的投资及养老资产配置问题。从经济学的角度来解释，近代社会保险制度登台的理由是，个人和家庭可能会作出短视决策，需要政府“父爱式”的关心。同时，由于企业、商业保险市场普遍存在逆选择风险和道德风险，需要政府进行干预，建立起由政府主导和强制实施的社会保险制度。近代德国是社会保险制度的摇篮，并且是世界上第一个立法将养老保险退休金的领取时间规定为70周岁的国家；而在当时的德国，人均寿命在45岁左右。这是基于既有生命周期模式、老年人的存活期偏短的人口基础性约束条件而进行的制度选择。

[1] 江世银，陈曦，魏君飞. 居民生命周期内养老资产配置研究[J]. 财经科学, 2021（3）：69-82.

[2] 佛朗哥·莫迪利亚尼, 阿伦·莫拉利达尔. 养老金改革反思[M]. 北京：中国人民大学出版社，2013.

[3] 江世银，陈曦，魏君飞. 居民生命周期内养老资产配置研究[J]. 财经科学，2021（3）：69-82.

老龄社会的到来打破了既有生命周期的传统均衡模式，老年期时间超过儿童期和成年期的人口发展基本条件的变化，必然从根本上改变经济社会结构关联的既有均衡模式，也必然突破西方现代经济学的若干基本假设。人的生命周期及消费、储蓄和投资假设将被重新定义，传统的基于预防动机的储蓄边界将持续延展。从生命周期的角度考虑，老龄金融将改变以往人们对储蓄、养老、社会保险的传统认知。老龄金融理论体系的创新发展成为人类社会可持续发展的重大战略议题。从全生命周期的理论视野审视旧有生命周期均衡被打破以后的消费、储蓄、投资的新组合，与老龄社会相关的经济金融活动将获得前所未有的高度关注，也将催生老龄金融的理论创新、制度创新、产品服务创新及监管框架创新。

（二）行为金融学视角下的老龄金融

行为经济学、实验经济学和行为金融学日益突破传统西方经济学的既有理论框架，突破经济理论的传统分析视角，融入心理学及社会科学等多学科的研究方法和分析视角，成为更受重视的新兴研究领域。而行为学派、格式塔学派、认知学派和精神分析学派与行为金融学的关系甚为密切，成为行为金融学演化发展的重要心理学基础。行为方法引入金融学研究之后，拓展了金融学的研究领域，揭示金融行为的内在心理轨迹的同时，也逐渐显示出不同的文化背景、制度语境、社会心理语境下人们金融行为的内在差异性。隐性制度文化约束将通过不同的方式顽强地发挥内在制约作用，从而揭示了跨文化视野下的比较借鉴的重要方法论价值。

老龄金融的兴起固然与老龄社会的出现有关，但从全生命周期的理论视角考察老龄金融，关注的议题绝不仅仅是老年人的金融行为，还有既有生命周期边界被打破后，不同生命阶段的人群都受其影响而逐渐调整并改变储蓄、投资、退休养老等经济金融行为，行为特征的变异显然不仅仅涉及个人的经济金融行为，还需要考虑个人、家庭、社会文化和制度环境对行为调整的约束力。不同生命周期阶段、不同代际间的中国人的金融行为及其变化特征既有一般金融行为的特征，也存在因特定制度文化约束而形成的自身的内在演化规律，显然难以用西方行为金融学的理论方法进行简单化和表象化的诠释。

中国人的家庭观念、家庭意识受儒家文化的影响可谓根深蒂固。中国社会结构的诸多领域，仍然可以用费孝通先生的差序格局理论进行阐释，从“变”与“不变”的角度阐释历代中国人社会心理积淀的潜在影响机制[1]。深层储蓄意识虽然在“00后”身上呈现出显著的变异，但其社会心理中隐蔽的族群意识、经济金融行为中的羊群效应、金融投资行为的短视效应，与西方社会中人们的金融行为仍有很大的差异。中国的父母对子女的照护时间非常长，即便子女已经结婚生子，在多数情形中依然是父母在经济及服务上长期支持子女家庭，乃至全力支持孙辈的生活费用和教育费用。直到今日，在面临老龄化的严峻压力下，银发经济的一个重要支点仍然是对孙辈消费的支持，而非老年人为自己进行的消费。

我国“50后”和“60后”的经济金融行为，因受其特定的生活环境影响，呈现出显著的节俭主义特征，对孙辈的支持则是尽其所有的大方主义。即便知晓反哺模式和传统的代际反馈模式在独生子女一代的语境下难以为继，他们仍然对后代有显著的利他动机及习惯。这既是长期的惯性行为使然，也是家庭文化基因仍然以独特的方式在隐形地发挥作用，更表明老龄金融正式制度与非正式制度的安排仍然以人们难以察觉的方式在继续发挥作用。我们应当对老龄金融行为背后的文化习俗和传统因素给予特别的关注，这远比简单通过模型分析更加合适。在中国文化演化自身规律的基础上，提炼出老龄金融的行为目标、行为动机及行为方式，进而促使老龄金融的相关理论、制度及政策发挥出更好的效果。如何优化调整行为模式固化的老龄金融行为？如何有效应对老龄社会对传统金融行为的显性及隐性挑战？这些问题构成老龄金融需要系统研究的理论问题，也将是我国行为金融学研究领域的新拓展。

（三）社会保险经济学视角下的老龄金融

以养老保险为核心的现代社会保险制度，自诞生以来的100多年时间里，对经济金融的影响日趋扩大，不断从边缘渗透到中心领域。20世纪70年代中期，美国著

[1]　林义. 社会保险制度分析引论[M]. 成都：西南财经大学出版社，1997：99.

名经济学家、哈佛大学教授马丁·费尔德斯坦（Martin Feldstein）的经典论文《社会保障、退休与资本积累总量》，提出美国的社会保障制度将直接导致私人储蓄下降50%甚至更多，这一研究结论引发西方世界长达50余年的理论争论。争论的焦点在于养老保险制度的储蓄增减效应。各国经济学家通过构建理论模型，根据不同的维度实施实证检验，进行广泛的国际比较研究，在社会保险储蓄效应、劳动力市场效应、收入再分配效应、宏观及微观经济效应等多方面展开激烈的和旷日持久的争论，形成不同风格的理论流派。研究结论引致的一个直接政策干预案例，就是促使世界银行等国际金融机构在20世纪90年代至21世纪第一个十年开始进入社会保障领域。美国及诸多国家将社会保障改革纳入重要的决策议题之中，寻求能够促进经济增长的社会保险制度模式。而金融危机和金融市场波动，致使一些国家的改革处于摇摆之中。但无论它们作出何种选择，均是社会保险的经济金融效应，这成为社会保险经济学中的中心议题。随着老龄社会和高龄社会的快速到来，社会保险对经济金融的促进和抑制作用变得日趋重要。老龄社会风险、经济社会危机及数字经济多重压力叠加，更是需要社会保险制度的稳定运行和可持续发展，它连同社会保险的经济金融效应，成为经济社会发展的核心议题之一而越来越引人注目。

老龄金融的兴起正是破解社会保障制度可持续发展的既有难题的一种理论创新，也是制度变迁的内在需要。以老龄金融深化和拓展多层次社会保障服务空间，在老龄金融理论创新、多层次社会保障制度空间和服务空间拓展、社会保险基金投融资管理创新与资本市场互动创新之间，搭建起良性互动的有机链条，探索经济发展、金融稳定和经济社会风险能够有效控制的老龄金融新理论、新方法和新机制。

显而易见，工业化时代的社会保险制度模式及其投融资机制已经难以适应老龄社会、风险社会及数字社会叠加下的客观需要，无论是传统的现收现付社会保险制度模式，还是基金制、部分基金制社会保险制度模式，都难以适应。数智化生产方式的变革，催生出新的社会保险和社会风险管理制度模式，老龄金融的兴起或将成为应对现实社会挑战的重要制度选择之一。

第三节

养老金融理论创新的重要议题

养老金融是一个新兴的前沿研究领域，数字技术、风险社会叠加情形下的老龄社会的养老金融有着广阔的理论创新空间。目前，对养老金融内涵的划分更多地侧重于养老金金融、养老服务金融和养老产业金融。这具有一定的现实价值，反映出在现实条件下人们对养老金融理论探索的认知水平，表现出现实需求推动下的某种应对性思考，其积极意义在于将养老经济学的研究从传统的保险及社会保险领域拓展到金融领域。

养老金金融的核心议题是拓展市场化补充性养老金融制度供给所能提供的老年经济保障水平。养老金金融促使游离在养老金体系外的大多数金融机构重新思考需要通过什么方式融入老龄社会的经济和社会服务事业，深度挖掘老龄社会的经济活力，寻找老龄金融机构在新发展阶段、新发展环境下的新动能。而养老服务金融和养老产业金融分别为金融机构在金融产品的创新、金融服务的创新上提供了极为广阔的服务空间和满足老龄社会服务需求的众多新兴产业和行业，为老龄社会的金融发展提供了新的动能。

一、养老金金融的创新发展

在养老金融体系中，养老金金融发挥着极为重要的制度供给作用，其经济保障功能尤为重要。养老金金融由传统的补充养老保险拓展而成，但养老金金融并非简单地替代养老保险，而是养老保险从形式到内容上的新拓展。从严格意义上来说，养老金金融是多层次养老保险体系中第二层次企业年金、职业年金和第三层次个人养老金制度的重要组成部分。我国多层次养老保险体系建设起步很早，甚至早于很多发达国家，第一层次基本养老保险的覆盖人群目前已达10.7亿人，但除企业职工基本养老保险、机关事业单位的职业年金的保障范围和保障程度有较好较快的发展外，企业年金和个人养老金制度发展缓慢，仍然需要有较快的发展，才能真正构建起健康、规范、有序的多层次养老保险体系。养老金融的兴起并受到重视，正是为了弥补多层次养老保险体系的制度建设短板，通过养老金金融的自主创新、产品和服务的创新，探索促进补充性养老保险快速发展的有效路径。既有的多层次养老保险制度发展思路显然难以破解难题。

要解决第二、三层次养老保险发展面临的难题，就要充分挖掘金融机构参与养老金金融的内生动力，加快老龄金融机构的业务创新，探索能够更好地适应老龄社会金融服务需求的养老金金融产品和服务，寻找老龄社会金融服务的新的增长点。现代金融体系的功能复杂且作用巨大，但其基本服务框架仍服从于工业社会和年轻型社会结构的内在需要，无论其制度框架、服务类型和服务手段怎样变化，依然是在工业社会和年轻型社会结构下进行的调整与完善。数字经济和老龄社会的到来将从根本上颠覆和重构现有的金融制度框架及服务类型、服务手段，金融体系面临重构。社会养老保险、商业养老保险和年金保险等都是基于风险预防的目的，通过保险机制进行风险转嫁。无论是代际间的收入再分配，还是不同生命周期的收入转移，都是为了实现老年人的收入保障目标。在老龄社会，通过传统的保险方式转嫁风险的机制，呈现出诸多不适应性。在政府强制实施的社会养老保险方面，受少子化趋势及数字经济的影响，参与社会养老保险缴费的青年一代逐渐减少；而受老龄化趋势的影响，领取养老保险待遇的老年人日益增多。既有社会养老保险筹资机制的内在均衡被打破，社会保险的长期可持续发展面临风险，个人、家庭、机构及社会均需对此更加重视。发展养老金金融、增强自我保障和抗御老龄社会风险能力势在必行。

从全生命周期的角度，科学规划老年财务安排的各项计划，实现从被动保障向积极保障的战略转移。为服务积极应对人口老龄化国家战略，各金融机构应积极投身于发展养老金金融的各项工作。以广东省为例，广东省通过优化产品供给、拓宽服务范围、提升服务体验等，积极扩大养老金金融产品供给，提升养老金金融服务水平。截至2023年11月底，广州市已开设352.2万户个人养老金账户，41家保险公司累计提供125款商业养老年金产品，累计为211.7万名消费者积累养老准备金479.8亿元。养老理财、专属商业养老保险、特定养老储蓄及商业养老金等多个试点项目落地，其中特定养老储蓄累计销售2.9万笔，共计81亿元[1]。但总体而言，金融机构在积极应对人口老龄化国家战略的推进中，仍有较大的探索空间。受中国传统文化潜移默化的影响，我国人民的储蓄观念和家庭观念根深蒂固。尽管“90后”“00后”两代青年的观念已发生重大变化，但在社会心理的深层潜意识领域，储蓄观念、储蓄行为的轨迹依然难以完全消失。

金融机构基于长期发展战略的现实发展路径，为探索养老金金融的新型制度形式、服务方式提供了重要的行为基础。迄今为止，我国大多数金融机构在养老金金融的产品开发与服务创新方面，仍停留在传统金融保险的认知水平上，更多地重视战术类短期市场产品的开发，而缺乏长期的战略考量。事实上，随着人类社会从年轻型社会向老龄社会和数字社会转型，传统金融的制度类型、服务方式和服务手段都将发生革命性变革。养老金金融绝非仅仅以服务老年人为目标的金融服务活动，而应当是全生命周期的跨期金融配置的重要重新组合。

工业化时代的退休制度也将面临重构。数字时代，人们的生产方式、消费休闲及生活方式也将出现变化。人们进行生产经营活动的目的不仅仅是谋生，也是为了实现更多的精神层面、文化层面及人的全面发展的追求。数字货币、数字金融、数字养老金将成为未来社会金融的主要形态。因此，养老金金融的理论框架及政策构建，必须基于其与数字金融的密切关联，并寻求新的理论创新的增长点，探索人们全生命周期的金融活动、金融行为的内在轨迹及其规律，探索养老金金融在老龄社会的重要作用及实现路径。

[1] 裴光.探索做好养老金融大文章的广东路径[J]. 中国银行业，2024（1）：21-23.

养老金金融是老龄社会经济保障的重要支柱，也是直接服务于老龄社会需要的重要制度安排和金融举措。如果我们从老龄社会重大转型的视角分析，养老金金融就不单单是服务老年阶段的金融活动，也不只是发放个人养老金来实现老年人经济保障目标，而应当是涉及全生命周期的财富生产积累分配的重大制度变迁。传统的依赖社会养老保险和商业养老保险的制度，可能难以适应数字经济条件下老龄社会的客观需要。因此，老龄社会需要调整人们的储蓄行为、保险行为和金融行为，通过更加积极能动的方式进行前瞻性的考量，优化生命周期内不同阶段的储蓄、消费及投资行为，逐步适应漫长老年阶段的新挑战，通过金融创新，实现全生命周期的储蓄、消费及投资行为的均衡。

在中国传统社会，养老通常是在庞大而严密的家庭内部及家族结构中实现的。在千年形成的根深蒂固的孝文化语境下，养老完全不成问题，家庭养老可以说是一种极为超前、完善的制度化安排。而在现代社会，随着家庭的小型化及人均寿命的延长，社会养老已成为一种新趋势。社会养老与家庭养老相融合，个人、家庭和社区，社会、市场及政府共同承担养老经济服务保障方面的责任。政府对低收入困难老人承担兜底责任和应急救助的最后责任。个人及家庭需要合理配置不同生命周期的经济资源，通过养老金融知识积累和养老金融行为优化，提早谋划不同代际间和不同生命周期阶段的资源配置，提升个人及家庭的养老金储备水平。养老金融资产的配置水平和配置能力的差异，直接影响老年经济风险防控能力等，构成了老龄社会金融需要系统研究的重要议题。

二、养老服务金融方兴未艾

养老服务金融，泛指在老龄社会以金融支持及服务方式为老年人提供的各种服务方式和服务类型。在年轻型社会结构下，通常也存在着养老服务金融，但其服务范围和程度相对有限。20世纪70年代以来，美国养老服务金融开始出现以401（k）计划为代表的个人养老金计划，个人养老金计划作为养老保险机构计划的重要补充，以较快的速度发展。美国的养老金市场规模从20世纪70年代的3700亿美元增至2021年的39万亿美元，占GDP的70%以上。而庞大的个人养老基金投资及保值增值业务，为金融机构的养老金融服务开辟了新领域。随着老龄化趋势的加剧，以养老基金为代表的机构投资者极为活跃，养老基金与金融市场的互动创新，成为21世纪初金融领域制度创新、金融工具创新的一道亮丽风景线。养老服务金融不仅为亿万老年人的多样化金融需求服务，而且为金融服务和金融工具创新提供了广阔的舞台。

中国的老龄化趋势既有世界老龄化的一般性特点，又呈现出显著的中国特色。我国在1963—1965年、1968—1978年两波生育高峰时期出生的人口逐渐退休，形成超大规模的退休浪潮。老年人的规模大、数量多，而且高龄化趋势仍在加剧，成为中国老龄化的巨大压力。同时，由于长期的计划生育政策的推进，独生子女的家庭结构完全打破了多子女大家庭的传统社会结构。受西方价值观念的冲击，几千年的“养儿防老”的家庭养老模式难以为继，社会养老和社会化养老金融服务成为金融机构的战略性选择。

据保守估计，至2050年前后，我国60岁及以上的老年人口规模将达到或超过5亿人，占人口总量的30%左右。而这批老年人刚好经历过改革开放，且有部分老年人享有改革开放发展的时代红利，拥有一定规模的金融资产，比如储蓄、房产等。如何通过金融服务创新，深度挖掘潜在的养老金融产业、养老金融资产的价值，构成养老服务金融创新发展的主要业务领域。除养老基金投资运营及保值增值、传统金融业务持续提升外，还有大量的住房抵押、养老金管理、养老服务、养老信托金融服务、长期护理保险服务、金融保险服务、养老财富管理和养老风险管理方面的业务。养老服务金融拥有广阔的市场需求和发展潜力。

我国在养老服务金融长期趋势研判及战略研究方面仍然处于初创阶段，各地金融机构也在积极进行探索创新。但总体而言，中短期的业务创新、产品创新居多，中长期的战略布局、整体规划较少；基于人们目前的认知水平的养老服务金融探索较多，如特定养老储蓄产品试点、养老理财产品及商业养老保险产品开发，而基于老龄社会中长期市场趋势研判的长期性战略规划相对不足。颠覆性养老产品及养老服务的战略组合缺乏系统性、前瞻性的战略规划和研究，养老服务金融领域的知识创新严重缺乏，老龄社会养老服务的金融人才储备严重不足，这些都是建设金融强国进程中亟待弥补的战略短板。

不仅如此，数字经济和养老服务金融面临内涵外延及服务领域的新拓展，数字金融场景下的养老服务金融既迎来千载难逢的发展机遇，也面临新的挑战和潜在的风险。养老服务金融需要拓展新领域、新业务和新产品，防范与化解数字金融带来的新风险。老龄风险管理服务将成为新兴金融服务领域最具广阔发展前景的一个新方向。

住房抵押保险、住房抵押租赁业务有其潜在的市场前景。居住在城市的部分“50后”“60后”老年人拥有多套住房，而随着人口出生率日趋降低，2010—2020年出生的儿童理论上可以继承多套住房。开发能够反映中国国情的住房抵押保险及租赁业务，成为养老服务金融的又一新兴领域，且具有广阔的市场前景。目前直接从欧美国家和地区引进的住房抵押保险未能充分满足国人的文化心理需求，忽略了对代际间的物质及文化纽带的深度挖掘，因此，住房抵押反向保险市场开发很不理想。可以通过加大市场产品开发的创新力度，发挥其应有的养老服务金融功能，为城市高龄老人的养老服务提供补充性经济支撑。盘活养老服务金融资产，也有助于减轻个人、家庭及政府的养老服务费用压力，更好地服务于建设金融强国的宏伟目标。

随着老龄社会的到来，高龄老人、独居老人和失智老人的养老金融信托服务也将成为养老服务金融的重要领域，需要金融法及相关领域、养老金融及资产管理等相关领域的专业人士通力合作，加快法治化、专业化建设及新兴养老服务金融专业人才培养，加快推进老年友好型经济金融环境、金融场景和养老金融文化的培育，以尽快适应老龄社会对养老服务金融的需要，推进金融高质量发展进程。

高龄社会面临的一个严峻挑战在于75岁老年人的认知能力面临急剧下降的风险，高龄老人成为老年人群中最值得关注和关爱的群体。2023年，我国失能失智老年人约5000万人，而且可能以20%左右的速度递增。失智老人不但会急剧增加护理成本，增加机构及家庭的经济负担和照护压力，也将增加金融机构满足服务需求的压力。失智老人的财产尤其是金融资产的妥善管理及委托监管需求，又为养老服务金融带来大量的业务需求。改革开放几十年来，部分城市老年人积累的金融资产高于年轻人及部分中年人，有效盘活巨量养老金融资产，既是为金融运行注入活力，又是促进我国银发经济发展的重要推力，同时也能催生新兴养老服务金融的重要需求。在这一方面，金融机构的产品服务开发及业务创新正处于初创阶段，需要金融机构站在长期发展战略的角度，加大战略性研究和产品服务研发力度，打造有显著中国特色的养老服务金融的新业务领域。

三、养老产业金融前景广阔

我国老龄化的规模、速度及超老龄社会的总体发展格局，决定了养老产业金融的规模宏大。有机构估计，我国2015年至2023年4月，养老产业投融资总金额已达到93.76亿元。2022年，我国养老市场规模已达9.4万亿元，预计到2028年，养老市场规模将达到30万亿元[1]。我国保险业近年来积极拓展养老产业市场，泰康之家、太保家园、亲和源、凯健养老等养老品牌和九州通、迪安诊断等养老产业上市公司在老龄产业领域崭露头角。但总体而言，养老产业金融目前仍然聚焦于中短期市场，对中长期战略规划研究缺乏系统性、前瞻性和战略性的思考。如何发挥巨大的金融融资功能，实现养老产业金融的异军突起，仍缺乏金融创新引领，以发挥其战略引领作用。如果基于系统思维，将养老产业金融的战略定位融入数字经济、银发经济的发展趋势中，不难找到实现养老产业金融与经济发展新动能的支点和顺应新

[1] 【前瞻分析】2023—2028年中国养老行业发展现代及前景分析[EB/OL].（2023-06-15）[2024-06-23].https://www.163.com/dy/article/I79HMC9R051480KF.html.

趋势的绝好发展机遇。因此在促进数字经济、银发经济快速发展的过程中，找到养老产业金融自身发展的战略定位尤为重要。显然，这个战略定位已经超越了传统定位，站在了实现更高层级、更长远发展的战略布局的层面，进而能实现养老产业金融的提质升级。

实现养老产业金融的战略布局与超常发展需要跳出“就金融谈金融”的传统认知，将养老产业金融融入医养结合产业和中医药产业发展，融入绿色金融产业、生态金融发展和普惠金融的互联互通。这样一来，就不难找到有显著中国特色的养老产业金融循环可持续发展的钥匙，实现养老产业金融高质量发展，并为国际国内经济双循环注入中国养老产业金融的新动能。如通过对老旧小区的适老化改造，可以创造出银发经济的新需求，在服务老年人便捷生活、满足老年人康养服务需求的同时，也助推经济发展。又如，通过“一老一小”政策的协同，多方施策，鼓励并提升适龄女性的生育意愿，为更多婴儿的出生创造有利条件，这是推进银发经济发展的有效推力。事实上，受多年来行为习惯的影响，大多数老年人自身消费意愿较低，其行为惯性很难改变。我国近年来开发的诸多针对老年人的养老产品一直未能活跃起来，其主要原因在于养老产品的真正需求者（老年人）的消费意愿很低。所以，单纯聚焦于老年人的银发经济思路可能会受到诸多限制。如果能够有效破除制约生育意愿的瓶颈，多措并举鼓励生育，使新生婴儿的数量增加，将大幅带动老年人的银发消费动机。通过养老金融与普惠金融的政策联动，找到促进银发经济快速发展的新的动力源和潜在推力，实现养老金融和普惠金融的政策优惠，实现市场机制调节与老年人银发消费之间的良性互动。在这一发展进程中，养老产业金融发展可以找到新的增长点。

四、养老金融嵌入社保基金投融资管理

积极嵌入社会保障基金投融资管理，是养老金融创新发展的重要议题。不同于目前国内学界对养老金融的一般划分，我们认为，关注养老金融，除了要关注养老

金金融、养老服务金融和养老产业金融外，还需要特别重视社会保障基金的投融资管理。社会保障基金投融资管理既是社会保障体系安全规范运行和长期可持续发展的基本要素，也是金融创新尤其是养老金融创新发展的关键议题之一。

第一，以养老基金为代表的机构投资者基金，已成为21世纪以来发达经济体金融创新和金融市场发展的重要载体。养老基金不但规模宏大——在不少欧美国家和地区已经占到GDP的180%～200%，而且因具有长期性和耐久性特征，已经成为影响乃至主导金融市场工具创新和金融市场平稳运行的最重要的变量之一，也成为发达国家诸多金融衍生工具的重要创新实验场所。

第二，社会保障基金的投融资管理，尤其是养老基金向新兴经济体的巨额战略投资，提升了发达经济体应对老龄化挑战的整体财富增长速度和财富规模，为有效应对老龄化挑战的国家经济实力增强作出重要贡献。各发达经济体对养老基金投融资管理的战略性定位，及其与资本市场健康发展良性互动的经验，是需要包括我国在内的众多新兴经济体认真学习和借鉴的。对养老基金投融资管理及有效风险管理的认知水平、认知能力及战略规划能力，在很大程度上制约着养老金融创新发展的能力和水平。以社会保障基金投融资管理为载体的养老基金成为国家长期发展战略的重要组成部分，对国家基础设施投资、绿色投资、生态投资、新能源投资等都将发挥重要的支撑作用。当诸多新兴经济体还将积极引进外资作为经济发展的重要推力、解决经济欠发达状况时，一些发达经济体已将此举作为积极应对人口老龄化挑战的一项长期战略布局并加以实施。由此可见，域外经验的学习与借鉴也需要有战略眼光。在对外经济互惠互利的交往中，既要着眼于当期的经济价值的交换，也要关注长期战略布局的潜在价值。因而，加快培育养老金融领域的战略科学家的任务日趋紧迫。

第三，我国社会保障基金结构复杂，既有包括养老保险基金、医疗保险基金等五险的社会保险基金，又有企业年金和职业年金基金、个人养老金基金，以及作为长期战略储备基金的全国社会保障基金。截至2023年底，我国已有养老保险基金

10.8万亿元，企业年金基金3.2万亿元，职业年金基金2.56万亿元，全国社会保障基金2.88万亿元，几项社保基金积累总额为19.44万亿元[1]。对于规模宏大的社会保障基金的投资运营及风险管理，也将成为养老金融必须承担的重要责任和重要任务。金融机构需要深度介入积极应对人口老龄化国家战略的有效实施与推进，充分发挥金融机构在基金投资与风险管理中的专业优势，不断提高社会保障基金的投资绩效，为社会保障基金与社会保险体系的安全运营和可持续发展奠定坚实的经济基础。

尽管我国社会保障基金的既有规模与庞大的金融资产规模相比，可以说占比非常小，但金融机构在资产管理投资运营和风险管理领域更多地融入了养老金融元素，这对养老金融而言无疑是一种具有现实意义的提升举措。社会保障基金管理服务质量应当是养老金融未来业务发展的重要生长点，具有战略转型意义的养老金融高质量发展是建设金融强国的应有之义。我国社会保障基金投融资管理能力有待提升，还需要在实施积极应对人口老龄化国家战略的进程中进一步加大社会保障基金投融资管理的金融支持力度。

客观而言，我国社会保障基金的投资绩效、企业年金和职业年金的投资绩效、全国社会保障基金理事会委托管理的基本养老保险基金的投资绩效，在经济增长速度放缓的现实背景下，仍然保持着5%～6%的基金投资回报率也属不易。在新的动态经济发展的不确定环境下，通过大力发展养老金融，提升社会保障基金的投融资管理水平，将养老金融、数字金融、绿色金融融入社会保障基金投融资管理，将进一步拓展社会保障基金的投资领域，增大社会保障基金的总体规模，提升社会保障基金的投资水平及风险控制水平。通过创新引领，丰富和创新社会保障基金的金融产品供给，培育社会保障基金投资的养老金融文化，提升社会保障基金投融资管理的投资能力、服务能力、管理能力等综合能力。

[1] 数据来源：据人力资源和社会保障部、国家医疗保障局和全国社会保障基金理事会2023年相关统计资料。

五、养老金融治理及风险控制是养老金融的重要议题

作为新的研究领域，养老金融治理及风险控制的制度环境和综合配套改革问题也需要引起重视。我国养老金融治理及风险控制目标的实现，既取决于治理结构的制度框架和制度机制，还在一定程度上取决于外部环境、文化认同与信任基础。行为方式、社会心理及若干综合配套的制度改革，需要聚焦养老金融治理的理论和政策问题，围绕治理主线拓展研究思路，探索养老金融治理及风险控制的内核、约束条件和制度环境。养老金融治理涉及全生命周期内的金融资源的跨期配置，涉及多元主体的协同配合及不同代际间金融资源合理安全配置等诸多问题。一个优化的制度环境对实现养老金融治理目标非常重要，它对养老基金的安全运营及有效的风险控制有着重要保障作用，也更能够体现实施效果；而一个较差的制度环境则可能弱化乃至误导养老基金的安全运营。养老基金管理中的羊群效应及其危害，是应当高度关注的重要管理科学问题[1]，需要从制度分析入手，注重分析养老金融治理与风险控制的实现路径和约束条件。

养老金融治理及风险控制内嵌于特定的制度环境，具有超越一般技术和机制层面的制度性约束，不同文化背景下的养老金融治理结构及安全运营，有其明显的差异性。从纷繁复杂的养老金融治理结构的外观下，揭示文化、习俗、传统等因素对养老金融与养老保险基金治理机制的形成及运行的影响，揭示养老保险基金治理各方的不同行为特征与养老保险基金治理各方博弈的制度文化条件，揭示非正规制度如何及在何种程度上内在地制约正规制度的形式及其路径依赖特征，仍然是需要强化的研究领域。

我国养老金融治理结构及风险控制的制度安排是多方利益博弈和制度化选择的结果，在这一过程中，需要充分考虑政府与市场边界的划分，同时重视发挥政府扮演的重要角色作用。强化对养老保险基金治理过程中政府与市场机制关联的制度分

[1]　林义. 养老保险基金治理机制与风险控制的制度分析框架[J]. 社保财务理论与实践，2009（1）.

析，能够科学地评判养老金融与养老保险基金治理结构是否合理，风险控制思路、方法和政策是否有效，进而为提升养老金融治理效能、提高养老保险基金管理的安全系数发挥有效的风险控制作用。

六、养老金融、金融素养与国民养老认知水平提升

人口老龄化的加速发展对经济、社会、政治及文化的影响极其深远。推进积极应对人口老龄化国家战略，全民认知和国民金融素养提升理应先行。老龄金融风险增大和老年人金融问题凸显，并已成为一个重要且社会关注度很高的问题，甚至影响到国家金融安全和金融稳定大局。如何增强老年人的金融风险管理能力，探索提高老年人防范金融欺诈能力的现实路径？如何突破传统的金融知识和养老习惯，重构老龄金融普及体系和国民老龄教育体系？如何以战略前瞻为引领，系统构建提升国民老龄金融素养和老龄风险管理认知水平的社会网络体系？这些都是养老金融研究的重大战略议题。我们对于养老金融的研究显然不应局限于对现实经济金融问题的探讨，而应基于战略考量，从优化中国人的金融素养入手，加快提升国民养老金融认知水平和认知能力。

长期以来，我国的养老一直都是靠家庭和家族来维系的，家庭养老发挥着非常重要的基础性保障作用。但近年来受多种因素的影响，家庭养老的社会网络基础在弱化，家庭养老在很大程度上将让位于社会养老。在未来社会养老的发展进程中，需要更多地关注国民整体金融素养水平的提升。长期以来，受儒家文化潜移默化的影响，我们的经济行为和各种生产经营活动都是在家庭及家族内部进行的，家庭关系十分牢固。但在当前的现实背景下，家庭日趋小型化、核心化，虽然子女的养老义务还在被强调，但事实上该观念以较快的速度在弱化。基于老龄社会的客观要求，人们对老年阶段的养老财务准备、养老金融资产准备不能等到老年阶段再进行，而需要把养老财务风险关口前移，需要培育金融素养，增强养老金融行为能力。

在青年时代和中年时代，需要重视养老金融素养教育和水平提升。长期以来，人们在家庭金融资产配置中，更多的是重视教育投入，尤其是对子女教育的投入，通常忽略自身老年阶段的经济保障问题。这既是长期“养儿防老”的惯性思维使然，也与新中国成立后长期实行计划经济体制的影响有关，且国家的“大包大揽”对特定群体也有重要影响作用。社会保险制度建立以来，政府承担了基本养老的责任，而商业性补充养老保险的发展则一直非常有限。这也和我们对保险的认知、对养老的认知有关。强化国民金融素养及养老金融素养的培育是养老金融发展的重要问题，需要从长期发展战略的角度进行规划。进行金融素养提升和老龄国民教育知识体系重构，需要认识到，目前人们的储蓄、投资、养老以及社保知识都相当缺乏。金融素养水平在很大程度上影响并制约着人们的金融行为能力，同时也制约着人们的养老金融规划、财富积累方式和养老金融行为。现在很多中青年人士虽然逐步认识到未来养老的责任在增大，但事实上在养老产品和养老金融方面的具体投资仍然相当有限，实际占比非常低。

我们系统地认识老龄社会的挑战，不应仅仅关注目前老年人的养老财务安排问题，而是需要从全生命周期的角度关注现在青年一代或中年一代未来的养老财务准备、知识储备及行为指向。通过金融素养培育和国民养老知识传播，不断优化人们的养老行为，优化人们的资产配置结构，优化人们应对老龄社会挑战的经济金融能力，这是养老金融研究中人们非常容易忽略的问题。当然，这需要对养老金融素养、国民养老认知水平的约束条件和制约因素进行系统的梳理，对于这样一个重大、基础的问题进行系统研究。这种看似远离现实的理论问题，需要我们花更多的精力并付出更多的努力进行系统深入的研究。

Chapter 3

第三章

养老金融与多层次养老保险体系优化

第一节

养老金融促进多层次养老保险体系优化的理论分析

一、养老金融融入多层次养老保险体系改革的历史必然性

社会保障制度随着人类社会的发展而兴起和不断完善。社会保障制度的理论基础可以追溯到19世纪70年代的“新历史学派”，面对当时德国社会中存在的尖锐的劳资矛盾与阶级冲突，一些学者提出在不改变资本主义生产关系的条件下，政府应该通过立法来提高工人阶级的物质生活待遇，缓解阶级矛盾，国家的职能不仅在于安定社会秩序和发展经济，还在于直接干预经济和生活。19世纪末，在英国从自由资本主义向垄断资本主义过渡的时期，在进化史论与强调整体主义的社会有机论的基础上，费边社（Fabian Society）构建了以解决贫困问题为核心的福利理论。该理论认为，为了使国家的社会福利保障事业以更加高效的方式提供给最需要帮助的人，国家有必要动员社会力量或通过政府购买等途径来解决当前社会福利事业发展中面临的问题。该理论为英国现代福利制度的建立奠定了基础（刘淑青，2002[1]）。

为了解决当时社会中显著存在的阶级矛盾、贫困问题、失业问题，德国的《伤残和老年保险法》、英国的《养老金法案》、美国的《社会保障法》等应运而生，西方国家福利体系开始建立。

20世纪50年代末到70年代初是西方福利国家大发展的时期。一方面，经济的快速发展为福利国家的建立奠定了经济基础；另一方面，福利国家制度本身关注社会弱势群体的特性可以帮助政党赢得更多民众的支持。然而，随着福利国家制度进入鼎盛时期，诸多矛盾也逐渐暴露（李宏，2001）。

20世纪70年代末以来，石油危机、人口老龄化、政府福利开支过大、企业运行

[1] 刘淑青. 论费边社的现代福利理论[J]. 德州学院学报，2002（1）：68-71.

成本剧增等因素使各国养老保险制度的可持续性面临严峻挑战，凯恩斯主义也遭到质疑。以弗里德曼（Friedmann）、哈耶克（Hayek）和科斯（Coase）等为代表的新自由主义经济学派主张以自由经济为主、政府干预为辅，提出现收现付的养老保险制度是社会理性代替经济理性的产物，应该强调个人、家庭的养老责任。

世界银行提出发展“三支柱”养老保险体系。安东尼·吉登斯（Anthony Giddens）在《第三条道路：社会民主主义的复兴》（*The Third way*: *The Renewal of Social Democracy*）中明确提出，应当以“积极的”或“主动的”福利政策代替传统福利模式；要提高政府效率，引导市场围绕公共利益和社会利益运转，不仅要发挥政府与市场的作用，还要注重第三部门的发展，实现治理结构多元化，从而推动福利国家现代化转型[1]。2005年，世界银行进一步提出“五支柱”改革，在“三支柱”的基础上增加了保障老年弱势群体基本权益的“零支柱”和满足高收入群体多元化养老需求的“第四支柱”。至此，养老保险体系的多层次、多支柱化改革逐渐成为主流。21世纪以来，尽管因为金融危机、新冠疫情等“黑天鹅”事件的发生，部分年份的养老基金规模有所减少，但从中长期来看，养老基金积累规模还是呈现出显著的扩大趋势（见图3-1）。

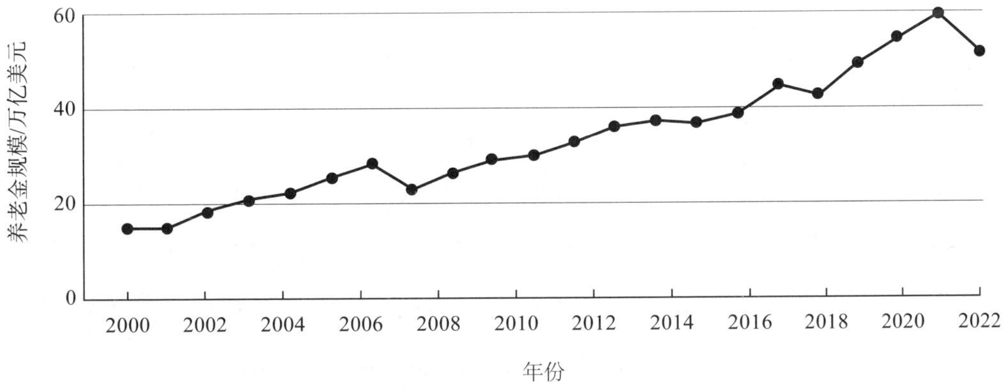

图3-1　OECD国家总养老金规模[2]

[1]　安东尼·吉登斯. 第三条道路及其批评[M]. 孙相东，译. 北京：中共中央党校出版社，2002：122.

[2]　数据来源：OECD“Pension Markets in Focus 2023”。

在社会保险体系建设方面，我国的现实国情、传统文化、制度基础都与率先发展养老保险制度的西方国家存在明显差异，因此我国的养老保险体系发展历程具有一定的特殊性。中华人民共和国成立之初，面临国民经济萧条、失业率居高不下的状况，中国共产党提出把人民利益的实现程度作为检验民生实效的价值指标和评判标准，劳动保险应运而生。改革开放时期，为适应经济体制改革的需要，国务院颁布《关于企业职工养老保险制度改革的决定》，明确提出“逐步建立起基本养老保险与企业补充养老保险和职工个人储蓄性养老保险相结合的制度”，我国的养老保险多元责任共担机制初具雏形，主张政府承担有限责任，强调政府、企业、个人共担养老责任，为后续多层次、多支柱养老保险体系的建立奠定了基础。在20世纪末21世纪初的世纪之交，我国的养老保险体系进入深化改革和快速发展时期，在此期间，“统账结合”的城镇职工养老保险制度开始实施，养老保险第二支柱开始进行市场化投资，金融机构开始参与养老保险基金投融资管理，拉开了养老金融介入多层次养老保险体系的序幕。进入新时代以来，面临市场经济转型、人口结构变化等局势，面对就业形态变化带来基本养老保险基金缺口、灵活就业人员无法被制度覆盖等问题，第二、三支柱建设提速，特别是个人养老金制度试点以来，各金融机构纷纷参与到养老金融产品与服务创新的新领域，成为发展养老金融的重要力量。

纵观国内外养老保险体系改革历程，随着养老保险制度由现收现付制向基金积累制转型和养老保险基金规模的扩大，养老金融融入多层次养老保险体系的程度不断加深。在金融创新方面，由于养老基金投资面临资金安全和保值增值间的矛盾，为了在降低风险的同时提高投资回报，中国老龄事业发展基金会通过需求驱动来实现金融创新。20世纪70年代，世界上大部分国家的养老保险体系仍以现收现付制为主。由于现收现付养老金制度面临由复利公式所规定的收益率下限，为了应对当时社会中普遍存在的高通胀和利率不确定性，美国国会出台了《雇员退休收入保障法案》（ERISA），养老基金的风险对冲需求不仅推动了彼时固定收益证券市场的创新，也创造了指数期权和期货合约市场（Bodie，1989）。21世纪初，养老基金的资产配置与投资策略发生了较大的变化，负债驱动型投资（LDI）策略开始被更多国家的养老基金采纳，与传统的追求高回报的投资策略不同，LDI策略更加强调负债匹配，通过投资于与养老金负债演变密切匹配的资产，寻求将波动性降至最低，以确保现金流出与现金流入大致平衡（Davis，1998）。LDI策略使用衍生品来对冲通胀和长寿风险，零息债券、抵押债券、长寿金融衍生品等新金融工具不断面市，养老基金和人寿保险公司成了金融创新的主要力量（World Bank Group，1994）。

近20年来，养老保险制度改革的推进促进了养老基金的积累，养老基金在推动金融市场完善与金融创新方面扮演了更加重要的角色。一方面，基金积累制养老金规模扩大会从宏观层面扩大资本市场规模，进而促进经济增长。在不考虑储蓄和财富的潜在增长的背景下，养老基金投资能促进资本市场规模扩大的根源在于个人与基金的投资行为存在差异。由于养老基金与家庭的投资时间跨度不同，养老基金比家庭持有更大比例的长期资产，而鉴于负债的长期性，养老基金可能会将投资组合集中在收益最高的长期资产上。由于养老基金具有规模效应，其在分散投资于收益不完全相关的资产以降低整体的风险方面具有比较优势，这种优势还与大宗交易的交易成本较低以及它有能力投资于不动产等大型资产有关。虽然养老基金投资往往更多地依赖公共信息而不是私人信息，但由于投资的规模经济、专业化等原因，相较于私人投资，养老基金投资具有信息优势。因此，养老基金投资会将银行储蓄转化为股票、债券等其他金融资产，从而推动资本市场发展。资本市场中的长线资金占比增长可以增加公司的股权融资和长期债务融资，资本市场的完善和养老金作为机构投资者参与公司治理可以促进生产性资本的形成，进而提高产出，实现“内生性”地促进经济增长（Holzmann，1997）。另一方面，基金积累制养老金规模扩大可以从微观层面推动金融创新。基金积累制养老金将养老责任和投资风险由政府向个人转移，由于个体具有不同的风险偏好、经济状况、投资目标，养老投资需求更加多元化，进而倒逼覆盖全生命周期的金融产品与服务创新。由此可见，尽管在早期的多层次养老保险体系改革中并没有直接提及养老金融的概念，但已蕴含了发挥金融市场、金融机构、微观个体在养老福利供给中的重要作用的理念，养老金融融入多层次养老保险体系改革具有历史必然性。正如Merton et al.（2004）所言，“退休系统的演变和金融系统在事实上是一个整体，可以被看作创新的螺旋变化”。

二、养老金融促进多层次养老保险体系优化的作用机理

国际发展经验表明，一个国家的金融结构与养老保险制度模式密切相关，主要包括两种模式。①在以现收现付制的公共养老金为主导的国家，其金融系统结构大多以存款类金融机构为主导（比如德国、法国、意大利、日本、中国），银行在融资过程中扮演着重要角色，资本市场在融资过程中扮演着次要角色。银行体系通过建立紧密的借贷关系，在应对信息障碍方面具有相对优势。此外，通过管理大量的个人储蓄，银行体系降低了调动金融资源的成本。②在以基金积累制的私人养老金为主导的国家，其金融系统结构大多以市场为主导（比如英国、美国）。市场更善于评估风险较高、生产率较高的项目，且不会造成资产负债期限错配风险。此外，市场主导还能促进提高透明度、信息披露质量和公司治理能力。我们可以从风险分配的角度分析造成这种相关性的原因。

根据风险区间，可以将市场上的风险划分为期内风险和跨期风险。其中，跨期风险只能跨时期平滑，而要实现这一目标，有两种策略可供选择。一是通过现收现付的养老金制度来实现代际风险分担。在现收现付制度中，各代人可以通过代际交换影响未来要素价格的变化，在代际间有效分担因人力资本市场不存在而产生的风险，这将导致福利的增加和人们对人力资本投资积极性的提高。二是通过资产积累来累积对银行等金融机构的债权。资产积累的主要特点是债权持有者不承担任何价格风险，或只承担极小的价格风险。鉴于现收现付的养老保险制度和资产积累都可以平滑跨期风险，人们可能会倾向于认为，在实践中，这两种机制可以相互替代。然而，将需求引起的替代性视为金融体系中这两个要素之间的唯一关系（甚至是主

导关系）是不正确的。因为基金积累制的优势在于养老金有机会进行市场化投资，以获得比现收现付制更高的收益。然而，要做到这一点，必须有发达的、规模较大的、流动性强的资本市场作为支撑，而且允许不同类型的市场参与者自由进出。但是，如果有了这样一个市场，银行等金融机构就会失去平滑风险的能力，因为将资金转移到资本市场的选择对金融机构本身、存款人和保单持有者都更有吸引力。因此，银行主导的金融体系与现收现付的养老金制度在平滑跨期风险过程中的互补性超过需求引起的替代性。按照同样的逻辑，发达的资本市场和按照“缴费确定型”原则运作的基金积累制养老金制度也是互补的。

然而，随着人口年龄结构的变化，现收现付的养老保险制度难以持续，养老金体系与银行主导的金融体系间的平衡关系被打破。随着养老金制度由以现收现付制为主导向多层次转型，积累的养老金规模增加，养老金投资需求随之增加，带动传统银行主导的金融体系向市场主导的金融体系转型，由此催生了养老金融体系。和传统金融体系类似，养老金融体系的基本框架也应由养老金融制度、金融中介、金融工具、金融市场和金融监管五大部分组成。其中，养老金融制度以多层次养老保险制度为基础，衍生出一系列推动金融服务养老发展的相关政策；养老金融中介是指包括银行、保险公司、基金公司等在内的能提供养老金融产品与服务的金融机构；养老金融工具是指以满足人们多元化养老资产配置需求和养老金保值增值需求为目标而设计的养老金融产品；养老金融市场是指养老金融产品交易和投资的主要场所；养老金融监管以政府为主导，督促金融机构防范化解养老金融风险，保证养老资金安全。养老金融体系并不能离开养老保险体系而独立存在，二者都是以个人、企业、金融机构、政府为主要参与主体，都是以增加养老资产规模和提升养老保障水平为主要发展目标。养老金融体系可以承接多层次养老保险制度创造的多元化需求，为其提供经济保障和服务保障，其作用机理如下。

在经济保障方面，养老保险体系通过制度化设计积累的养老基金需要通过市场化投资与管理来实现保值增值。从金融功能观的角度来看，养老保险基金是实现资产转移的金融机构，积累年轻时期工作收入供退休以后消费，具有平滑全生命周期收入和消费的功能，是为防范老年收入不确定风险和长寿风险而产生的金融中介。因此，养老基金的资产和负债价值会随金融市场行情的波动而波动。由于养老资产的特殊性，养老保险基金投资需要遵循安全性、流动性、长期性、营利性等基本原则，这些基本原则在一定程度上制约了养老保险基金的投资范围，导致其难以取得高投资收益。因此，养老金融为多层次养老保险体系提供经济保障的核心在于在风险可控的前提下尽可能地提高投资收益率，其作用机理主要包括两个方面。其一，随着养老基金成为重要的机构投资者，其对金融市场的结构产生根本性影响，金融市场成熟度的提升也将反作用于养老基金保值增值。其二，为了满足养老基金投资的风险分散、风险对冲等多元化需求，创新型养老金融产品应运而生，助力提高养老基金投资绩效。比如，在企业年金投资方面，自2013年起，养老金产品[1]正式纳入企业年金基金投资范围。人力资源和社会保障部公布的《2023年度养老金产品业务数据摘要》显示，养老金产品已由2013年的80只增加至2023年的649只，成立以来累计投资收益率达到27.79%。养老金产品作为标准化的现成产品，有利于分散投资风险，实现单个产品对接多个企业年金计划，为中小企业年金基金的资产配置提供了便利，也有利于提高资产配置效率和投资收益率。在个人养老金投资方面，为满足不同投资者的需求，目前已开发出银行理财、储蓄存款、商业养老保险、养老目标基金四类个人养老金产品。鉴于养老金融业务的普惠性，与市场上常见的金融产品相比，养老金融产品具有投资周期较长、投资门槛较低等典型特征。

在服务保障方面，养老保险体系的健康、平稳运行需要各金融机构积极参与，发挥自身业务优势。养老金融为多层次养老保险体系提供服务保障的作用机理主要包括以下三个方面。第一，金融机构为养老基金或个人养老金融资产积累提供相应的金融服务。对于第一、二支柱而言，为基本养老保险和企业年金提供运营管理服

[1] 养老金产品是由投资管理人发行的、面向企业年金销售的标准投资组合，包括股票型、混合型、固定收益型和货币型四大类。

务是金融机构的重要业务。比如，保险公司在企业年金的市场化运作方面扮演主要角色。在受托管理方面，2022年，保险公司的受托管理规模达1.5万亿元，占比74%，其中国寿养老、平安养老、泰康养老位列前三；在投资管理方面，保险公司的投资管理规模达1.4万亿元，占比52%，其中泰康资产、国寿养老、平安养老位列前三[1]。对于个人自愿的养老金融资产积累而言，金融机构为其提供退休规划、养老金财富管理、保险保障、财富传承、养老社区等一系列养老金融服务。人工或智能的金融咨询服务普及可以弥补国民金融素养低下对养老金融资产配置产生的负面影响。第二，金融机构通过研发和利用前沿的金融科技来提升养老保险体系运行效率。比如，个人养老金信息管理服务平台将成为兼具政府属性与市场属性、监管功能与服务功能、公共特性与商务特性的多元化合作载体，方便信息查询、管理，大大提高不同政府部门之间、不同金融机构之间的沟通效率，同时也为个人养老金融资产的积累提供便利，提升制度的透明度。未来，类似的金融科技服务创新平台可以进一步将政府部门、金融机构、养老机构、社区等多方主体囊括在内，借助科技创新完善多方对接机制，通过信息共建共享挖掘客户多元化养老需求，形成“反向定制”的养老金融产品，从而强化金融机构服务能力。第三，政府与金融机构共同参与养老金融风险管理，保障养老保险体系平稳运行。对于养老基金面临的长寿风险、通胀风险等系统性风险，金融机构可以通过研发期货合约（股指期货、债券期货、货币期货等）、期权（股指期权、货币期权等）、长寿债券、长寿互换、死亡率远期合约等新型金融产品来实现风险对冲和风险的市场化转移；对于防范化解养老基金投资风险，除了政府采取的投资组合限制或审慎型投资监管、金融产品审查和监管等方式外，金融机构风险准备金预留、专业人才培养、投资者教育、风险预警体系构建等也是其中的重要环节。

[1]　社会保险基金监管局. 2022年度全国企业年金基金业务数据摘要[EB/OL].（2023-03-21）[2024-11-02]. https://www.mohrss.gov.cn/shbxjjds/SHBXJDSzhengcewenjian/202303/t20230321_497095.html.

三、养老金融促进多层次养老保险体系优化的制约因素与客观条件

（一）养老金融促进多层次养老保险体系优化面临的制约因素

第一，多层次养老保险体系结构性失衡。尽管政府部门为推动多层次、多支柱养老保险体系构建出台了诸多政策，但不同层次之间还处于分割推进状态，协同效率低下，各支柱的发展目标和功能定位不够清晰，呈现出结构性失衡特征，降低了养老保险基金积累效率，从资金来源层面抑制了养老金融发展。具体而言，结构性失衡表现为养老保险各支柱间发展不平衡和基本养老保险内部发展不平衡。①在第一支柱发展方面，我国在多年实践探索中形成的城镇职工基本养老保险制度与城乡居民基本养老保险制度，虽然解决了城乡二元结构下养老保险制度发展难题，但制度间发展不平衡问题始终难以解决。在城镇职工基本养老保险制度内部，存在支出压力加剧、制度“碎片化”程度高、区域发展不平衡、全国统筹效果不佳、缴费年限较短、基金市场化运行规模小等问题。在城乡居民基本养老保险制度内部，存在过度依赖财政补贴、居民参保积极性不足、缴费额偏低、待遇水平偏低、账户收益低等问题。②在第二支柱发展方面，企业年金长期推广并未取得显著成效，民营企业参保率低，参保人数增长缓慢，仍存在制度定位偏差导致企业与职工参与企业年金的动力不足、企业年金制度门槛较高、企业年金投资收益不稳定、法律法规不完善、委托—代理风险较大等问题。此外，近年来就业形态的转变使建立在传统雇佣关系上的企业年金制度难以落地实施。③在第三支柱发展方面，养老金个人账户制还处于发展的起步阶段。缴费限额、税收优惠政策不完善、覆盖群体有限、产品吸引力不足等导致个人养老金面临“开户热、缴存冷、投资少”的局面。

第二，分担养老保障责任的市场供给机制不健全。①我国金融体系结构性失衡。我国金融体系存在间接融资与直接融资失衡、债券融资与股权融资失衡、长期融资和短期融资失衡等问题，导致作为第二、三支柱发展主阵地的金融市场内生

增长动力欠缺，发展进程缓慢，仅能发挥有限的补充养老作用。长期以来，我国金融市场以银行信贷和债券融资为主，金融风险积聚于银行系统内部，契约型金融机构发展滞后，资本市场的层级结构尚未形成，资本市场中的机构投资者数量偏少，股权融资占比偏低导致金融市场的激励约束机制不健全，不利于经济转型升级。此外，长期融资占比偏低导致金融市场的资金供给不稳定，流动性管理较为困难，金融市场波动较大，投资收益率偏低。在此背景下，金融投资较为短视，这不利于养老保险基金保值增值。②养老金融产品与服务供给不足。随着人口老龄化的加剧，政府、社会各方对养老金融的重视程度不断提高，近年来养老金融事业发展取得一定的进展。但发展养老金融是一项宏大的系统工程，目前在养老金融产品与服务供给方面还存在总量不足、结构不合理等问题，导致产品实际收益率与需求不匹配，现有产品供给难以匹配多样化养老需求。

第三，分担养老保障责任的市场有效需求不足。①高储蓄向高养老金财富转换的制度不健全。尽管我国的居民财富和储蓄率长期处于世界领先水平，我国居民的养老金资产积累却显著低于发达国家，“高储蓄与低养老储备之谜”的背后是制度不完善导致的短期储蓄难以向长期养老金财富转化的现实困境。一方面，近年来，全球经济下行压力增大，经济复苏进程缓慢，我国居民可支配收入增长率下降。另一方面，高昂的教育支出、房产支出、医疗支出，收入来源不稳定，不完善的社会保障制度导致人们未来的收入和支出存在不确定性，这是居民进行预防性储蓄的主要原因，居民偏向持有短期流动性资产来应对各种不确定因素，导致其缺乏长期养老储蓄意识。②传统观念制约了养老金融资产配置的积极性。对城镇居民而言，由于城镇职工基本养老保险占据主导地位，且养老金已实现“19连涨”，城镇居民在观念上将政府视为养老责任主体，并没有培养起自身的养老责任意识。对农村居民而言，传统的家庭成员互助养老模式仍是主要养老模式。③金融素养低制约了养老金融资产配置的积极性。在养老金计划由现收现付制向基金积累制转型的背景下，个人对自身老年金融福祉承担了更多的风险与责任，也面临着更多挑战。一方面，随着金融市场数字化转型，创新性金融产品层出不穷，金融产品复杂化趋势明显。另一方面，我国金融市场发展时间相对较短，国民金融素养水平偏低，这也是目前大部分人对第三支柱个人养老储蓄制度持观望态度的主要原因之一。

（二）养老金融促进多层次养老保险体系优化具备的客观条件

第一，从我国人口老龄化发展趋势来看，发展养老金融是弥补多层次养老保险制度短板的必然选择。根据全国老龄工作委员会办公室于2006年发布的《中国人口老龄化发展趋势预测研究报告》，21世纪，我国的人口老龄化包括以下三个阶段：2001—2020年为快速老龄化阶段，这一时期的典型特征是儿童人口数量下降，但社会整体劳动力资源供给充足；2021—2050年是加速老龄化阶段，人口开始负增长，老年人口进入增速最快的时期，老年人口抚养比大幅上升；2051—2100年是重度老龄化阶段，人口规模开始减少，各年龄段人群占比相对稳定，老龄化保持高位运行。在宏观经济方面，随着生育率的下降和老龄化的加剧，劳动力成本上升不可避免，迫使我国经济由劳动密集型向技术和创新驱动型转变。与此同时，人口结构变化将会对社会消费习惯和需求、储蓄与投资、城镇化进程等诸多方面产生显著影响。在养老保障方面，劳动人口占比下降会给以现收现付制为主的基本养老保险带来巨大压力，现收现付制必然难以维系。目前，我国正处于应对人口老龄化的重要窗口期，大力发展养老金融不仅可以用金融手段扩充养老保险基金规模，强化养老保险基金与资本市场的互动，提升基本养老保险基金可持续性，还可以满足老龄社会中不同群体多元化的养老投资与养老服务需求，通过开发适老化金融产品来增加社会中的养老金融财富积累，弥补法定养老保险制度保障程度不足与对灵活就业群体覆盖不足的弊端，从而有效拓展养老保险制度的作用边界。

第二，家庭养老功能弱化与高储蓄为养老金融的发展创造机遇。在家庭内部，养老模式和财富积累规模改变创造新需求。社会上主流的养老模式主要包括社会养老、家庭养老和自我养老。其中，社会养老是政府通过构建养老保险制度为国民提供基本养老保障，多以经济保障为主；家庭养老是家庭内部为老人提供赡养，多表现为子女为父母提供经济支持与照护；自我养老是指本人自愿积累养老资产以备老年消费所需。长期以来，我国以孝道为核心的家庭传统文化使家庭养老成为社会主要养老模式。然而，在劳动力跨区流动加剧、生育率持续走低、预期寿命延长、养老观念转变等社会变革的影响下，家庭结构核心化与小型化趋势凸显，第七次全国人口普查数据显示，2020年我国平均每户家庭有2.62人，比2010年减少0.48人。传统的家庭养老模式的支持力不断弱化，养老功能正逐渐转型，由家庭养老向社会养老与自我养老转变。由于社会保障制度具有普惠性，以为国民提供基本保障为原则，其保障力度有限，家庭弱化的养老功能也很大程度上需要由自我养老补齐（范洪敏 等，2022[1]），这为养老金融发展带来契机。此外，根据建信信托发布的《2021中国家族财富可持续发展报告》，截至2021年底，我国家庭拥有的财富总额高达160万亿元，在“房住不炒”政策的引导下，房地产的投资属性淡化，家庭金融投资需求不断释放。虽然目前我国居民家庭金融资产配置结构仍主要集中于现金、活期存款与定期存款，但随着基础性民生事业的不断发展、养老储备理念的不断提升，家庭预防性储蓄动机减弱，这会提升家庭养老投资意愿，推动短期储蓄向长期养老金融资产转变。由此可见，家庭养老功能弱化与高储蓄为养老金融创新与个人养老金发展创造了空间。

第三，鼓励发展养老金融的政策环境为养老金融支持多层次养老保险体系发展创造了条件。近年来，党中央高度重视提升民生领域的金融服务质量，各级政府部门也出台了诸多鼓励金融支持养老服务的政策，同时针对银行、保险公司等不同金融机构出台了相关意见与业务实施细则。2023年的中央金融工作会议首次将发展养老金融纳入金融强国建设的重要议题。会议指出，金融要为经济社会发展提供高质量服务，切实加强对重大战略、重点领域和薄弱环节的优质金融服务，做好养老金融等五篇大文章，从政策梳理可以看出，在实施积极应对人口老龄化国家战略的背

[1]　范洪敏，徐晶，穆怀中．挤入抑或替代：家庭养老、社会养老对个人养老影响研究[J]．西北人口，2022（6）：40-51.

景下，我国在国家层面对金融服务养老的重视程度与日俱增，政策覆盖面与支持力度不断扩大、行业指导不断细化，为推动养老金融创新与多层次养老保险体系发展创造了良好的政策条件。

第二节

养老金融促进多层次养老保险体系优化的实现路径

一、养老金与资本市场良性互动，助推养老保险基金可持续

理论研究与实践均表明，以基金积累制为主的养老保险制度积累的养老基金规模远远大于以现收现付制为主的养老保险制度产生的养老基金规模，养老金作为重要的机构投资者，与资本市场密不可分、共生双赢，二者应建立良性互动关系。养老保险基金对资本市场健康发展的推动作用主要表现在以下四个方面。其一，养老保险基金投资具有长期性、专业化特征，养老保险基金投入资本市场有利于促进机构投资者发展，增强金融市场稳定性，促进资本市场扩容，较好地解决长期以来我国资本市场中中长期投资者缺乏、投机性较重的问题，提高资产管理水平，推动金融更好地服务实体经济。其二，通过投资金融工具，养老保险基金可以成为一种生产要素，投入基础设施建设、科技创新等关键领域，从而推动我国基础性民生建设和经济转型升级。其三，养老保险基金投资坚持安全、稳健原则，在考察投资对象经营管理业绩的基础上，也将以大股东身份参与公司治理，有利于加强公司规范化治理。其四，基金积累制的养老保险基金规模扩大有利于将短期储蓄转变为长期养老金财富，有利于促进我国直接融资发展。同时，若将长线资金与企业长期资金需求相匹配，可以实现有效“去杠杆”。

资本市场对养老保险基金的作用机制主要包括两个方面。其一，资本市场为养老保险基金提供各种投资选择，在这一过程中，各金融机构或多或少地都参与到养老保险基金投融资管理中，专业化分工有利于降低养老保险基金管理运营成本，更好地实现养老金保值增值，从而提升养老保险制度的可持续性。其二，资本市场可以通过为养老保险基金提供不同资产类别来降低和分散养老金投资风险，更好地保

障养老金安全。

尽管养老金与资本市场间的良性互动逻辑已得到广泛认同，但在实际投资过程中，我国资本市场由于缺乏中长期资金而长期处于低迷状态，导致对养老金投入资本市场的吸引力不足，直接表现为个人养老金“开户热、缴存冷、投资少”。同时，养老金投资懈怠也会进一步导致资本市场中中长期资本匮乏（郑秉文，2024[1]）。要跳出“恶性循环”的怪圈，就要从资本市场高质量发展和养老保险体系优化两端共同发力。在资本市场高质量发展方面，应由政府出台包括提高上市标准、打击财务造假、加强基础制度建设、降低印花税等在内的一揽子政策举措，通过严监管来推动资本市场高质量发展，为中长期资金入市提供良好的政策环境。在养老保险体系优化方面，应从以下五个方面着手来助推养老保险基金积累。

第一，在制度设计上，继续推动多层次养老保险体系结构化转型，引导养老责任由政府承担向多元主体共担转移。在基本养老保险内部，积极探索养老金待遇自动化调整、延迟退休、缴费率调整等参数化改革方案，延缓基金赤字到来的时间。同时，优化企业年金发展环境，完善企业参与构建企业年金的动力机制，着力推动企业年金产品创新，从战略高度把大力促进企业年金发展作为推动多层次养老保险体系优化的重要内容。对于个人养老金而言，应从完善缴费激励机制、拓展制度覆盖面、探索支柱间转移接续机制等方面着手，提高个人养老金的制度吸引力。

第二，完善养老保险基金投资运行机制，扩大可用于市场化投资的养老金规模。由过去多年的养老保险基金投资经验可以看出，基本养老保险基金市场化投资在保证风险可控的前提下取得了较为可观的成效，但投资规模较小限制了其发挥机构投资者的规模效应。因此，应在保证当季度养老金支付的前提下，进一步提高基金委托投资比例，在安全稳健的基础上进一步提升其持有的权益性资产比例。

第三，发挥养老金“长钱”优势，延长基本养老保险基金和企业年金的委托投

[1] 郑秉文. 个人养老金一周年评估与前瞻：基于一个理论框架的分析[J]. 华中科技大学学报（社会科学版），2024(1)：21-38.

资期限。受各省份养老金支付的流动性需求制约，目前我国基本养老保险基金委托投资期限较短，限制了长期投资。因此，应延长基本养老保险基金投资期限和考核期限，探索逐渐将更高比例的基金投资于民生基础设施建设和定向的超长期国债，强化ESG投资理念，发挥养老金长期投资优势，抵御短期经济波动风险。

第四，继续推动基本养老保险基金全国统筹，打通养老保险跨地区、跨类别、跨城乡流动的堵点，发挥养老基金投资的规模效应。职工基本养老保险过去由省级统筹，统筹层次低下易导致资金被侵占、挪用、浪费等问题，导致资源配置效率低下，且不同省份之间的发展差距不断拉大。养老保险全国统筹制度的实施，使得相关部门可以在全国范围内对地区间养老保险基金当期结余进行调剂，实现不同发展水平的地区间养老基金的统筹使用。

第五，完善监管制度，拓展养老保险基金投资范围和渠道。随着我国资本市场成熟度的不断提高，我国可以率先在企业年金投资中探索审慎监管模式，提高养老保险基金投资的灵活性。此外，在保证安全性的前提下，应通过投资组合管理、提高投资透明度、提高基础资产类别的多样性、探索境外投资与另类投资等多元化投资渠道来推动养老保险基金更好地实现保值增值。

二、推动养老金融产品供给侧结构性改革，承接养老金融投资需求

目前，我国养老金融产品仍以银行提供的储蓄存款和养老理财产品等形式为主，证券、信托、保险等其他金融机构参与力度明显不足，产品创新性不够、同质化严重，养老金融产品主要针对人群为中高收入群体，普惠性偏低，且存在养老金融产品销售不规范、监管不完善、收益披露不透明等问题。因此，要推动高储蓄向高养老财富转变，金融机构应积极推动养老金融产品供给侧结构性改革，以提高养老金融产品普惠性和普适性为目标，设计不同投资额度、不同风险等级、不同投资期限、不同预期回报、不同目标客户的养老金融产品，加快构建全生命周期资产管理体系。养老金融产品供给侧结构性改革应包括以下三个方面。

第一，提高养老金融产品的长期性与普惠性。与传统金融业务不同，养老金融业务的核心在于帮助人们平滑全生命周期的财富水平，为老年阶段提供足够的资产储备，有效保证老年期生活质量。因此，养老金融产品具有长期性和普惠性特征。在提高养老金融产品的长期性方面，应开发面向全生命周期的养老金融产品，根据面向不同需求客户群体的细分市场，设计分层产品体系，为不同年龄、不同风险偏好的投资者提供差异化投资方案。同时，对资产管理人的考核，要强化长期考核，比如基于3年或5年以上滚动周期进行业绩考核，注重投资过程和行为与养老金融产品长期投资目标的一致性。在提高养老金融产品的普惠性方面，养老金融产品是个人养老金建设的重要载体，因此，要承担起相应的社会责任。个人养老金的落地实施降低了投资理财的门槛，使中低收入人群也能通过养老金融资产配置实现资金保值增值。因此，养老金融产品的费率、投资门槛、退出机制等都应设计得更加人性化，体现出低盈利与普惠性特征，以提升个人养老金的缴存率、缴存额和投资率。

第二，持续推进养老金融产品与服务创新，探索养老金融产品与服务衔接模式。一方面，实现养老金融产品多元化，丰富个人养老金产品目录。长寿时代，应注重研发与死亡率关联的创新型长寿金融衍生品，提升产品的针对性。长寿金融衍生品与其他类别资产的相关性较低，可以起到分散风险的作用，同时也能在对冲个人长寿风险方面发挥其有效性，因此应成为养老金融产品研发的重心之一。另一方面，积极探索养老金融产品与服务衔接。可以将养老金融产品与康养、医疗、长期照护等服务衔接，同时将长期性的养老金融资产用于投资养老产业，解决养老产业面临的整体利润率较低、投资周期较长、资金回笼较慢等问题。

第三，积极推动专业投资顾问服务在个人养老金领域的应用，弥补国民金融素养较低所造成的投资需求不足、产品选择困难等缺陷，划分不同年龄目标客户并提供有针对性的服务。比如，对于中青年群体而言，养老金融服务的侧重点在于为其进行合理的养老规划和家庭财富管理；对于老年群体而言，养老金融服务的侧重点在于财富传承、长寿风险管理和日常现金流规划等方面。由于长期以来个人对企业的信任程度较高，或可探索构建统一的企业个人养老金平台，依托企业年金管理资源，对员工个人养老金进行全流程管理，并根据员工的特征、收入情况、需求等为其提供专业化投资建议。

三、提升养老金融资产投资需求，助推家庭养老金融资产积累

根据生命周期理论，随着全社会老年人口占比上升，国民的整体储蓄水平势必下降。据陈彦斌 等（2014）[1]预测，到2035年，我国的国民储蓄率将由2010年的52.1%降至27.4%，即便如此，我国的国民储蓄率仍高于世界上的其他经济体。尽管我国的国民储蓄率长期处于世界领先水平，但我国居民的养老金融资产积累显著低于发达国家。以2022年为例，我国积累的养老金资产占GDP的比重不足10%，远远低于OECD国家接近105.1%的平均水平[2]，“高储蓄与低养老储备”与严峻的人口老龄化形势形成鲜明对照。

在养老财富储备的收入来源构成方面，2020年，我国60岁以上老人的主要收入来源中，劳动收入占比21.97%、政府转移支付收入占比38.97%、家庭成员供养占比32.66%[3]。与其他收入来源相比，我国老年居民财产性收入来源占比过小（不足1%），这说明我国居民养老规划意识不足，养老金融发展尚处于起步阶段，养老财富积累速度显著慢于人口老龄化速度。在养老财富储备的资产规模方面，《中国养老金融调查报告（2023）》数据显示，约70%的调查对象持有的养老储备金低于50万元，约14%的调查对象持有的养老储备金低于10万元，还有约5.96%的调查对象尚未进行养老资产储备。整体而言，我国居民自发性养老储备金额规模较小，远低于预期储备金额。在养老财富储备的资产配置结构方面，除了参加国家法定的养老保险外，调查对象最偏好的养老投资渠道仍是银行存款（71.20%），其次是商业

[1] 陈彦斌，郭豫媚，姚一旻. 人口老龄化对中国高储蓄的影响[J]. 金融研究，2014（1）：71-84.

[2] 数据来源：OECD“Pension Markets in Focus 2023”。

[3] 数据来源：国家统计局发布的第七次全国人口普查数据。

养老保险（32.65%）、银行理财（25.23%）、房产（17.09%）等。通过购买股票、信托产品等进行养老资产储备的人群占比较小，养老金融资产配置结构不合理。“高储蓄与低养老储备”的背后是预期寿命不确定、社会保障体系不完善、养育子女成本高、房价高昂、预期医疗支出不确定等现实因素。因此，应从需求侧出发，多渠道协同提升养老金融资产投资需求。

第一，完善社会保障体系，加强基础民生工程建设。推动高储蓄向高养老财富转换，应加大政府在养老、医疗保障和教育体系改革方面的财政支出，完善社会保障体系，切实兜住兜牢民生底线。坚持“房住不炒”定位，扩大国企分红比例，加大对居民的收入再分配，降低国民未来预期的不确定性，从根本上解决“低消费”“低投资”的问题。

第二，完善家庭养老支持政策体系。虽然随着人口流动的加剧，家庭规模小型化导致其传统养老功能逐渐弱化，但家庭仍在我国居民养老中发挥着基础性保障作用。因此，应从顶层设计层面完善家庭养老支持政策体系，贯彻以家庭为本的养老保障理念，为不同种类的家庭提供不同的支持。在经济支持方面，推动养老服务业“放管服”改革，促进养老金良性增长，探索实施给予照护者税收减免、服务津贴等的政策；在服务支持方面，推动社区适老化改造，促进现代技术与养老服务融合；在时间补偿方面，探索实施老人陪护假、探亲年假等制度。

第三，构建全生命周期金融教育体系，加强国民金融素养培养。正如习近平总书记所强调的，推动老龄工作向加强人们全生命周期养老准备转变。应引导国民从健康、金融、技能等方面做好应对全生命周期支出需求的准备。对处于生命周期不同阶段的人群，金融教育的侧重点也各有不同。对于青少年，应加强全生命周期教育，使其树立起未雨绸缪的提前准备意识，通过强化养老金融教育使年轻一代了解与老龄社会相关的基本金融知识。中年人是创造社会财富的中坚力量，且在不久的将来步入老年期，应加强对中年人的老年金融知识普及和宣传教育，引导中年人为步入老年期做好金融准备工作。大力开发满足不同养老需求的创新型养老金融产品，将养老准备工作与康养、旅游、养老地产等产业结合起来，做大养老金融体量。对于老年人，要注重开发低龄老人[1]人力资本，创新探索合理的老年人再就业模式，加强低龄老人的金融知识教育，鼓励其通过优化养老资产配置来承担更多的养老责任。开展养老金融产业的产品和服务宣传与推广，紧盯保值增值核心目标，为老年人提供多层次、多元化的养老服务。此外，应探索面向高龄老人的监护人制度、金融账户监管制度等。

[1]　根据联合国的划分，将60～69岁的老人称为低龄老人，70～79岁的老人称为中龄老人，80岁及以上的老人称为高龄老人。

第三节

养老金融与个人养老金制度发展

我国现行的多层次养老保险体系内部失衡问题突出，第一层次（基本养老保险）占比过高，第二层次（企业补充养老保险）、第三层次（个人储蓄性养老保险）发展滞后。2022年，《国务院办公厅关于推动个人养老金发展的意见》发布以来，我国个人养老金在制度层面取得重大突破，第三支柱发展速度明显加快，养老资金规模扩大将为养老金融的发展注入新动能。鉴于个人养老金是个人自愿参加、非强制性、市场化运营的补充养老保险制度，其发展水平与养老金融发展水平息息相关。一方面，养老金融的发展质量决定了个人养老金账户中可供选择的养老金融资产的多样性及保值增值效率；另一方面，个人养老金制度设计得是否完善决定了制度吸引力，从而直接影响养老金融市场的资金注入规模和未来发展空间。因此，应从个人养老金制度设计创新和养老金融市场供给推动两个方面出发来推动个人养老金制度发展。

一、个人养老金制度设计创新

（一）完善缴费激励机制

在建立了私人养老金制度的OECD国家中，一半以上的国家引入EET税收优惠模式（缴款和投资阶段免税、领取阶段征税的Exempt-Exempt-Taxed模式）作为个人缴费激励措施[1]。相关调查显示，43.3%的居民开通个人养老金账户的原因是可以享受税收优惠[2]，由此可见，在个人养老金制度发展初期，政府的支持政策是个

[1] OECD. Annual survey on financial incentives for retirement savings[R].Paris：OECD，2023.

[2] 数据来源：《2022年中国家庭财富变动趋势——中国家庭财富指数调研系列报告》。

人养老金账户增长的核心因素。虽说2022年底开始试点的个人养老金制度相较于2018年试点的个人税收递延型商业养老保险制度在缴费、退税、产品选择、领取等方面存在显著优势，但缴费激励机制仍显不足。根据《国务院办公厅关于推动个人养老金发展的意见》的规定，个人养老金制度设计采取EET模式，即在缴费和投资环节免税，在领取环节单独按照3%的税率缴纳个人所得税，每年缴费上限为1.2万元。然而，由于我国个人所得税缴纳的门槛较高，在7.1亿基本养老保险缴费人群中，大约只有7000万人拥有个人所得税缴纳资格，这样的制度设计不能覆盖中低收入群体，与制度目标的匹配程度不高。

在此背景下，可以从以下三个方面完善制度设计。其一，探索将TEE、EEE模式作为个人养老金的补充选项。TEE模式在缴费时征税，投资与领取环节免税；EEE模式全流程免税。对于中低收入群体而言，其本身不具有缴税资格，TEE模式和EEE模式相较于EET模式更具有吸引力。其二，在财政状况允许的情况下，尝试借鉴德国李斯特养老金改革经验，实施税收优惠与财政补贴并行的激励政策，通过直接补贴或配套缴费等方式鼓励低收入群体缴费，提高个人养老金的开放性和包容性。除此之外，对没有条件建立第二支柱的中小微企业，可以允许企业为个人配套缴费。其三，根据物价水平、国民收入水平，适时调整最高缴费上限，同时探索根据工作年限、收入水平、职业类别和企业年金参与情况等因素差异化设置缴费上限和税收优惠比例，对参与群体进行科学分类，鼓励年轻群体提早进行退休规划。同时，还可以探索缴费额度跨年累计制度，若参保人在某些年度收入较低而无法向个人养老金账户足额缴费，未使用的额度可以被保留并结转用于日后使用，由此可以提高制度的灵活性。此外，近年来，随着人口流动与少子化趋势加剧，家庭小型化趋势明显，形成了以夫妻关系为主的核心家庭结构，夫妻间的相互照料也是非正式照护的主要形式，因此，可以针对家庭缴费情况设置更高的缴费上限。

（二）拓宽制度覆盖面

在个人养老金覆盖群体方面，政策规定个人养老金账户开户群体必须参加城镇职工基本养老保险或城乡居民基本养老保险，但不包括正在领取退休金的老年人，也不包括18周岁及18周岁以下的人。人力资源和社会保障部的资料显示，截至2023年底，我国基本养老保险覆盖人群达10.66亿人，其中3.2亿人在领取养老金。个人养老金的制度设计是为了引导和督促还没有参加基本养老保险的劳动者尽可能参加基本养老保险，但也在很大程度上限制了其覆盖范围。

要扩大覆盖人群，一方面，可以鼓励退休人群建立个人养老金账户。目前，我国平均退休年龄较早，在与发达国家人均预期寿命差异不大的背景下，50岁、55岁、60岁的原退休年龄远低于许多发达国家65岁及以上的退休年龄，而即便实施延迟退休政策也难以在短期内将退休年龄延后较多。特别是随着“婴儿潮”一代人即将步入退休高峰，低龄退休群体在退休人群中占比将显著上升。这一群体身体素质相对较好，不用过多地进行供医疗健康支出的预防性储蓄，且经过工作期的财富积累，他们往往有较高的资产储备，因此可以鼓励这部分人参加个人养老金计划将其储蓄转化为养老金资产。在领取方面，可以考虑设计达到退休年龄后灵活领取。

另一方面，可以允许未参加基本养老保险的人员建立个人养老金账户。未参加基本养老保险的群体主要包括农民工、灵活就业人员、新业态从业者、城乡居民中的低收入者等，大多数是出于工作不稳定、收入低等客观原因未能参保。允许这部分人参加个人养老金计划可以发挥个人养老金计划的基础性保障作用，体现其普惠性与普适性。

（三）探索支柱间的转移接续机制

未来，随着个人养老金计划的不断完善，可以考虑打通第二、三支柱个人账户。第二、三支柱个人账户在投资管理、收益累计、待遇领取条件（退休、重病、出国定居、死亡继承）等方面均存在共性，因此两个支柱间的个人账户衔接相对容易实现。一是要构建统一的综合信息平台，信息平台对接国家相关政策部门以及银行、保险公司等金融机构，为参与人提供个人养老金服务。信息平台的建立是实现不同支柱间个人账户衔接、资金转移的基础。目前，《个人养老金实施办法》中提出要构建的信息平台能基本实现相关功能，且基于信息平台建立的个人养老金账户集记录缴费、投资、领取、抵扣和个人所得税缴纳等功能于一体。应考虑在这一信息平台的基础上，以个人养老金中的个人账户为依托，逐步向第二支柱打通。二是要对接第二、三支柱中个人享受的税优额度，即当第二支柱中个人缴费额未达到税优上限时，可将剩余额度追加至第三支柱；若未参加企业年金或职业年金，则个人可以在缴费上限范围内自愿选择缴费额。三是要对接投资管理模式。第二、三支柱资金的投资管理均采用委托人投资运营模式，由有资质的金融机构进行管理，在投资政策与待遇发放政策等方面应实现统一。第二、三支柱的转移接续可以使个人账户中养老资金积累不受缴费地区、公司等因素限制，便于劳动力跨区域流动，大大地提高了制度的灵活性。

（四）探索引入自动加入和默认投资机制

参与惰性是个体加入个人养老金计划的制约因素之一。鉴于我国已建立企业年金的企业占比较小，可以鼓励未建立企业年金的中小企业为员工建立自动加入个人养老金机制（个人可以选择退出），但不需要企业配套缴费，政府可以为建立自动加入机制的企业提供一定的税收减免（谢勇才 等，2023）。相关调查显示，86.3%的居民在购买养老金融产品时更倾向于自主选择、自主决策的模式[1]，然而，由于我国居民平均金融素养水平偏低，相当一部分居民难以理解养老金融产品的复杂设计，导致居民参加个人养老金计划的积极性普遍偏低。美国也曾遇到相同的困境。2006年，为了解决个人参加养老金计划积极性低的问题，美国劳工部出台了《养老金保护法案》，并引入合格默认投资选择机制（Qualified Default Investment Alternative，QDIA），促进了个人养老金规模的扩大。合格默认投资选择机制是指在参与人未主动选择投资产品时，受托人可以代表其选择符合其风险偏好的产品。美国的合格默认投资选择机制主要包括养老目标基金（目标日期或生命周期基金）、定制账户、平衡型基金等六大类产品。我国可以借鉴美国的个人养老金发展

[1]　数据来源：《2022年中国家庭财富变动趋势——中国家庭财富指数调研系列报告》。

经验，尽快建立合格默认投资选择机制，并提供互动式投资咨询服务；对能合理评估自身风险承受能力的投资人提供不同风险等级的默认投资选项，对不能合理评估自身风险承受能力的投资人提供养老目标日期基金，适应人们的投资选择惰性，提高人们配置养老金融资产的动力。

（五）提高领取灵活性

相关调查显示，22.1%的居民不考虑开通个人养老金账户的原因是账户实施强制储蓄，不能随意取出，资金流动受限[1]。由此可见，必须达到退休年龄才能领取养老金导致个人养老金计划对年轻人群而言流动性过低、吸引力不足。个人养老金计划在满足投资者长期养老规划的同时，也应尽可能地兼顾短期重要需求。可以考虑将重大疾病、长期失业、支付购房首付款、支付教育费用等重要开支列入个人养老金账户的领取许可范围，当这些情况发生时，可以提前支取部分个人养老金并免于罚款，这样的制度设计可以大大地提高年轻人群的缴费积极性。此外，对于未达到退休年龄也不处于规定范围内的提前支取需求，可以收取一定比例的惩罚税（比如10%），在一定期限内补齐缴费后可以退回罚款，由此来使个人养老金领取方式更加灵活。除此之外，对于达到退休年龄的人群，应采取相应的措施鼓励其少量多次领取个人养老金，重视领取期个人养老金的产品创新，完善养老金融产品的全生命周期服务。比如，参照英国DC计划中企业年金和个人养老金的领取条件设置方法，为退休后领取企业年金和个人养老金设置一定的免税提取额度（比如25%），鼓励利用积累的资金来购买养老年金险。我国也可以通过采取对单次高额领取设置高税率、引入变额年金等措施来鼓励少量多次领取。

（六）完善个人养老金平台服务

在产品、开户等问题得到解决的前提下，发展个人养老金的重点在于完善平台服务。一方面，应重视平台服务与平台建设，通过行业内不同金融机构间的合作、跨行业的合作将市场净值波动等问题留给专业人士解决，消除投资者的后顾之忧。

[1] 数据来源：《2022年中国家庭财富变动趋势——中国家庭财富指数调研系列报告》。

另一方面，以个人养老金信息管理服务平台为依托，完善个人养老金数据监测与共享机制。允许金融机构、社保部门、金融监管部门、税务部门等共享个人养老金账户开立信息、缴存信息等相关数据，畅通各部门数据通道，建立健全数据应急处理机制，优化政府部门与金融机构的对接流程，全面提升个人养老金业务办理效率。

二、养老金融产品与服务创新

养老金融产品是积累养老资产的金融产品，这是其与普通金融产品的最大区别。养老金融产品应具有以下特征：一是普惠性。养老问题是全体国民面临的共同问题，因此，养老金融产品应惠及全民，产品的准入门槛应较低。二是长期性。养老金融资产的积累以抵御长寿风险为目的，其产品持有期限应具有长期性。三是安全稳健。老年期为储蓄消耗期，收入来源大大减少，风险承受能力降低，在养老金融资产配置中对安全性的要求较高，投资风格不宜过于激进。四是收益率具有比较优势。与其他金融产品相比，养老金融产品的流动性和灵活性相对较低，为了提高潜在客户群体的投资积极性，产品的投资收益率需具备一定的比较优势。

根据不同金融机构的业务优势，养老金融产品与服务创新可以划分为以下三种类型。

（一）银行类养老金融产品与服务创新

相关调查显示，大多数居民倾向于通过银行渠道购买个人养老金产品[1]。作为我国最早参与养老金制度的金融机构，商业银行在助力基本养老保险基金保值增值、企业年金基金托管与投资等方面积累了丰富的经验，而且商业银行受消费者信任的程度最高。商业银行应立足自身优势，将传统业务与养老金融业务有效融合，积极推动养老金融产品和服务创新。

---

[1]　《2022年中国家庭财富变动趋势——中国家庭财富指数调研系列报告》显示，40.0%的居民打算通过国有大型商业银行和股份制银行购买个人养老金产品，20.8%的居民打算通过城市商业银行购买个人养老金产品。

1.银行类养老金融产品创新

从银行的负债端来看，银行类养老金融产品主要包括养老储蓄存款与养老理财产品。这些产品覆盖不同投资期限、不同风险等级，既可以满足投资者的资金日常流动性需求，又可以满足投资者的资金长期保值增值需求；既可以满足投资者抵御通胀的稳定性投资需求，又可以满足风险偏好者追求高投资回报的需求。在养老理财产品创新中，一方面，短期理财发展已久，产品的市场接受度高，较大地影响了散户的理财方式。因此，产品设计不应忽视这个优势和特点，应保留部分短期养老理财产品。另一方面，可以在现有产品的基础上探索基于生命周期理论的养老理财产品。投资周期以认购时间为起点，可以选择一次性缴费或分期缴费，到期日匹配客户退休时点，期间封闭运作，有特殊需求时可以申请有条件赎回，到期后也可申请一次性给付或分期给付，从而督促投资者形成长期投资理念。

从银行的资产端来看，银行类养老金融产品主要包括贷款类养老金融产品。在发达国家，“以房养老”的住房反向抵押贷款模式是贷款类养老金融产品的核心。我国曾开展住房反向抵押贷款试点，最终以失败告终。陈鹏军认为，传统观念、土地制度、住房模式、金融保险市场不完善等因素制约着我国“以房养老”模式的推行，未来可以考虑发展由政府担保的有赎回权的住房反向抵押贷款和由政府担保的“以租换养”模式。除了住房反向抵押贷款外，商业银行还可以探索开发符合老年资金需求特征的商业保险、企业年金抵押等贷款类养老金融产品，拓展抵押品范畴。

2.银行类养老金融服务创新

在服务内容创新方面，银行资产管理服务应将客户群体拓展至不同年龄群体，结合客户的年龄阶段、收入水平、风险偏好、养老需求等个性化条件，为其制定合理的养老金资产积累和支出策略，匹配适合的养老金融产品。比如，为18岁至退休的工作期人群提供包括养老资产归集、缺口测算、个人养老金开户、养老金融产品销售的全生命周期养老金融服务；为退休期人群规划退休生活支出，引入定期分红机制，兼顾长短期消费需求。

在服务方式创新中，一方面，以大数据、云计算、“互联网+”等技术为依托，挖掘客户潜在需求，设计适老化手机银行版面，将老年群体常用业务放在App首页，打造养老智能投顾平台。另一方面，线下网点也要进行适老化改造，开设老年客户服务专用窗口，简化养老金融服务流程，提升服务效率。探索为购买养老理财产品的客户提供健康体检、养老院床位等增值服务，打造“养老理财+增值服务+资产管理”闭环。

（二）保险类养老金融产品与服务创新

1.保险类养老金融产品创新

近年来，我国在保险类养老金融产品创新方面进行了有益探索。2018年5月，个人税收递延型商业养老保险开始试点；2021年6月，专属商业养老保险开始试点；2023年1月，商业养老金业务开始试点。经过数年发展，在中高净值家庭中，商业养老保险覆盖率已由2011年的0.92%增长至2018年的6.44%[1]。然而，与发达国家相比，我国商业养老保险覆盖率仍偏低，覆盖人群以中高收入人群为主，普惠性不足。

保险公司作为唯一能开发和销售生命年金产品的金融机构，应发挥其在长寿风险管理、养老精算等方面的优势，进一步创新年金类商业养老保险产品。一方面，应在产品设计中调整定价策略与保障内容，采用浮动利率定价方式，制定更为准确的生命周期表，探索开发寿险与养老年金的组合产品，优化投资策略，探索长寿风险对冲机制。另一方面，创新年金产品类别，满足不同客户群体的需求。在国外年金市场上，常见的年金类别包括长寿年金、分红年金、指数年金、变额年金等。其中，长寿年金推迟年金领取年龄，提高领取期待遇水平；分红年金中，保险公司会根据投资收益为投资者提供额外的红利给付；指数年金中，年金给付水平与通胀指

[1]　数据来源：中国人寿保险股份有限公司与北京大学中国社会科学调查中心联合出品的《中高净值家庭资产配置和保险保障白皮书》。

数挂钩，从而保证年金的实际购买力；变额年金中包含众多担保条款，比如最低支付年限担保、最低支付额担保等。

除了创新年金类商业养老保险产品外，保险业还应积极研发商业长期护理保险产品。从发达国家的发展经验可以看出，单一的社会长期护理保险并不能满足老龄社会中庞大的照护需求，发展商业长护险十分必要。目前，我国的商业长护险还属于健康险中的边缘产品，产品数量较少。未来，应从给予政策支持、规范护理标准、优化缴费率、设立多样化赔付机制等方面出发来推动商业长护险发展。此外，还可以考虑将分红险、投连险、万能险、健康险等纳入个人养老金产品目录，提升保险类养老金融产品的竞争力。

2.保险类养老金融服务创新

在服务创新方面，保险业要顺应个人养老金发展趋势，推动产品营销模式由“销售”转向“投顾”，保险公司有大量的代理人，发展投顾服务具有天然优势。此外，还应依托社区，将保险产品与养老照护、健康管理等服务相结合，进一步满足客户的多元化养老需求，提高老年群体的生活质量，丰富养老金领取形式，构建“养老保险+健康管理+养老服务”的养老生态体系。与其他行业相比，养老服务业有一定的福利性质，面临着整体利润率较低、投资周期较长、资金回笼较慢、老年人支付能力有限等问题，这大大提高了社会资本注资养老产业的门槛，使得养老服务产业与资金供给间缺乏有效连接。而商业养老保险可以积累规模巨大的长期性养老资金，这些资金可以在风险可控的前提下投资于养老产业，从而拓宽养老产业资金来源渠道。

（三）基金类养老金融产品与服务创新

1.基金类养老金融产品创新

截至2022年6月，公募基金管理的资产总规模已超过26万亿元。经过20余年的发展，公募基金在养老金资产管理领域积累了大量的经验。社会保障基金、企业年金、基本养老保险基金的60%的资产均由公募基金管理，公募基金在权益投资、多元化投资等方面具有显著优势。目前，基金类养老金融产品主要是养老目标基金，从2018年发展至今，养老目标基金规模已超千万元。其中，目标日期基金能动态匹配权益性资产持有比例，实现全生命周期动态化资产配置；目标风险基金能通过风险分档式的系列化产品布局满足不同风险偏好消费者的需求。与其他养老金融产品相比，养老目标基金的风险相对较高，以基金中的基金（FOF）运行，信息披露不够透明，导致投资者投资意愿不强。在产品创新方面，应进一步开发安全稳健、侧重长期性的不同风险等级的个人养老金基金产品。对于养老目标基金，一方面，要拓展养老目标基金投资范围，丰富投资标的，创新发展不动产投资信托基金（REITs）、另类投资、指数产品等底层基金，在定期支付、降低净值波动等各方面进行养老金融产品的创新方案研究，采用系列化发展思路开发产品，保持同一系列产品风险收益特征的一致性和稳定性；另一方面，要充实目标日期基金的目标年限，设计合理的下滑航道，优化目标日期基金到期后的转型安排，使其贯穿整个生命周期。

2.基金类养老金融服务创新

在基金类养老金融服务创新中，一方面，投资者普遍存在风险厌恶心理是养老目标基金市场接受度低的主要原因之一，应完善风险收益预测机制，构建业绩比较基准，帮助投资者进行不同市场环境下的预期收益测算，进一步引导投资者树立合理的风险收益预期。另一方面，境外的养老金管理经验表明，完善投资顾问体系在促进私人养老金发展中扮演着重要角色——有利于提高个人投资者的参与感、获得感。根据美国投资公司协会（ICI）的数据，2021年，美国78%的个人退休账户（IRA）持有人会通过买方投顾获得投资建议。然而，为海量的个人投资者专门配备人工理财顾问会在很大程度上增加金融机构运行成本，因此，在深度开发投资顾问服务的同时，也要利用大数据、区块链等金融科技来推进投资顾问服务线上化、智能化转型。同时还应考虑将目标日期基金纳入默认投资选项，缓解投资惰性。

三、养老金融风险管理机制创新

养老金融作为金融体系的重要组成部分，其安全性关乎规模庞大的老年群体的基本生活质量与社会安全稳定，在人口老龄化加剧的背景下，养老金融风险管理的重要性愈发凸显。与传统金融业务不同，养老金融产品和服务呈现出复杂化、多元化、科技化等特征，其业务流程涉及的金融风险点也更加复杂和隐蔽。有效防范和治理养老金融风险，应从有效推进积极应对人口老龄化国家战略的顶层设计开始，构建养老金融风险治理体系的整体性战略安排。

（一）积极推动金融体系适老化转型

首先，应推动金融机构适老化转型。在线下金融机构营业网点减少的背景下，为了尽可能减小其对老年群体办理金融业务产生的影响，地方政府应深入社区了解居民对该实体金融机构服务的需求，提前预判关闭网点可能产生的影响并为金融机构提供决策参考。此外，应鼓励金融机构开展线下“移动式”服务。比如通过便携式发卡机等设备将柜面服务触角延伸至社区；鼓励金融机构与邮局或超市合作，在偏远地区发展代理金融服务。对于现存网点，在保留现金、存折等传统服务方式的同时，应对网点的设施设备进行适老化改造。

其次，应推动金融产品适老化转型。充分考虑老年群体的养老金融投资偏好与需求，降低养老金融产品投资门槛，将产品的购买年龄上限随着预期寿命的延长而作出一定的调整，在鼓励养老金融产品创新的同时，对复杂的金融产品进行严格监管，完善金融产品审批流程。

最后，应推动金融服务适老化转型。养老金融服务的提供方式应该充分考虑老年群体的特征和偏好，拓展金融服务场景，提供多元化金融服务模式，提升客户的体验感。比如，开发手机银行、银行网页等的老年关爱版本，为老年群体提供界面简洁、字体较大的页面设计；金融术语“去专业化”，用老年人听得懂的语言和他们沟通，在银行等金融机构的客户服务准则中，保留柜面业务员帮助老年客户理解金融产品的条款；对于无法前往线下营业网点的老年人，开设社区临时服务网点，为其答疑解惑、办理相关业务，打通金融服务“最后一公里”；协助老年客户完成智能手机软件操作；通过播放宣传片、设置展板、发放宣传单等方式在社区范围内开展数字化操作、金融知识宣教，提高老年群体的金融风险防范意识。

（二）加强养老资金投资监管

为应对养老资产投资与经营过程中的风险，应在政府层面进一步完善养老金融产品与服务供给的法律法规与监管政策，提高养老金融产品的市场准入门槛，加强对金融机构开展养老领域产品和服务创新的监管。在产品营销过程中，禁止金融机构向投资者售卖高于其风险承受能力的养老金融产品，超风险销售养老金融产品给投资者造成的损失应全部由金融机构承担。在产品运行过程中，金融监管机构应要求金融机构对所经营的养老金融产品信息进行定期披露，对明显存在风险的产品及时“叫停”。此外，政府部门还可以以个人养老金信息管理服务平台为依托，开发统一的养老金融产品发行平台，将市面上符合条件的养老金融产品都发布在这一发行平台上，并根据是否划入个人养老金产品目录将养老金融产品划分为税收优惠产品与非税收优惠产品，提高投资者选择产品的便利性。

在市场层面，充分发挥新闻媒体、金融审计机构等的监管作用，促使养老金融产品与服务向规范化、透明化方向发展。在事前风险防范中，需要在个人养老金推广初期设置较高的产品发行门槛，并强调养老金融产品的风控机制。同时，加强产品销售人员和投资顾问的业务水平培养，加强投资者金融知识宣教，充分发挥投资顾问的作用，为投资者制定符合其风险承受能力的风险预算。风险预算根据风险承受度而不是预期回报率来配置资源。制定风险预算有利于确定允许的总风险水平、选择恰当的投资时点、在投资风险“超支”时及时予以纠正。未来，还可以进一步引入智能投顾来实现客户画像、投资推荐、交易执行、自动仓位调整等一系列功能，帮助投资者更精准地匹配适宜的养老金融产品。在事中风险防范中，金融机构应组织建立各自的金融风险管理小组，实时监管投资风险，保证支付准备金的充足性。在事后风险防范中，一方面，通过计算和分析投资回报率来评估风险预算完成度，以期未来改进；另一方面，利用大数据和云计算等技术收集养老金融产品投资信息，建立完整的养老金融投资信息数据库，各金融机构间也可以实现信息共建共享，帮助金融机构进一步提高养老金融服务效率。

（三）探索长寿风险市场化转移途径

20世纪70年代以来，我国人均预期寿命以每10年增长约3岁的速度稳步提升，根据《中国可持续发展总纲（国家卷）》的预测，2050年我国人口平均寿命将达到85岁，届时我国60岁以上老年人口抚养比也将突破50%。平均预期寿命延长会对养老、医疗体系带来巨大支付的风险。近年来，随着长寿风险愈发凸显，发达国家中长寿风险金融衍生品的交易数量及规模呈现稳步上升趋势，金融机构尝试通过长寿风险证券化将长寿风险转移给风险承受能力更强的机构投资者。目前，发达国家金融市场上常见的长寿金融衍生品包括长寿债券、长寿互换、死亡率远期合约等，长寿金融衍生品与其他类别资产的相关性较低，可以起到分散风险的作用。

与发达国家相比，我国养老金融市场上缺乏可以对冲长寿风险的养老金融产品。随着我国养老年金市场成熟度的不断提高，养老责任将由多方主体共同承担，为了避免长寿风险带来的潜在不利影响，应推动长寿风险管理创新。在政府层面上，可以探索主导大规模的代际风险转移，通过将养老金领取年龄与预期寿命挂钩、官方发行长寿债券等方式提高长寿风险代际分担的有效性与公平性；针对个体投资者长寿风险对冲需求，研发递延年金、变额年金、通货膨胀指数年金、分阶段提款年金、可变递延年金和团体自助年金等新型年金产品；针对寿险公司、年金计划管理者等金融机构长寿风险对冲需求，研发与死亡率关联的金融衍生品，探索养老金收购（Buy-in）和养老金买断（Buy-out）等长寿风险转移途径[1]。

[1] 养老金收购是指由养老金计划管理者向保险公司支付保费，购买批量的年金，未来由这些年金向养老金计划参与者支付养老金。仅转移长寿风险，保留通胀和收益不确定风险，仍由养老金计划管理者承担兜底责任。养老金买断是指通过购买批量年金的方式将养老保险基金的所有资产与负债都转嫁给保险公司，养老金计划管理者不再承担运行责任，所有风险均得到转移。这两种长寿风险转移途径的弊端在于成本较高。

（四）加强养老金融反欺诈宣传

《中国养老金融调查报告（2023）》显示，2023年，14.14%的老年群体在金融投资中有上当受骗的经历，尽管与2017年的30.30%相比，受骗比例呈持续下降趋势，但随着老年人口规模的增加，养老金融欺诈风险管理仍十分重要。

首先，在政府层面，应完善老年金融消费者权益保护措施。养老金融资产安全不仅关乎老年群体的生活质量，也关乎市场稳定。政府应重视并加强养老金融活动监管力度，完善养老金融消费者权益保护措施以及养老服务领域预付费管理制度，探索建立对预付费的资金监管机制，加强对金融机构开展养老服务领域金融产品和服务创新的监管。

其次，在金融机构层面，应提高养老金融服务质量，探索通过数字化途径防范化解养老金融风险。一方面，金融机构应对金融资产投资信息进行及时披露，注重日常业务办理中的养老金融风险识别与防范。另一方面，应创新研发数字金融服务，将金融科技运用于防范养老金融欺诈。

最后，在微观个体层面，应重视老年群体精神需求满足和金融素养培养，应在社区、养老机构等场所开展经常性的志愿者关怀访视、生活陪伴、情绪疏导、心理咨询、危机干预等服务，开展养老金融知识宣教，维护老年群体心理健康，提高老年群体对金融欺诈的识别能力。

Chapter 4

第四章

养老服务金融创新与发展

第一节

养老服务金融的理论与政策

一、养老服务金融的内涵与特征

（一）养老服务金融的内涵

随着经济社会的快速发展和居民生活水平的持续提高，新时代的老有所养正从基本的“生存型养老”向高品质的“生活型养老”转变，公众的养老需求呈多样化、综合化和个性化趋势。对于公众个体而言，满足这些需求需要充足的养老财富作支撑；对于金融机构而言，丰富养老金融产品和服务供给有助于突破金融传统业务桎梏。目前，我国初步建立了包括公共养老金、职业养老金和个人养老金在内的三支柱养老金体系，为制度化养老金积累奠定了制度基础。然而，在人口老龄化的基本国情下，公共养老金面临支付压力攀升和替代率下滑的困境，职业养老金和个人养老金也因覆盖范围较窄而难以起到实质性的补充保障作用。因此，探索更加多元的养老财富储备模式成为解决当前养老财富不平衡不充分问题的关键所在，也是顺应人民群众对美好老年生活热切期盼的必然选择。发挥市场在资源配置中的决定性作用，尤其是发挥金融在跨期资源配置中的优势，构建适应公众日益增长的养老需求的市场化养老财富储备路径迫在眉睫。

养老服务金融是指除制度化养老金以外，金融机构围绕社会成员养老相关的投资、理财、消费及其他衍生需求采取的一系列金融创新活动，其本质是通过金融产品和服务创新来满足公众多样化的养老需求。养老服务金融涉及两个方面的内容：一是养老财富管理，二是适老金融服务。养老财富管理包括养老财富积累和养老财富消费，前者指公众在工作期自发进行的以养老为目标的财富积累活动，后者指公众在退休期将已积累的养老财富用于继续管理并不断消费的过程。无论是养老财富积累还是养老财富消费，都需要金融机构开发跨生命周期的专业化金融产品。在适老金融服务方面，金融机构通过硬件设施适老化改造、软件便捷性设计和优化服务方式等方法，提升老年人日常金融服务的可及性和满意度。

养老服务金融的产生与个体的生命周期过程息息相关。根据莫迪利亚尼、布伦贝格（Brumberg）和安东（Ando）提出的生命周期假说，理性行为人会依据生命周期内的全部预期收入合理安排各个时期的消费支出，以实现终生效用最大化。由于个体一生中的消费和收入不同步，工作期通常收入大于消费，产生正现金流；退休期往往消费大于收入，产生负现金流。因此，人们需要进行养老财务规划来合理配置生命周期资源。养老服务金融能够有效解决生命周期内收入和消费时间分布不匹配问题，个体既可以在工作期将富余收入通过理财、保险、基金等市场化方式转变为养老财富，又可以在退休期将拥有的固定资产通过金融手段（比如住房反向抵押贷款或保险）转变为养老消费资金，从而满足多样化养老需求、提升老年生活质量。因此，养老服务金融不仅契合了个体在不同生命周期阶段的财务安排，而且推动了金融市场的创新发展。

风险管理理论为养老服务金融的发展提供了理论基础和实践指导。金融机构综合运用风险识别、评估和控制技术，设计更加稳健有效的养老金融产品，为老年人提供安全可靠的财务保障。首先，长寿风险和健康风险是个体无法回避的两大风险。金融机构通过开发诸如年金、商业养老保险等产品，利用精算模型和风险分散策略有效管理风险，使得老年人在寿命延长和健康恶化时能够持续获得经济支持。其次，市场风险和通胀风险对养老财富的保值增值提出了严峻挑战。通过运用现代投资组合理论和动态调整资产配置结构，金融机构设计多种投资组合，减少市场波动和通货膨胀对养老财富的侵蚀。最后，利率风险和信用风险影响养老金融产品的收益和安全性。金融机构利用利率对冲工具和浮动利率产品，管理利率波动带来的不确定性，同时通过信用评级和再保险手段控制和转移信用风险。

（二）养老服务金融的特征

1.运营的长期化与跨界化

养老服务金融在运营上表现为公众持续投入、长期持有和长期领取，这要求金融机构制定长达数十年的战略规划，以确保其产品和服务能够满足客户从财富积累到财富消费的全生命周期需求。这种长期战略规划不仅体现在金融产品的设计和推广上，还体现在全面风险管理和客户关系维护上。通过建立并维护与客户间的长期稳定关系，金融机构能够不断优化服务质量和产品设计，提高客户的忠诚度和满意度。此外，稳健的运营策略是保持客户利益和机构声誉的重要保障，金融机构应避免频繁调整产品结构，防止对客户造成不利影响，同时保持运营的连续性和稳定性。

养老服务金融的跨界化特性尤为显著。这不仅因为其涉及多种金融产品和服务，还因为它需要与多个行业和领域进行深度合作。金融机构与医疗、养老等相关行业的企业紧密合作，共同开发和推广养老金融产品和服务。通过跨界合作，金融机构能够整合多方资源，构建起涵盖资金流和服务流的闭环生态系统。比如，商业银行通过与资管机构、医养结合机构、产业企业合作，形成客户购买养老金融产品、资管机构配置养老资产、养老产业提供养老服务、养老服务满足养老需求的良性循环。这种跨界合作不仅提高了市场竞争力，还提升了多领域协作能力，有利于为客户提供更全面的养老服务解决方案。

2.产品的多样化与综合化

针对公众日益增长的多样化养老需求，金融机构在各自领域内探索创新养老金融工具，开发具有不同期限、流动性支持、风险保障和投资策略的养老金融产品，为不同年龄和收入群体的养老财富储备提供了多种选择。这些产品覆盖储蓄、投资、风险保障和消费支出等多个方面，满足公众在不同生命周期阶段的具体需求。青年阶段的客户主要关注财富积累和投资，中年阶段客户更加注重风险保障和财富管理，老年阶段客户则更加关注养老金提取和资产传承。金融机构根据客户的生命周期特征，提供灵活的产品组合方案，确保产品设计能够全面覆盖各类客户群体的养老需求。

养老服务金融产品的综合化要求金融机构从单一产品结构向一站式产品体系转变。通过整合各类资源，金融机构可以形成一个兼顾投资与保障、备老与养老、长期积累与灵活支取的综合产品体系。该体系提供储蓄、理财、保险、基金、信托等多种金融产品，全面满足客户在不同生命周期的多样化需求。比如，金融机构为年轻人设计储蓄和投资组合，为中年人提供风险保障和财富管理服务，为老年人提供养老金提取服务和信托产品。此外，金融机构还结合自身优势和经验，开发具有市场竞争力的特色养老金融产品，以满足不同客户群体的需求。

3.服务的数智化与适老化

金融机构在养老服务金融领域广泛应用大数据、区块链、人工智能和云计算等前沿技术，逐步提升服务效率和精准度。通过构建企业级数据平台，金融机构可以全面掌握客户画像，精准识别客户需求，为客户提供个性化金融服务。比如，智能投顾服务根据客户的风险偏好和财务状况提供个性化投资建议，区块链技术则提升交易和信息的透明度与安全性。开发易用的线上服务平台和移动应用，使客户随时随地获取金融服务和信息，客户通过线上平台就能进行账户管理、交易记录查询、理财建议获取等。与此同时，针对老年客户的特殊需求和行为习惯，金融机构不断推进适老化改造，适老化改造不仅包括改进服务方式和优化服务流程，还包括完善助老设施等软硬件的全面升级。通过线上线下的适老化改造，提升老年客户在金融服务中的获得感和满意度。

4.投资的安全性与收益性

养老服务金融在投资方面注重兼顾安全性与收益性，这源于养老资金具有长期性和稳健性双重属性。一方面，安全性是养老金融产品设计的核心要素之一。金融机构要通过科学的资产配置和多样化的投资组合来分散风险，减少市场波动对资金安全性的影响，守好公众养老“钱袋子”。为实现这一目标，金融机构需要具备强大的风险管理能力，定期进行风险评估和动态调整，以确保投资策略的稳健性和安全性。另一方面，收益性是养老金融产品吸引客户和实现资金增值的关键因素。养老服务金融产品需要在保证资金安全的前提下，注重提供长期稳定的收益，实现资金的持续增值，保障客户退休后的经济需求。这要求金融机构在资产配置中综合考虑收益与风险的平衡，优化投资组合，以实现稳定的长期回报。此外，金融机构需要不断研发符合市场需求的创新型养老金融产品，通过创新收益模式，提升收益能力和市场竞争力。

综上所述，养老服务金融具有运营的长期化与跨界化、产品的多样化与综合化、服务的数智化与适老化、投资的安全性与收益性等特征。这些特征共同构成养老服务金融的核心优势，为满足公众多样化的养老需求提供有力保障。金融机构在未来的发展中，需要进一步优化风险管理体系，提升资产配置能力，创新金融产品和服务模式，以推动养老金融市场健康可持续发展，实现客户养老资金的安全稳健增值。

二、养老服务金融的功能定位

1.化解养老保障风险

不断完善的社会养老制度和沿袭千年的家庭养老模式是现代社会养老保障的两大组成部分，但在人口老龄化程度不断加深的背景下，这两种方式都面临严峻挑战。一方面，政府主导的社会养老承载着实现老有所养的社会责任，但受经济发展、资源投入、人口结构转变等因素制约，仍面临待遇水平较低、服务供给有限、服务质量参差不齐等难题，其提供的经济保障和服务保障离人民群众日益增长的养老需求还有不小的差距。另一方面，由于家庭规模、结构和居住方式的改变，政府对家庭养老支持力度的不足，以及个人尽孝意识和养老观念的淡化，家庭养老功能日渐式微，导致依靠子女赡养的传统养老模式难以为继。人口老龄化一方面催生了巨大的养老需求，另一方面又增大了社会养老压力、削弱了家庭养老能力，使得养老需求与供给之间的矛盾日益凸显，迫切需要利用市场化手段来实现养老供需匹配。养老服务金融针对全体社会成员的各种养老需求提供一系列产品和服务，公众可以通过市场化方式满足其多样化的养老需求，这有利于化解社会养老和家庭养老保障不足的风险。

2.拓展养老财富储备路径

养老服务金融的功能之一是拓展个人养老财富储备路径，这是应对人口老龄化和经济环境变化的关键举措。传统的养老金体系主要依赖政府和企业提供的养老金计划，但随着老龄化的加剧和经济环境的变化，单一的养老金来源已无法满足日益多样化的养老需求。国际经验表明，应对人口老龄化的重要措施之一就是让老年人拥有足够的资产，如此才能确保老有所养。金融机构通过提供多种金融工具和服务，如养老信托、养老理财产品和反向抵押贷款等，拓展了个人和家庭的养老财富储备路径。此外，金融机构还提供综合性的财富管理和投资咨询服务，帮助客户制定全面的养老规划，优化资产配置，确保其在退休后拥有充足的财务资源和高质量的生活。通过多样化的养老财富储备路径，养老服务金融不仅提升了客户的财富管理能力，还推动了整个养老金融市场的发展和创新。在这一过程中，金融机构需要不断推出更具吸引力和适应性的养老金融产品和服务，以满足不同客户的需求，确保其退休后的生活质量。

3.助力银发经济发展

银发经济的核心是让老年人更好地享受晚年生活，提升养老服务金融质效是推动银发经济发展的必然要求。首先，养老服务金融通过提供多样化的金融产品和服务，满足老年人日益多样化的经济需求和消费偏好，推动银发消费市场扩展和繁荣。其次，养老服务金融充分发挥银行、保险、基金等不同金融业态的优势，形成供给合力，通过协同发展和资源整合形成养老金融服务的全覆盖，满足各类人群的养老投资偏好。再次，养老服务金融通过资金投资和服务拓展完善养老产业链条，促进相关产业的健康和持续发展。最后，养老服务金融通过提供金融支持和专业服务，推动自身向智能化、数字化适老服务改进，突出安全性、稳健性和简便性，推动金融机构在线上服务适老化改进和线下应对数字化生活场景的金融助老服务等方面提质增效。

4.提高公众养老储备意识和金融素养

养老服务金融本身就具有投资者教育的功能，在提高公众养老储备意识和金融素养方面具有重要作用。首先，养老服务金融通过各种形式的宣传和教育活动，增强公众对养老储备重要性的认识。金融机构和政府部门通过媒体宣传、金融教育讲座、社区活动等多种途径，向公众普及养老金融知识，帮助他们理解养老储备的必要性和紧迫性。这些教育活动使得公众能够更早地认识到提前进行养老规划的重要性，推动了养老储备观念的普及。其次，养老服务金融通过提供多样化的金融产品，帮助公众进行科学合理的养老规划。金融机构推出的养老保险、年金、养老基金等产品，为公众提供了多种选择，使他们能够根据自身的经济状况和风险承受能力，灵活选择适合自己的养老储备方式。这不仅增强了公众的养老保障能力，也提升了他们对金融产品的认知能力和使用能力。最后，金融机构在推广养老金融产品的过程中，注重向客户传授基本的金融知识和理财技能。比如，通过客户咨询、理财规划服务、风险评估等方式，金融机构帮助客户了解不同金融产品的特点、收益和风险，提升他们的金融决策能力和风险管理能力。这些服务不仅使公众能够更好地进行养老储备，还在整体上提升了社会的金融素养水平。

三、养老服务金融的政策演进

近年来，政府各部门逐渐认识到金融在解决养老问题上的重要作用，先后出台了一系列金融支持养老服务发展和促进商业养老金融业务发展的指导意见，为养老服务金融规范发展提供了政策指引。养老服务金融相关政策如表4-1所示。

表4-1　养老服务金融相关政策

政策	发布时间	主要内容
《国务院关于加快发展养老服务业的若干意见》	2013年9月	引导和规范商业银行、保险公司、证券公司等金融机构开发适合老年人的理财、信贷、保险等产品
《关于金融支持养老服务业加快发展的指导意见》	2016年3月	建立和完善有利于养老服务业加快发展的金融组织、产品、服务和政策体系，切实改善和提升养老领域金融服务水平
《国务院办公厅关于推进养老服务发展的意见》	2019年4月	鼓励商业养老保险机构发展满足长期养老需求的养老保障管理业务。 支持银行、信托等金融机构开发养老型理财产品、信托产品等养老金融产品
《“十四五”国家老龄事业发展和养老服务体系规划》	2022年2月	鼓励金融机构开发符合老年人特点的支付、储蓄、理财、信托、保险、公募基金等养老金融产品，研究完善金融等配套政策支持
《中国银保监会关于规范和促进商业养老金融业务发展的通知》	2022年4月	支持和鼓励银行保险机构依法合规发展养老金融业务，向客户提供养老财务规划、资金管理、风险保障等服务。 银行保险机构开展商业养老金融业务应体现养老属性，产品期限符合客户长期养老需求和生命周期特点，并对资金领取设置相应的约束性要求
《国务院办公厅关于发展银发经济增进老年人福祉的意见》	2024年1月	丰富发展养老金融产品。支持金融机构依法合规发展养老金融业务，提供养老财务规划、资金管理等服务
《国家金融监督管理总局关于银行业保险业做好金融“五篇大文章”的指导意见》	2024年5月	主要目标：第三支柱养老保险规范发展，养老金融产品更加丰富，对银发经济、健康和养老产业的金融支持力度持续加大，更好满足养老金融需求。 聚焦现实需求加快养老金融发展。养老金融要健全体系、增进福祉，积极适应老龄社会发展要求

2013年9月发布的《国务院关于加快发展养老服务业的若干意见》，将老年金融服务作为养老服务业的组成部分，提出要引导和规范商业银行、保险公司、证券公司等金融机构开发适合老年人的理财、信贷、保险等产品。2016年3月，中国人民银行等五部委联合发布《关于金融支持养老服务业加快发展的指导意见》，首次将养老和金融相结合，提出建立和完善有利于养老服务业加快发展的金融组织、产品、服务和政策体系，切实改善和提升养老领域金融服务水平。2019年4月发布的《国务院办公厅关于推进养老服务发展的意见》，进一步为银行、基金、保险、信托等金融机构养老金融业务发展指明了方向。2022年2月国务院印发的《“十四五”国家老龄事业发展和养老服务体系规划》，鼓励金融机构开发符合老年人特点的支付、储蓄、理财、信托、保险、公募基金等养老金融产品，加强涉老金融市场的风险管理，严禁金融机构误导老年人开展风险投资。2022年4月发布的《中国银保监会关于规范和促进商业养老金融业务发展的通知》，支持和鼓励银行保险机构依法合规发展养老金融业务，向客户提供养老财务规划、资金管理、风险保障等服务。强调商业养老金融业务应体现养老属性，产品期限符合客户长期养老需求和生命周期特点；同时，要求银行保险机构持续开展客户教育，逐步培育成熟的养老金融理念和长期投资理念。2024年1月印发的《国务院办公厅关于发展银发经济增进老年人福祉的意见》，支持金融机构依法合规发展养老金融业务，提供养老财务规划、资金管理等服务。2024年5月发布的《国家金融监督管理总局关于银行业保险业做好金融“五篇大文章”的指导意见》，要求聚焦现实需求加快养老金融发展，提出了“第三支柱养老保险规范发展，养老金融产品更加丰富，对银发经济、健康和养老产业的金融支持力度持续加大，更好满足养老金融需求”的目标。此外，还要求推动金融适老化改造，提升老年人金融服务体验。

为落实中央决策部署，地方政府也相继出台了养老金融地方性支持政策。2024年3月，河南省出台《河南银行业保险业加快推动养老金融高质量发展行动方案》，从深化养老金融产品供给侧改革、创新推动养老金融服务、加大养老产业金融支持力度、提升养老金融专业化经营能力、强化养老金融发展监管引领五大方面，提出了29项具体举措，争取用3至5年的时间，全面建成多层次、广覆盖、宽领域、可持续的养老金融服务体系。2024年4月，福建省发布《关于促进养老金融高质量发展的指导意见》，要求丰富养老金财富管理产品与服务，提高养老金融消费产品供给质效，优化涉老政策性业务发展政策环境，完善“老年友好型”金融消费环境，进而促进养老服务金融加快发展。此外，广东、广西、宁波等地也就养老服务金融发展推出了一揽子落实举措，政策叠加效应逐步释放。

梳理政策演进历程不难发现，我国养老服务金融发展呈现三大特征：一是注重多元主体参与、多类产品供给、满足多样化需求。商业银行、保险公司、基金公司等金融机构广泛参与，针对社会成员长期养老需求和生命周期特点，提供多种养老金融产品并推动金融服务适老化改造，增强供需匹配度。二是推进养老服务金融与养老产业协同发展。通过优化政策环境、完善管理机制、加大信贷支持力度、创新融资方式等手段，撬动更多资金支持养老产业发展，激活养老服务消费市场，拓展养老金融产品的投资渠道。三是统筹金融文化培育与养老服务金融建设。强化养老金融宣传和消费者教育，提升公众的养老金融理念、素养和认知，持续完善有利于养老服务金融发展的社会环境。

第二节

养老服务金融发展现状

一、养老财富积累市场供给与现状

（一）特定养老储蓄

养老储蓄是专为养老目标而设立的储蓄类别，实际上就是更具长期性的定期储蓄，具有产品期限长、收益稳定、本息有保障的特征，可满足低风险居民的养老财富储备需求。2022年7月15日，中国银保监会办公厅、中国人民银行办公厅联合发布的《关于开展特定养老储蓄试点工作的通知》提出，自2022年11月20日起，由“四行五地”开展为期一年的特定养老储蓄试点，试点期内，单家试点银行特定养老储蓄业务规模上限为100亿元。截至2024年1月，特定养老储蓄存款人数约20万，余额接近400亿元上限。

相较于普通定期存款，特定养老储蓄具有以下优点：一是存款期限更长，分为5年、10年、15年和20年四档期限，符合养老规划的中长期性特质。二是利率更高，虽然由于试点城市、银行及产品期限的不同，年化利率不尽相同，但5年期普遍利率在3.5%～4%，高于5年期个人养老金专属存款产品3.15%的最高利率，在利率下行周期达到锁定相对较高利率的效果。三是灵活性更高，支持提前支取但会损失部分利息收益。

特定养老储蓄产品也存在一定的硬性限制条件：一是设定购买年龄下限，在“购买人年龄+产品期限＞55”的约束下，客户至少要达到35岁才可购买相关产品，并且年龄越大能够选择的产品期限范围就越大，产品支取条件通常为年满55岁且产品期满。二是限制购买额度上限，购买额度上限为50万元。三是划定购买地区范围，在试点城市拥有户口方可在试点银行柜台办理相关业务。

特定养老储蓄产品迎合了我国居民的储蓄偏好，更好地兼顾了普惠性和养老性，要通过不断的实践探索找准产品痛点，不断优化产品设计，并制定更高效的优惠支持政策，精准满足低风险投资偏好居民养老财富的积累需求。尽管特定养老储蓄产品能满足长期、安全的资金需求，但难以抵御通货膨胀风险，这就要求居民制定更详细的养老规划，进行不同资产配置，降低整体投资风险。

（二）养老理财产品

养老理财产品是由银行理财子公司以长期养老需求和全生命周期为核心，采用稳健资产配置策略设计发行的理财产品，具有长期性、低风险等特点。2021年8月31日，中国银保监会办公厅发布《关于开展养老理财产品试点的通知》，决定自2021年9月15日起，由“四地四机构”开展为期一年的养老理财产品试点工作，单家试点机构募集资金总规模限制在100亿元以内。在政策引导下，四家机构以长期性和安全性为原则，主要配置固收类资产，以满足稳健、长期的养老财富积累需求。基于试点情况，自2022年3月1日起将试点范围扩大至“十地十机构+贝莱德建信理财”，并对于已展开试点的机构将募集资金总规模上限提升至500亿元，新增试点机构单家募集资金总规模上限仍为100亿元，养老理财总募集上限从400亿元大幅调增到2700亿元，规范和促进了商业养老金融业务发展。

截至2023年末，养老理财产品的平均收益率为3.2%，且产品均获得正收益，整体业绩相对稳健。这得益于养老理财产品的以下优点：一是养老理财产品主要配置固收类资产，2023年较好的债权市场表现提升了养老理财产品整体业绩表现。二是养老理财产品多为封闭式或定开式，通过配置净值稳定的非标资产能够获得相对较高的收益。三是养老理财产品通过引入风险准备金、平滑基金等风险保障机制，大幅提升了产品的抗风险性。此外，相较于其他养老金融产品，养老理财产品具有普惠性、托管费和管理费较低的优势。在满足收益分配条件的情况下，产品管理人可以通过定期分红，激励人们进行长期投资，充实养老财富积累。

与特定养老储蓄产品不同，养老理财产品具有以下特征：一是无法提供保本承诺；二是没有购买年龄限制，适用于全生命周期的养老规划；三是赎回机制的灵活性稍弱，仅允许在特殊情境下有条件地赎回。虽然养老理财产品具有较多的发展优势，但同时也面临需求增长乏力、规模扩张停滞等问题（见图4-1）。这主要有两方面原因：一方面，养老理财产品差异化不明显，投资者对同质化产品需求有限；另一方面，我国仍有较大规模的居民投资理念薄弱，缺乏主动进行养老财富储备的意识，仍存在被动养老观念，依靠家庭积蓄或基本的退休金养老，不愿通过承担投资风险获取补充性退休金。理财公司需深度挖掘投资者的养老财富储备需求，创新理财产品，进一步丰富养老理财产品体系，同时加强对养老金融的宣传力度，培养养老财富储备理念和正确的投资理念，鼓励居民进行养老规划，形成主动养老的意识，建立起提前备老的良好习惯，引导居民合理评估自身风险偏好，理性看待投资风险，养成良好的投资习惯[1]。

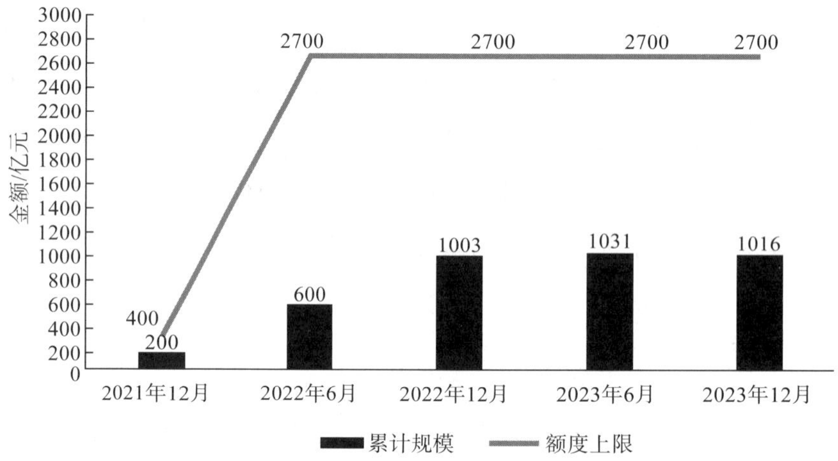

图4-1　养老理财产品的累计规模和额度上限

资料来源：《中国养老金融发展报告》，泰康长寿时代研究院。

[1]　邱亦霖，梁斯. 我国养老理财发展的最新实践、问题与建议[J]. 宏观观察，2023（18）：1-11.

（三）专属商业养老保险

专属商业养老保险是指资金长期锁定用于养老保障目的，被保险人领取养老金的年龄应为达到法定退休年龄或年满60周岁的个人养老金保险产品。专属商业养老保险采用“保底+浮动”的收益模式和“双账户”管理模式，包括稳健型和进取型两类账户。

2021年5月8日，中国银保监会办公厅发布《关于开展专属商业养老保险试点的通知》，决定自2021年6月1日起，由6家机构在浙江省和重庆市开展专属商业养老保险试点，要求试点机构创新开发投保简便、缴费灵活、收益稳健的专属商业养老保险产品，满足居民多样化、差异化的养老需求。试点区域取得较好的实施效果。为进一步探索商业养老保险发展经验，自2022年3月1日起，将专属商业养老保险试点范围扩大到全国，并在原有基础上将养老保险公司纳入试点公司范围。为推动专属商业养老保险从试点运行转为常态化经营，充分发挥其养老保障的重要作用，决定自2023年10月20日起进一步放宽专属商业养老保险的经营权限，满足条件的人身保险公司均可开发、销售专属商业养老保险产品，同时明确了相关业务的具体要求。2022年，稳健型和进取型账户的结算利率区间分别为4%～5.15%和4.8%～5.7%。2023年，稳健型账户的结算利率在2.1%～4.15%区间，平均结算利率为3.6%；进取型账户的结算利率在3%～4.25%区间，平均结算利率为3.81%[1]。相较于2022年，专属商业养老保险产品2023年的结算利率有所下降，但两类账户的整体收益仍保持稳健。截至2023年末，专属商业养老保险投保件数约74万件，累积的养老准备金规模超106亿元[2]。

专属商业养老保险作为养老服务金融中重要的创新保险产品，具有以下优点。一是投保方式灵活。专属商业养老保险的投保门槛低，部分产品低至100元可投；

[1]　券商中国.专属养老保险2023年业绩放榜，有这些变化[EB/OL].（2024-01-11）[2024-06-22].https://baijiahao.baidu.com/s?id=1787727465246679774.

[2]　彭瑶.中国发布|金融监管总局：养老理财产品规模超千亿元　商业养老金开户超59万个.[EB/OL].（2024-01-25）[2024-06-22].https://baijiahao.baidu.com/s?id=1789052883355157083.

缴费和领取方式灵活多样，可以任意选择月付、年付、趸交、不定期追加等缴费方式，也可以选择终身、固定期限等方式按年或按月领取养老金；投资组合自由，产品采用“双账户”模式，在保险有效期内，提供稳健型和进取型两类账户供投保人自由选择或组合配置，两类账户可以相互转换。二是强化养老保险的长期属性。相较于现行商业养老保险存在的退保相对自由、领取期限短等问题，专属商业养老保险对领取年龄、年限和退保规则进行了规定限制，强化其长期属性，帮助投保人更好地进行养老财富积累。三是收益有保障。专属商业养老保险具有相应的保底利率，以“保底+浮动”的模式提供补充性养老保障。专属商业养老保险最主要的不足是收益不稳定。如果长期只能刚好达到或略高于保底结算利率，那么最终的收益率可能会低于一般商业养老金3.5%的收益率。随着我国养老保险体系“第三支柱”的持续发展，越来越多的养老服务金融产品上市，市场竞争进一步加剧，与其他养老金融产品相比可能会面临收益率对比的压力，需通过优化投资组合逐步稳健提升产品收益率，提升产品的吸引力。此外，还应加强专属养老产品与养老服务的有机结合，发挥“保险+养老”的独特优势，提升产品的核心竞争力。

（四）商业养老金

商业养老金是指养老保险公司为个人客户开立的集养老规划、账户管理、资金管理和风险管理等功能于一体的商业养老金账户，旨在为客户提供全生命周期养老资金全面且稳健的管理服务，是我国第三支柱养老保险的重要组成部分。商业养老金产品分为流动性管理类产品、固定收益类产品、权益类产品和混合类产品四大类，按照发行目的和管理方式的不同，还包括目标日期型、期限保本型等特定产品。

2022年11月24日，中国银保监会办公厅发布《关于开展养老保险公司商业养老金业务试点的通知》，决定自2023年1月1日起，由4家保险公司在10个省（市）

开展商业养老金业务试点工作[1]，试点期限暂定为一年。该通知要求试点单位积极创新商业养老金业务，满足客户全生命周期内多样化养老需求；持续多渠道开展业务，提升业务覆盖的广度、深度；深入探索销售长期激励、风险管控、投资管理等机制，为养老资金长期运行、管理提供保障。截至2023年底，商业养老金存量规模已达80亿元，有效账户数超34万户[2]。截至2024年3月，4家试点保险公司共发行22只商业养老金产品，其中国寿养老8只、国民养老5只、人保养老5只、太平养老4只（见表4-2）。2024年5月9日印发的《国家金融监督管理总局关于银行业保险业做好金融“五篇大文章”的指导意见》提出，要扩大商业养老金试点范围，加快养老金融发展，积极适应老龄社会发展要求。

表4-2　商业养老金产品

	产品名称	产品类别
国民养老	国民国泰民安501流动性管理商业养老金产品A款	流动性管理类
	国民国泰民安目标日期2038商业养老金产品A款	混合类
	国民国泰民安101期限保本型（三年滚动）商业养老金产品A款	混合类（期限保本型）
	国民国泰民安201三十天滚动持有商业养老金产品A款	固定收益类
	国民国泰民安301一年滚动持有商业养老金产品A款	混合类
国寿养老	国寿养老安心乐享期限保本型（三年滚动）（A款）商业养老金产品	混合类（期限保本型）
	国寿养老安心年享商业养老金产品	混合类
	国寿养老安心稳享商业养老金产品	混合类
	国寿养老安心优享商业养老金产品	流动性管理类
	国寿养老安心智享目标日期2030商业养老金产品	混合类（目标日期型）

[1]　4家保险公司是指中国人民养老保险有限责任公司、中国人寿养老保险股份有限公司、太平养老保险股份有限公司、国民养老保险股份有限公司；10个省（市）是指北京市、上海市、江苏省、浙江省、福建省、山东省、河南省、广东省、四川省、陕西省。

[2]　王骅，宋逸菲.初心如磐，应势而谋——2023保险资产管理年度报告[R/OL].（2024-03-08）[2024-06-22].https://www.xdyanbao.com/doc/er4ho3d1me.

续表

	产品名称	产品类别
国寿养老	国寿养老安心智享目标日期2040商业养老金产品	混合类（目标日期型）
	国寿养老安心智享目标日期2050商业养老金产品	混合类（目标日期型）
	国寿养老安心悦享商业养老金产品	固定收益类
人保养老	人保养老温心岁月1号商业养老金产品	固定收益类
	人保养老温心岁月3号商业养老金产品	固定收益类
	人保养老贴心岁月期限保本型（三年滚动）商业养老金产品	混合类（期限保本型）
	人保养老舒心岁月商业养老金产品	流动性管理类
	人保养老暖心岁月1号商业养老金产品	混合类
太平养老	太平养老天天盈商业养老金产品	流动性管理类
	太平养老稳盈宝壹号（三年滚动）商业养老金产品	混合类（期限保本型）
	太平养老安盈宝壹号商业养老金产品	固定收益类
	太平养老满盈宝壹号商业养老金产品	混合类

资料来源：王骅、宋逸菲：《初心如磐，应势而谋——2023保险资产管理年度报告》。

相较于个人养老金，商业养老金虽不享受税收优惠，但不受额度限制，能够投资更广泛的产品，对个人养老金制度具有补充作用。

商业养老金具有以下优势：一是具有普惠性。商业养老金面向18周岁以上自愿参加并自主选择购买商业养老金产品的所有客户，以保费缴纳门槛低、限制条件少、操作便捷、投保及领取方式灵活等优势，提高了其覆盖的广度、深度。二是“双账户制”兼顾流动性与长期性。通过在商业养老金账户下设立“锁定账户”，在期满前对养老资金进行封闭运行，强制性满足养老储备需求；设立“持续账户”用于管理客户通过购买其他养老产品持续积累的养老资金及权益，可按规定支取，以满足不同年龄段对养老资金流动性的需求。三是拥有全面、系统的业务体系。商业养老金产品设计围绕养老财富储备展开，通过养老规划、资金管理、风险管控等服务，提升客户全生命周期养老金资产管理水平。

商业养老金也面临着挑战。一方面，商业养老金面临长寿风险和投资风险管理的挑战，养老金支付期限可能会随着科技、医疗的发展而延长，带来长寿风险，而市场的波动和风险的不确定性会影响投资风险，对商业养老金的风险管理能力有较高要求[1]；另一方面，商业养老金仍处于发展初期，存在居民对其缺乏认知、购买信心不足等问题，影响商业养老金全覆盖进度。作为我国养老保险体系第三支柱的重要组成部分，商业养老金需进一步加强监管，规范发展，提升风险管控能力，增强居民的投资信心，同时加大宣传力度，提高居民对商业养老金的认知、认可度，为推动商业养老金常规化运作打下坚实的基础。

（五）养老目标基金

养老目标基金是指以追求养老资产的长期稳健增值为目的，鼓励投资者长期持有，采用成熟的资产配置策略，合理控制投资组合波动风险的公开募集证券投资基金，根据投资策略分为养老目标日期基金（简称“日期基金”）和养老目标风险基金（简称“风险基金”）。日期基金是指随着目标日期的临近，资产配置结构逐步向非权益类资产倾斜。风险基金是指根据不同的风险偏好，合理设置权益类和非权益类资产的配置比例，并采取有效措施控制基金组合风险的基金产品。

2018年2月，证监会发布《养老目标证券投资基金指引（试行）》，对养老目标基金的形式、运作方式、投资策略、管理人等作出具体要求，形成了专门的养老投资基金产品类别，标志着我国养老目标基金进入规范化运作阶段，个人养老财富储备渠道进一步拓宽。2018年至2021年，养老目标基金的数量和规模迅速扩张，2021年后开始逐步下降。截至2023年末，养老目标基金规模为706亿元，相较于2023年第三季度下降98亿元，相较于2022年末下降175亿元，相较于2021年末下降426亿元。其中日期基金产品数量为123只，规模为216亿元；风险基金产品数量为

[1]　伊捺.商业养老金：现状、挑战与未来[EB/OL].(2023-11-15)[2024-04-22].https://baijiahao.baidu.com/s?id=1782601819122859226.

145只，规模为490亿元[1]。

养老目标基金是具有明确的养老属性的金融产品，具有以下优势：一是资产配置精准和多元，养老目标基金可以根据养老财富积累的特性以及客户自身的风险偏好、收益预期等，进行差异化资产配置，精准匹配客户个性化投资需求，且多元化的资产配置具有更好的风险抗性，能更好地应对市场波动。二是风险分散，养老目标基金通常采用FOF模式，投资于不同的基金，进行风险的二次分散，降低波动风险，保持稳健运行。三是信息透明，公募基金运作规范且公开透明，以其规范透明的运作和及时的信息披露，帮助投资者作出更优更有效的决策，提升居民投资目标基金的信心。四是税优支持，对于个人养老金基金专门设立单独的Y类份额，享受管理费和托管费的相关优惠，并豁免销售服务费和申购费等销售费用、申购限制，激励居民积极选择养老目标基金。

但是，养老目标基金仍面临以下挑战：一是基金业绩两极分化严重，基金“早夭”频发。例如，兴全安泰平衡养老三年持有混合（FOF）A和成立于2021年5月18日的华夏养老2055五年持有混合（FOF）A，二者截至2024年6月19日的净值增长率分别为50.09%和－33.3%，收益相差约83个百分点，业绩分化严重。此外，受股市低迷等因素影响，许多养老目标基金产品规模小、业绩未达预期，面临较大的清盘压力。二是养老基金市场持续回落，投资热情消退。由于基金具有明显的投资属性，相较于其他养老服务金融产品，更易受市场行情影响，对低风险偏好投资者的吸引力较弱，同时基金提前清退事件频发，使投资者体验感较差、投资信心受挫，对基金的接受度、认可度进一步下降。为解决养老目标基金面临的发展困境，一方面，需要加强政策引导和支持力度，提升养老目标基金吸引力，增强基金存续能力。另一方面，需要加大对养老目标基金的创新和宣传力度，通过创新丰富产品品种，打造出更符合投资者养老需求的基金产品——通过加强投资者教育和加大养老

[1] 廖志明，戴甜甜. 养老理财专题分析之三：稳健发展，未来可期[EB/OL].（2024-03-14）[2024-06-23]. https://t.10jqka.com.cn/pid_343094628.shtml.

基金产品宣传力度，培养投资者的养老投资理念，提升其对养老基金产品的接受和认可程度，增强投资者投资信心，激发投资者投资热情，持续为养老基金市场注入活力。

（六）养老信托

养老信托是指为满足客户养老储备资金保值增值等一系列需求而设计的资产管理信托产品。2022年2月，国务院印发《“十四五”国家老龄事业发展和养老服务体系规划》，鼓励金融机构开发符合老年人特点的信托等金融产品，加快养老金融布局。按照服务领域的不同，养老信托分为养老金信托、养老理财信托、养老消费信托、养老产业信托和养老慈善信托五种类型。养老理财信托是指信托公司接受个人委托，对其交付的现金和非现金资产进行专业化管理，实现养老财富积累的信托业务。

养老理财信托的主要代表是2012年兴业银行推出的“安愉人生”信托（简称“安愉信托”）。安愉信托是以养老财富储备为核心，以提供长期稳定收益、满足养老跨生命周期需求为亮点的差异化养老服务金融产品，主要为中老年客户提供产品定制、健康管理、法律顾问、财产保障等一系列专项金融和增值服务。截至2023年11月，安愉信托服务老年客户超2300万户[1]。

相较于其他养老服务金融模式，养老信托具有财产独立性、设计连续性、机制灵活性、支付保障性等特点，与全生命周期的养老需求高度匹配，能够通过跨周期管理实现多样化养老需求，保障养老资产的安全，以信托的形式打造出一站式养老服务。为了更好地发挥信托在养老服务金融中的支柱作用，一是要改变仍旧单一的养老信托模式，丰富和创新养老信托服务模式，打造能够全面解决养老需求的综合性信托。二是要建立并扩充养老信托的社会支持网络，借助政府、市场、金融机构等力量，发挥资源整合能力，构建养老金融生态圈。三是降低养老信托的准入

[1]　查玉婷.兴业银行：深耕银发经济新蓝海　做好养老金融大文章[EB/OL].(2023-11-20)[2024-06-22].http://finance.ce.cn/bank12/scroll/202311/20/t20231120_38798557.shtml.

门槛，尽量开发覆盖全收入阶段的养老信托产品，贯彻养老信托的普惠性。四是完善相关配套制度和监管制度，规范养老信托发展，坚定投资信心，同时利用政策红利，提升投资者的投资积极性，吸引资金进入信托业，积极推动养老信托发展。

二、养老财富消费市场供给与现状

养老财富消费是指在老年阶段将积累的养老财富储备通过消费满足养老需求的过程。这一过程需要金融机构针对老年人在养老期的经济和服务需求，提供有针对性的金融消费产品或服务，比如适老化金融服务、住房反向抵押贷款/保险等。我国对养老财富消费的探索仍处于起步阶段，推出的金融消费产品或服务在一定程度上满足了部分养老需求，丰富了老年人的养老保障渠道，但其推广和普及有待进一步提升。

（一）适老化金融服务

适老化金融服务是为满足老年群体的特定需求而打造的金融服务体系，包括提供定制化理财产品、信贷产品、便捷的结算服务等，旨在确保老年群体安全便捷地使用金融产品和服务，主要体现在金融产品适老化、服务设施适老化、智能改造适老化、养老宣传适老化四个方面。

2020年12月，中国人民银行发布的《关于提升老年人支付服务便利化程度的意见》，围绕产品、服务、设施、宣传四个方面作出适老化工作部署，以提升老年群体的支付服务水平。2021年3月，中国银保监会办公厅发布《关于银行保险机构切实解决老年人运用智能技术困难的通知》，通过加大金融适老服务改造力度，帮助老年人跨越“数字鸿沟”，破除老年支付壁垒。2022年4月发布的《中国银保监会关于规范和促进商业养老金融业务发展的通知》，以13条规范对金融机构加快适老化金融服务升级改造提出具体要求，推动金融机构主动适应我国老龄化趋势。

对于金融机构来说，进行金融适老化改造不仅是在响应监管要求、满足老年人投资理财需求，也是其今后争夺规模庞大的老年客群市场的基础。做好适老化金融服务能够发挥两个方面的优势：一是通过定制金融产品满足个性化养老需求，整合各方资源提供综合性养老服务，扩大养老服务金融的广度、深度。二是通过对服务设施、技术、宣传等进行适老化改进，帮助老年人进行更多的金融操作，提升老年群体的金融参与度，保障老年群体的金融安全，助力我国养老金融有效应对日益严峻的老龄化挑战。同时，适老化金融服务也面临多重挑战：一是适老化金融服务发展不平衡，受落实力度、基础设施水平等因素影响，各地区以及不同金融机构之间的适老化改造力度及效果具有较大差异。二是服务的针对性不强，老年人传统的金融安全观与现代银行服务方式存在冲突，智能设备和线下服务难以满足老年人的特定需求。三是适老化金融产品供应不足，养老产品同质化严重，缺乏针对老年需求的深度研究和适宜的资产配置方案[1]。

（二）住房反向抵押

住房反向抵押是以抵押房屋产权获取现金流，同时兼具养老保障功能的较复杂的金融产品，即老年人拥有房屋产权并将其抵押给银行、保险公司等金融机构，银行对借款人的年龄、预计寿命、房屋价值进行评估，按照评估价值减去预支利息和预期折损，将剩余价值分摊到预期寿命年限中，按月、按年或一次性向借款人支付，用于补贴其养老生活，直至借款人去世，金融机构结束支付并获得房屋产权。受传统观念的影响，我国拥有较高的住房自有率，人们在工作期常常用绝大部分收入偿还房贷，而缺乏资金进行养老财富的积累，最终成为“房子富翁，现金穷人”。养老依赖子女的资金支持，而我国面临少子化结构凸显、年轻人经济压力与赡养负担加重等问题，住房反向抵押模式能通过盘活存量房产，将房产价值变现，以支持养老消费，这能够有效缓解老年人及其子女的经济压力，提升老年人养老生活质量。

关于银行模式，2011年11月，中信银行率先试点“养老按揭”业务，目标人群是年满55周岁且拥有多套房屋的老年人，贷款期限上限为10年。一方面，该业务的

[1]　陈敏安. 加快适老化金融服务创新[J]. 中国金融，2023（1）：87-88.

要求较为严苛，难以满足真正有需求的老年群体的需求，如仅有一套房、无子女、有强烈养老需求的老年人群体，普惠性较弱。另一方面，该业务最长期限为10年，难以有效匹配老年人的生命年限，适用性较弱。加上反向抵押流程烦琐等多种因素，制约了银行模式住房反向抵押的推广和实施。

关于保险模式，2014年6月17日，中国保监会发布的《关于开展老年人住房反向抵押养老保险试点的指导意见》规定，住房反向抵押养老保险是将住房抵押与终身养老年金保险相结合的创新型商业养老保险业务，以北京、上海、广州、武汉作为试点城市。2016年7月，将试点范围扩大至各直辖市、省会城市（自治区首府）、计划单列市以及江苏省、浙江省、山东省、广东省的部分地级市。2018年7月，试点范围扩大到全国，推进住房反向抵押养老保险常态化运行。2015年，幸福人寿率先推出住房反向抵押养老保险产品“幸福房来宝”，截至2023年11月，共服务147户家庭、214位老人，累计发放养老金9700余万元，人均月领取养老金近8000元，抵押总房产近4亿元[1]。截至2024年5月，仍仅有幸福人寿开展此项业务。历时10年，这一模式仍处于初步探索阶段。

住房反向抵押养老保险存在以下问题：一是居民对住房反向抵押养老保险认识不足，存在较多顾虑。受制于传统观念强、金融意识薄弱等多方面因素，老年人担忧房价波动对该产品的影响或抵押房产后对子女的影响等，从而导致少有人愿意主动了解该产品。二是产品结构过于复杂，导致老年人在接触该产品时可能对涉及的部分金融条款难以理解，从而对合同的顺利实施产生影响，推广难度较大。因而推动住房反向抵押养老保险发展，一方面，政府需发挥引导与支持作用，简化流程，设立评估标准，提供税优政策，健全监管体系。同时，明确其发展地位，健全监管体系保障合法合规，加强部门协作确保顺利执行。另一方面，金融机构要通过优化产品设计，增强风险控制能力，加大宣传力度，减少老年人顾虑，提高老年人对该

[1] 泰康研究院.养老金融系列研究之（二）——养老服务金融篇[EB/OL].（2024-05-11）[2024-06-23].https://mp.weixin.qq.com/s/B9zirkHo7rPsNpMVqVh57A.

产品的接受度。此外，利用信托的优势，积极探索“以房养老”的信托模式，有望提高“以房养老”的普适性。

我国养老财富积累产品种类较多，主要包括养老储蓄和养老理财两大类产品。这些产品旨在帮助各年龄阶段的居民积累养老资金，为老年人提供补充性养老保障，具有长期性、稳定性等特点。养老储蓄类产品凭借期限长、收益稳定的特性，在低风险偏好时代，得到居民的广泛认可和青睐，存款余额和参与人数稳步增长。养老理财类产品则通过低风险的资产配置策略，满足居民的长期养老财富积累需求，尽管面临市场竞争和同质化问题，但仍然显示出较强的发展潜力。

相比之下，我国养老财富消费产品种类较少，主要包括适老化金融服务、住房反向抵押等产品。这些产品通过将老年人积累的财富或资产转换为实际的养老服务和现金流，支持其退休生活。我国适老化金融服务落实力度不足，发展速度较缓。住房反向抵押仍处于起步阶段，面临着市场接受度低和政策支持不足等挑战。

养老财富积累产品与养老财富消费产品的对比情况如表4-3所示。

表4-3　养老服务金融形式对比

养老服务金融形式	产品名称	起始时间	发展水平	特点/优势
养老财富积累	特定养老储蓄	2022年	高	存款期限更长、利率更高、灵活性更高
	养老理财产品	2021年	中	投资门槛低、较灵活、具有风险保障机制
	专属商业养老保险	2021年	中	投保方式灵活、具有长期性、收益有保障
	商业养老金	2022年	中	具有普惠性、流动性、长期性
	养老目标基金	2018年	中	具有资产配置精准和多元、风险分散、信息透明、税优支持等优势
	养老信托	2015年	低	具有独立性、综合性、保障性
养老财富消费	适老化金融服务	—	中	具有安全性、易操作性、综合性
	住房反向抵押	2011年	低	能盘活不动产、缓解养老压力

相较而言，养老财富积累在市场上已有较为成熟的发展和较广的接受度，而养

老财富消费则还需要更多的政策支持和教育推广辅助其发展，从“硬件”和“软件”两个方面，提升养老财富消费市场活力，增强公众的认知度、信任度、参与度。未来，养老财富积累和养老财富消费都需要更多的政策支持和引导。因此，要加强产品创新力度、优化产品设计，提升产品与养老的契合度，以更好地服务于中国日益增长的老年人口，满足其多样化和个性化养老需求。

第三节

养老服务金融的前景展望与路径优化

在人口老龄化程度不断加深的背景下，随着经济社会发展和人们对美好生活的需求日益增长，养老服务金融的繁荣发展是大势所趋。然而，在供需两端存在的一系列现实约束始终制约着养老服务金融的发展。因此，政府、金融机构等多方主体需要积极探索，不断优化养老服务金融的发展路径，形成需求牵引供给、供给创造需求的良性循环。本节将从养老服务金融发展的前景展望、现实约束和路径优化等层面展开论述。

一、养老服务金融发展的前景展望与现实约束

（一）养老服务金融发展的前景展望

养老服务金融的未来发展前景是，养老财富储备迅速扩张，供给和需求双向奔赴。随着经济社会发展，人们对老年生活品质的追求不断提升，这将带来养老财富储备的迅速扩张。金融机构将深入研究分析不同客群的养老需求和行为习惯，借助现代科技构建客户养老财富“全景图”，“因客制宜”地提供更具针对性、体验感更好的专属养老金融产品和服务，助力人们从“被动养老”升级为“主动享老”。

1.养老服务金融需求不断释放，牵引养老服务金融供给

联合国发布的《2022年世界人口展望》预测，到2050年，中国60岁及以上人口数量将达到5.09亿，占总人口的比重高达38.8%。随着我国人口老龄化程度的快速加剧，老年抚养比呈快速上升趋势，导致传统的“养儿防老”和国家养老模式面临巨大的挑战。与此同时，根据国家统计局数据，我国居民恩格尔系数已从1978年的

63.9%降至2023年的29.8%。随着经济社会的发展，人们的生活生平不断提高，养老需求不再局限于基本生活的满足，而是从“生存型”向“发展型”转变，向更加多样化多层次的养老需求迈进。因此，公众对美好养老生活的向往与公共养老财富储备不足之间的矛盾，将促使私人养老财富储备快速扩张，从而产生巨大的养老服务金融需求。规模如此庞大的新兴市场，将吸引越来越多的金融机构把发展养老服务金融业务作为重点发展战略，通过设计符合居民养老需求的金融产品与服务满足市场需求。

2.养老服务金融供给不断优化，创造养老服务金融需求

随着养老服务金融的发展，金融机构之间的竞争日益激烈，在未来，仅仅依靠提供标准化的养老金融产品与服务不仅难以满足居民多样化的养老需求，也难以维持养老金融产品与服务的长期竞争力。因此，各金融机构不断优化养老服务金融供给、创造新的需求是保持自身优势的核心竞争力。一方面，随着金融科技的进步，金融机构可以运用大数据、云计算、人工智能等新兴技术进一步细分居民的养老服务金融需求，不断提升精准服务能力，提供差异化、个性化和专业化的养老金融产品与服务，提高养老金融产品与服务的吸引力，充分挖掘市场潜在需求。另一方面，金融机构不断加强养老金融产品与服务的创新能力，推动养老服务金融与养老产业协同发展，为居民提供横跨全生命周期的一站式综合性解决方案，从而激发居民对更高品质的养老服务金融的需求。

（二）养老服务金融发展的现实约束

随着人口老龄化程度的不断加深、人们对美好养老生活的需求越来越多，养老服务金融的发展具有广阔的前景，最终将实现需求牵引供给、供给创造需求的高水平动态均衡。然而，目前养老服务金融的发展仍处于初级阶段，其面临的有效需求不足、有效供给不足、有效监管不足等现实约束，掣肘了这一市场的发展，进而不利于居民多样化多层次养老需求的实现[1]。

[1] 邱亦霖，梁斯. 我国养老理财发展的最新实践、问题与建议[J]. 宏观观察，2023（18）：1-11.

1.养老服务金融有效需求不足，供给缺乏动力

尽管随着我国社会养老压力的不断增大，人们提前进行养老规划的意识普遍觉醒，但是由于国民可支配收入不高、金融素养偏低，居民参与养老服务金融的能力受到极大限制，使得养老财富储备的意愿未能转化为有效需求，从而使得金融机构缺乏对养老金融产品与服务的供给与创新动力，不利于养老服务金融市场的健康发展。

（1）国民可支配收入不高，参与养老服务金融的经济基础薄弱。收入水平是国民参与养老服务金融的经济基础。我国经济历经几十年的高速发展，国民收入水平大幅提高。2023年我国GDP超126万亿元，稳居世界第二；人均GDP达到8.94万元，已接近高收入国家水平。然而，随着国民收入的快速提高，收入差距并未显著缩小也是不争的事实。根据国家统计局数据，我国基尼系数长期位于国际警戒线水平（0.4）之上，在2023年，收入最低20%的居民人均可支配收入仅为收入最高20%的居民人均可支配收入的9.69%。由此可见，我国仍有相当大一部分人的可支配收入处于较低水平，收入差距较大。根据边际消费倾向递减规律，较大的国民收入差距极大地抑制了居民对高质量养老的追求，从而降低了居民对养老服务金融的有效需求。

（2）国民金融素养偏低，参与养老服务金融的能力不足。在政府、金融机构等多方主体的大力宣传下，居民已具备一定的养老金融素养，对基础的金融概念和金融知识有了初步认知。但是从绝对水平看，居民的养老金融素养仍处于较低的水平，尤其是对风险、收入和流动性的关系认知不够清晰，阻碍了居民对养老金融投资方案的选择。从家庭资产配置结构看，房产在家庭资产配置中占据了较大的比重，远远高于欧美等发达国家和地区。随着居民住房逐渐回归商品属性、投资属性弱化，这种畸形的家庭资产配置结构不利于家庭财富的保值增值。从养老金融市场参与看，随着后资管新规时代刚性兑付的理财产品退出历史舞台，投资理财产品收益的不确定性增加，较低的金融素养使得居民对金融产品净值波动产生抵触情绪，

从而导致更加保守的投资偏好。目前，定期储蓄存款、商业养老保险等低风险养老金融产品仍是居民最主要的养老投资选择。从养老资产配置理念看，养老资产配置是一个跨生命周期的长期过程，然而较低的养老金融素养导致居民养老资产配置短期化，与长期目标高度不符，尚未形成全生命周期的养老资产配置理念。

2.养老服务金融有效供给不足，需求难以满足

目前，养老服务金融的供给仍处于初期探索阶段，尽管银行、保险、基金、信托等各行业推出了各式各样的养老金融产品与服务，但是由于这些产品与服务供给十分分散，缺乏综合性安排，导致其对居民的吸引力不足，同时，在国民金融素养较低的背景下，尚未形成完善的养老投资顾问服务体系，最终难以形成有效供给和满足居民的养老服务金融需求。

（1）养老金融产品与服务缺乏吸引力。不同生命周期阶段的不同居民在收入来源、风险偏好、投资目标等方面存在较大异质性，其对养老金融产品与服务的需求也多种多样。尽管随着我国养老服务金融事业的发展，市场上提供的养老服务金融产品逐渐多元化，但是由于金融机构对养老服务金融的需求细分不足，养老金融产品与服务的设计与需求的匹配度欠佳，从而导致养老金融产品与服务缺乏吸引力。一是部分养老金融产品缺乏明确的养老属性。一些金融机构为了迎合客户安全、灵活的养老投资偏好，提供相应的养老金融产品，而这类金融产品与市场中的一般金融产品并无本质性区别，缺乏养老属性，对居民吸引力不足。二是跨生命周期的养老金融产品设计相对复杂。虽然该类产品体现了跨生命周期的资产配置理念，具有明显的养老属性，但是由于产品设计复杂，对于金融素养普遍较低的居民来说，具有一定的购买门槛，很难获得人们的青睐，从而限制了有效供给。三是一站式综合性的养老金融服务供给不足。养老服务金融的根本目的在于满足多样化多层次的养老需求，本质是金融服务与养老，然而目前的养老服务金融更多局限于养老金融产品与服务本身，缺乏从养老财富积累和养老财富管理到养老服务消费的一站式综合性的养老金融服务，阻碍了供给的有效性。

（2）养老投资顾问服务缺位。伴随着后资管新规时代的到来，产品净值波动加大，对于欠缺金融知识的居民来说，层出不穷的养老金融产品增加了选择成本，因此对专业的养老投资顾问服务具有强烈的需求。然而，虽然市场上“以客户为核心”的养老投资顾问服务已经实现了从0到1的突破，但尚未形成成熟的体系。在国民金融素养普遍较低且短期国民金融教育宣传成效难以显现的情况下，居民尚不具备养老资产的长期投资理念，往往会出现“追涨杀跌”的短视行为，不利于穿越经济周期，追求长期稳定的回报。因此，养老投资顾问服务的供给缺位是养老服务金融实现高质量发展的瓶颈之一。

3.养老服务金融发展环境不佳，供需难以匹配

（1）资本市场发展不稳定不完善。与欧美发达国家和地区相比，我国资本市场起步较晚，一直处于不断探索和完善的过程中，至今尚未成熟，究其原因在于缺乏长期资本的投入。由于个体的投资偏好随机性较强以及存在“追涨杀跌”的短视行为，使得以散户投资者为主的资本市场具有较大的不稳定性，在很大程度上导致我国资本市场“牛短熊长”的现象。这反过来又会导致个人和机构对资本市场的信任度不高，极大地限制养老服务金融供需双方的有效参与。在需求端表现为居民对投资于资本市场的各类养老金融产品信心不足，在供给端表现为金融机构难以在资本市场找到可以长期持有的优质标的资产，从而使得供需难以匹配，限制了养老服务金融的高质量发展。

（2）养老服务金融有效监管不足。在监管和标准方面存在的主要问题是养老金融监管不足，产品和服务标准不一。养老金融业务涉及商业银行、保险公司、基金公司、养老机构等多个主体，现有的条块分割式监管无法实现有效协同，容易形成多头监管和监管真空等问题。目前，养老金融的从业资质、产品要求、业务范围、服务内容等尚未形成统一的标准，以养老为名义的非法集资和金融诈骗时有发生，不仅扰乱了金融秩序，还损害了金融声誉，使居民对创新型养老金融产品与服务的认同度下降，导致供需错配，最终阻碍养老服务金融的快速发展。

二、养老服务金融发展的路径优化

（一）释放养老服务金融有效需求

1.拓宽国民可支配收入渠道，夯实居民参与养老服务金融的经济基础

居民收入水平是居民参与养老服务金融的经济基础，过大的收入差距在很大程度上抑制了国民养老财富储备的能力，从而降低了其对养老服务金融的需求。因此，政府需要不断调节和优化初次分配和再分配结果，缩小收入差距，提高弱势家庭的可支配收入，增强广大居民参与养老服务金融的能力。在初次分配领域，政府应致力创造公平的政策环境，保证居民从人力资本积累、就业创业到公共服务的各个环节享有平等的机会。在再分配领域，政府应借助制度改革和法律等手段，通过税收、转移支付、社会保障等各种公共政策，合理地调节初次分配结果，注重保护弱势群体获取劳动收入的权益。只有不断缩小国民的收入差距，提高低收入群体参与养老服务金融的能力，才能充分释放有效需求，促进养老服务金融发展。

2.加强养老金融普及教育，增加居民参与养老服务金融的知识储备

全民养老金融教育是将居民对养老服务金融的潜在需求转换为有效需求的重要基础。较低的金融素养不仅使居民难以识别出适合自己的养老金融产品，还会抑制金融机构对养老金融产品与服务的创新动力。因此，政府、学校、行业协会、金融机构等多方主体应充分发挥自身平台优势，通过线上线下多种方式将养老金融教育贯穿于居民整个生命周期。具体而言，通过举办高峰论坛、开展科普活动、播放宣传片、发放知识手册等多种方式，持续开展养老金融理念、素养和风险意识教育，增强公众对养老金融重要性的认识，提升消费者养老金融产品知识和反诈防骗意识，营造有利于养老金融发展的舆论氛围。在全民养老金融教育过程中，政府应充分发挥主导作用，制定具体的规范；各级学校应发挥基础作用，助力国民从小培养正确的投资理念；行业协会应发挥引导作用，明确各方主体在全民养老金融教

育中的责任分担；金融机构应发挥重要的基石作用，充分利用与客户沟通和交流的机会，在线上和线下为客户提供政策解读、知识普及、产品介绍、咨询投诉等服务。

（二）优化养老服务金融有效供给

1.加强养老金融产品与服务创新，满足多样化养老需求

面对居民多样化的养老服务金融需求，金融机构应充分利用大数据、人工智能等新兴技术，对居民特征和需求进行细分，并在此基础上加强养老金融产品与服务的创新能力，提高养老金融产品与服务供给的有效性。一是分层分类开展产品创新。针对进入备老阶段的中生代群体，强化特定养老储蓄、养老理财产品、养老目标基金、商业养老保险等产品供给，加大市场优质养老产品代销推广力度，打造广覆盖的养老金融产品体系。针对低龄老年人群体，加强存款、理财产品等高流动性产品供给，满足其消费需求；针对高龄老年人群体，积极创新财富传承类金融产品。二是积极探索与养老服务行业合作，提供从积累到消费的一站式综合性金融服务，丰富养老金融产品功能，充分挖掘市场潜在需求。三是持续深化适老金融服务。加强网点适老化改造，配备能够使用当地方言交流的客服人员，完善柜台、座椅、业务系统等软硬件设施，优化老年客户现场、上门服务流程，提升老年客户的服务体验。推动网络终端、智能设备适老化改造，通过开发关爱模式，增加大字模式、语音辅助、一键求助等功能，提升老年群体的数字化适应能力。

2.开拓养老投资顾问服务，提高养老金融投资效率

在广大居民金融素养普遍偏低和养老财富管理需求旺盛的背景下，专业化养老投资顾问服务成为养老服务金融高质量发展的润滑剂。一方面，金融机构应积极开拓养老投资顾问业务，对具有较强咨询类需求的群体，加大养老顾问类服务供给。增强与备老、养老客户的互动，利用大数据和人工智能技术，建立集客户年龄、健康状况、风险偏好、养老资产等信息于一体的客户画像。在此基础上，基于财富水平、年龄阶段、风险承受能力等要素，为客户提供投资规划、遗产规划等定制化服

务。另一方面，金融机构应推动智能投资顾问的快速发展。依托大数据分析、量化金融模型和智能化算法，基于投资者投资偏好等特征，提供个性化、多元化的智能理财指导，提高养老金融投资效率。

3.加强养老服务金融人才队伍建设，保障养老金融产品与服务的高效供给

养老服务金融人才储备是养老金融产品与服务持续创新的源泉，同时是养老服务金融持续高效供给的重要保障。因此，金融机构应加强养老金融人才培养和人才队伍建设。校企协同，交叉融合，构建养老金融人才培养体系，培养一批具有养老金融专业知识和实践经验的人才。同时，金融机构要加强对从业人员的合规培训，做好销售行为适当性管理，提升专业化服务水平；强化员工行为管理，严禁从业人员开展或帮助他人开展养老诈骗，保障金融声誉。

（三）改善养老服务金融发展环境

1.引导长期资本注入资本市场，打造养老投资的市场基础

美国等老龄化程度较高的发达国家的经验表明，引入养老金资产对资本市场的稳定和繁荣至关重要。因此，政府应积极引导推动大规模的公共养老资金进入资本市场，提升资本市场活力，促进资本市场的繁荣发展。资本市场的稳定与繁荣反过来又会为资产的保值增值提供保障，一方面提振个人将养老资产投资于资本市场的信心，另一方面为金融机构提供优质标的资产，这有利于加强养老金融产品与服务创新，最终促进养老服务金融发展。

2.加强养老服务金融有效监管，提振养老金融产品的金融声誉

尽管近些年老年人的金融安全防范意识有所提升，但是老年人仍是金融诈骗的最主要受害群体，这使得人们对金融业信任度下降，不利于创新型养老金融产品的宣传与推广，最终导致供需两端的错配。因此，除了加大对金融诈骗的打击力度和开展金融知识、金融安全、消费者权益等宣传推广活动外，加强养老服务金融监管和消费者保护也是防范金融诈骗、重塑金融声誉的重要手段。政府应确立不同部门的监管职责，建立“长牙带刺”、有棱有角的监管体系，完善监管框架、流程、标

准、风险控制等，实现养老金融监管的规范化、精准化、智能化。紧盯消费投诉、异常开销户等指标，对销售误导、养老诈骗等突出风险进行有效识别和预警，保护好客户的“养老钱”。

Chapter 5

第五章

养老产业金融创新与发展

第一节

养老产业金融的理论内涵与动力机制

一、养老产业金融的理论内涵

养老产业是为应对传统养老模式转变而发展起来的一种社会分工，它区别于面向全体老年人提供基本养老服务的养老事业，是围绕社会中老年人的非基本养老服务需求而提供产品和服务供给的生产活动集合，是银发经济的重要涵盖领域。金融作为人类社会发展史上最重要的经济工具之一，它的核心功能就是资金的融通，通过不同经济主体在金融市场中进行资金的转移配置，进而实现资金规模、期限和风险转换，并推动现代化产业体系形成和发展。

根据《中国养老金融发展报告》的定义，养老产业金融是为养老相关产业提供投融资支持的金融活动，其支持对象为养老产业投融资需求以及产业发展过程。还有学者将其定义为通过投融资功能支持、牵引供给侧的生产，解决应对老龄化中“物”的问题（阳义南，2024）。其服务对象是养老的产业、企业、机构、产品和设施等，目标是推动养老产业与金融资本深度融合，通过企业并购、运营推广、品牌整合等形式进行产业布局，最终实现资本溢价（汪伟 等，2024）。因此，作为养老金融概念体系的重要组成内容，我们将养老产业金融的概念界定为：金融体系支持养老相关产业和服务发展并实现金融资本在养老产业领域有效配置的经济活动。

养老产业金融包括养老产业融资和养老产业投资两个方面。一方面，通过政策性和市场化的融资手段，解决养老产业发展过程中面临的资金约束和信贷资源配置问题，融资手段既包括传统的以银行信贷为主的间接融资和以资本市场为主导的直接融资等市场化手段，又包括发行政策性金融债、政府贴息贷款等政策性手段；另一方面，解决金融资本如何参与养老产业支持实体经济发展的问题，增强养老产业对金融资本的吸引力，促进养老产业与资本市场良性互动，主要包括通过股权、债权、公私合作伙伴关系（Public Private Partnership，PPP）[1]和政府引导基金等项目支持养老产业发展，并实现金融资本的有效配置。

二、发展养老产业金融的现实依据

人口老龄化是世界各国面临的整体性、普遍性问题，并呈现出向老龄社会、长寿时代动态演进的特征。各国的经济发展水平和物质财富积累程度不同，人口老龄化的规模、速度、水平和形态不同，金融体系的发展导向、完备程度、治理结构和债务规模不同，老年人群的财务状况、健康水平、家庭结构和金融素养不同。因此，不同国家在应对养老问题和发展养老产业上的复杂程度、认知理念和金融支持呈现出差异化特征。

纵观世界各国养老产业的发展历程，多数国家经历了从家庭养老和慈善机构养老转向社会和市场化养老的实践过程，这一养老基本单元的更迭替代，与生产力发展、工业化、城市化和法制化的演变历程相契合。在许多国家的老龄化进程中，家庭作为基本养老单元、政府和社会作为补充养老单元的形式逐渐确立。随着工业化、城市化的快速发展及社会分工和生产生活方式的加速转变，家庭养老的成本、结构和负担能力等问题日渐凸显。为合理地熨平老年期出现的财务风险，老年人群比过去更需要由金融机构和市场提供专业化、规范化和多样化的经济和服务保障，市场中进而陆续出现了诸如居家护理的商业保险、早期退休理财的金融产品和企业退休金制度。随着资本的逐渐积累，社会和市场力量参与建设养老产业的规模不断扩大，进一步推动形成金融体系支持养老产业成熟定型的新格局，并形成了养老产业资本助推经济结构转型升级的新形态，基本确立了现代化的养老产业金融体系，

[1]　PPP模式最早起源于英国，广义PPP泛指公共和私人部门为共同参与生产和提供物品与服务而建立的各种合作关系，是政府提供公共产品的重要融资方式，包括政府付费和使用者付费等模式。

养老金融已成为工业化国家现代金融体系的主体板块。

我国当前的金融模式转变需要多元的金融支持机制作为改革突破，因为养老产业金融具有提高金融效率和管住金融风险的双重目标，所以发展养老产业金融具有多向的政策空间和广阔的市场增量。当前，我国经济迈入新发展阶段，经济增长模式从要素密集型逐渐向创新驱动型过渡，传统金融体系支持经济增长的模式必然面临深刻调整，政府干预和银行主导的金融体系在面对边际资本产出率不断上升和部分领域出现金融风险的不利形势下，唯有通过资本市场和商业银行的模式及服务创新来识别和支持产业创新项目，进而稳步提升金融发展水平、增强老龄化对产业结构升级的促进作用。

作为实体经济重点产业的配套服务体系，养老产业金融既可以积累庞大的资本，又可以撬动巨大的消费市场，还可以关联到广泛的金融产业链，足以影响未来整个金融业的发展方向。健全养老产业金融的市场化机制既能提升要素市场的配置效率，又能增强当前金融市场的风险处置能力。

我国老龄化的特点决定了我国养老产业金融的发展也具有其自身的特殊性。首先，人均预期寿命的持续延长和人口生育水平的显著下降，给我国养老产业金融发展带来两个方面的影响。一方面，我国家庭呈现出核心家庭数量增加、家庭规模变小的发展特征，家庭内部的代际支持功能在家庭小型化的进程中也逐渐弱化；另一方面，传统的熟人社会所固有的邻里互助等朴素价值理念，因城镇化的快速发展而逐渐被打破，亟待个人和社会的经济保障机制和产业化的服务保障模式来填补。其次，改革开放以来，我国经济社会发展取得巨大成就，社会财富积累呈现出前所未有的规模，既需要高效完善的金融产品服务来支撑老有所养，又需要成熟定型的金融支持体系来支撑养老产业的发展壮大。再次，老年人口的巨大规模和快速增长，亟须突破政府支持体系下的养老产业发展格局，改善养老服务存在的供给不足和效率低下等问题（辜胜阻 等，2017），寻求社会资本参与养老产业上下游的全面布局。同时，我国多层次资本市场体系创新为养老产业金融发展带来新的资本通路和制度红利，养老产业中小型企业对发展模式和项目板块有着更充分的考量和精准的聚焦，成为初创期和成长期企业在要素、资金和科技等方面的连接枢纽，不断引导金融资源流向符合养老产业自发建设和供求平衡的核心领域。另外，一级市场的风险投资逐渐开始关注养老产业链领域，二级市场涌现出新三板转板和主板企业多元化布局的案例，债券市场加大对养老项目的扶持力度（董克用 等，2022[1]），这将有助于深化金融供给侧结构性改革，培育资本市场中的长期投资者，并促进资本市场健康发展。最后，智慧养老作为现代科技与养老服务相结合的新模式、新场景，正成为面向老龄社会解决各类养老难题的创新方案。由于科技创新具有高风险、高投入、长周期等特点，通过推动金融资源、关键核心技术和多元主体共同探索养老产业新业态，有助于解决企业在技术创新过程中的融资约束问题并提升养老体系的运营管理质效。“金融—科技—产业”循环下建立的智慧养老服务体系，能够缓解居家养老照料资源的稀缺问题，提升养老服务的品质化和高质量供给，形成金融支撑养老产业创新的重要推动力。

三、养老产业金融发展面临的问题与挑战

我国养老产业发展面临的一个突出问题是养老产业的合理融资需求和最优投资机会难以获得有效的资金支持，亟待养老产业金融的大力发展和创新。

首先，抑制性金融政策对战略性新兴产业发展产生不利影响。金融抑制政策导致我国的金融发展结构明显偏向政府控制、银行主导的金融模式（黄益平，2021[2]），使得正规金融部门强化了对信贷扩张的路径依赖，各层次和类型的金融机构在养老领域的业务机会和产品类型也相对短缺。在历经以银行业为主导的间接融资体系转向更为多元的融资体系的改革调整后，银行信贷的来向主要包括政策性

[1] 董克用，姚余栋，孙博.养老金融蓝皮书：中国养老金融发展报告（2022）[M].北京：社会科学文献出版社，2022：6.

[2] 黄益平.如何理解中国的金融现象？[J].金融市场研究,2021(1):1-22.

银行和国有大型商业银行，资金去向主要包括大型养老机构。因金融抑制政策的干预，总体上不同部门和产业之间的信贷配给和利益分配存在显著差异。这种改革前期的金融抑制现象对我国的产业结构和金融稳定发挥了较大的正向刺激作用，但随着传统生产制造业结构性产能过剩等问题的出现，较大部分产业升级和转型发展的资金融通需求游离于正规金融体系之外，加上商业银行资金配置的所有制歧视和金融监管的滞后性，在增加融资成本和难度的同时，也扩大了金融风险。如不能有效化解产业升级与金融体系之间的结构性矛盾，金融服务实体经济的质效将无法持续提升。尤其在人口年龄结构老化带来的经济增长机制和驱动因素发生重大变化的背景下，通过金融结构的演进支持养老产业高质量发展，是深化金融供给侧结构性改革的重要切入点。

其次，金融支持养老产业发展的整体性方案尚待优化。养老产业作为现代经济的产业体系，其市场潜力逐渐被资本市场所关注，诸如康养产业、老年健康管理、智慧养老等高成本、高附加值、高技术的服务产业将是经济转型的重要增长点。但当前资本市场的异常波动和活力不足，导致资金入市的信心和耐心受到严重冲击，缺乏各类中长期资金和专业投资力量对养老产业的直接投资支持政策和通道，客观上限制了资本对养老产业的投资意愿。另外，养老产业中的轻资产项目嵌入“9073”养老服务供给格局[1]中，因其自身资产规模小、抵押资产不足形成较大的融资约束，同时养老产业发展的普惠性、长期性特征导致资本性资金难以提前识别和扶植相关领域，整体上呈现出政策性金融手段先导性地建设和培育产业基础设施和养老产业生态圈，金融资本缺乏在养老产业领域的投资标的和资金运用空间。同时，资本的布局存在地区分割现象，优先在部分经济发达和老龄化程度较高的区域出现了品牌连锁化的养老服务企业，其资产和收入规模尚未达到IPO（首次公开募

[1] “9073”养老服务供给格局是指约90%的老人居家养老，7%左右的老人依托社区支持养老，3%左右的老人由机构养老。

股）的门槛（董克用 等，2021[1]）。除此之外，社保基金作为资本市场的长期资金又偏向于稳健和防风险的投资策略，其市场化、多元化投资的范围和广度不足，资金的长期性和风险承受能力较强等特点与当前的投资范围和比例不相匹配，地方养老保险基金又存在分散和盲目投资的风险，委托管理的市场化程度有待提高，导致社保基金对产业基金的投资参与度不高，未能发挥好社保基金在支持现代化产业体系建设中的独特作用。资本市场中的实际投资领域偏向于智慧养老、康养旅居等产品和服务的适老化和数字化改造[2]，对养老服务供给结构的优化、医养深度融合等养老产业生态圈建设和一体化养老解决方案的关注度不够，市场中的私募和创投基金更多承担着以资本收益率为核心指标的财务投资者角色（曹卓君 等，2021[3]），致使当前未能发展好包括风险投资、银行信贷、债券市场和股票市场在内的全方位、多层次的金融支持服务体系，进而使得部分险资、房企、医疗和养老服务机构通过自有资金和外部资金开发新型的“养老+保险”“养老+地产”以及康养旅居等产业模式。总体上，资本市场支持养老产业发展的制度基础和创新生态还未得到巩固。

最后，养老产业的弱质特征决定了其与金融的对接不够紧密。养老产业因其业态模式尚未成熟定型，以及项目的开发和运营需要稳定和长期的资金投入，短期内盈亏平衡压力大，加上产业细分起步较晚，服务质量和机构建设滞后，标准化和数字化建设力度偏弱，信息披露能力和市场透明度偏低，使得传统的养老场景、运营模式、产品和服务类型无法有效匹配老龄群体发展型的养老需求。加上养老产业在老年人群的需求培育、技术创新、成本控制、适老化设计和增值服务开发上仍面临挑战，老年人群的品牌认知、支付意愿、消费能力偏低以及金融素养较为薄弱，致

[1]　董克用，姚余栋，孙博.养老金融蓝皮书：中国养老金融发展报告（2021）[M].北京：社会科学文献出版社，2021：3-6.

[2]　中投顾问观点|2024—2028年中国智慧养老产业驱动五力要素分析[EB/OL].（2023-05-17）[2024-06-23].https://www.ocn.com.cn/industry/202405/ixdmv17085239.shtml.

[3]　曹卓君，秦婧.养老产业金融：多层次资本市场助推产业聚集发展[M]//董克用，姚余栋，孙博.养老金融蓝皮书：中国养老金融发展报告（2021）.北京：社会科学文献出版社，2021：98-122.

使老年人群的行为习惯和财务规划并不会天然地吸引投资机会（王向楠，2022），整个养老产业的发展与市场化金融体系的衔接尚不紧密。养老产业的关键项目是否得以完善发展，更多地在于政府前期引导是否能放大资金的杠杆效应，撬动和引导更多市场化基金流向养老产业，这更加考验引导基金在产业合理化布局、风险分散、提升投资回报率等领域的专业化程度，纯粹市场化的金融工具较少（董克用 等，2022[1]）。因此，发展养老产业需要完整的产业链条、完善的养老服务标准及监督体系、完备的投融资支持体系，形成应对人口老龄化的金融市场供求和资本流通的平衡体系，进而破解养老产业高质量发展面临的痛点和难点。

我国在金融体系支持养老产业发展上的供需矛盾和盈利困境，以及我国人口老龄化进程、养老保障文化、经济发展新常态的特定国情，凸显了我国养老产业金融发展的长期性、严峻性和系统性。如何将养老问题带来的压力转变为产业转型升级的动力，如何厘清养老事业和养老产业在责任边界和目标导向上的不同，如何实现养老产品和服务的供给与特定养老需求的有效契合，如何推进融资渠道和投资工具丰富多元、推进养老产业高质量发展，是当前推进养老产业金融理论和实践创新必须面对和回答好的重要问题。

四、发展养老产业金融的动力机制

过去，我国人口数量的快速增长带来庞大的供需市场和产业发展；当前，随着老龄化的快速演进，老年人口的快速增长和劳动年龄结构的加速转变，必将带来一波庞大的银发经济潮。精准识别和快速响应老年目标人群的需求特征和变化，既需要高度竞争、充满活力的养老产业市场创造有效供给，又需要金融支持解决行业投融资面临的特定问题。发展养老产业金融，不仅可以为国民养老提供专业化的养老服务保障，培育和激发潜在的养老需求市场，推动养老产业实体经济发展，实现经济转型升级和发展方式转变，还可以引领资本市场的健康发展和金融体系的持续优

[1] 董克用，施文凯. 大力发展养老金融 助力养老体系建设[J]. 金融博览，2022（4）：12-13.

化，有力支撑养老金融体系积极应对人口老龄化的重大挑战。

（一）政策驱动

立足新发展阶段，促进养老产业金融发展是实现高质量发展的必然要求，也是全面提升金融服务效率和水平的重要表征。党的十八大以来，我国积极应对人口老龄化加深的形势，推进经济持续健康发展，解决养老服务业存在的突出矛盾和问题。2013年，国务院出台《关于加快发展养老服务业的若干意见》，首次提出将老年金融服务作为养老服务业的一部分，呈现出金融政策支持养老发展的态势；党的十九届五中全会首次将积极应对人口老龄化上升为国家战略，《中共中央关于制定国民经济和社会发展第十四个五年规划和二〇三五年远景目标的建议》中明确提出“健全基本养老服务体系，发展普惠型养老服务和互助性养老”；党的二十大报告将“发展养老事业和养老产业”纳入“推进健康中国建设”的范围；2023年，中央金融工作会议将“养老金融”列为推动金融高质量发展的“五篇大文章”之一，其社会价值和战略意义跃升至新的时代高度；2024年，国务院办公厅印发我国首个以“银发经济”命名的1号文《关于发展银发经济增进老年人福祉的意见》，为扩大银发产业投资以及丰富养老金融产品和服务供给提供了政策指引。总体上，我国应对人口老龄化的积极战略态势已然成型。今后，我国金融体系要将服务养老事业和养老产业发展作为工作重点，这有助于突破金融传统业务和发展模式桎梏，促进金融业转型升级。

（二）需求驱动

“多子多福”的传统生育观念正遭遇城市化、家庭规模小型化核心化和人口老龄化的快速瓦解，“养儿防老”和“孝道养老”的传统养老机制面临严重冲击，传统的家庭和宗族内部的风险分散和资源共享机制越来越难以为继。因此，养老产业金融作为“资产守护人”“养老付款人”（锁凌燕，2023），可以积极链接相关养老服务资源，通过优化整合养老产业发展的要素配置，壮大实体经济发展的“种子资金”，构建起覆盖老年人群需求场景、产品和服务的全产业链，形成更加可及、充分和连续的养老服务体系。另外，老年群体对美好老年生活的向往和期待在不断强化，他们也具有丰富的资产积累和强大的消费能力。通过发展养老产业金融，可以撬动老年消费市场，进而为经济转型增长提供动力。

（三）转型驱动

全球需求市场持续萎缩，以国内大循环为主体、畅通国内国际双循环的重大战略部署应运而生。随着我国人口特点由过去的人口数量红利过渡到了老龄化，银发经济带来的巨大消费市场和多样化养老服务需求亦对既有的经济保障模式提出新的期待，这会进一步导致经济增长的动力和驱动因素发生转变。同时，在国内超大的市场中创造出巨大的需求，把消费潜力充分挖掘出来，是迈入新发展阶段的必然选择。随着老年人群经济影响力的不断扩大，老年人群不仅收入来源更稳定，消费观念更成熟，而且在医疗健康、旅游休闲、智慧养老等方面的支出能力也更为显著，直接带动了养老相关产业的发展，也在一定程度上缓解了经济下行的压力。通过金融活水润泽养老产业体系，一方面提供巨大的就业机会，解决市场的总量和结构性问题；另一方面创造庞大的消费和投资市场，尤其是撬动老年消费市场，进而为服务需求拉动型的增长模式贡献创新方案。

五、养老产业金融的价值拓展

养老产业金融作为国家和社会应对老龄化挑战的重要经济机制，其适用逻辑主要是通过金融支持养老产业发展壮大，为国民养老提供更加专业和多元的服务保障。立足中国式现代化进入新发展阶段的历史背景，发展养老产业金融，既要形成对中国式养老的有效支撑，又要为中国特色金融发展之路催生理论创新。总体而言，我国发展养老产业金融具有显著区别于西方金融实践的内涵特征，它是促进民生事业和银发经济有机衔接的科学通路，是有为政府和有效市场内在统一的重要保证，是助推产业体系和金融市场成熟完善的强劲动力，更是从供给侧和需求侧协同探索养老产业高质量发展的关键机制。

引入金融这个源头活水，强化对养老服务设施和银发经济产业项目的金融支持效应，是破解传统的中小微企业融资难、银行风控难“两难困境”的重要途径，是积极践行为中小微企业和银发群体生存发展需求提供精准服务的金融战略，更是培育经济发展新动能的重要源泉，揭示了经济发展、金融稳定与民生改善紧密相连、相辅相成的内在逻辑与价值导向。

首先，发展养老产业金融是坚持以人民为中心的发展思想、是坚持金融工作人民性的重要体现。我国建立的具有中国特色的养老产业金融体系，有别于以资本配置效率为目标、以服务资产阶级自身利益为导向的西方金融体系，它通过金融制度，创新服务于超大规模老年人口和中国家庭的实际需要，推动关乎民生保障的养老事业和产业发展，既增加社会公共产品的供给又满足人民日益增长的养老服务需求，既追求金融发展又提倡社会公平，同时引导和践行金融向善，是塑造金融工作人民性的重要且全新的突破口。发展养老产业金融继承了以义取利的思想，拓宽了公平与效率均衡发展的人民金融之路。

其次，发展养老产业金融是坚持金融服务实体经济的价值追求的重要体现。发展养老产业金融是引导金融资本投资养老产业的金融活动，彰显金融机构、市场和工具服务实体经济和新兴产业的发展特色。它改变了西方金融主体长期以来坚持的为进行价值配置开展空转资本套利的逻辑，主张金融有效支持实体经济发展。一方面，通过降低社会综合融资成本来提高金融服务效率和水平；另一方面，通过把巨大的居民财富和储蓄率注入养老产业使之变为资金本，将传统的债权投资有效转化为更多的股权融资配置，降低经济体的杠杆率（姚余栋　等，2019），进而为经济可持续发展营造更加稳定良好的金融环境。

最后，发展养老产业金融是坚定服务国家战略和支持薄弱发展环节的有力支撑。人口老龄化是我国发展史上的全新社会形态，与老年群体相关的经济活动已然成为经济社会发展的重要组成部分，未来几乎所有的产业都要面对老龄社会做适应、调整和细分（吴玉韶，2024）。然而，我国养老产业尚处于产业发展的早期形态，市场中分布着大量的中小规模企业，不论是宏观经济层面还是微观市场层面，以金融“输血”助推养老产业整体“造血”的发展生态尚未巩固。因此，通过加大对养老产业金融的政策性扶持，鼓励社会资本参与养老产业建设，制定科学灵活的财税补贴机制和利率优惠政策，进而从供给侧发力支持养老产业形态的丰富多元，形成居家养老、社区养老、机构养老、医养结合等多种形式的产品和服务供给，是积极服务国家老龄化战略实施和培育银发经济发展新动能的重要体现。

第二节

养老产业金融发展现状

一、我国养老产业金融的政策演进

（一）起步期：政策引导与市场激活（2013—2018年）

2013年，国务院办公厅发布《关于加快发展养老服务业的若干意见》，标志着中国养老产业正式迈入发展元年。该意见提出，通过加大财政性资金支持力度，吸引金融机构和民间资本进入养老产业，协同优化产业发展环境，破解产业投融资难题。它是养老产业中具有指导性和纲领性的文件，正式开启我国养老产业金融发展的新篇章。

在纲领性政策的框架下，国家发展改革委、财政部等部门陆续出台了一系列专项政策，利用政府引导基金、PPP模式、养老专项债券等工具，撬动社会资本，促进养老产业金融发展。2014年，国家发展改革委等部门发布《关于加快推进健康与养老服务工程建设的通知》，鼓励社会资本采用PPP模式参与养老产业改革，增强银行对养老产业的金融支持，鼓励社会资本参与设立产业基金，促进资本聚集，提升养老产业投融资效率。同年，财政部、商务部印发《关于开展以市场化方式发展养老服务产业试点的通知》，以试点的方式探索市场化发展养老产业。2015年，民政部、国家发展改革委等10部委联合发布《关于鼓励民间资本参与养老服务业发展的实施意见》，加大财政性投入，强化扶持力度，鼓励民间资本参与养老产业发展。同年，国家发展改革委办公厅印发《养老产业专项债券发行指引》，旨在通过债券市场，利用养老产业专项债券的政策支持等优势，破解产业资金缺口难题，推动养老产业持续发展。同年，财政部、国家发展改革委、人民银行印发的《关于在公共服务领域推广政府和社会资本合作模式的指导意见》，进一步强化了政府与社会资本合作框架，推动养老产业参与主体多元化。2016年，中国人民银行等5部门出台《关于金融支持养老服务业加快发展的指导意见》，为金融支持养老产业发展提供指导蓝图，为养老产业金融发展奠定基调。该政策意在通过建立多层次金融组织，创新信贷产品和服务，支持拓展多元化融资渠道，如推动符合条件的养老服务企业上市融资、支持养老服务业通过债券市场融资、鼓励多元资金支持养老服务业发展等，完善养老服务金融体系，为养老产业金融的发展打下了坚实的基础。2017年，财政部、民政部、人社部等3部门印发的《关于运用政府和社会资本合作模式支持养老服务业发展的实施意见》，在合作框架下对社会资本参与养老产业进行更细致的政策指引，提供更全面的政策支持，旨在拓展资金投入渠道，充分调动社会资本的参与积极性，发挥养老产业金融的支持作用，推动养老服务业供给侧改革。

自2013年起，我国通过采取加大财政投入、引入多元化融资工具、鼓励社会资本参与等措施，不断完善养老产业金融发展的政策框架。2015—2017年，陆续出台了一系列细化政策，通过调动社会资本的参与积极性，加大金融机构对养老产业的支持，为养老产业金融发展奠定了坚实的基础。这些政策的实施标志着中国养老产业金融的起步，并逐步形成了政府引导、市场驱动、社会参与的多元协同发展格局，市场和社会的主体作用日益显现，为养老产业的长远发展提供了有力保障。

（二）成长期：政策红利与市场活力释放（2019—2022年）

在起步阶段，养老产业市场活力尚未被充分激发，有效和中高端服务供给不足，难以有效满足人民群众多样化、个性化的养老服务需求，供需之间不平衡、不协调的矛盾和问题日益凸显。为有效应对上述挑战，2019年4月，国务院办公厅印发《关于推进养老服务发展的意见》。该意见在总结过往实践经验的基础上，提出28条具体措施，为养老产业发展构建了一个更加全面、系统的政策性框架，标志着中央和地方政府开始全面推进养老产业的发展（杨复卫 等，2022）。首先，通过战略性指导，为养老产业确立了全新的发展基调；其次，提供更大规模、更精准化的财政支持，为养老产业发展提供了坚实的基础性资金保障；再次，为养老产业发展提供更充分的金融支持，拓宽融资渠道，提供充足的补充性资金保障；最后，通过更高的行业标准和信息透明要求，提升社会对养老产业的信任度，坚定社会资本投资信心，从而促进养老产业金融可持续发展。2019年11月，中共中央、国务院印发《国家积极应对人口老龄化中长期规划》，推进高质量的养老服务和产品供给体系全面建设。该政策的出台标志着积极应对人口老龄化正式上升为国家战略，此后，养老产业政策利好持续释放，市场主体活力加速迸发，养老产业金融进入快速发展阶段。

2020年，国务院办公厅出台《关于促进养老托育服务健康发展的意见》，鼓励政府和金融机构加大对养老服务业的投资，支持养老产业债券发行和金融产品创新，促进康养融合与养老新业态的发展。同年，中国银保监会、国家发展改革委等13部门联合出台《关于促进社会服务领域商业保险发展的意见》，通过发展责任保险和鼓励保险资金投资，提升养老机构的风险管理能力，同时促进医养结合的养老服务发展，增强西部地区养老服务供给能力。同年，中共中央、国务院颁布的《关于新时代推进西部大开发形成新格局的指导意见》提出，全面放开养老服务市场，积极引导社会资本进入养老服务业，扩大西部地区养老服务有效供给。2022年，国家发展改革委等13部门联合印发的《养老托育服务业纾困扶持若干政策措施》，以26条具体措施为养老托育服务发展提供更全面的金融支持，涵盖提供专项再贷款、贷款延期、贴息支持等措施，旨在通过拓宽融资渠道，解决养老企业尤其是中小企业融资难题。

（三）深化期：金融强国战略引领新篇章（2023年至今）

2023年10月底，中央金融工作会议提出加快建设金融强国的宏伟目标，通过金融创新和金融深化，提升国家的金融实力和金融业的国际竞争力。养老产业金融作为金融领域的一个重要分支，迎来新的发展机遇。

2024年5月9日，国家金融监督管理总局紧跟国家战略指引，发布《关于银行业保险业做好金融“五篇大文章”的指导意见》，强调要通过优化金融产品和服务，发挥资源协同优势，提升金融机构在养老等关键领域的服务能力和覆盖面，持续强化对健康产业、养老产业、银发经济的金融支持。

为全面铺开养老金融新篇章，2024年1月，国务院办公厅印发了《关于发展银发经济增进老年人福祉的意见》，作为首个以银发经济为主题的国家专项文件，该意见旨在进一步借助信贷、债券等金融力量，探索有效市场和有为政府的最佳结合，促进养老产业协同发展。

同时，各级政府积极响应政策，加快完善养老产业高质量发展“政策包”[1]。《河南银行业保险业加快推动养老金融高质量发展行动方案》对河南省发展养老金融从5个方面提出了29项具体举措。《国家金融监督管理总局福建监管局关于促进养老金融高质量发展的指导意见》指出，要强化养老产业发展的金融支持，补齐养老产业金融发展短板，力争实现可持续的金融与养老产业协同发展格局。2024年3月7日，宁波市在全国率先出台养老服务机构担保贷业务实施方案，促进银行与养老产业之间的资金供需对接。《河北省支持康养产业发展若干措施》提出，要强化康养产业的财政金融支持，完善用地保障措施，提升医、康、养的综合服务能力，加强人才队伍建设和综合配套支撑，推动养老产业转向高质量发展阶段。

随着政策的不断完善和有效落实，社会力量的主体作用持续加强，养老产业金融发展进入了深化关键期。通过金融创新和政策支持，增强了养老产业的市场活力，提供了更丰富多样的养老金融产品和服务，进一步推动养老产业高质量发展。未来，随着政策红利的有力落实、金融工具的有效创新，养老产业将持续蓬勃发展，为应对我国人口老龄化问题提供坚实的保障。

二、养老产业融资双管齐下——政府与市场

我国养老产业金融发展仍处于起步阶段，养老产业资金出现供需失衡的现象，养老需求的多样性、层次性和个性化使其难以通过政府财政“大包大揽”的方式得

[1] 孙榕.我国多地出台养老金融高质量发展“政策包”[N].金融时报，2024-04-07（12）.

到满足，公共物品理论难以继续作为养老产业金融发展的理论依据，需求溢出、新公共管理、新公共服务等理论更具指导意义[1]。从需求溢出理论来看，在政府部门满足溢出养老需求的基础上，需引入市场机制，利用好金融工具，撬动社会资本满足未溢出的养老需求。将新公共管理理论与新公共服务理论融合取优，为政府从“大包大揽”的“主导者”转变为“强政府+强社会”的“引路者”提供了理论基础。在这种角色定位下，政府需对精准兜底养老服务提供资金，并通过提供引导资金和政策撬动社会资本参与养老产业，一方面满足溢出的养老需求，另一方面缓解养老产业资金的供需矛盾，强化社会资本在养老产业发展过程中的作用，明确政府和市场力量在养老产业中的责任边界，进而优化资源配置，提高养老服务的供给效率和质量，拓宽养老产业的资金渠道，提升投融资效率，助力养老产业金融发展。

（一）养老产业金融的“引路者”——政策性金融支持

政策性金融支持区别于常规商业投融资，是响应国家战略且具有强烈目标导向的政府行为，具有公共性、普惠性、引导性、目标性与补充性等特征，旨在优化经济效益和社会效益的结合，推动关键领域和薄弱环节发展，增强市场和投资者信心，撬动更多社会资本参与产业建设，促进产业高质量成长。政策性金融支持主要分为财政性投入和政策性融资两类，二者在资金来源、功能定位、适用对象和效益目标四个方面存在区别[2]。

1.养老产业的基础性保障——财政性投入

（1）养老产业的关键生产要素是养老用地保障与人才队伍建设。随着我国正式步入中度老龄社会[3]，养老用地供需矛盾凸显，成为制约养老产业发展的关键瓶颈。养老用地面临两大问题：一是土地性质划分模糊。养老用地兼具社会性与经济

[1] 李娟.养老事业与养老产业协同发展的学理性思考[J].上海大学学报(社会科学版)，2023，40(1)：115-127.

[2] 李小兰.我国民营养老服务业财政政策性投融资模式研究[M].北京：九州出版社，2021：35-36.

[3] 中国正式步入中度老龄社会 专家：发展银发经济需抓住“两大引擎”[EB/OL].(2024-01-19)[2024-06-23]. https://baijiahao.baidu.com/s?id=1788487005468832053&wfr=spider&for=pc.

性，是涵盖居住、商业、医疗等的综合性用地，但未进行专门划分，仍需根据主要用途确定用地性质。因此，在严格的土地审批制度下，养老用地保障和优惠力度不足制约了社会资本的投入积极性[1]。二是养老用地存在供需矛盾。我国土地资源紧张与城市养老产业规划不足等因素导致用地难、用地贵，阻碍项目的落地与发展。我国养老机构根据经营目的可分为营利性和非营利性两类，只有稳定拥有较长年限用地，才能够避免因无地可用或频繁迁址阻碍发展。我国养老用地供应仍处于“双轨制”[2]阶段，养老用地政策更倾向于无偿划拨给非营利性养老服务机构，以租赁和先租后让等方式支持营利性机构，以减轻其前期投入压力。为深层次激发社会资本参与基金，政策需对两类养老机构一视同仁，不断优化用地政策，缓解养老企业“用地难、用地贵”的压力，为养老产业发展提供基础性保障，推动养老产业全面发展。

养老产业人才队伍的建设规模和质量是影响我国养老产业发展的关键生产要素之一。我国养老服务人才主要包括养老服务技能人才、养老服务专业技术人才等，统称为专业型人才。据相关调查，在养老服务机构中，认为我国养老人才中专业型人才最紧缺的占比高达85.6%[3]。据推算，2035年，我国需要长期照料和护理的失能失智老人数量将超5000万，若依照国际标准1：3配置[4]，至少需1600万名专业型人才，远超我国养老人才供给量。在人才紧缺的环境下，养老产业长期微利等特征使企业难以应对高昂的人力资源成本。此外，2023年江苏省率先推行养老护理专业技术职称体系试点。我国养老相关技术职称体系尚未完善，养老产业发展受到人才质量参差不齐的制约。为加快养老人才队伍建设，我国应参照日本养老护理人才

[1] 孙智慧. 中国养老产业投资的商业模式研究[M]. 西安：电子科技大学出版社，2020：88-89.

[2] 祁雪瑞. 论养老用地供应优化和监管强化[J]. 中国国土资源经济，2019，32（9）：58-62. 双轨制是指通过无偿划拨或“招拍挂”方式获取土地。

[3] 赵博宇. 长期从事养老服务人才占比低 养老护理员最为紧缺［N］. 北京商报，2023-04-24.

[4] 许远，杨苗. 关于适应养老产业发展的养老服务技能人才队伍建设的系统思考［J］. 中国职业技术教育，2023（29）：17-27.

培养经验[1]，完善专业型人才职业标准，加大对人才培养政策的支持与资金投入力度，同时推动地方政府落实奖补政策，提升养老人才队伍稳定性，为养老产业高质量发展奠定坚实的基础。

（2）以福利性投入为养老产业金融蓄势赋能。满足企业对关键生产要素的需求后，社会资本不轻易涉足养老产业，这主要是因为前期需要投入大量资金建设养老服务设施等硬件，且运营后的收益可能长期无法覆盖成本，同时面临着一定的运营风险。政府通过民办公助、公建民营、政府购买养老服务等方式，提供税费优惠、福利彩票公益金形式的支持，减轻社会资本前期投入及运营压力，降低投资养老产业的风险，增强社会资本进入的信心，提升社会资本参与养老产业发展的积极性。

福利彩票公益金（简称“公益金”）专门用于社会福利和相关公益事业，以大体量投入成为重要的基础性保障资金。以浙江省2023年公益金使用情况为例，浙江省投入约12亿元资助养老项目，涵盖公建养老机构、民营养老机构、养老服务补贴、适老化改造、智慧养老和特困老年人关爱等类别[2]，公益金能有效缓解养老项目资金缺口，促进养老产业健康发展。然而，公益金在使用绩效披露、评估机制、资金使用效率和各省及城乡分配结构等方面仍需改进和完善[3]。公益金投入养老产业的比例情况如表5-1所示。

[1]　郭丽君，鲍勇，黄春玉，等.中国养老人才队伍培养体系［J］.中国老年学杂志，2019，39（14）：3576-3581.文章中提到，日本政府通过建立养老服务人才体系和职业标准、提供高额助学金、发放职业奖补等措施，打造出高质高量的养老服务人才队伍。

[2]　浙江省民政厅规划财务处.2023年浙江省福利彩票公益金使用情况公告[EB/OL].(2024-06-04)[2024-06-22]. https://mzt.zj.gov.cn/art/2024/6/4/art_1229155296_58936603.html.

[3]　胡永志，邵祥东.福利彩票公益金推进养老事业发展探析［J］.党政干部学刊，2020（5）：69-74.

表5-1　公益金投入养老产业的比例情况

时间	政策名称	留存资金投入比例
2012年	《民政部关于鼓励和引导民间资本进入养老服务领域的实施意见》	不低于50%
2013年	《国务院关于加快发展养老服务业的若干意见》	50%以上
2015年	《关于鼓励民间资本参与养老服务业发展的实施意见》	50%以上
2021年	《“十四五”国家老龄事业发展和养老服务体系规划》	不低于55%

除公益金外，政府还通过一系列税费优惠政策，包括免征增值税、减计收入、实行资源费用与行政事业性收费优惠等，减轻养老机构的经济负担，鼓励社会资本投入养老服务业，为我国养老产业注入生机与活力，助推养老产业供给侧结构性改革，提升养老服务质效。然而，税费优惠在实际操作过程中也面临政策缺乏可操作性、精准性、多样性、平衡性等挑战，应不断完善优惠体系，实现政策红利精准落地，巩固养老产业金融发展的向好态势[1]。

民办公助、公建（办）民营、政府购买养老服务是我国在养老产业中提供保障性服务的主要模式。民办公助模式中，社会资本负责养老机构的投资建设和运营，政府提供财政补助，包括日常运营补贴、机构综合责任险补贴、税费与能源优惠等，同时设有奖励补贴[2]。通过多种补助形式减轻社会资本的成本负担，以较少的财政资金扶持更多的民营养老机构，增强养老服务供给能力。公建（办）民营模式则通过与政府合作，缓解社会资本的前期资金投入压力，提高市场竞争力，促进养老产业灵活发展。该模式包括委托运营、承包运营和租赁运营三种实施方式。委托

[1]　曲哲涵. 让政策红利及时、精准、充分落地[N]. 人民日报，2024-01-08（18）.

[2]　杨雪，江华，张航空. 养老机构公建（办）民营运营模式与实施效果评估：基于北京市460家养老机构普查数据的分析［J］. 社会保障研究，2021(4)：34-43.

运营由政府投资建设和承担运营费用，将管理运营交给社会运营方；承包运营则是政府与社会资本共同投资，社会资本自主经营；租赁运营是社会资本在承包运营的基础上，承担了更多成本的同时，也获得了更大的自主权，如支付租金、负责内部装修和设施购置等，养老服务由运营方自主定价，注重经济效益[1]。公建（办）民营模式通过财政资金减轻社会资本的前期投入负担，提高了社会力量参与的积极性，但同时也增加了财政支出压力。相较于前两种模式，政府购买养老服务模式则直接采取形式购买、定向委托、公开竞标、凭单购买等模式，有助于减轻财政压力。现阶段，我国提倡以政府购买服务替代公办公营养老机构提供基本养老服务，在做好养老事业兜底工作的同时，为养老服务机构提供稳定的入住率和资金来源，缓解其运营压力，提高其公共服务供给水平。三种模式各有特色，政府与社会资本需综合实际情况选择适宜的发展模式，协力优化养老服务布局。

我国通过保障养老产业的关键生产要素，辅以多种支持措施，构建了全面的福利性投入体系，在提供保障性基础的同时，携手社会力量探索与实践，提升养老服务质量，满足老年人多样化的需求，推动养老产业实现高质量发展。

2.养老产业的先导性保障——政策性融资

（1）PPP模式在养老产业中的应用与挑战。政府和社会资本合作模式，又称公私合作模式（贾康 等，2014[2]），是政府解决公共服务问题的重要融资途径。本节将PPP模式定义为在养老产业项目中，政府方作为签约主体，提供投融资政策或部分财政性资金[3]，社会资本方负责项目投资、建设、运营并承担相应的风险，政

[1] 陈芳芳，杨翠迎.基于政府职责视角的养老机构公建民营模式研究：以上海市为例［J］.社会保障研究，2019（4）：10-18.

[2] 贾康，孙洁.公私伙伴关系(PPP)的概念、起源、特征与功能［J］.财政研究，2009（10）：2-10.PPP模式最早起源于英国，广义PPP泛指公共和私人部门为共同参与生产和提供物品与服务而建立的各种合作关系，是政府提供公共产品的重要融资方式，包括政府付费和使用者付费等模式。

[3] 李小兰.我国民营养老服务业财政政策性投融资模式研究［M］.北京：九州出版社，2021：194.

府方承担政策、法律等风险的公私合作模式[1]。该模式能缓解政府提供基本养老服务的财政压力，降低产业准入门槛，吸引更多社会资本投向养老产业，以“利益共享、风险共担、长期合作”的利益共同体关系，凝聚共识，合力提升养老服务的有效供给，推进养老产业高质量发展。

（2）养老产业项目融资新途径——养老产业专项债券[2]。养老产业专项债券是我国养老产业融资的重要手段之一，辅以专项债券相关政策的规范和引导，能够有效缓解养老产业融资难的问题。为加大企业债券融资方式对养老产业的支持力度，引导和鼓励社会资本投入，2015年4月，国家发展改革委办公厅印发《养老产业专项债券发行指引》，明确指出养老产业专项债券的目的和用途，并放宽债券发行条件，进一步吸引社会资本参与养老产业投融资。

专项债券的规范发行和政策支持，极大地增强了社会资本对养老产业的投资信心和意愿。未来，随着资本市场的不断发展、政策体系的不断完善，专项债券的市场认可度将不断提升，并有望成为推动养老产业金融发展的关键工具，从而更有效地解决养老产业供给侧的资金难题，助力养老产业的可持续发展。

（3）政府资金发挥杠杆效应——养老产业引导基金。养老产业引导基金旨在利用财政资金的引导和杠杆作用撬动更多社会资本参与养老产业投资，以市场化方式，支持养老领域的资金需求[3]。养老产业引导基金具有以下三个优势：一是融资门槛和成本较低且更注重响应政策，克服市场配置失灵。二是放大政府资金效益。政府资金先行投入，能持续吸引社会资本，迅速扩大我国养老产业发展的资金池。三是增强社会资本信心，依靠政府的宣传和增信效应，提高社会资本进入养老产业的信心和积极性。此外，作为新兴产业，许多养老产业内的中小企业面临缺少抵押

[1] 财政部关于推进政府和社会资本合作规范发展的实施意见[EB/OL].(2019-03-10)[2024-06-23]. https://www. gov.cn/xinwen/2019-03/10/content_5372559.htm.

[2] 养老产业专项债券是指以企业为发债主体，将募集的资金定向用于养老产业项目的专项债券。

[3] 董克用，姚余栋，孙博.养老金融蓝皮书：中国养老金融发展报告（2018）[M].北京：社会科学文献出版社，2018：177.

物、商业信用不足等融资难题，通过获得引导基金融资能够弥补其商业信用不足的问题，缓解融资困境，推动养老产业全面发展[1]。

我国自2014年开始进行养老产业引导基金试点，选定湖南、吉林等8个省份开展试点[2]。湖南健康养老产业投资基金是国内首只省级政府引导型健康养老产业基金，首期规模45亿元，其中，中央财政引导资金、湖南高新创投等出资15亿元作为普通级资金，再按照1：2的杠杆比例，向社会募集优先级资金30亿元，预计撬动270亿元以上的养老服务产业投资[3]。

（4）支持养老产业发展的国家力量——开发性金融。开发性金融是具有中国特色的政策性金融工具，旨在以市场化的方式贯彻国家发展战略，引导社会资本投资关键领域与重点产业[4]。相较于商业性金融，它不以利润最大化为目标，提供大量低成本、有偿的融资支持，服务于国家发展战略，以支持商业银行在初期不愿或不能涉及的产业。以康宁津园养老项目为例，2017年，国家开发银行天津市分行牵头组建对康宁津园养老项目建设的12亿元银团贷款支持，并发放贷款4.82亿元，中国农业发展银行天津市分行通过农发重点建设基金模式投资2.68亿元，光大银行天津分行提供6亿元贷款[5]。随着开发性金融对养老产业支持范围的进一步扩大、优惠力度的进一步增强，产业融资难题得到进一步解决。

（5）精准支持养老产业发展的政策工具——普惠养老专项再贷款。普惠养老专项再贷款作为结构性货币政策工具，政策力度持续加码，通过降低金融机构的资金成本，以低利率定向为养老产业项目提供信贷支持，有效缓解融资贵难题，进一

[1] 程芳.养老产业引导基金撬动万亿新兴市场［J］.经济，2021（10）：122-123.

[2] 8省份试点以市场化方式发展养老服务产业［EB/OL］.（2014-08-22）［2024-06-23］.https://www.gov.cn/xinwen/2014-08/22/content_2738601.htm.

[3] 柳德新，罗去峰.湖南日报：政府性投资基金："四两拨千斤"［EB/OL］.（2016-09-19）［2024-06-23］.http://czt.hunan.gov.cn/wwyw/mtjj/201609/t20160919_3270015.html.

[4] 陈元.开发性金融的理论沿革、属性与发展［J］.开发性金融研究，2019（3）：3-11.

[5] 2017年天津市银行业社会责任报告[EB/OL].(2017-08-20)[2024-06-23].https://www.tabc.com.cn/system/2019/08/27/014336467.shtml.

步满足养老企业的资金需求，助推产业发展。2022年，普惠养老专项再贷款在五省试点。通过试点，提高了货币政策的精准性和直达性，引导金融机构向普惠养老机构提供优惠贷款，支持养老产业发展。以湘家荡颐养中心（二、三期）项目（简称“颐养中心”）为例，它是由浙江天声企业管理集团有限公司打造的旅游养老品牌服务机构。2024年5月，央行发布的2024年第一季度中国货币政策执行报告披露，普惠养老专项再贷款将延续实施至2024年末，并将试点范围扩大至全国。试点时间的延长和范围的扩大，意味着有更多类型的养老产业项目能够以较低的资本成本获得融资，产业内的资金需求得到进一步满足。

随着普惠养老专项再贷款政策的全国推广和范围扩展，更多的养老产业项目将从这一政策性金融工具中获益，推动养老产业基础设施建设水平和服务质量提升。此外，政府对普惠养老领域的持续关注和支持将进一步平衡各地养老产业发展水平，使得资源更均衡地覆盖城乡。若将更多的政策工具从试点区域推广到全国，加上政策性金融支持拥有的连续性和稳定性，不仅能够提高金融机构对养老产业的信心，也会使投资者对长期投资养老领域更加乐观，这将增强养老产业发展的可持续性。

（二）养老产业金融的“助推者”——市场化融资支持

1.养老企业上市融资——养老产业金融破局进取

上市融资是企业获得资金的重要渠道之一，在证券市场上筹集到的资金可供上市公司长期使用。通过增资扩股能够不断地从证券市场筹集资本，这是养老产业从做大到做强的重要手段，但同时养老企业上市也面临诸多挑战。虽然在导向性政策中鼓励支持养老企业上市，以提升企业的成长能力，但是许多养老企业仍面临“上市难”的问题。

（1）上市融资困境。由于我国A股上市的融资门槛较高、审批制度严格，大多尚未形成市场规模的养老企业，因此暂不适用上市这一融资手段。此外，未稳定盈利的上市养老企业也可能因为无法满足投资者的收益期望而导致股价下跌，再融资的成本和难度加大。以山东青鸟软通信息技术股份有限公司（简称“青鸟软通”）

为例，它是少数主营业务中包含养老服务并尝试IPO的企业。公开信息显示，青鸟软通2022年的康养信息化、线下智慧养老服务收入占比已超50%，如今公司的智慧康养业务已遍布全国60多个城市。青鸟软通想通过IPO募集资金以助其智慧养老业务发展[1]。在收到问询函后，青鸟软通主动撤销IPO申请，转而在新三板成功挂牌。据悉，青鸟软通此次IPO失败可能受业绩下滑、股份质押比例较高（占公司股份的45.19%）、财务内控不规范、逾期账款占比高等因素影响[2]，由此可见将养老服务作为主营业务的企业在融资时多采用银行贷款进行质押担保，这会增加融资风险，进而可能影响IPO。从A股市场情况来看，信息系统、地产、保险和医药这四类行业进军养老产业的上市公司较多。一方面，这四类企业在各自领域发展多年，有巨大的原始资本积累，能够承担产业多元化带来的风险，愿意积极探索养老产业这一蓝海产业；另一方面，这四类企业布局养老产业具有适配度和协同性，能够利用现有资源直接对接养老业务，产业多元化成本相对较低。我国养老企业大多面临前期投入大、融资渠道单一、融资难的问题，所以在A股上市对于现阶段的养老企业来说并非优选。

（2）新三板破局，打开融资新思路。新三板因具有相对宽松的上市条件，成为中小养老企业的新选择。这些企业的主营业务通常分布在养老服务、家政、医疗、旅居、保健品、养老机构信息化系统设计等领域。在新三板挂牌能提升企业的曝光度和信用度，通过资本市场力量获得股权投资，扩大经营规模，提升市场份额，增加企业价值，吸引更多的资本注入。养老产业的弱质性使许多处于发展初期的企业可能难以承担挂牌成本。此外，新三板对企业的盈利能力也有要求，因此部分养老企业仍不适宜通过新三板挂牌来实现融资（董克用 等，2017[3]）。然而，通

[1]　青岛1家养老服务商开启IPO，山东3.7万家养老企业迎巨大机遇[EB/OL].(2023-08-09)[2024-06-23].https://www.jiemian.com/article/9894827.html.

[2]　央视网.青鸟软通IPO终止：业绩下滑，大比例股份被质押[EB/OL].(2024-01-06)[2024-06-23].https:// business.cctv.com/2024/01/06/ARTIZsIZBaepNq6EwfwRnAh5240104.shtml.

[3]　董克用,姚余栋,孙博.养老金融蓝皮书:中国养老金融发展报告(2017)[M].北京:社会科学文献出版社,2017:140-142.

过精准评估自身状况和调整融资策略，养老企业选择新三板上市而非A股市场上市可能成为实现融资突破的有效途径，为企业成长和行业发展提供助力。

2.银行贷款——多元化创新化解融资难题

在国家政策的指导下，银行业通过降低担保门槛、实行利率优惠、探索抵押物等方式积极提供养老信贷产品，解决养老企业融资难题。银行贷款虽是企业最常用的间接融资手段，但在养老信贷产品缺乏、养老产业存在弱质性、银企之间信息不对称等因素综合影响下，许多中小企业难以获得充足的贷款支持。在养老产业相关政策的指引下，银行业积极创新特色养老信贷产品，以促进养老产业金融发展。2020年，山东省民政厅、山东省农村信用社联合社联合发布“养老保障贷”金融服务方案，以床位收费权质押等更灵活的形式替代传统的抵押担保，通过分批放款适应养老机构的经营特点，提供高达1000万元的贷款额度，并根据养老机构的等级评定实施分级利率优惠[1]。此外，济南农商银行对合作的养老机构中按时缴纳床位费的老人实行价格优惠，在一定程度上帮助养老机构稳定了客源，保障了其偿债能力。2022年，上海实施的养老服务批次贷通过“政府+担保+银行”模式搭建政企银联动平台，以政府担保、同时实施担保费和利息补贴的方式，为企业提供低成本贷款融资。2024年3月，国家金融监督管理总局宁波监管局联合宁波市民政局、宁波市财政局率先出台养老服务机构担保贷业务实施方案，通过引入融资担保机构，发挥融资担保增信分险作用，解决轻资产运行的民营养老机构缺少抵押物的难题。

3.养老产业融资新机遇——养老REITs

房地产投资信托基金（Real Estate Investment Trusts，REITs）（马智利 等，2014[2]），是金融服务实体经济实现资产证券化的重要手段。REITs与养老产业的

[1] 山东省民政厅 山东省农村信用社联合社关于做好金融支持养老服务发展的通知[EB/OL].（2020-06-11）[2024-08-06].http://mzt.shandong.gov.cn/art/2020/6/11/art_15359_10320650.html.

[2] 马智利，何婷.养老地产新型融资模式：房地产投资信托(REITs)[J].浙江金融，2014(3):44-47.REITs是通过公开发行股票或收益凭证募集社会资金，由专业机构经营管理，专门从事房地产投资，将收益按比例分配给投资者的一种信托基金。

结合出现于20世纪70年代的美国，1970年成立的Healthcare Fund是第一只养老地产的投资信托基金。随着养老等产业的快速发展，如今养老房地产投资基金投资的地产类型有养老院、护理中心、疗养院、康复中心等。养老产业中也包含保障基本民生的项目。养老房地产投资信托基金以公募形式为主，凭借风险低和投资门槛低等特点吸引社会资本，辅以私募等形式，通过多元化的运作方式为养老地产及相关行业提供新的资金动力。此外，房地产投资信托基金还可以拓宽PPP模式的融资渠道，推动“养老+地产+金融”的创新融合[1]。尽管我国的房地产信托投资基金仍面临养老房地产投资信托基金的相关优惠政策、制度及监管机制不健全，专业的养老房地产投资信托基金人才缺口大等问题，但其作为一种新的融资手段，为我国养老产业金融发展提供了新机遇。

随着资本市场的不断成长和完善，相关政策逐步优化，养老房地产信托投资基金在我国会有更加积极的实践和发展。通过实现资本市场与养老产业的长期资金需求的有效对接，养老房地产投资信托基金将成为连接金融与养老服务的重要桥梁，在我国养老产业金融发展过程中发挥关键作用，为应对我国日益严峻的人口老龄化问题提供新的解决方案。

4.养老产业多元化融资模式探索

除上述融资模式外，还有养老信托、私募股权融资、民间借贷等多种市场化融资手段。养老信托作为信托的一种创新形式，具有以下特征：一是长期性，与受益人的养老规划和需求高度契合；二是独立性，将信托资产单独隔离能够确保实现受益人的养老目的。养老信托可以加强金融与养老之间的联系，比如中国太保寿险、太保养老投资公司携手上海国际信托有限公司推出“保险+信托+养老”组合，借助信托发挥资金的锁定功能，通过太保家园全国12城14园，为签约客户提供全方位、多维度的高品质养老服务，实现“一次签约，终生享受”，使信托客户及家庭成员

[1] 奚康.REITs融资模式应用分析：以绿地康养为例[J].财会通讯,2021(6):151-154,158.

无忧安享晚年[1]，进一步加深了金融与养老服务的联系。然而，我国养老信托也面临着产品形式单一、准入门槛高、发展限制较大、监管机制不完善等多项挑战。尽管面对种种挑战，养老信托在我国养老产业金融领域仍展现出重要的价值。

私募股权融资（简称“私募”）是指通过私募的形式对非上市企业进行权益性投资。在养老产业中，私募更青睐追求利润和注重经济效益的竞争性养老企业，这类企业往往能在市场竞争中不断创新，挖掘自身优势，增强自身盈利能力，吸引更多的私募投资。比如福寿康智慧医疗养老服务（上海）有限公司以“政府+市场化购买”的居家护理模式和智慧养老业务的高回报率吸引私募资本投资，通过整合投资者的优势资源，助力该公司进行养老多元化的扩张和发展[2]。私募缺乏投资“耐心”、养老产业存在弱质性、养老市场不够成熟等多重因素，导致私募对养老产业的支持力度较弱。随着养老市场的愈发成熟，养老产业能够提供长期稳定收益的特性逐渐显现，私募将对养老产业具有更多的投资“耐心”。

民间借贷是指自然法人及其他组织之间在非正规金融机构下进行的资金融通活动[3]，包括企业集资型借贷、网络借贷、低利率互助借贷等。民间借贷作为正规融资方式的补充，拥有手续简便、借贷门槛低、资金使用率高等特点，但也伴随着高融资风险，容易发生经济纠纷或非法集资等情况，可能会加重养老企业的财务负担、财务风险，不利于养老企业健康发展。由于缺乏有效监管，过多的民间借贷可能给养老产业金融发展带来更大的风险[4]，政府应加强对非正规金融活动的监管，同时推动金融创新，为养老产业提供更加安全高效的融资渠道和更加全面、稳定的金融支持。

---

[1] 太平洋保险.315在行动|中国太保退出“保险+信托+养老”组合[EB/OL].(2024-03-14)[2024-06-23].https://www.cpic.com.cn/c/2024-03-15/1860043.shtml.

[2] 董克用,姚余栋,孙博.养老金融蓝皮书:中国养老金融发展报告(2023)[M].北京:社会科学文献出版社,2023:82-84.

[3] 最高人民法院关于修改《关于审理民间借贷案件适用法律若干问题的规定》的决定[J].中华人民共和国最高人民法院公报,2020(11):3-10.

[4] 刘佳琪.中国养老产业融资问题研究[D].长春：吉林大学，2019.

在多元化的养老产业融资模式中，各融资手段虽具备独特优势，但也存在重重挑战，需对发展稍弱的融资手段辅以正确引导，建立全面的养老产业金融体系，为养老产业发展提供更加多元、坚实、充足的金融支持。

三、养老产业投资的多元驱动——轻资产与重资产

随着人口老龄化的加剧，我国养老产业迎来快速发展的机遇。近年来，各级政府出台了一系列政策支持养老产业发展，社会资本也积极参与其中，形成了多元投资格局。养老产业投资方向涵盖养老机构、养老社区、养老服务提供、养老产业配套设施、养老科技研发等。投资渠道也展现出多样性，如养老地产开发、PPP模式、REITs模式、股权投资等。这些多元化的投资模式为养老产业转型和高质量发展提供了有力支撑。根据发达国家经验，养老产业投资主要分为重资产投资模式和轻资产投资模式两种模式。

（一）养老产业发展的主要驱动力——重资产投资模式

重资产投资模式（简称“重资产模式”）主要通过自有资金投资、设立产业投资基金、REITs等方式参与养老项目，项目以养老地产为主，主要投资者有保险企业、房地产企业等。这些企业依靠在行业中多年积累的雄厚资金和丰富资源，通过多种形式在全国进行养老产业布局，建设并运营中高端养老机构或社区，服务于中高净值客户，与政府以重资产模式提供的基本养老服务和中小企业提供的低端养老服务形成互补，共同推进养老产业发展。重资产投资项目主要涉及养老机构和养老社区两部分，包括养老公寓、社区嵌入式照料中心、养老社区[1]，相应的投资回报机制分为出售、以租代售、租赁、会员制收费等。

1.自有资金投资

保险企业或房地产企业可以利用资金优势或资源优势，从有偿获取土地开始，全权负责养老社区或养老机构的设计、建设、融资、运营等各个环节。自有资金投

[1] 王振峰.适合房地产企业的养老地产开发运营模式研究[D].天津：天津大学.2018.

资具有以下优点：一是对养老社区的建设和经营具有完全自主权，有利于将养老与企业其他主营业务进行协调，形成“保险+养老”“房产+养老”新局面。二是重资产模式有助于企业整合养老产业链资源，控制建设和运营成本，确保投资回报的期限，尽早实现盈利。以泰康之家为例，泰康集团以重资产模式打造出泰康之家，泰康之家的定位是全国连锁高端养老机构，利用“保险+养老”的模式，形成稳定且高净值的客户基础。泰康之家通过“幸福有约”养老保险计划费用、月费、护理费等提供稳定的现金流，加强泰康集团的抗风险能力。随着险资在养老及相关产业布局的完全铺开，带动产业协同发展，形成“保险+医养+资管”的养老产业链闭环[1]。位于北京市海淀区的北京保利和熹会老年公寓是保利安平·和熹会品牌的第一个养老项目，将保利旗下酒店进行适老化改造后投入使用，于2012年11月22日正式投入运营。

2.设立养老产业投资基金

养老产业投资基金是指保险企业或房地产企业为开发养老项目而发起设立的投资基金。平安不动产有限公司设立投资基金，以19亿元自有资金撬动包括社保基金等社会资本投资在内的170亿元资金投资开发浙江桐乡综合性养老社区项目[2]。

（二）养老全产业链布局的关键驱动力——轻资产投资模式

养老产业轻资产投资模式（简称“轻资产模式”）的定义来自麦肯锡公司推崇的运营策略，是指企业充分利用资源杠杆整合外部资源减少自身固定资产等投入成本。该模式将养老服务、技术和品牌等要素作为盈利点，包括公建（办）民营（包括委托运营、租赁运营）、资源杠杆的运用、PPP模式等。投资企业不负责养老项目建设，不直接作为养老社区持有人，而是通过与第三方合作、租赁或委托运营等

[1] 恒大研究院.养老地产典型项目调研：泰康之家[R].2018：4-8.

[2] 险企探索养老业务样本：平安不动产19亿元自有资金撬动170亿元投资项目[EB/OL].（2017-12-02）[2024-06-23].https://finance.sina.com.cn/roll/2017-12-02/doc-ifyphkhk9643567.shtml.

形式进行养老产业布局，并进一步以并购、股权投资、战略合作等方式对养老产业进行全产业链布局，以发挥产业链的降本增效作用。

轻资产投资具有能够盘活存量资产、前期投入小、资金回收快的优点，同时也具有一定的不足，如利润空间小，以租赁等形式进行的合作具有一定的不稳定性，可能会对养老服务的供给产生影响。在土地资源紧缺、养老用地价格上涨的趋势下，未来会有更多的企业选择轻资产模式。

1.公建（办）民营

公建（办）民营中，委托运营和租赁运营较适用于轻资产模式。以光大养老为例，光大养老通过轻资产运营方式打造全方位养老体系，选取公办民营中的委托运营的形式，通过将养老用地和养老设施建设成本剥离，以服务作为核心竞争力，借助公办机构的“头衔”获得大量且稳定的客源，再辅以价格优势，通过“薄利多销”在短期内实现盈利[1]。

2.资源杠杆的运用

交银人寿作为我国较早开展养老金融业务的银行系保险公司，通过轻资产模式投资，创新打造“养老+金融”模式，对资源进行嫁接整合，在养老产业下游展开布局，即与养老产业头部运营方及不同领域的专业机构建立合作关系网络，积极响应保险客户的养老、医疗等需求，并将这些需求直接对接给相应的专业机构，以满足客户需要。除此之外，交银人寿还借鉴睿康家园361健康服务平台的成功经验，并充分结合市场需求调研，推出老年人就医陪诊服务、居家一键通、养老社区直通等特色养老服务，并通过平台反馈加强对第三方服务商的服务质量监管，不断完善养老服务内容，提升客户的养老体验。银行系保险企业与传统保险企业不同：一方面，它们需要满足旗下保险客户的康养需求；另一方面，它们需要响应母行的养老产业战略，其竞争力来源于母行可观的客户群体和行业资源。这些特点决定了

[1]　新龄观.从重资产自建到公建民营深入分析泰康、太保光大的养老布局[EB/OL].（2021-11-24）[2024-06-23].https://baijiahao.baidu.com/s?id=1717312520796927493&wfr=spider&for=pc.

银行系保险企业更适用轻资产布局，通过嫁接各类资源，更好地服务客户的养老需求。

3.PPP模式

我国的PPP模式目前缺乏成熟稳定的融资体系支持。采用PPP模式的项目公司需提供约20%的项目投资额作为资本金，剩余投资主要依靠银行贷款，辅以养老产业基金等融资渠道。由于我国PPP项目的评估和监管体系尚未完善，难以获得对项目质量有较高要求的养老产业基金、私募等融资渠道的青睐，而碎片化融资难以给PPP项目提供稳定的资金来源。PPP模式面临的多重挑战，制约了现阶段其对于轻资产模式的适用性。

从发达国家养老产业发展经验及我国养老产业投资趋势来看，在养老产业初期，许多企业以重资产模式入局，经过一段时间的运营管理经验积累后，考虑到重资产模式投入大、回报期长对企业业绩和资金流的影响，逐渐向轻资产或轻重结合投资模式转型。

（三）养老产业高质量发展的重要驱动力——轻重结合投资模式

轻重结合投资模式是指兼具轻资产投资特点和重资产投资特点的投资模式，企业根据自身实际情况与需求，在二者之间择优灵活选择。相较于单一运用某一种投资模式，轻重结合投资模式具有以下优点：一是具有更强的资源利用能力，充分结合并发挥轻资产模式和重资产模式各自的优势，充分整合资源，优化资源配置，实现资源的合理利用。二是具有更好地分散风险与控制风险的能力，轻资产模式具有投资风险小、收益低、回流快的特点，重资产模式具有投资风险大、收益高、回流慢的特点，两者结合可以实现风险分散与控制，提高企业在养老产业布局过程中的整体抗风险能力。三是通过灵活布局，更好地响应政策，享受政策优惠，提升市场适应性。

随着养老产业中投融资之间资金流通的“桥梁”愈发顺畅，轻重资产结合也将成为一种主流的投资模式。我国以轻重资产结合投资模式布局养老社区的保险企业以中国太平保险集团有限责任公司（简称“太平保险集团”）为代表，其养老产业投资原则是“轻重结合，以轻为主”[1]。2014年，太平保险集团以全资投资模式在上海建立了“梧桐人家”养老社区，该养老社区的定位是高端养老，项目总投资约37亿元，是太平保险集团唯一一个全资建设的养老社区。2017年，太平保险集团开始探索轻重资产结合投资模式，通过对各地养老社区投资将其纳入自己的养老体系，如与江苏省无锡市新区管委会签订太平无锡养老社区项目投资协议，投入约25亿元建设高档养老社区，降低了太平保险集团高档养老社区在全国布局的投资成本。轻重资产结合投资具有能够灵活选择的特点，有利于太平保险集团以较低的成本投资养老社区、试探市场需求，然后根据后续经营状况考虑是否重新选择投资模式。除此之外，由于太平保险集团进行高端养老社区布局起步较晚，采用轻重资产结合投资模式能够在一定程度上缓解城市规划对养老社区建设用地的限制，通过部分投资在全国各地众多养老机构中选择区位优势等综合条件更好地进行合作[2]。

总体而言，我国养老产业投资正处于探索发展阶段，多元化的投资形式和方向为养老产业的转型升级和高质量发展提供了有力支撑。随着经验的积累和市场的成熟，企业将更加灵活地选择适合自身发展的投资模式，共同推动养老产业发展。

[1]　朱艳霞．轻资产还是重资产　保险公司“摸石头过河”[EB/OL]．(2020-12-08)[2024-06-23]．http://www.cbimc.cn/zt/2020-12/08/content_373995.htm.

[2]　周辰．保险公司投资建设和运营养老社区的模式研究[D]．成都：西南财经大学，2022.

第三节

养老产业金融的发展趋势

一、养老产业金融高质量发展的基本理念

（一）守正持恒：从小产业到大生态

成熟完备的养老产业链是支撑我国适应深度老龄社会的重要体系，更是保障全体人民福祉的现实需要。哪里有老年人口，哪里就有需求和与之匹配的服务模式。依靠传统短、平、快的发展模式无法实现养老产业链的完备布局，只有锚定前景好、需求大、有潜力的初创企业，提供覆盖全生命周期的金融服务，才有助于优化养老产业金融发展的政策环境。

当前，养老产业金融发展还面临一系列现实问题。比如，社会上依然存在过度依赖政府养老的价值观念，尚未形成可持续应对老龄化的发展观；又如，面对农业转移人口市民化的发展要求，与农村人口老龄化现状相匹配的养老基础设施建设相对薄弱。

因此，养老产业金融发展不能只关注发展品质化而弱化普惠性，不能只倾斜于城市而淡化农村地区，更不能只依赖政策性支持而忽视市场化扩展。发展养老产业金融的目标价值之一就是将养老产业发展从小产业抬升至大生态，构建起覆盖城乡全体老年人口的高品质、多层次、专业化和可持续的养老服务供给体系。

（二）培育耐心：从短期收益到长期盈利

金融的资金跨期配置功能与养老产业的长盈利周期特征高度契合，但金融逐利的逻辑和监管规则的僵化，导致养老产业很难从直接融资渠道尤其是主板市场获得稳定持续的资金支持。养老产业发展的弱质特征要求投资机构具备价值投资、责任投资的导向和逆周期布局的耐心。金融机构和资本的耐心体现为具有明确的投资框

架，并偏好较长的投资周期，有良好的风险分散能力，进而为养老产业发展提供更加长期稳定的融资。

因此，推动养老产业金融高质量发展，必须摒弃追求短期交易获利的传统思维，应关注企业的长期盈利能力，通过健全有利于私募股权基金、社保基金、保险基金和产业资本等长期资金布局的政策环境，不断增强耐心资本的黏性，并培育长期投资的市场生态。

（三）提振信心：从债权投资到投贷联动

养老产业涉及面广、产业链长、业态多元、长期微利，传统的银行信贷模式具有审批难、风控难的特点，这种债权融资方式往往受限于债务方的偿还能力和财务稳定性，导致传统信贷支持养老产业创新发展的适配性不足，也直接影响企业的规模化扩张。

养老产业金融高质量发展需要建立符合养老产业特点的“信贷+外部直投”融资模式，鼓励从债权投资过渡到投贷联动，即试点引入风险投资、私募股权投资、养老REITs投资等，为养老企业提供“债权+股权”相结合的融资服务。这种多方金融机构联动的新模式，能够拉长做深金融服务链、创新风险评估和考核管理机制，不仅可以多层次多维度地满足市场的规模化资金需求，还能为养老产业的长期稳定发展注入强大动力。

因此，既要通过金融创新连接产业链和创新链，又要建立对养老产业链的专属信贷管理和直接投资支持机制，在总体收益覆盖风险的前提下前移金融服务，把对养老企业的财务表现和发展潜力的评估融合好[1]，把信贷、投资和金融租赁等金融服务手段组合好，把面向企业初创期、成长期和成熟期的不同金融服务方案衔接好，形成“养老—产业—金融”的良性循环。

[1]　谷澍:养老金融服务供给要统筹好城乡联动[EB/OL].(2024-06-21)[2025-01-20].https://finance.sina.com.cn/jjxw/2024-06-21/doc-inaznaen1440587.shtml.

（四）树牢决心：从属地化到规模化

老年人口有地域之分，但其服务需求基本趋同。当前，属地化的养老服务始终未能突破跨区域布局带来的运营难题，难以体现规模化的发展优势。一方面，资本通过对区域头部企业的资金和资源支持，有效承接了区域性的养老需求并形成协同的养老示范带，强化了企业规模化的内在动力；另一方面，企业因规模、体量、区位和定价的不同而存在差异化的项目盈亏平衡期，为降低养老产业项目的投后管理难度，就要通过规模效应去补偿属地化特征带来的比较劣势。因此，养老产业的规模扩张需要财政金融机制从要素保障和发展环境上激活社会各方力量，共建养老产业的发展生态。这既涉及养老项目的跨区域布局、资产并购和品牌整合战略，又涉及建立标准化、信息化和智能化的养老服务项目，同时还需要统筹好养老产业金融发展的城乡联动，补齐和强化养老产业金融发展的短板和弱项，以推动养老产业高质量发展。

二、养老产业金融高质量发展的新趋势

（一）数字金融牵引养老产业发展，破解融资难题

养老产业的弱质性特征决定了发展养老产业的信贷支持需要专属政策的倾斜，针对传统金融机构在授信额度、审批流程、贷款利率、考核周期和不良率容忍度等方面无法充分赋能养老产业的问题，需要依托数字技术、渠道和基础设施，重构传统金融体系的服务方式和运营模式，为养老企业进行信用风险评估并提供信贷产品。同时，通过大科技信贷对银行信贷产生溢出效应[1]，有效解决传统金融机构偏向于投资建设期的重资产项目、轻资产项目债权融资通道难以打通的痛点。未来还可能出现新型互联网银行或者大科技平台利用其数字资产的优势改造或取代传统养老企业的创新形态。因此，养老产业金融发展场景很可能出现数字金融牵引养老金融的前端改革。

---

[1] 黄益平，邱晗.大科技信贷:一个新的信用风险管理框架[J].管理世界，2021，37（2）：12-21，50，2，16.

（二）科技金融驱动养老产业发展，破解技术瓶颈

现代科技通过重构价值链进行养老服务应用场景的改造，金融作为新科技和养老产业的链接，必将加速推进符合新兴市场特点的新养老赛道。因此，探索银行和创投、资管等机构的“信贷+外部直投”业务模式，满足智慧养老领域科技型公司的股权融资需求，设立风险补偿基金并引入保险保障机制，将成为提升金融机构和社会资本支持养老产业科技创新适配性的突破口。总体而言，以大语言模型、人型机器人、脑机接口等为代表的人工智能技术，通过为老年群体和养老产业搭建即时交互平台，为缩短信息链路和降低交易成本提供了技术通路。面向机构养老服务、社区养老服务、居家养老服务的各类智慧健康养老产品和场景的开发，有着巨大的应用潜力，既可实现智慧养老的供需闭环，又可提升养老产品的服务质效，还可增进消费者和养老企业之间的信赖程度。这些未来场景的建设需要社会资本具有对智慧养老产业的认知度、投资意愿和风险承担能力。数智化养老服务模式将逐渐替代传统的养老服务模式。

（三）长期耐心资本助力养老产业发展行稳致远

未来将出现更多以长期陪跑和专业赛道见长的耐心资本注入养老产业，保障养老产业项目的建设经营和养老产业链发展的协同耦合。政府运用各级财政预算、彩票公益金和税费优惠等政策性金融工具，并运用普惠养老专项再贷款等货币政策工具，支持面向中小消费群体的普惠性养老服务项目建设。国家产业基金引导社会资本进入养老产业的支持政策更加丰富多元，部分国有制企业可以通过盘活存量资产参与中高端品质养老服务的补充建设；政策性银行通过制定专属利率贷款，商业性金融机构通过以未来项目经营收益、动产、知识产权和股权等抵质押贷款，为养老企业集群提供贯穿全生命周期的“陪伴式金融”服务；保险机构将供给更有市场吸引力的养老和护理直接兑付的专属保险产品，保险资金更加积极地布局医疗健康、照料护理、养老社区等领域。同时，养老企业上市的审批标准愈发灵活，企业债券发行期限、规模、担保方式进一步优化，境外资本参与发展养老服务的资本待遇和优惠政策得到全面落实，共同推动向养老机构提供增信融资支持。

Chapter 6

第六章

养老金融与养老基金投融资管理创新

推动养老金融与养老基金投融资管理创新是实现我国养老金融与银发经济战略共生的关键。2023年底，中央金融工作会议首次将养老金融列入国家重要改革议题，这对深化我国积极应对人口老龄化国家战略实践具有重大现实意义。2024年1月，国务院办公厅发布《关于发展银发经济增进老年人福祉的意见》，明确了银发经济的顶层设计思路，统筹推进银发经济各方面改革任务。通过将养老金融的战略性金融工具创新和银发经济的可持续社会价值驱动相结合，构建起一个强有力的战略框架，以积极推进老龄社会的可持续发展，实现经济效益最大化和社会福祉提高，为长期的社会复原力和经济稳定奠定坚实的基础。进一步地，“牵牛要牵牛鼻子”，加强人们全生命周期养老准备是践行这一战略框架的重要着力点[1]。发挥好养老金融与养老基金投融资管理融合创新效能则是这项改革的核心内容，它不仅能确保养老金融投资与收益的可持续循环，还能促进更广泛的经济产出和社会福祉增长。

因此，推动养老金融与养老基金投融资管理创新发展，要立足于我国养老金融与银发经济的战略共生关系。一方面，养老金融市场拥有大量的资本和对稳定、长期投资的需求，能够把更多养老基金投资于养老服务、医疗保健等产业和服务领域，以及更多“适老化”的科技创新和产品开发。此外，还能够推动老龄友好型资源的整合性开发，以支持老龄社会的可持续发展，实现银发经济更广泛的经济和社会价值追求。另一方面，蓬勃发展的银发经济通过拓展投资增长点，不仅能够丰富养老金融市场，为养老基金带来更符合老龄社会人口结构的多种投资渠道，还能够形成需求端的刺激效应，构成养老基金创新的关键推动力。同时，在银发经济的支持下，老年人生活质量的提高降低了医疗保健等方面的支付成本，这不仅能通过减

[1] 人民日报评论：以老龄产业托起老龄事业，要适应时代要求创新思路，推动老龄工作向主动应对转变，向统筹协调转变，向加强人们全生命周期养老准备转变，向同时注重老年人物质文化需求、全面提升老年人生活质量转变。

少潜在负债（比如在医疗保健成本方面）来帮助养老基金筹资，还能确保老年人更独立、更健康地生活，为老年人力资源的开发创造条件，从而进一步刺激专注于他们需求的被市场发现。

通常，金融体系按照合同或债权原则可以划分为信贷市场和资本市场。图6-1展示了养老金融与银发经济关联互动的路径关系。理论上，信贷市场也可以是养老金融与银发经济互动的路径之一。然而，从中国特色养老金融概念体系和逻辑框架与国际上发达国家的实践经验来看[1][2]，信贷市场在这一关系中的路径作用被持续弱化，资本市场则更受重视。特别是在引入养老基金这一重要资本要素后，资本市场与养老基金的互动创新成为探索养老金融与银发经济关系的关键路径。在我国，过去很长一段时间里，养老基金的经营管理主要依托信贷市场来进行，近年来，面对人口老龄化持续加剧和现代金融体系深化改革需求，养老基金从信贷市场逐步转移到资本市场。2022年底，我国各层次养老基金累计达约14.9万亿，占GDP的比重为12.3%，其中在资本市场上运作的养老基金约9.9万亿[3]。若要厘清养老金融与银发经济协同发展的战略共生关系，先要回答为什么养老基金要从信贷市场向资本市场转移这个重要问题。

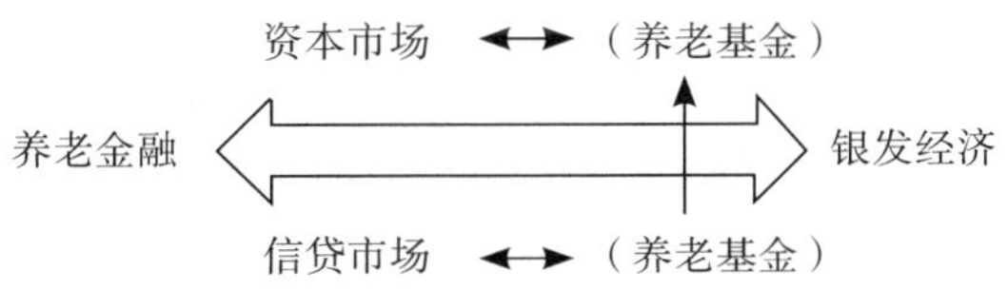

图6-1　养老金融与银发经济关联互动的路径关系

首先，将养老基金投资于资本市场是发达国家推动银发经济发展、增强社会福

[1]　董克用，张博，孙栋. 从养老金到养老金融：中国特色的概念体系与逻辑框架[J]. 公共管理与政策评论，2021，10（6）：15-23.

[2]　党俊武. 老龄金融是应对人口老龄化的战略制高点[J]. 老龄科学研究，2013，1（5）：3-10.

[3]　数据摘自《全国企业年金基金业务数据摘要》《全国社会保障基金理事会社保基金年度报告》《人力资源和社会保障事业发展统计公报》及人社部官网。其中，资本市场化运作主要纳入了基本养老基金委托全国社保理事会运营管理资产、社保基金、企业年金和职业年金投资基金、个人养老金资产。

祉的成功经验，这不仅可以有效确保养老基金的财务可持续性，还能刺激满足人口老龄化需求的经济和社会发展。图6-2展示了2022年OECD国家的养老金资产配置结构。其中，这些国家通过股票和债券运作的份额平均为73.9%，另类投资平均占21.8%，现金和储蓄平均仅占4.3%。促成这一事实有两个关键原因：一是满足养老基金财务可持续的需求；二是应对再生产投资领域的资本供给压力。一方面，在人口老龄化趋势加剧的背景下，越来越多的资产被作为养老金储蓄，并转化为支付给退休老年人的养老金[1]，从而加剧了再生产投资的资本紧缺[2]。由表6-1的数据可知，过去半个世纪里，随着人口老龄化的日益加剧，各国资本供给均表现出明显下滑。另一方面，OECD国家的经验表明，养老基金投资于资本市场不仅可以确保达成财务可持续的目标[3]，还能够为经济系统提供大量再生产投资资本[4]，实现经济和社会稳定增长的目标。

[1] 从整个经济系统来说，养老金储蓄仅仅是一项转移支付：一方面，年轻人群通过养老金账户积累大量资金支付给当期的老年群体，而他们仅仅获得了养老保险账户上的名义“记账”储蓄，所以它并不能用于再生产投资；另一方面，老年群体将获得的养老金直接用于消费，所以也很难形成资本积累。

[2] 德鲁克.养老金革命[M].刘伟译，北京：东方出版社，2009：101-150.

[3] HOLZMANN R. Aging population, pension funds, and financial markets: regional perspectives and global challenges for Central, Eastern, and Southern Europe[M].The world bank, 2009.

[4] DISNEY R, EMMERSON C, WAKEFIELD M. Pension reform and saving in Britain[J]. Oxford review of economic policy, 2001, 17(1): 70-94.

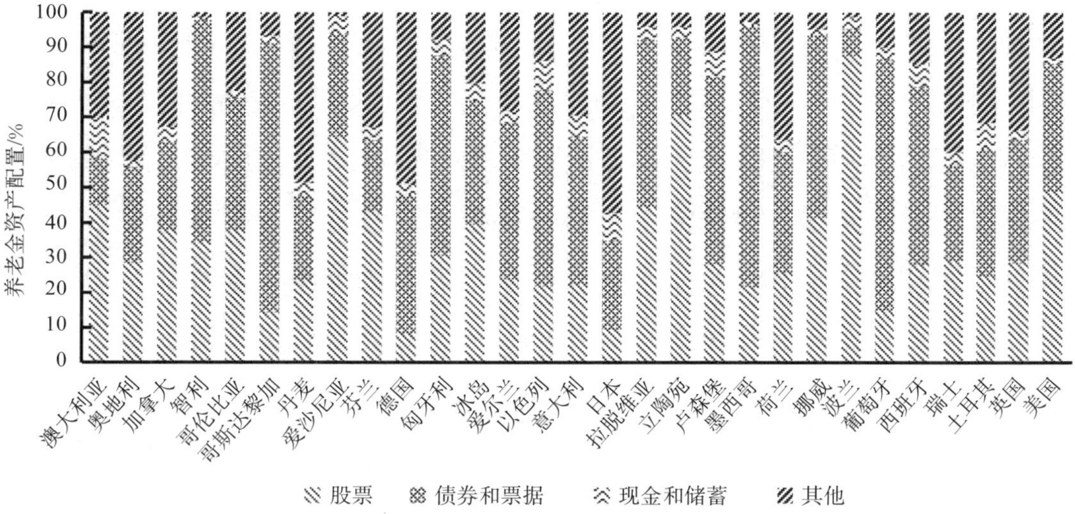

图6-2　OECD国家养老金资产配置结构（2022年）

数据来源：OECD数据库。

表6-1　典型OECD国家资本供给与人口老龄化趋势

国家	项目	1970年	1980年	1990年	2000年	2010年	2020年
英国	资本供给	24.4	21.5	23.2	18.3	16.2	17.3
	人口老龄化	12.8	15.0	15.7	15.8	16.4	18.6
美国	资本供给	21.4	23.3	21.5	23.7	17.8	21.0
	人口老龄化	9.8	11.3	12.5	12.4	13.1	16.4
德国	资本供给	30.7	27.2	24.8	24.5	20.1	22.1
	人口老龄化	13	15.5	15.2	16.2	20.7	21.8
瑞典	资本供给	34.6	27.7	29.7	22.9	22.5	25.1
	人口老龄化	13.5	16.2	17.7	17.3	18	19.9
澳大利亚	资本供给	33	27.1	28.9	26.3	26.8	22.2
	人口老龄化	8.3	9.6	11.1	12.4	13.6	16.4
日本	资本供给	43.5	36	34.2	28.4	22.6	25.3
	人口老龄化	7.1	9.1	12.1	17.4	23	28.6

数据来源：OECD 数据库。

注：资本供给为资本形成额占GDP的比重（%）；人口老龄化是65岁及以上人口占总人口的比值。

其次，作为养老基金从信贷市场转向资本市场的根本动因，我国人口老龄化所导致的再生产领域资本供给紧缺压力显现，实施养老基金的资本市场投融资管理改革是应对这一挑战的关键举措[1]。图6-3展示了自1980年以来我国人口老龄化增长率与资本供给水平的变化趋势。在二者演进趋势保持密切相关的一般规律基础上，近年来，随着人口老龄化的加剧，我国资本供给增长停滞且开始转向下行通道，逐步凸显了资本紧缺压力的挑战。另外，根据OECD国家的经验，资本供应短缺的情况可能比劳动力短缺更加严重，所以，资本生产率的增长速度必须高于劳动力生产率的增长速度。但事实上，当前我国资本生产率也呈下滑态势[2]。因此，我国要通过养老金融把养老基金有效地从信贷市场转向资本市场，以充实再生产资本供给，缓解未来可能出现的生产资本紧缺和资本生产率下滑压力，确保银发经济的可持续增长，这是我国养老金融创新发展的重要使命。

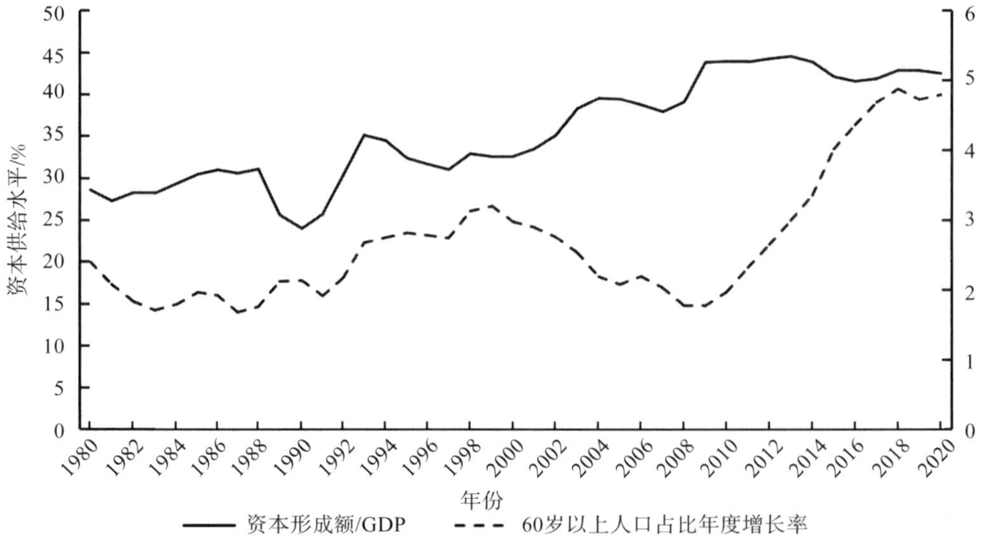

图6-3　我国资本供给水平与人口老龄化增长率趋势

数据来源：资本形成额数据摘自世界银行，人口数据和GDP数据摘自《中国统计年鉴》。

[1]　任斌.中国多层次养老保险制度协同治理的路径优化研究[D].成都：西南财经大学，2023.

[2]　按照“资本生产率=国内生产总值/固定资本存量”公式测算，我国在2000—2019年每5年的资本生产率均值依次为1.99、2.03、1.97、1.81。这些数据表明我国资本生产率呈现下滑态势。

然而，推动养老基金投资于更具活力的资本市场，促进养老金融与银发经济的协同发展，涉及增强经济和社会可持续性的战略调整。一方面，这一过程是通过养老金融的专业化来促进养老基金投融资管理的创新发展。其一，养老金金融在提升养老基金投融资管理的经济性、社会性、功能性及全球化价值方面发挥着关键作用。这是通过战略投资来实现的，以支持医疗保健、辅助生活和与年龄相关的技术的发展，从而为基金财务改善和社会福祉提升做出贡献。其二，养老产业金融为养老基金有效服务于新兴的养老产业及相关服务业创造了条件。通过将养老基金投入满足老年人需求的适老化产业领域，不仅有助于确保这些行业蓬勃发展，还能确保养老基金获得稳定、长期的收益，支持更有弹性的经济结构和可持续的治理创新。其三，养老服务金融着力于实现养老金资产的稳健、安全增长，以及更多养老金融资源的普惠、公平及可分配，确保养老基金投融资实践与经济公平、社会包容性的更广泛目标保持一致。

另一方面，这一过程也要通过养老基金投融资管理与资本市场的互动创新来实现。养老基金通过重塑资本市场投资理念，以及优化资本市场结构、增强机构创新能力来促进资本市场创新。这不仅推动资本市场增长，还确保这些市场能够更好地适应养老基金典型的长期投资视野。与此同时，资本市场通过多元化投资策略、坚持可持续和道德的投资标准（例如ESG），以及采用先进的风险管理技术来确保养老基金的稳定增长。这些做法不仅促进了养老基金的有效风险管理，还以负责任的投资方式——社会责任投资（SRI）抓住增长机会，使财务回报与社会价值观保持一致。从本质上来讲，通过这些路径实现养老金融与银发经济协同发展，不仅能改善我国经济和金融格局，还能为银发经济发展建立一个更具包容性和支持性的社会环境，确保养老基金财务安全和社会可持续发展齐头并进。下文将进一步诠释养老基金投融资管理与养老金融、资本市场之间互动创新的路径和作用机理，以帮助我们更好地认识并实施养老金融与银发经济发展战略。

第一节

养老金融与养老基金投融资管理

养老金融是养老基金投融资管理的关键载体，养老基金投融资管理是养老金融体系的重要组成部分。当今世界，随着人口老龄化的持续加剧，养老金融及养老基金投融资管理问题日益受到各国政府和养老机构的广泛关注。在我国，养老金融的市场体系被划分为养老金金融、养老产业金融、养老服务金融，每个细分市场在应对老龄化和建设养老服务生态系统中都发挥着举足轻重的作用，支持着养老基金从积累和投资到支付和服务的整个生命周期管理。同时，养老基金投融资管理在塑造养老金融格局中也发挥着至关重要的作用，通过养老基金的战略性配置和监管，实现各个细分市场领域及整个养老金融体系的稳定，为长期经济发展和公共福利做出贡献。因此，促进养老金融与养老基金投融资管理的融合创新和发展，满足社会不断变化的需求，不仅可以增强养老基金的安全性、提高养老基金的收益，还有助于实现更广泛的经济稳定和提供社会福祉，展示金融体系与社会健康之间的深刻联系。

一、养老金金融与养老基金投融资管理

养老金金融的内容体系体现了多样性和跨学科性质，反映了养老金金融发展与经济、社会、监管乃至全球化变革的一致性逻辑。从经济性的视角来看，养老金金融强调支持战略资产配置和风险管理的重要性，通过强有力的治理框架，使养老基金投资与长期负债状况保持一致，以提高绩效[1]。这一框架不仅要考虑投资风险，

[1] CLARK G L, URWIN R.Best-practice pension fund governance[J].Journal of asset management, 2008(9): 2-21.

还要考虑长寿风险、通胀风险、技术风险等，确保养老金储备的充足性[1]。从社会福利的视角来看，养老金金融强调养老金计划在充足性、覆盖面、可负担性、可持续性及再分配等方面的制度参数设计，从而确保多层次养老金的包容性增长，增强社会凝聚力，支持经济稳定发展[2]。从监管和政策的视角来看，它们在塑造养老基金行为方面发挥了关键作用[3]，促进了透明度和问责制发展，确保养老基金保持足够的流动性和偿付能力。另外，全球化的视角则强调了养老基金的更广泛的投资机会，它能利用新兴市场的增长并从全球化中受益。在我国，养老金金融要促进养老基金稳健、安全增长，必须立足于养老基金投融资管理在经济性、社会性、功能性及全球化价值目标下的创新实践。

首先，养老金金融要通过以下路径来实现养老基金投融资管理对经济性价值的追求。一是多元化的投资组合。作为一种基本的金融投资策略，将养老基金分散到不同的资产类别、行业和地区，更好地应对波动性风险并提高投资收益。加拿大养老金计划投资委员会（CPPIB）的管理经验值得借鉴。二是采用负债驱动型投资（LDI）策略[4]。这是一种目标导向性管理策略，意味着养老基金要投资与负债的期限和现金流紧密匹配的资产，例如利用衍生品对冲通胀和/或长寿风险，这些风险代表着未来现金流出模式的不确定性[5]。英国和荷兰的养老基金广泛地采用了

[1]　MERTON R C. Optimal investment strategies for university endowment funds[M].Studies of supply and demand in higher education. University of Chicago Press, 1993: 211-242.

[2]　VAN DER ZWAN N. Financialisation and the pension system: lessons from the United States and the Netherlands[J]. Journal of modern european history, 2017, 15(4): 554-584.

[3]　McCARTHY M A, SORSA V P, VAN DER ZWAN N. Investment preferences and patient capital: financing, governance, and regulation in pension fund capitalism[J]. Socio-economic review, 2016, 14(4): 751-769.

[4]　养老基金的投资组合可以分为两种。第一种是增长型或追求回报的投资组合，寻求高回报，以增加整体收益。从长远来看，有足够的资产来弥补负债。第二种是负债匹配或保护投资组合，通过投资与养老金负债演变密切匹配的资产，寻求将波动性降至最低。这通常通过匹配资产和负债的期限来实现，以确保现金流出与现金流入大致平衡。LDI策略主张更加重视后者，并利用衍生品对冲通胀和/或长寿风险，这些风险代表着未来现金流出模式的不确定性。

[5]　BONIZZI B, ChURCHILL J. Pension funds and financialisation in the European Union[J]. Revista de economía mundial, 2017 (46): 71-90.

LDI策略。三是增强风险管理技术。这涉及采用先进的技术和工具来监控、评估和减轻金融风险，包括通过压力测试、情景分析和先进的财务模型来了解各种经济条件对养老基金投融资的潜在影响。比如美国加州公共雇员退休系统（CalPERS）就使用了全面的风险管理框架，包括定期风险评估和使用衍生品等来对冲市场风险。表6-2展示了典型国家养老基金管理的创新实践。

表6-2 养老金金融创新促进养老基金投融资管理的典型案例

典型案例	策略特征和方法
加拿大CPPIB[1]	·多元化投资，包括公开市场投资、私募公司投资、实物资产投资 ·组合管理，包括目标组合、主动管理组合和平衡性组合 ·风险偏好，以参考组合来表达风险目标，以合同作为基金回报基准 ·风险监控与管理，通过长期风险（LRR）模型构建，纳入了历史数据、前瞻性风险、条件风险、系统性风险和特质风险，并将LRR价值转化为市场股债比例
英国DB养老金基金的LDI策略	·关注匹配负债，与负债特征密切相关的投资，特别是在期限和现金流时间方面 ·债券和固定收益工具，很大一部分涉及投资债券，特别是长期政府债券和公司债券，它们提供可预测的现金流 ·衍生品的纳入，广泛使用掉期（利率掉期、通胀掉期）和期权等衍生品来对冲利率变化和通胀等可能影响资产和负债价值的风险 ·动态资产匹配，根据养老金计划的资金状况和市场状况的变化调整资产组合，以保持其与负债的紧密匹配 ·风险管理，执行严格的风险管理流程，包括定期压力测试和情景分析
荷兰ABP基金的LDI策略	·多元化投资组合， 包括股票、债券、房地产、基础设施和另类投资，这与其他主要养老基金类似 ·可持续性和ESG因素，高度关注可持续性，积极引入ESG因素 ·动态资产配置，以应对市场及其资金状况的变化，有助于有效管理资产负债错配 ·综合风险管理，采用先进的风险评估工具，考虑利率变化、通胀风险和长寿风险等因素，使其资产组合与养老金负债保持一致 ·另类资产和基础设施投入：ABP特别积极地投资另类资产和基础设施，尽管英国的DB计划越来越多地朝这个方向发展，但ABP对这些资产类别的参与程度更高

[1] 中国证券投资基金业协会.加拿大养老金计划投资委员会（CPPIB）运作模式分析：基于2018、2019财务报告[J].声音，2019（25）：3-13.

续表

典型案例	策略特征和方法
美国 CalPERS 风险管理系统	·高级分析和建模，压力测试和敏感性分析，有助于预测不同的压力因素如何影响基金的投资组合 ·资产负债管理（ALM），定期进行 ALM 研究，确保资产组合与预计负债保持一致 ·多元化投资组合，包括股票、债券、房地产和私募股权等多类资产 ·使用衍生品进行对冲，战略性地使用衍生品来管理和对冲市场风险 ·企业风险管理（ERM）框架，可识别和评估所有运营领域的风险 ·风险治理，拥有全面的风险治理结构，其中包括管理委员会、专门的风险和审计委员会以及专业人员

资料来源：作者整理。

其次，养老金金融作为旨在通过提高退休人员的生活质量、支持经济可持续增长、促进社会包容公平来实现其社会性价值的制度安排，可以通过改善养老基金管理的融资和投资两个方面来实现这些关键目标。在融资端，开发适合不同群体的定制化养老金融产品，增强国民养老金融素养，提高公众对养老金计划及其福利的公平可及性和认可度。同时，通过公私合作伙伴关系（PPP）来调动更多养老资产，比如通过养老金债券或养老金挂钩证券等融资机制提供新的资金来源，这也为私人投资者提供了有吸引力的投资机会。在投资端，不仅要使养老基金投资与可持续和社会责任投资（SRI）标准保持一致，支持更广泛的社会目标，还要将养老基金投资范围扩展到另类资产类别和多元化地域，特别是在“双循环”新发展格局下要开发和利用好新兴市场的增长机会[1]。当然，这要求注重流动性风险控制，实施科学的ALM策略，以确保养老基金的投资策略与其支付义务保持一致[2]，比如投资于与养老金负债期限相匹配的长期债券和其他固定收益工具，使用衍生品和其他金融工具来对冲利率、通胀和货币风险。

再次，养老金金融还可以通过促进养老基金的跨维度融合管理，创造各类养老

[1] 林义.服务国家重大战略,促进养老金融健康发展[J].经济学家,2023(12):11-13.

[2] LAKOVIĆ S, FEDAJEV A. The implementation of Asset-liability management in pension funds[J]. Ekonomski signali: poslovni magazine, 2019,14(1): 23-37.

金计划之间的协同效应，从而推动其功能性价值目标实现。一是促进不同养老金计划之间的养老金资产灵活转续[1]，从而增强流动性和连续性，保持养老金缴款的连续性，帮助个人在灵活就业环境下保持养老金储蓄轨迹。二是建立一个统一的监管框架来管理所有类型的养老基金。该框架将促进不同计划的报告、投资指南和信托责任的标准化，从而降低管理成本和管理的复杂性。三是集中或协调各个养老基金的投资管理策略，实现规模经济，并增强与实体经济的议价能力，从而达成更好的风险调整回报并降低管理费用，提高养老基金投资的整体效率——这涉及顾问委员会或联合投资平台建设。四是建立不同养老金计划之间的风险分担机制，比如通过再保险或集体缓冲基金，管理系统性风险并在经济低迷时期确保安全，提高养老金体系的弹性和稳定性。五是技术整合，利用数字技术整合各种养老金管理系统，实现不同养老基金之间的无缝数据交换和管理，更好地管理和监督养老基金活动。表6-3展示了国际上养老基金投融资管理的跨维度融合发展的典型案例。

表6-3　养老基金投融资管理的跨维度融合发展典型案例

典型案例	策略特征和方法
澳大利亚的退休金基金（Superannuation Funds）、自我管理超级基金（SMSF）和老年养老金（Aged Pension）三种养老金计划之间的互联	·统一的立法框架，1993年出台《养老金行业（监管）法》，确保不同类型的基金在缴款、提款和税收方面的标准化 ·可转移性法规，允许个人整合资金转向绩效更高的基金，或根据个人情况的变化调整投资策略 ·不活跃账户的合并，自动合并余额较低且在一定时期内没有缴款的账户 ·在线工具和集成数据系统，政府提供 MyGov 和 ATO 在线服务等在线工具，这种数据集成系统支持不同计划之间的有效沟通

[1]　成欢，林义.多层次养老保险协同发展的联动机制及配套政策研究[J].经济理论与经济管理，2019（9）：75- 88.

续表

典型案例	策略特征和方法
荷兰国家养老金（AOW）、职业年金和私人养老金的全面、统一的监管框架	·监管机构，包括荷兰中央银行（DNB）和金融市场管理局（AFM），前者监督养老基金的财务状况，后者监督金融市场行为 ·养老金立法，通过《养老金法》《普通养老金法案》等明确了养老金基金管理者的职责和责任、参与者的权利以及养老金应计、治理、沟通等规则 ·清晰的沟通标准，所有养老基金都必须遵循统一的沟通准则 ·治理和问责机制，包括要求参与者在董事会中有代表，确保参与者的利益直接纳入养老基金的决策过程 ·风险管理要求，要求养老基金保持一定的覆盖率，并定期进行压力测试
瑞典收入养老金计划（Inkomstpension）和高级养老金计划（Premiepension）之间的风险分担	·自平衡机制，这是瑞典收入养老金计划的重要特征，如果系统的资产（基金的价值）不足以覆盖其负债（要支付的养老金的价值），自动平衡因子会暂时减少福利或增加缴款以恢复平衡 ·集体缓冲基金，在经济繁荣时期积累资产，以便在经济衰退时使用 ·高级养老金的多元化投资选择，通过跨不同资产类别和地理区域的多元化投资来增强风险分担。个人可以根据自己的风险承受能力制定投资策略 ·政府提供保守管理的默认投资选择，将风险分散到广泛的资产基础上
新加坡中央公积金（CPF）通过技术整合来管理养老基金	·公积金仪表板（CPF Dashboard），详细描述了所有成员的缴款情况，普通账户、特殊账户、医疗储蓄账户和退休账户中的余额及未来估值预测 ·myCPF移动应用程序，允许成员随时随地访问他们的账户详细信息、执行交易并检查他们的公积金报表 ·公积金投资计划（CPFIS），包括各个金融机构提供的在线平台和工具，帮助会员做出投资决策 ·自动退休计算器，根据当前储蓄率、预期退休年龄和其他个人财务目标预测未来储蓄，帮助成员规划退休生活 ·提款和交易电子服务，通过自动检查和流程化，对提款和交易进行了简化 ·数字支付解决方案、公共数据共享措施及安全保障措施

资料来源：作者整理。

最后，养老金金融助推养老基金的跨资产类别和跨境配置的多元化投资，实现风险分散并提升风险调节后的收益，是达成养老基金管理全球化投资目标的重要途径。虽然全球无风险收益率保持低位，但各国对于养老金投资必要回报率的期望却保持着较高热情[1]。其一，跨境配置，即养老基金通过投资国际市场可以获得不同经济周期和地区的增长机会，进一步分散风险，这对于化解那些因国内经济增长衰退而带来的养老基金投资风险尤其重要[2]。图6-4展示了部分OECD国家的养老金资产跨国配置情况，这些国家的海外投资资产占比平均达到42.2%。其二，投资于新兴市场（国家），这些市场（国家）通常比发达市场（国家）具有独特的增长优势[3]，包括收益风险分散、具有货币升值空间、具有新的投资机会和通胀对冲等。当然，较高的回报通常伴随着较高的风险，这些风险包括政治不稳定、国内基础设施问题、货币波动和有限的股票机会等。比如，全球投资涉及多种货币，这可能会带来货币风险，此时，养老基金可以使用货币远期和期权等对冲策略来规避风险。

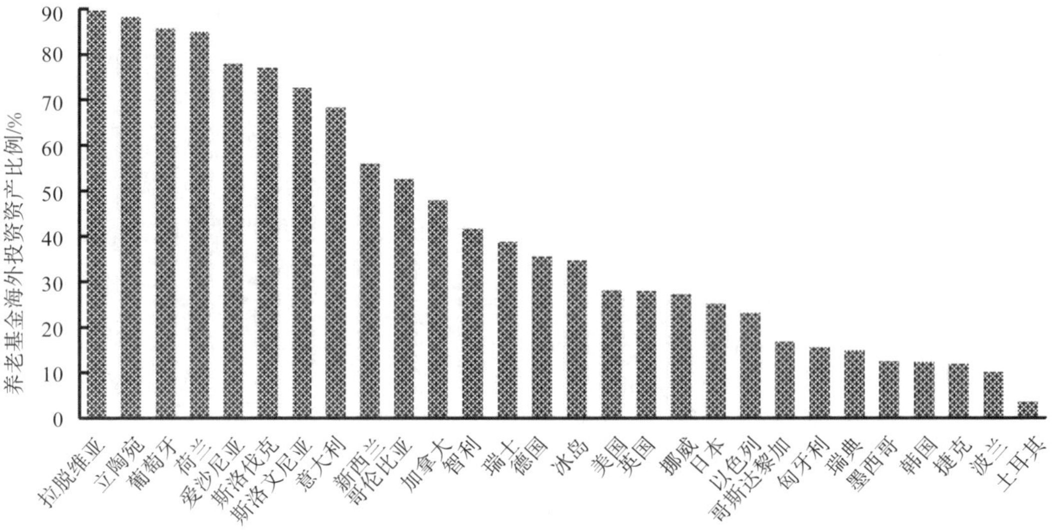

图6-4　部分OECD国家养老基金海外投资资产占比

数据来源：OECD《2022年养老金市场焦点》（*Pension Markets in Focus 2022*）。

[1] GENSER B, HOLZMANN R. National pension policy and globalization: a new approach to strive for efficient portability and equitable taxation[R]. Konstanz: University of Konstanz, 2019.

[2] RøSANDNES K E. Should the government pension fund global invest more in emerging markets?: an analysis of potential diversification effects and oil price sensitivity[D]. Norwegian University of Life Sciences, Ås, 2018.

[3] IMF2024年4月《世界经济展望》预测，新兴市场和发展经济体的实际GDP增速在未来两年将维持在4.2%的水平，这高于发达经济体平均1个百分点。

二、养老产业金融与养老基金投融资管理

养老产业金融是我国养老金融体系的重要细分市场之一，是支持老年服务和基础设施开发、运营与可持续性的金融机构、机制和工具的综合。从金融机构的视角来看，养老产业金融强调将资本引向养老产业和服务领域的金融实体组织及市场关系，包括养老基金、保险资本、房地产投资信托基金（REITs）、专注于医疗保健设施的共同基金、专门从事老年护理行业的私募股权基金等，为大规模养老产业和养老服务提供长期资本。从金融机制的视角来看，养老产业金融强调完善和促进行业资金流动和财务执行的流程和框架，包括政策和监管框架、风险管理策略等，以及促进养老产业市场高效运行和金融资源有效配置。从金融工具的视角来看，养老产业金融强调开发实现资源动员和管理的实际金融产品，这涉及债务工具、股权工具、衍生工具、政策补贴等，有效整合这些金融工具，是实现养老产业金融创新的重要抓手。总体上，机构视角展示了养老产业金融的框架和服务内容，机制视角展示了养老产业金融的有序运行和政策实践，工具视角展示了养老产业金融的动员资本和风险管理能力，三者共同塑造出一个支持我国养老产业发展的金融生态系统。

首先，养老产业金融在引导资金流向方面发挥着至关重要的作用，为养老基金通过服务养老产业和养老服务来提升投资管理水平创造了重要条件。一是有针对性地进行资金匹配，即金融机构可以通过将其投资组合的特定部分直接分配到养老产业和养老服务领域进行投资的方式来管理养老基金，比如资助养老院、老年护理技术和专门针对老年人的医疗保健基础设施。二是创新融资方案，通过开发养老基金挂钩证券、养老债券等专业化金融产品，为养老服务业提供新的融资方式；同时，这些专业化的金融产品还可以吸引寻求社会责任投资机会的投资者为养老产业和养老服务业提供资本。三是强调影响力投资，将投资引导到不仅能提高投资回报，还能通过提高养老产业和养老服务的质量和可及性来创造社会价值的项目上去。四是推动养老基金与养老产业和养老服务公私之间都建立合作伙伴关系，这可以为有潜

力引领行业发展的重大项目带来更综合的资本服务和财务支持[1]。表6-4展示了典型国家在推动养老基金和养老产业融合创新发展的路径和举措。

表6-4 典型国家养老产业金融与养老基金协同发展的做法

国家	整合和创新路径	主要举措
荷兰	·监管框架：鼓励养老基金投资于与老年护理相关的房地产业，如老年社区和医疗设施建设 ·公私合作伙伴关系：利用私人养老基金资本资助和开发老年福利设施	·专用投资工具：养老基金使用专用投资工具，将资本引入医疗保健和老年护理领域，注重长期收益和社会效益
澳大利亚	·养老基金投资：退休基金（Superannuation Funds）投资于多元化的投资组合中，包括对医疗保健和老年护理设施的直接投资 ·监管框架：通过税收优惠和政策支持，鼓励养老基金投资基础设施项目	·创新融资模式：采用年金式支付等创新融资模式，将养老基金投资的长期性与养老项目所需的稳定、长期收入相结合
加拿大	·房地产投资：CPPIB越来越多地投资于支持老年人生活和护理设施的房地产，并将这些投资视为基金的稳定收入来源 ·与医疗保健整合：养老基金直接投资于医疗保健服务和基础设施，支持老年护理工作整体性创新	·战略合作伙伴关系：与医疗保健提供者和房地产开发商建立合作伙伴关系，创建综合护理社区，满足老年人的需求，同时为养老基金提供回报
日本	·政府主导：鼓励公共养老基金投资当地基础设施，比如专门的医疗中心和老年生活社区 ·私营部门参与：包括大型保险公司和养老基金，通常在政府激励措施的推动下投资于医疗保健房地产和老年护理服务	·社会福利债券：养老基金是政府发行的，专门用于资助养老产业和护理服务债券的主要购买者 ·长期投资重点：引导养老基金将战略重点放在长期投资上
美国	·房地产投资信托基金：养老基金投资于专门从事医疗保健和老年护理设施建设的房地产投资信托基金 ·影响力投资：养老基金投资于具有可衡量的、积极的社会影响和财务回报的项目	·公共养老基金投资：公共养老基金具有投资社区服务项目的具体授权，包括与老年人护理相关的项目 ·创新融资模式：使用结构性债务等复杂的金融工具为长期护理设施融资

资料来源：作者整理。

[1] SORSA V P. Public-private partnerships in European old-age pension provision: an accountability perspective[J]. Social Policy & Administration, 2016, 50(7): 846-874.

其次，养老产业金融与养老基金的协调发展涉及战略流程和框架的相互作用，旨在优化养老产业资本流动和有效实施金融政策。其中，风险管理、保证机制、投融资评估模型、混合策略等在促进一体化进程中发挥着关键作用[1]。一是风险管理机制中应包含对与养老基金运营有关的金融风险的识别、衡量和预警，特别是在老年护理等波动较大的行业，要求风险暴露、保持管理策略的透明度和定期报告。二是建立支付养老金义务的担保基金和保险计划，通过保证机制的引入，在养老金权益者和投资者之间建立信心，增强金融稳定性。三是构建养老基金投融资评估模型，即构建用于评估投资可行性和绩效的模型和框架，帮助养老基金管理者和利益相关者了解潜在收益，并使养老基金的战略目标和养老产业的需求保持一致。四是引入混合策略，结合多种金融工具和投资策略，如公募基金与民间投资相结合、传统投资与另类投资并重等，降低风险，并尽可能地提高收益。从总体上来说，将金融创新、政策支持、积极监督结合起来，能够为养老基金投融资管理服务于养老产业和养老服务创造更好的条件。

最后，养老产业和养老基金投融资管理中金融工具的有效整合和创新，对于发展稳健的养老产业金融至关重要。一是创新开发债务工具。比如，开发专门为老年护理领域的长期项目提供资金的“老年护理债券”，并且政府为养老项目发行的债券提供担保或增强担保，为购买此类债务的投资者实施税收优惠。二是充分利用权益工具，鼓励养老基金将部分投资组合用于对养老产业和养老服务领域的企业的直接股权投资，推动以养老地产为主的上市养老公司或房地产投资信托基金的发展[2]，以有利的监管和标准促进养老企业上市，增强流动性和投资机会。三是发挥好衍生品的对冲作用，开发专门针对老年护理行业需求的衍生品，利用期权、期货、掉期等金融衍生品对冲养老行业投资的风险。当然，这也要求创建一个支持在

[1]　ANDONOV A, BAUER R M, CREMERS K M. Pension fund asset allocation and liability discount rates[J]. The review of financial studies, 2017, 30(8): 2555-2595.

[2]　曹卓君，秦婧. 养老产业金融：稳步回升，金融助力养老产业可持续发展[M]//董克用，姚余栋，孙博. 养老金融蓝皮书：中国养老金融发展报告(2023). 北京：社会科学文献出版社，2023:73-94.

养老基金投资中使用衍生品的监管框架。四是将上述所有金融工具整合为一个以养老产业为重点的有凝聚力的投资策略，探索开发结合债务、股权和衍生品的专业投资基金或基金组合，从而挖掘金融工具的更大潜力以支撑养老产业和养老服务业发展。

三、养老服务金融与养老基金投融资管理

养老服务金融包括养老资产管理和分配、为退休人员供给金融产品，以及确保养老金福利的可持续性和充足性的金融服务。推动养老服务金融和养老基金投融资管理协同创新，围绕养老金财富积累、养老金财富包容性分配、养老金财富消费的全生命周期制定策略，对于打造可持续的养老生态系统具有重要意义。从养老金财富积累的视角来看，需要发挥好银行、保险、基金、信托等不同金融主体的优势和能力，优化养老金财富增长并确保退休人员的财务安全。依托企业年金和个人养老金计划，鼓励企业和个人增加养老金储备。从养老金财富包容性分配的视角来看，强调养老服务金融要确保金融资源包容、公平可及地惠及社会各阶层，特别是弱势群体。这需要综合实施政策干预、监管改革和创新金融产品等举措。从养老金财富消费的视角来看，强调退休人员能够有效利用养老金融储蓄维持退休后的生活质量，这不仅要确保养老资产的审慎管理，而且要供给能够满足退休人员独特需求的金融服务。

首先，养老金财富的稳定、安全积累对于确保退休人员退休后的长期财务安全至关重要。在基金方面，金融服务和产品要与养老基金投融资策略进行整合，包括养老基金与目标日期基金、指数基金、平衡基金及收入基金的融合创新；促进养老基金与生命周期管理策略、ESG投资理念及区块链技术等进行整合，以及定制基金选项和动态资产配置。在信托方面，创建信托与养老基金整合指南，开发新的信托结构来满足退休人员的特定需求，比如根据生活成本或医疗保健要求自动调整支出的信托产品；在信托内提供定制的受益人计划，以满足不同家庭结构的独特需求；提供一揽子退休计划，确保信托和养老基金在一个统一的战略框架下运营。在保险

方面，开发年金与养老金捆绑的保险产品，特别是涵盖长期护理费用和长寿风险的年金保险，这种保险产品在管理长寿和医疗风险方面可以发挥更积极的作用[1]。在银行方面，政府要完善法规，鼓励银行为退休账户提供特殊利率或条款，为其与养老基金密切合作提供从个人养老金账户直接到养老基金的无缝转账选择[2]。

其次，促进养老服务金融与养老基金投融资管理协调发展以实现养老金财富的包容、公平分配，需要战略对接、创新金融方案和强有力的监管支持。一是实施目标战略计划，通过综合财务规划和管理策略，协调养老金财富积累和公平分配的目标；引入精算中性原则，制定针对不同生命阶段的养老金计划；开发集合型年金计划，平衡养老金计划参与者的投资收益风险。二是创新金融解决方案，侧重于提高退休储蓄和收入的可及性、可负担性和有效性，包括开发分级退休金计划、小额养老金产品以及便携式养老金账户，目的是增强不同经济能力、退休目标和缴款方式的居民的金融资源可及性；将养老金计划与保险要素相结合，为残疾或重大疾病等风险提供财务保障，并为低收入阶层获取这些产品提供财政补贴。三是建立强有力的监管框架，比如制定受监管的养老金投资菜单，使投资产品适合不同人口群体的风险和收益需求情况；鼓励开发和提供创新年金产品，保证退休后的终生收入；对养老基金实施严格的监控，并提出报告要求。采取这些监管措施，能够有效提升养老金计划的弹性以满足社会各阶层民众需求。

最后，推动养老服务金融更好地服务退休人员的生活需求，需要有针对性地考虑不断变化的需求内容和生活方式。为了提高养老金服务的有效性和响应能力，需要考虑以下三个关键方面。一是强化金融产品的定制化和个性化设计，优化它们的收入流和其他财务资源，包括创建在支付方面具有灵活性的年金，设计允许灵活提款的养老金计划，比如医疗紧急情况或重大生活事件可以一次性提款。二是强化医

[1]　孙守纪，费平，张寓.中国企（职）业年金的长期投资目标与“长钱短投”困境的解决之道：基于精算预期收益率的一个统一的分析框架[J].保险研究，2023（11）：78-91.

[2]　以企业年金为例，当前我国企业年金的35.9%配置在基金市场、55.1%配置在保险市场、8.37%配置在证券市场。数据来源于《中国证券投资基金业投资年报（2022）》。

疗融资和养老金产品的整合，推动长期护理保险纳入养老金投资组合中，以支付与老龄化相关的费用；鼓励退休人员将健康储蓄账户与其养老金计划结合起来，允许免税储蓄专门用于医疗费用。三是通过技术改进提高养老基金的获取和管理水平，包括开发财务管理数字平台、机器人财务顾问及移动应用程序等，使人们能够便捷、安全地管理养老金财富。从总体上来说，聚焦金融产品个性化、与医疗融资融合、科技赋能三个关键环节，养老服务金融能够更有效地满足退休人员多元化的消费需求。表6-5列出了发达国家在这些方面的实践经验。

表6-5　发达国家的养老服务金融创新发展情况

案例	策略和产品
美国401(k)和IRAs支撑的个性化退休解决方案	·目标日期基金：这些共同基金随着持有人接近退休年龄而自动转向更保守的投资，从较高的股票配置开始，逐步提高债券和其他固定收益资产的比例 ·Roth IRAs：该账户允许税后存入资金，并享有免税增长和取款优惠。这对于预计退休后税率较高的个人尤其有利 ·自动注册和升级：许多401(k)计划都具有自动注册和自动升级供款的功能，会随着时间的推移逐渐提高储蓄率，除非参与者选择退出
英国医疗融资与养老金产品一体化	·推出“护理年金”等选项，将养老金储蓄与护理保险结合起来，旨在支付退休期间可能产生的长期护理费用 ·即时需求年金：这些年金专为急需护理的个人而设计，可提供终身有保障的收入，如果直接支付给护理提供者，则可以免税。收入用于支付长期护理费用 ·延期护理年金：这些产品允许个人在较年轻的时候购买保险，并推迟支付直至需要支付护理费用，从而提供一种经济高效的方式来管理未来的护理费用
澳大利亚养老金制度	·MySuper：低成本、简单的退休金产品，是不选择特定投资选项的员工的默认选项。MySuper产品具有标准化的费用结构和简单、多元化的投资组合 ·自我管理超级基金（SMSF）：允许个人直接控制其退休投资，提供投资更广泛资产的机会，包括直接财产和非上市资产
加拿大健康储蓄账户（HSA）	·免税储蓄账户（TFSA）：使用TFSA进行任何用途的储蓄，包括医疗费用，无须为利息、股息或资本收益纳税。虽然它不是HSA，但其灵活性允许用于类似的用途 ·将HSA与退休储蓄联系起来：HSA可以与注册退休储蓄计划（RRSP）等其他退休储蓄工具有效结合，使个人能够同时规划健康费用和退休费用

资料来源：作者整理。

第二节

养老基金与资本市场互动创新

养老基金和资本市场以共生关系相互作用，且这种关系围绕着大量投资资本的流动与促进最佳投资收益的市场工具和监管法规的构建，力图创建更具弹性、高效和可持续的金融生态系统，从而实现国家更广泛的经济和社会目标。一方面，二者的互动创新要从资本供应和市场流动性、市场稳定性和深度、市场监管框架和合规性建设、投资策略和风险管理创新等多个维度进行认识和理解[1]。互动创新不仅可以开发出新的金融工具以满足养老基金的长期投资需求，还能够以养老基金独特的资产性质促进资本市场稳定发展。另一方面，养老基金和资本市场的良性互动也能助推养老金融的创新发展。在我国，通过技术合作投资、开发定制金融产品、可持续投资实践及金融教育和知识共享等路径，可以提升养老金融市场的整体成熟度。总之，养老基金与资本市场的统筹发展和互动创新不仅受到经济性、功能性的价值驱动，也受到一系列社会性价值驱动，从而造福整个国家发展。

一、养老基金促进资本市场创新变革

养老基金在推动资本市场创新发展中发挥着举足轻重的作用[2]。从结构视角来看，资本市场的结构优化对于增强金融市场的稳定性、流动性和效率至关重要，养老基金管理着大量资产，在推动这一结构性演变方面具有独特的优势。从创新能力来看，增强养老基金管理机构的主动创新能力，能够促使它们适应快速变化的金融

[1]　汪伟，李骏.养老金融高质量发展赋能金融强国建设的内在机理与政策选择[J].湖南科技大学学报（社会科学版），2024，27（2）：81-89.

[2]　CLARK G L. Pension fund capitalism: a causal analysis[J]. Geografiska annaler: series B, human geography, 1998, 80(3): 139-157.

格局、抓住资本市场的机遇。特别是对金融服务研发的激励措施，以及金融知识传播和最佳实践的机制，可以进一步增强养老基金和资本市场的互动创新能力。从投资理念来看，资本市场不断发展的投资理念要与可持续增长及更广泛的社会和经济目标保持一致。养老基金的长期投资期限和大量资本，在这一演变中发挥了重要作用。总体上，养老基金通过着眼于优化资本市场结构、提升机构主动创新能力、重塑资本市场投资理念等方面，能够高效地推动我国资本市场的实质性增长和现代化进程。

首先，优化资本市场结构，不仅可以提高市场的效率和吸引力，还可以确保其在全球范围内保持竞争力。资本市场得到养老基金的支持，为可持续的金融增长和创新铺平道路。一是增强资本市场深度和流动性。养老基金可以通过在各种资产类别（包括债券、股票以及房地产和私募股权等另类投资）之间实现投资多元化，增强市场深度和流动性。通过将大量资本引入资本市场，养老基金可以帮助减少资本波动性并改善价格发现过程，从而使资本市场对国内和国际“两个市场”上的投资者更具吸引力。二是推动金融工具创新。养老基金可以推动资本市场加强引入并采用创新性金融工具，如通胀挂钩债券、巨灾债券或针对不同市场量身定制的衍生产品。这些工具可以为养老基金提供更好的风险管理和实现更高回报，也有助于资本市场的成熟。三是通过基础设施债务或公私合作伙伴关系等机制投资基础设施项目。养老基金可以促进大量资本流入这些关键领域，特别是适老化医疗保健和医疗基础设施建设和升级、老年优化型社区基础设施和房地产等领域，这些领域将成为银发经济时代重要的资本投资和回报增长点。

其次，养老基金拥有庞大的资金池和长期投资视野，在推动资本市场创新方面具有得天独厚的优势。这种创新不仅有利于基金本身，也有利于塑造更广泛的金融格局。一是养老基金庞大的投融资需求会刺激大量的金融创新——这被视为需求驱动现象[1]，以满足机构投资者对风险和收益的新资产需求。这是基于养老基金的规

[1] BONIZZI B, CHURCHILL J. Pension funds and financialisation in the European Union[J]. Revista de economia mundial, 2017 (46): 71-90.

模和影响力，倒逼资本市场创新。例如，LDI 策略涉及将投资策略直接与养老金负债保持一致，因此需要创建定制的债券工具或衍生品[1]。二是养老基金可以在采用和投资金融技术创新方面发挥带头作用，积极将人工智能、区块链、大数据分析等先进技术融入管理流程。通过采用这些技术，养老基金不仅可以提高自身的运营效率和收益率，还可以成为资本市场上更广泛采用这些技术的催化剂。三是养老基金可以通过投资实践引致资本市场创新，影响市场结构、流动性和整个市场生态。通过积极参与不同的细分市场，养老基金可以帮助这些市场深化，使它们更加成熟和有弹性。表6-6展示了养老基金驱动资本市场创新发展的典型案例。

表6-6　养老基金驱动资本市场创新发展的典型案例

典型案例	策略方法	对资本市场的促进作用
日本政府养老金投资基金（GPIF）与ESG投资	·GPIF将ESG因素融入投资流程，鼓励资管公司开展可持续的投资实践 ·主要机构投资者的这种需求刺激了以ESG为中心的金融产品和服务的创建	·这带来了ESG合规资产的增加，并促进了资本市场对可持续投资实践的更广泛接受
美国CalPERS的高级分析	·CalPERS采用复杂的风险分析工具来评估不同类别资产的投资风险和机会，从而增强其利用数据驱动做出决策的能力	·该做法不仅提高了基金业绩，还鼓励其他机构投资者采用类似的技术，从而提高资本市场的整体成熟度
瑞典国民养老基金性（AP基金）和系统性因子投资	·AP基金一直处于将系统性因子投资纳入其投资组合的最前沿，利用基于因子投资的策略，重点关注价值、规模、动量和波动性等变量，构建较少依赖传统资产类别标签的多元化组合	·该方法通过展示要素投资在提高回报和降低风险方面的好处，影响了全球养老基金管理和资本市场

[1] DELLA C R, GATTI S. Financing infrastructure - international trends [J]. OECD journal: financial market trends, 2014: 123-138.

续表

典型案例	策略方法	对资本市场的促进作用
加拿大CPPIB对新兴市场的关注	·CPPIB因其在印度和巴西等新兴市场的战略投资而得到广泛认可，包括投资于这些地区的股权、房地产和基础设施项目，押注于长期增长前景	·这些投资不仅提供了多元化收益，还鼓励其他资本将新兴市场视为可行的投资地，从而促进了这些市场的金融深化
荷兰公共部门养老金（ABP）和卫生保健基金（PFZW）与基础设施投资	·ABP和PFZW等养老基金一直是国内和国际基础设施项目投资的先驱。养老基金将其投资组合的很大一部分分配给基础设施，促进该资产类别发展并提供稳定的长期回报	·增强了基础设施投资市场，使该行业的融资模式更加多元，例如公私合作伙伴关系和绿色债券

资料来源：作者整理。

最后，全球资本市场投融资格局不断演变，涌现出众多前沿理念，养老基金在这些现代化市场投资理念的创新实践中发挥着独特作用。一是促进可持续和影响力投资。当前，养老基金越来越受重视，被视为促进可持续和影响力投资的关键参与者，包括推动市场标准创新，提振市场对绿色债券、社会影响债券和其他可持续投资工具的信心[1]。二是在ESG整合过程中，养老基金可以通过股东参与和代理投票影响企业在ESG标准下的治理。三是促进去中心化金融（DeFi）发展。虽然各国养老基金传统上是保守投资者，但它们可以探索DeFi机会，比如针对某些投资分配，特别是基础设施或房地产投资，尝试基于区块链的融资模式。四是在量化和算法交易方面，养老基金可以使用这些前沿技术来更有效地管理其部分投资组合，特别是在股票和债券等流动性市场中进行风险管理和成本控制。除此之外，在资产管理中的人工智能和大数据、证券结算区块链、监管技术等前沿领域，养老基金的参与也可以显著地促进这些尖端投资技术和理念的应用和推广。

[1] BRAUN B. From exit to control: the structural power of finance under asset manager capitalism[J]. Max planck institute for the study of societies, 2021.

二、资本市场促进养老基金稳健增长

当今全球资本市场创新的前沿领域，为养老基金提供了多元化投资、管理风险和增长收益的诸多机会，对基金稳健运营发挥了重要作用。在多元化投资方面，作为现代资本市场的一种基本投资策略，涉及将投资分散到不同的资产类别、行业、地区及金融工具中以降低系统性风险和波动性，从而保护养老基金免受局部经济衰退和特定行业干扰的影响，确保投资收益的整体稳定性。在ESG投资方面，投资综合了道德、可持续性及财务安全等多方面因素，与ESG标准的一致性能够有效地降低环境破坏、社会动荡或治理失灵造成重大损失的风险，确保养老基金的投资绩效。例如，ESG评级较高的公司往往拥有更好的治理方法，将成为资本投融资的重要目标。另外，在先进的风险管理技术方面，复杂的风险管理技术和策略有助于养老基金预测和减少不利市场条件下的潜在损失，特别是在考虑到其长期投资期限时，这一点更是至关重要。当然，政府监管机构和养老基金管理者需要合作，以确保养老基金能够充分利用资本市场创造的这些机会。

首先，随着现代金融体系的不断发展，多元化投资策略成为现代化资本市场的基石，特别是对于养老基金而言。一方面，资本市场的多元化投资策略降低了特定个人或行业投资的非系统性风险。将投资分散到不同的资产类别、行业、地区，确保养老基金能够在不同的经济条件下保持一致的绩效水平，从而防范个别市场可能发生的波动。另一方面，资本市场的多元化投资策略增强了养老基金的潜在收益能力。养老基金可以利用各种投资机会，包括传统投资领域可能无法获得的投资机会。这包括高风险、高回报的投资，由于其波动性，这些投资可能不适合独立作为养老基金的投资选择。当然，资本市场的多元化投资策略已发展为风险管理和收益优化的复杂工具，这也有可能给养老基金管理带来一些挑战。比如，管理多元化的投资组合比管理集中的投资组合复杂得多，增加了管理成本，可能会侵蚀投资的总体回报，从而降低多元化投资策略的净收益；虽然多元化投资的目的是降低风险，但它也可能导致回报稀释，特别是当投资于低收益期权只是为了分散风险时。因此，最优多元化投资策略需要战略平衡，这是维持养老基金投资组合长期健康和具有可持续性的关键之举。

其次，随着包括养老基金投资者在内的投资者认识到可持续性和道德因素对于确保长期投资业绩的重要性，ESG标准变得越来越重要。一是整合ESG因素有助于养老基金减少与环境破坏、社会冲突和治理失败相关的长期风险。具有良好ESG实践的公司通常不易受到环境灾难、监管处罚或可能突发的财务损失的影响，能够为养老基金筛选出重要的投资对象。二是整合ESG因素有助于增强市场信誉和利益相关者的投资信心。通过采用ESG投资策略，养老基金可以提高其在受益人和利益相关者中的声誉。因为，以优先考虑ESG因素而闻名的养老基金可以吸引更多成员，尤其是来自年轻群体的成员，他们通常高度重视可持续性和道德因素[1]。三是ESG评级较高的公司通常表现出更好的业务实践，从而带来更好的长期财务业绩。投资这些公司，可以为养老基金提供稳定的回报，有助于其履行长期负债能力。当然，ESG投资也有可能带来一些风险，比如虽然该投资策略的长期前景通常与养老基金的目标一致，但如果ESG投资涌入大部分股票市场，其价格可能会被推至无法证明其盈利潜力的水平[2]，从而带来潜在的市场隐患。

最后，先进的风险管理技术和策略与养老基金有效的投融资管理之间的关联在于其金融稳定性的增强和具有履行长期承诺的能力。在机遇和风险日益复杂且相互关联的金融环境中，资本市场的整体风险防控技术帮助养老基金投融资更具有弹性和响应能力，并保持其战略目标。一是能够强化养老基金的负债匹配。久期匹配和现金流匹配等技术能够帮助养老基金确保在正确的时间拥有合理的资产结构。通过将投资与未来负债相结合，基金可以最大限度地降低资金短缺风险。二是能够优化

[1] ALDA M. The environmental, social, and governance (ESG) dimension of firms in which social responsible investment (SRI) and conventional pension funds invest: the mainstream SRI and the ESG inclusion[J]. Journal of cleaner production, 2021, 298: 126812.

[2] JIN I. Systematic ESG risk and passive ESG investing[J]. Journal of portfolio management, 2022, 48(5): 71-86.

养老基金的投资组合。先进的分析和建模工具使养老基金能够进行深入的投资组合分析和优化。通过识别各种资产的风险收益状况，养老基金可以构建产品组合，在保持可接受的风险参数的同时实现收益最大化。蒙特卡罗模拟、风险价值和压力测试等技术在这一方面特别有用。三是能够提升养老基金监管合规性和报告质量。先进的风险管理系统可以实现多方面的自动化合规，从监控投资限制到生成监管机构要求的报告等，都可以实现自动化。这不仅降低了合规失败的可能性，还减少了养老基金管理成本。

第三节

养老金融与银发经济协同发展

养老金融与银发经济协同发展将涉及增强经济和社会可持续发展的一系列战略调整。如前所述，通过将养老金融的战略性金融工具创新与银发经济的可持续社会价值驱动相结合，构建起一个强有力的战略框架以推动老龄社会可持续发展，实现经济效益最大化和提高社会福祉，为新时代“双循环”新发展格局下长期的社会复原力和经济稳定奠定坚实的基础。这不仅体现了二者之间深刻的战略共生关系，也是践行积极应对人口老龄化国家战略的必然选择。从前文对养老基金、养老金融及资本市场融合创新的集中讨论中可见，推动这些关键要素或工具在公共与私人、政府与市场、国内与国际、长期与短期、风险与收益等多个维度的协调一致，不仅要满足养老基金和金融市场的长期增长目标，还要确保采取更综合的方法来应对老龄社会的多方面挑战。因此，需要立足更广泛的经济和社会可持续发展目标，为多元化养老资源的整合性开发提供一个综合视角，认识并促进养老金融与银发经济的协同发展。

一、养老基金投融资管理从信贷市场转向资本市场

推动养老基金从信贷市场转向资本市场的战略性配置，是实现养老金融与银发经济协同发展的关键举措。其中，个人养老金计划为多元化养老金储备提供了条件，它可以促进更多养老基金参与市场化运作，拓展传统单一的现收现付制养老金计划。

首先，要实施一系列配套改革，以提高个人养老金计划的吸引力、可及性和运营效率。一是实施税收优惠政策，包括税费减免、养老基金内投资的免税增长以及

退休时免税提款。例如，我国政府每年向基本养老基金提供的财政补贴占基金总收入的20%~25%[1]，可以适当考虑将部分财政补贴转向支持扩大个人养老金计划的覆盖面，帮助居民减轻经济新常态时期工资增长下滑压力，从而增强居民参与该计划的积极性[2]。二是实施自动注册制度，以促进个人自动加入（可选择退出），从而提高参与率。英国首先引入了工作场所养老金自动登记机制，使得退休储蓄人数大幅增加，且选择退出率较低。三是简化访问程序，增强便利性，比如提供包括生命周期基金或目标日期基金等在内的默认投资选项，根据储户的年龄或退休期限自动调整资产配置；促进投资的可转移性，这对在现代动态劳动力市场中保持养老金储蓄的连续性至关重要。

其次，要促进监管改革和激励措施优化，以确保投资端制度供给的完善，增强资本市场对养老基金的吸引力。一是优化投资准则自由化标准，放开养老基金投资指导，提高允许配置到股票和其他资本市场工具上的比例。这可能涉及提高股权投资上限，并允许更灵活地投资于房地产、私募股权和基础设施项目等另类资产。二是推进审慎监管改革，比如重构我国公共养老基金受托机构及投资机构的审慎投资人地位及其行为规则，促进养老基金投资更好地融入我国集约型金融服务体系[3]，从而维持银发经济时代的金融稳定。同时，制定风险评估标准，要求提供全面且透明的报告，对投资较高风险资产的行为进行压力测试和情景分析。另外，长期投资的税收优惠同样重要，比如对资本利得或股息收入进行税收减免，并对符合一定条件的长期投资提供递延税收优惠，使资本市场投资对养老基金更具吸引力。总体上来说，投资准则的自由化为养老基金提供了进入多样化且潜在收益更高的资本市场的机会，税收激励措施可以帮助减轻与自由化带来的市场投资授权相关的感知风险，而加强审慎监管则进一步确保风险得到控制，维护养老基金投资管理的整体稳

[1] 数据来源：根据财政部中央预决算公开平台数据计算。

[2] 任斌. 中国多层次养老保险制度协同治理的路径优化研究[D]. 成都：西南财经大学，2023.

[3] 张春丽. 我国养老基金投资的审慎投资人规则[J]. 中国法学，2016（5）：239-259.

定性。

最后，要促进资本融资制度完善。2022年4月，中国银保监会发布《关于规范和促进商业养老金融业务发展的通知》，明确提出支持和鼓励银行保险机构发展养老金融业务。从当前的改革趋势来看，银行作为金融体系重要支撑的地位不会改变，证券化[1]是我国既往金融制度改革的重要创新，是金融系统内部调整所释放的促进资本增量的一种有效途径。这为我国养老基金管理提供了重要条件——在一定程度上，它使得养老金储蓄更安全、更容易地将这些资产纳入其投资组合。在这种路径下，我们必须加快推进以下三项改革：一是优化监管约束，甚至是放松约束。从风险控制角度来说，这表示扩大养老金基金可供选择的资产投资菜单，包括衍生品、私募股权和风险资本。二是对所有金融工具的税收待遇进行审查。国际经验表明，须对不同类型的金融工具如何征税保持中立，但我国当前的税收制度对不同的金融工具区别对待的情况并不少见。三是政府可以通过向市场引入更多资产来适度减少养老金基金对金融市场的依赖，比如通过政府与社会合作模式来引导市场进程。

二、养老金融促进全社会养老资源整合性开发

养老资源整合性开发是指针对老龄社会的银发产业、服务、社区和就业等多方面资源要素，采取协调一致的方法进行开发，旨在创建一个统筹谋划和协调推进的资源开发模式，以满足老龄人口的综合需求。养老基金通过战略性投资，为这些资源的开发提供了稳定、充足的资本，并推动和协调资源开发过程，促使这些相互关联的资源要素构建起一个高效的良性循环系统。投资于银发产业的金融资本能够刺激迎合人口老龄化的经济活动和创新；高质量的服务和强大的社区支持系统增加了

[1] 证券化是一种结构化交易，发起人将一批资产转让给受托人——一个具有监督和管理责任的特殊目的法律实体，受托人反过来发行由基础资产支持的证券。资产可以包括银行贷款、抵押贷款、信用卡应收款和其他应收款等任何形式的现金流。证券化比较成功的例子出现在采用基于盎格鲁-撒克逊法律体系信托法的国家。

对产品和服务的需求，进一步刺激市场增长；推行“适老化”就业计划，不仅增强了老龄人口的经济独立，还为老年人力资源的开发创造了条件，从而进一步刺激专注于老龄人口需求的市场发展。与此同时，养老金融在这一过程中也实现了增长目标。因此，养老金融通过环环相扣、互惠互利的定向投资，在催化银发产业、服务、社区及就业资源开发和市场发展方面发挥了作用，打造了一个支撑老龄社会的经济生态系统。

首先，银发产业资源开发强调通过养老金融对适老化产业领域的投资[1]，推动银发经济核心行业增长，并以此来增强养老基金的投资回报。一是投资于医疗保健和医疗基础设施的建设和升级，以及致力于创新研究针对老年人疾病的药物和治疗方法的制药和生物技术公司。随着医疗保健设施的改善，老年人的生活质量得到提高，从而减少了总体医疗保健支出并延长了寿命。这将反过来提高医疗保健基础设施投资的收益，吸引养老基金和其他投资者的更多资本流入。二是投资于老年友好型社区建设，将金融资源引至创造老年人友好生活空间的房地产项目，例如退休社区、辅助生活设施和无障碍城市住房等。同时，老年住房的投资增加了对附近医疗服务和社区设施的需求，这可以推动对当地医疗基础设施和服务的进一步投资，从而强化第一条路径。三是投资于与老龄人口相关的技术创新，包括远程医疗、可穿戴健康设备和促进老年人独立生活的智能家居系统，以及专注于老年护理创新的初创公司和科技公司。同样，医疗保健压力的减轻对医疗保健基础设施的投资回报产生积极影响，从而实现正向反馈循环，增强了医疗保健领域的投资吸引力。

其次，银发服务资源开发强调针对老龄人口的个性化康养护理服务，包括家庭保健、机构护理服务和康复治疗，以及培训老年护理人员和卫生专业人员的教培服务，从而构建起满足老龄人口获得独立、有尊严的照顾和支持需求的服务系统。一是推进养老基金支持医疗、护理、康复服务相结合的综合护理模式开发。该模式侧重于改进老年人护理的整体方法，以确保护理的连续性和减小服务供给差距。二是

[1]　彭希哲，陈倩. 中国银发经济刍议[J]. 社会保障评论，2022，6（4）：49-66.

投资支持家庭护理模式发展。与机构护理模式相比，家庭护理模式通常更具成本效益和受老年人青睐[1]，且能够扩大家庭医疗保健服务市场，鼓励更多提供商进入该领域并在服务和产品供给侧进行创新。三是投资支持老年护理教育，加强为老年人服务的人才队伍建设，确保合格的专业人员能够满足不断增长的老年人护理需求。这还有助于提高护理标准和支持卫生行业的就业增长。从总体上来说，养老金融在银发服务资源开发方面可以发挥个性化作用，既能确保有充足的资源为老龄人口提供照顾和支持服务，又能为养老基金创造可持续且盈利的投资市场。

再次，银发社区资源开发强调养老金融投资建设无障碍社区中心、精神文化场所及改善老年人行动能力的交通服务等，这些方面将增强文化、技术及金融资源对老龄人口的可及性，以支持老年人融入更广泛的社会生活。一方面，养老金融投资可以定向支持虚拟文化和技术层面的社区支持系统开发[2]，包括医疗和康养技术集成创新、虚拟文化平台、增强社区连通性的数字平台等。集成创新可以增强老龄人口的技术可及性，虚拟平台为其提供了精神和文化刺激，而改善的连通性和数字素养使上述工具变得易于使用和有用。另一方面，养老金融可以更好地支持社区适老化基础设施、交通及综合社区网络开发及优化，提升老年群体的流动性和社会参与度。通过这些重要方面的开发，养老金融可以在银发社区资源开发方面做出重要贡献，推进区域性社区资源开发整体性发展，建设一个更具包容性、能更好地满足老年人需求的社区支持系统。

最后，银发就业资源开发强调制定支持老年人就业的计划，这不仅有助于增强他们的经济独立性，也为老年人力资源的开发创造条件，从而进一步刺激专注于老龄人口需求的市场发展。一是养老金融可以将资金分配给专注于为老年人创造就业机会的企业，包括为老龄人群提供灵活的工作岗位、兼职工作岗位，或从事咨询、

[1] WILLIAMS A P, LUM J M, DEBER R, et al. Aging at home: integrating community-based care for older persons[J]. Healthcare papers, 2009, 10(1): 8-21.

[2] 清家笃.老年金融学[M].殷雨涵，译.北京：中信出版集团，2020：108-139.

指导和教育等与老龄事业相关工作的有价值的企业。二是支持教育和培训计划，使老年人能够学习新技能或更新现有技能，特别是在符合当前市场需求的领域，比如数字素养、医疗保健和客户服务等。这些计划能够帮助老年人在就业市场上保持竞争力，提高就业能力，并支持他们工作更长时间。三是促进公共部门、私营公司和非营利组织之间的合作伙伴关系建设，为老年人制定全面的就业计划。这可以带来更广泛的系统性变革，促进老年人融入劳动力队伍，打破陈旧的观念，创造更具包容性的工作环境。总之，这些举措构建起一个强有力的支持框架以实现银发就业资源开发，将为激发银发经济的整体活力做出重要贡献。

三、促进“双循环”新发展格局下的资本全球化战略实践

在我国“双循环”新发展格局下，养老金融与银发经济协同发展可以为资本全球化发展做出重大贡献。整合利用两个行业的优势，确保我国金融资本的全球投融资改革，以促进自力更生和融入全球来支持经济可持续增长。在新发展格局下，一方面，要加强国内资本市场建设，充分利用国内金融资源，减轻对外部金融冲击的反应。比如鼓励创新公司上市，扩大投资者基础，推广更科学的金融工具，发展更深层次、更具流动性的资本市场。同时，加强监管框架建设，确保资本市场稳定、透明和保护投资者，对吸引国内外投资至关重要。另一方面，要放宽监管限制，为寻求海外投资的中国资本和企业提供指导和支持，特别是在先进技术、制造业和可再生能源领域。同时，培育战略性国际伙伴关系，服务“一带一路”跨国项目，为我国资本开拓更多新市场。另外，在新发展格局下，我国还要强化金融一体化发展战略，推动人民币在全球贸易和金融中的使用，融入国际金融体系，积极参与全球金融治理，在国际金融机构和框架中发挥更大的影响力[1]。

在上述战略框架下：首先，要利用好养老金融推动国内创新和基础设施建设。

[1]　高培勇，李扬，蔡昉，等.深化经济与金融改革　推进中国式现代化：学习贯彻党的二十大精神专家笔谈[J].金融评论，2022，14（6）：1-21.

如前所述，将养老基金投资于对银发经济至关重要的市场领域，比如医疗保健、老年住房和老年友好技术及老龄优化型基础设施。这种支持不仅可以确保银发经济的增长，稳定并加强国内市场，还有助于为开拓国际市场奠定坚实的基础。其次，促进养老金融的全球化投资。通过放宽监管限制和为外国投资提供激励措施，鼓励养老基金投资国际市场。同时，与国际金融实体发展伙伴关系，以获得更多全球投资机会，特别是在银发经济强劲的国家。这不仅可以促进养老基金的多元化投资，还能促进我国资本与全球金融流动的融合。最后，向外国投资者展示我国银发经济的投资机会，特别是在生物技术、制药和养老设施等领域，促进我国与国际领先技术、资本的交流，进一步融入全球价值链[1]。总之，“双循环”新发展格局为我国养老金融与银发经济协同发展提供了良性的动态循环框架，为银发经济的国内投资开拓全球更多市场做好了准备，而养老金融资本的全球参与和投资带来了新技术、实践和资本，进一步增强了国内银发经济可持续发展能力。

[1] 高洪民，管乐. 双循环金融战略链接、金融中心风险生成机理及政策研究：兼论上海在岸离岸金融的互动发展[J]. 世界经济研究，2022（9）：109-118，137.

Chapter 7

第七章

养老金融与家庭养老财富管理

第一节

家庭养老财富管理概述

积极备老是安心享老的前提。人们普遍追求物质丰裕且精神富足的老年生活，但理想退休生活的资金需求与退休后收入骤降之间的矛盾是个体在老年阶段不可回避的问题。这就要求个体提前储备足够的养老财富，以供老年阶段使用。合理的家庭养老财富管理是保障老年生活质量的重要手段。本节将从家庭养老财富管理的内涵及趋势、理论基础、基本框架三个方面进行论述。

一、家庭养老财富管理的内涵及趋势

（一）家庭养老财富管理的内涵

1. 家庭养老财富管理的含义

家庭财富管理是指以满足家庭全生命周期的财务需求为核心，利用一系列金融或非金融工具对家庭财富进行系统和全面的规划，以达到风险降低、财富积累、资产保值增值和财富传承的目的，具体内容包括资产管理、保险规划、养老规划、财富传承、法律与税务规划等[1][2]。家庭财富管理与传统的家庭资产管理有着明显的区别。家庭资产管理是指通过合理的资产配置，实现资产保值增值、风险控制和家庭财务目标的统一。家庭资产管理以实现资产保值增值为目的，强调家庭的投资能力。家庭财富管理以资产配置等（包括但不限于资产配置）为手段，以满足各阶段家庭财务需求为目的，强调家庭的综合能力，具体包括评估家庭的财务能力、投资

[1] 王增武，黄国平，陈松威.财富管理的内涵、理论与实证[J].金融评论，2014，6（6）：113-120,124.

[2] 易行健.财富管理：理论与实践[M].北京：机械工业出版社，2021：10.

能力、风险识别能力等，对家庭提出了更高的要求。

从家庭财富管理和家庭养老财富管理的关系看，养老财富是家庭总财富的重要组成部分，养老规划也是家庭重要的财务目标之一。因此，家庭养老财富管理是家庭财富管理这一概念的外延。家庭养老财富管理是以实现退休生活的财务需求为核心，利用一系列金融或非金融工具对家庭全生命周期的养老财富进行系统、全面规划的过程。

2. 家庭养老财富管理的功能

家庭养老财富管理对经济社会发展具有显著的促进功能。首先，家庭养老财富管理可以提高老年生活福利。家庭对养老财富进行系统全面的规划，使其能够有条不紊地应对老年阶段的各种财务需求，更好地实现物质丰裕、精神富足的老年生活目标。其次，家庭养老财富管理可以促进金融市场发展。家庭对金融产品与服务的需求将推动养老财富管理行业的发展，增加金融机构之间的竞争，加速养老金融产品和服务创新，进而促进金融市场发展。最后，家庭养老财富管理有助于促进社会公平。资产配置效率通常与家庭财富水平正相关，若低净值家庭能够进行有效的养老财富管理，则有利于缩小不同财富水平家庭的养老资产收益率差距，进而促进社会公平。

3. 家庭养老财富管理的原则

在家庭养老财富管理中，对养老财富的配置需要遵循安全性、稳健性、流动性和长期性四大原则。安全性原则是指养老财富的本金安全。由于养老财富用途的特殊性，这一原则贯穿养老财富管理的整个过程，尤其在养老财富支取阶段，应尽可能地将养老财富配置于低风险资产，以规避养老财富储备大幅贬值的风险。稳健性原则是指养老资产收益率的稳定性。家庭在保证养老财富本金安全的前提下，应尽可能地确保养老财富配置在不同市场环境下保持相对稳定的收益表现，使养老财富积累过程在可预期的路径上平稳进行。流动性原则是指养老资产具备较好的可变现性。为了应对突发情况或紧急资金需求，家庭应将适当比例的养老财富配置于高流动性资产，以提供必要的资金流支持。尤其是随着家庭老年人年龄的增长，家庭可能面临更多的突发性医疗支出，流动性原则将愈发重要。长期性原则是指资产的长期持有。长期持有养老资产，不仅可以有效避免或降低短期市场波动产生的风险，还可以发挥长期投资的复利增长优势，实现养老财富的保值增值。

（二）社会环境变迁下家庭养老财富管理的新趋势

家庭养老财富管理的核心问题是如何综合运用一系列管理工具实现养老财富的积累、保全、保值与增值。随着人口结构的转变和科技的进步，社会环境发生了深刻变化，养老问题面临着新机遇与新挑战。在这一背景下，家庭养老财富管理在养老财富储备来源、配置选择和管理思维上呈现出从求人到求己、从储蓄到投资、从线性到系统性的新趋势。

1. 养老财富储备来源：从求人到求己

少子老龄化的人口结构导致养老财富储备不足，家庭养老方式逐渐从依靠社会、子女养老转向依靠自己养老。根据国家统计局公布的数据，截至2023年底，我国60岁及以上人口达到29697万人，占全国总人口的21.1%，其中65岁及以上人口达到21676万人，占全国总人口的15.4%。与此同时，2023年全年新生人口为902万人，这是自2016年以来出生人口连续第七年下降。这种少子老龄化的人口结构直接导致老年抚养比不断攀升，社会养老财富储备严重不足。从公共养老金来看，城镇职工基本养老保险的养老金替代率从2002年的72.9%下降到2021年的43.6%[1]，现已远低于世界银行建议的维持退休前生活水平70%的养老金替代率水平，而城乡居民基本养老保险更是与这一目标相去甚远。从代际转移支付来看，我国老年人收入结构中家庭其他成员的转移支付已从2005年的46.62%下降到2020年的32.66%（张琳 等，2023），若仅考虑子女的转移支付，这一比例将更低。因此，随着我国家庭结构向“421”模式转变，子女的经济支持也难以成为养老金的重要补充。在养

[1] 2002年养老金替代率来自2012年底中国社会科学院世界社保研究中心发布的《中国养老金发展报告（2012）》；2021年养老金替代率来自2023年招商基金发布的《养老金融规划白皮书（2023）》。

老财富储备缺口不断扩大的少子老龄化背景下，个体为自己未来养老进行财富储备将成为重要方式。

2. 养老财富配置选择：从储蓄到投资

居民的个人养老规划意识已然觉醒，人们意识到公共养老金已不能满足自身养老需要，养老财富储备的缺口需要自己弥补。然而，由于居民金融素养普遍不高、风险承受能力较弱，他们偏好通过储蓄存款、银行理财产品等储蓄型产品积累养老财富。我国逐渐进入低利率时代，一年期定期存款基准利率从2014年3.00%的历史最高点，持续下降至2024年1.50%的历史最低点[1]。与此同时，近10年，我国平均通货膨胀率为1.73%[2]。由此可见，储蓄养老不仅难以应对通货膨胀的风险，不利于养老财富的保值，与养老财富增值的目标更是相去甚远。养老财富储备作为需要长期持有的资产，对风险资产的长期合理配置，不仅可以对抗通货膨胀，而且在相对较低的风险下，还可以获取相对较高的收益，从而实现养老财富保值增值的目标。因此，如何引导居民从储蓄养老向投资养老转变成为新的挑战。随着金融科技的不断发展，金融服务成本持续降低，金融普惠性显著增强，金融参与不再是高净值家庭的专属品，居民从储蓄养老转向投资养老的现实条件已然具备。未来，提高居民金融素养、形成科学合理的养老财富管理理念成为亟须解决的首要难题。

3. 养老财富管理思维：从线性到系统性

“西药治标，中药治本”，如果将线性思维比作一剂“西药”，那么系统性思维则是一剂“中药”。面对严峻的养老形势，应当运用系统性思维而非线性思维解决养老问题。在养老财富管理方面，线性思维侧重于养老财富本身，通过财富的积累、保值与增值来实现养老目标。系统性思维则将养老财富管理视为一个整体，服务于养老目标，在此过程中综合考虑有利因素和不利因素，并运用一系列适当工具进行管理与规避。

[1]　数据来自CEIC数据库1988—2024年中国一年期定期存款利率。

[2]　根据国家统计局公布的2014—2023年居民消费价格指数（CPI）计算得出。

系统性思维具有整体性、综合性、定量化与精确化的特征。系统性思维的特征在养老财富管理上的应用主要体现在以下几个方面：一是整体性特征的应用。养老财富管理涵盖制定养老规划、积累养老财富、配置养老财富和支取养老财富四个阶段。这些阶段相互影响，各具有特定功能，因此，需要统筹安排这四个阶段，使各阶段相互协调，发挥合力作用。二是综合性特征的应用。家庭通过合理配置各种金融资产，以实现养老财富的积累、保值与增值。然而，家庭破裂、债务风险、人身风险、流动性风险等意外事件的发生都可能对养老财富本身造成不利影响。因此，除了金融工具外，养老财富管理还需要综合运用包括法律与税务在内的各种非金融工具。三是定量化与精确化特征的应用。养老财富管理需要进行定量与精确的控制。比如，在制定养老规划阶段，需要对当前家庭财务状况和未来获取收入的能力做出定量与精确的评估，才能制定出与自身情况相匹配的规划。在积累养老财富阶段，需要对家庭短期收入状况和面临的潜在风险有清晰的认知，才能进行合理的财富储备。在配置养老财富阶段，需要对家庭自身风险承受能力进行仔细评估，才能进行合理的资产配置。

二、家庭养老财富管理的理论基础

在强有效市场和理性人假设下，生命周期消费-储蓄理论和现代投资组合理论是养老财富管理的基础理论。然而，传统理论得出的结论可能偏离现实，有效市场假说理论和行为金融学理论解释了在非强有效市场和有限理性情况下的家庭资产配置行为模式。以上理论共同为如何进行养老财富管理提供理论指导。

（一）生命周期消费—储蓄理论

消费是人类赖以生存和发展的基础，贯穿着个体从出生到死亡的整个过程。在整个生命周期中，当期收入与消费的差距形成了储蓄，因此，我们也可以将储蓄理解为未来的消费。莫迪利亚尼和布伦贝格（1954）提出生命周期假说[1]，该理论回

[1] MODIGLIANI F, BRUMBERG R H. Utility analysis and the consumption function: an interpretation of cross-section data[J]. Post-keynesian economics, 1954, 1(1): 388-436.

答了人为什么要积累财富的问题。生命周期假说将个体的一生划分为成长期、工作期和老年期三个阶段，个体在工作期收入较高，但在老年期收入大幅下降，这使得个体的当期消费不取决于当期收入，而是取决于其终生收入水平。这是因为边际替代率递减，个体为了最大化终生效用，在工作期需要进行储蓄来平滑一生的消费。因此，为满足老年消费而进行财富储备是储蓄行为中最根本的动机。此外，除了养老储蓄动机外，家庭还可能存在其他的储蓄动机。在莫迪利亚尼和布伦贝格的理论的基础上，Yaari（1965）提出的预防性储蓄理论，解释了家庭为应对预期寿命和未来收支的不确定性而进行的预防性储蓄行为[1]；Zeldes（1989）开创了流动性约束假说，用以解释在家庭面临借贷约束时的额外储蓄行为[2]；Deaton（1991）提出了缓冲存货储蓄理论，用以解释谨慎且没有耐心的单个消费者的储蓄行为[3]。这些理论进一步丰富了生命周期消费-储蓄理论的内涵，在一定程度上修正了理论与现实的偏差。

生命周期消费-储蓄理论对养老财富管理的启示有以下两点：第一，生命周期消费-储蓄理论背后隐含了动态效用最大化的消费轨迹，因此，人们需要根据终生财富水平合理规划工作期消费，以为老年期储备足够的财富。第二，人们需要对自身财务状况和获取收入的能力进行准确的评估，从而合理制定与自身匹配的养老规划。

（二）现代投资组合理论

1. 投资组合理论

Markowitz（1952）提出的均值-方差投资组合理论[4]和Tobin（1958）提出的两

[1]　YAARI M E. Uncertain lifetime,life insurance, and the theory of the consumer[J]. The review of economic studies, 1965, 32(2): 137-150.

[2]　ZELDES S P. Optimal consumption with stochastic income: Deviations from certainty equivalence[J]. The quarterly journal of economics, 1989, 104(2): 275-298.

[3]　DEATON A. Saving and liquidity constraints[J]. Econometrica, 1991, 59(5): 1221-1248.

[4]　MARKOWITZ H. Portfolio selection[J]. Journal of finance, 1952, 7(1): 77-91.

基金分离定理[1]成为现代投资组合理论的开端，从理论上回答了资产组合的最优配置问题。

（1）均值-方差投资组合理论。马科维茨将资产的风险定义为资产收益率的标准差，并且假设资产带给投资者的效用与资产收益率正相关，与资产收益率的方差负相关。基于此，马科维茨认为，投资者面临资产收益率和风险之间的权衡，理性投资者会在资产组合的有效前沿上配置风险资产，即在风险一定时，收益率最大；在收益率一定时，风险最小。进一步地，关于无风险资产和一种风险资产之间的最优配置问题，马科维茨认为，当给定无风险资产与风险资产的收益率和风险时，两种资产的不同配置比例形成了资本配置线，资本配置线的斜率为夏普比率，即资产组合风险的边际报酬。最优的风险资产配置是在资本配置线的约束下，使投资者的效用最大化的配置比例，这一最优配置比例与投资者风险规避系数和风险资产收益率的方差成反比，与风险资产的风险溢价成正比。

（2）两基金分离定理。托宾考虑了更一般的情形，即投资者如何在无风险资产和多种风险资产之间进行配置。托宾认为，在风险资产组合有效前沿上的不同点代表了一个具有不同收益—风险的风险资产组合，它们分别与无风险资产形成不同的资本配置线，在不同资本配置线的约束下，投资者通过选择风险资产组合和无风险资产的配置比例实现不同的最大效用。最终，托宾证明，在与风险资产组合有效前沿相切的资本配置线的约束下（夏普比率最大），投资者实现资产配置最优。这意味着对任何理性的投资者来说，风险资产之间的配置权重都是相同的，即选择资本配置线与资产组合有效前沿切点处的风险资产组合，而投资者的风险规避系数决定了其在风险资产组合和无风险资产之间的最优配置比例。

投资组合理论对养老财富管理的启示有以下三点：第一，天下没有免费的午餐，当家庭将养老财富储备配置于风险资产时，需要在收益与风险中进行权衡，若

[1] TOBIN J. Liquidity preference as behavior towards risk[J]. The review of economic studies, 1958, 25(2): 65-86.

要追求高收益，必须承担高风险。第二，夏普比率是评估养老财富投资于风险资产组合效率高低的重要指标，夏普比率越高，意味着风险的边际报酬越高。第三，家庭需要评估自身的风险承受能力，将养老财富在风险资产和无风险资产之间进行合理配置。

2. 生命周期投资组合理论

在马科维茨和托宾的理论模型的基础上，Samuelson（1969）和Merton开创了生命周期投资组合理论，后续的研究在其理论的基础上，引入人力资本和保险，进一步丰富了生命周期投资组合理论的内涵。该理论回答了整个生命周期资产组合的最优配置问题。

萨缪尔森和默顿在具有常相对风险规避效用函数（CRRA）的假设下，推导出在整个生命周期风险资产的最优配置比例，这一比例与风险溢价正相关，与风险资产的风险和投资者的风险规避系数负相关。这意味着在投资者风险偏好不变的情况下，资产配置策略只取决于市场投资机会，而独立于财富的积累水平。进一步来说，由于人的一生中面临着生病、死亡、长寿等各种风险，风险的发生将对家庭财富产生不利冲击，为对冲各种风险，人们便产生了保险需求。因此，霍兰在《私人财富管理》中将风险金融资产配置和人寿保险购买决策置于同一框架中进行分析[1]，发现随着个体死亡概率的上升，人力资本发生损失的概率将提高，从而增加人寿保险的需求；随着风险规避系数的上升，人寿保险需求增强；随着年龄的增长、劳动收入与风险金融资产收益率之间的相关性提升，人力资本价值降低，人寿保险需求下降。

生命周期投资组合理论对养老财富管理的启示有以下两点：第一，养老财富的最优资产配置并非一成不变，而是需要根据生命周期的不同阶段进行调整。第二，家庭需要对生命周期不同阶段所面临的潜在风险进行识别，并通过配置足够的保险对冲风险。

[1] 霍兰.私人财富管理[M].翟立宏，蔡栋梁，盛方富，译.北京：机械工业出版社，2015：34-38.

（三）有效市场假说理论

经典投资组合理论建立在有效市场假说之上，那么什么是有效市场？Fama（1970）给出了解释[1]，他提出的有效市场假说理论认为，一个强有效市场中存在大量的理性投资者，股票的价格充分地反映了股票过去、现在和未来的所有信息。在这样的市场中，任何投资者都无法一直获得超额收益。这意味着在长期的投资活动中，根据两基金分离定理，家庭在风险资产之间的最优配置比例为资本配置线与资产组合有效前沿切点处的组合，并且没有人有改变风险资产配置比例的动机。除了强有效市场，法玛还进一步提出半强有效市场和弱有效市场两种相对较弱的有效市场情形。其中，半强有效市场是指股票价格已充分反映了与公司相关的，包括公司盈利情况、管理状况等在内的所有公开披露的信息，这时投资者想要长期获得投资的超额收益，需要不断通过获取公司的内部信息进行套利。弱有效市场是指股票价格只充分反映了包括成交价、成交量和融资金额等在内的所有股票价格的历史信息，这时投资者可以通过一系列技术性分析或基本面分析，构建一个可以获得超额收益的投资组合。

有效市场假说理论对养老财富管理的启示有以下两点：第一，若金融市场是强有效市场，那么养老财富管理的过程将大大简化，每个人都按照相同的模式进行养老财富配置，获得相同的风险收益。第二，现实中，往往半强有效市场假说也不成立，这意味着具有良好金融素养的个体有动机且可以通过一系列技术性分析或基本面分析获取超额收益，以更好地实现养老财富的保值增值。

（四）行为金融学理论

在理性人假设下，经典金融学理论得出的结论与现实存在较大的差异。于是，Kahneman和Tversky（1979）提出前景理论[2]，该理论基于有限理性的假设解释了

[1] FAMA E F. Efficient capital markets: a review of theory and empirical work[J]. The journal of finance, 1970, 25(2): 383-417.

[2] KAHNEMAN D,TVERSKY A. Prospect theory, an analysis of decision under risk[J]. Econometrica, 1979, 47(2): 263-292.

传统理论与现实相悖的现象，成为行为金融学研究的开端。前景理论有三个重要发现。一是人们根据决策参考点判断收益与损失。二是人们存在损失规避心理，即面临收益时是风险规避者，面临损失时便成为风险偏好者。三是处置效应是人们普遍存在的非理性行为。假设投资者将起初买入股票的价格作为决策参考点，当股票价格相对于决策参考点上升时，投资者为风险规避者，不再愿意承担继续持有股票所面临的亏损风险，因此倾向于立刻抛售股票获得确定收益；当股票价格相对于决策参考点下降时，投资者成为风险偏好者，投资者愿意承担进一步亏损的风险，以等待股票价格回升，因此倾向于继续持有股票。心理学中对前景理论发现的非理性行为存在诸多解释，比如框架效应、心理账户等。其中，框架效应是指人们面对确定性收益和风险收益两种方案时，表现出风险规避，从而选择确定性收益方案；而在面对确定性损失和风险损失两种方案时，表现出风险偏好，从而选择风险损失方案。心理账户是指人们将一项决策分成若干部分，对于不同的心理账户采取不同的决策。

行为金融学理论对养老财富管理的启示有以下两点：第一，现实中的个体并非完全理性的，在养老财富管理中，他们往往会出现非理性行为，家庭需要考虑如何借助外部力量规避非理性行为带来的福利损失。第二，根据心理账户理论，人们对用于养老的财富可能建立了心理账户。虽然这有助于保证资金的专款专用，防范养老财富储备被随意挪用，但是，与其他心理账户相比，人们对养老心理账户往往采取更加保守的风险态度，《中国居民养老财富管理发展报告（2023）》指出，从居民对养老金融产品的投资偏好可见，其不利于居民从储蓄养老向投资养老转变。

三、家庭养老财富管理的基本框架

从生命周期的角度来看，家庭养老财富管理可分为制定养老规划、积累养老财富、配置养老财富和支取养老财富四个阶段。

（一）制定养老规划

制定养老规划是家庭养老财富管理的起点。在此阶段，家庭应根据财务状况和收入能力制定合理的退休计划，规划退休后所需开支，以明确养老财富储备缺口。一是确定退休计划。退休计划是指根据计划退休年龄和预期寿命估算养老年限。二是计算退休后所需开支。退休后人们的消费需求可能会发生明显变化，比如基本生活支出减少、医疗护理费用增加、精神需求支出增加等。然而，直接确定老年生活所需开支较为困难，可以通过退休前生活开支的预期比例来估算。三是计算养老财富储备缺口。通过预估的养老年限和老年生活开支，计算出所需养老财富，扣除已有养老财富（比如公共养老金），确定养老财富储备缺口。

（二）积累养老财富

积累养老财富是家庭养老财富管理的基础。在此阶段，家庭应有条不紊地积累养老财富，并采取措施保障资金安全。一是进行现金与负债管理，确保满足家庭日常开支需求，防范意外事件导致的资金流断裂，为积累养老财富打下基础。二是进行有效的税务规划。税务规划是在国家税收制度框架下，利用税收优惠政策降低税务负担的策略。对于高收入家庭，在薪资达到一定的标准后，需缴纳税款。因此，合理的税务规划可以最大化积累养老财富，比如参与个人养老金制度。三是利用金融、法律等工具综合保障养老财富。比如，夫妻一方的债务风险可能会损害家庭养老财富，可通过婚内财产协议实现债务隔离。四是进行有效的保险规划。家庭面临多种风险，比如，财产风险可能损害养老财富，健康风险可能导致支出急剧增加，长寿风险可能使得养老财富储备不足，等等。这些风险的发生会阻碍养老财富的顺利积累，因此，家庭需准确识别各类风险并购买适当的保险。

（三）配置养老财富

配置养老财富是家庭养老财富管理的核心。在此阶段，家庭应保证养老财富的收益率超过通货膨胀率，同时尽可能地提高收益率。一方面，确定合理的资产大类配置比例。资产一般分为货币现金类资产、固定收益类资产、权益类资产和另类资产四大类。Brinson et al.（1986）指出，从长期看，资产配置决定90%以上的投资收益，而具体的金融产品选择对总收益的贡献不足10%[1]。因此，选择资产大类的配置比例至关重要。另一方面，定期检查与调整。根据均值回归理论，当资产偏离长期平均回报率时，未来有较高概率回归至其价值中枢。若某类资产的价值上升或下降，可能导致资产大类配置失衡，需要通过买卖调整资产配置。

（四）支取养老财富

支取养老财富是家庭养老财富管理的尾声。在此阶段，家庭应根据需求有计划地从养老财富储备中支取资金。一是合理规划支出。刚进入退休阶段，人们对高品质退休生活的需求旺盛，可能出现过度消费。因此，人们需要通过合理的规划避免养老财富储备不足。二是调整资产配置。退休阶段，由于收入减少和突发性资金需求增加，养老财富的安全性和流动性成为首要考虑因素。三是提前做好养老财富传承规划。尽管养老财富管理不以财富代际传承为主要目标，但人们可能因遗产动机或高估预期寿命而留有遗产。因此，提前做好遗产传承规划可以避免不必要的纠纷。

[1] BRINSON G P, HOOD L R, BEEBOWER G L. Determinants of portfolio performance[J]. Financial Analysts Journal, 1986, 42(4): 39-44.

第二节

家庭养老财富管理的现状与挑战

一、养老新需求与家庭养老财富管理

随着国民受教育程度的不断提高，养老需求已从生存型转向发展型。人们对退休生活的期望不再满足于维持基本生存的“苟且”，而是追求充分发挥潜能、实现自我价值的“诗和远方”。用马斯洛需求层次理论可以解释我国养老需求的转变，家庭养老财富管理在满足这些需求中发挥着关键作用。

（一）从马斯洛需求层次理论看养老新需求

马斯洛在其经典著作《人类激励理论》中提出需求层次理论，他将人类的需求比作阶梯，由低到高分别为生理、安全、社交、尊重和自我实现需求，其中生理和安全需求是最基本的生存型需求，社交、尊重和自我实现需求是较高级的发展型需求。同时，需求层次是不断攀升的，当低层次需求得到基本满足或部分满足后，便会产生更高层次的需求。在过去，当人们谈起养老需求时，通常与衣食住行等生存型需求联系在一起，而忽视了人们在退休后对高品质生活的追求。随着我国社会保障体系的逐渐完善和国民受教育程度的不断提高，生存型养老需求基本得到满足，人们的养老理念也发生转变，使得人们对“享老”生活的期待愈发凸显。

1. 生理需求：从维系生存到康养生活

生理需求是人们最基本的生存需求，是迈向更高层次需求的前提。随着人们对健康的重视，对健康养老的需求也逐渐增加，人们的养老需求从过去的“维持生存”发展到现在的“康养生活”。身体健康与否是居民能否乐享退休生活的基础条件。国家卫健委的数据显示，截至2021年12月，我国已有规模庞大的慢性病群体，约1.9亿老年人面临着不同慢性疾病的困扰[1]，并且各种老年疾病的发生率与年龄呈高度正相关关系。因此，随着预期寿命的不断增长，人们为了尽可能地延长寿命，保证老年生活品质，健康意识逐渐觉醒。民以食为天，食物是人们获取各种营养成分的主要渠道，在膳食均衡方面，现在的老年人愈发重视营养均衡的高品质饮食方式。在康养生活方面，随着年龄的增长，人们为了避免健康状况快速恶化，对保健产品的需求大幅提升，并通过参与不同的文体活动进行养生。

2. 安全需求：从被动保障到主动保障

安全需求主要包括人身安全、财务安全、生活稳定等，是较高层次的生存型需求，也是从生存型需求迈向发展型需求的关键。国家统计局发布的统计数据显示，我国老年人口抚养比连续19年不断增长，从2005年的10.7%增长至2023年的22.5%，这意味着从过去平均9.3个劳动力供养一个老人，到现在平均4.4个劳动力供养一个老人。社会养老压力的增加，使得依靠国家或依靠子女的养老模式难以持续，迫使老年人对财务管理和护理的需求发生了深刻的变化。在财务管理方面，过去较高的公共养老金替代率和子女的经济支持，使得老年人的老年生活质量相比于工作期不会出现大幅下降。然而，随着老年人口抚养比的不断提升，养老金替代率不断下降，家庭结构不断倾向于少子化，人们逐渐意识到需要额外储备足够的养老财富，并对养老财富进行有效的管理，由此产生了较为强烈的财务安全需求。在护理需求方面，随着年龄的增长，老年人身体机能不断下降，尤其是失能、半失能的老人对他人照护具有强烈的需求。然而，随着家庭结构小型化，传统的子女照护的可得性不断下降，使老年人的护理需求由子女的非正式护理转向市场提供的正式护理。

3. 社交需求：从家人陪伴到广泛社交

社交需求是发展型需求的基础。人是社会关系的总和，社会性是人在社会中生存发展的根基，社交需求贯穿个体生命周期的各个阶段，甚至在老年期更加旺盛。

[1]　数据来源：http://www.nhc.gov.cn/xcs/s3574/202112/141e8f26e8c24c93b89e27202da41b51.shtml。

然而，身体机能下降和数字鸿沟是老年人进行社交活动的最大阻碍，身体机能下降降低了老年人外出社交的可能性，数字鸿沟阻碍了老年人通过互联网建立社交网络。因此，在过去，养老的社交需求难以得到很好的满足，子女和家人陪伴便成为满足养老社交需求的主要方式。不过随着国民受教育程度的不断提升，人们的接受能力逐渐增强，可以预见他们退休后面临的数字鸿沟挑战会越来越小。同时，随着人们对康养生活的重视，养老阶段身体机能大幅下降的时间节点将会持续后延。数字鸿沟的缩小和健康状况的改善会充分释放养老的社交需求。因此，人们对于社交需求将不再仅仅满足于家人陪伴，也会通过使用互联网、外出活动等方式主动建立广泛的社交网络。

4. 尊重需求：从道德规范到自发形成

尊重需求包括自尊和获得他人的尊重。人们在退休后，各种社会身份光环褪去，无论在家庭还是社会中，都逐渐远离舞台中心，不再发挥核心作用，这种强烈的心理落差感，使得人们在进入养老阶段后更加渴望得到他人的尊重和关注，期望自己是一个独立自主且有尊严的个体。尽管尊老是中华民族的传统美德，但新时代的老年人已经不再只想依靠传统道德规范的约束获取尊重，而是希望通过自我价值的展现使尊老观念自发形成。一方面，尊重的前提是自尊，随着人们的养老规划意识逐渐觉醒，在退休后，人们期望更加独立自主，不希望依附于他人来维持养老生活。另一方面，在自尊的前提下，承担责任与价值展现是他人尊重自发形成的条件。在家庭中，人们在退休后期望承担更多的家庭责任，比如为孙辈提供隔代照料、为子女提供家务活支持等；在社会中，随着人们养老的生存型需求得到满足，社交需求充分释放，人们希望向他人展示自己丰富多彩的养老生活，获取他人关注。在小红书、微博、抖音、快手等主流社交媒体软件中，老年博主的数量不断增加，其中除了分享日常生活的老年博主外，也不乏彰显松弛生活态度的老年博主，他们通过多样化的内容获得了广泛的关注，促进了跨代交流。

5. 自我实现需求：寻找“诗和远方”

自我实现需求是最高层次的需求，是指人们对充分发挥自我潜能和实现价值的渴望。随着人们生活水平的不断提高和养老观念的转变，老年人对实现自我价值的追求和对精神层面的追求逐渐成为养老需求的重要组成部分。具体而言，自我实现需求可以总结为老有所为、老有所学和老有所游三个方面。在老有所为方面，随着健康预期寿命的延长，人们具有一定的延迟退休的意愿，希望在退休后二次就业，继续为社会奉献自己的余热。在老有所学方面，有些人由于工作的原因，在年轻时无法充分了解和学习自己感兴趣的事物，因此在退休后对知识的渴望愈发强烈，参加老年大学、自发的兴趣学习成为老年人的主要学习方式。在老有所游方面，在工作期，人们难以拿出更多的时间踏上旅途，去领略各地的风土人情，为了弥补这一遗憾，在退休后表现出越来越强烈的文化旅游需求。

（二）家庭养老财富管理的关键作用

通过上述对养老新需求的分析，可以看出随着经济社会的发展和消费观念的现代化，人们对养老品质的要求不断提高，呈现出多样化、多层次的养老需求。在这一背景下，家庭养老财富管理在满足养老需求的过程中发挥着越来越重要的作用。从马斯洛需求层次理论来看，家庭养老财富管理的作用可能是双重的，不仅有利于满足老年人的安全需求，还为多样化、多层次养老需求的实现提供了支持。

1. 促进养老安全需求的实现

做好家庭养老财富管理可以保证财务的安全性，为老年阶段的各种生活支出提供保障，满足养老的安全需求。首先，因为养老财富储备主要来自公共养老金和私人养老储蓄两部分，所以保证公共养老金和私人养老储蓄的安全性对于稳定养老生活至关重要，这是老年人安全需求的主要来源。其次，过去较高的公共养老金替代率，意味着国家为养老财富储备的安全性进行了背书，人们的安全需求得到满足。然而，随着人口结构的转变，公共养老金替代率逐渐以保基本为目标，为了使退休后的生活质量不发生大幅下降，私人养老储蓄在总养老财富储备中的占比不断提高，因此，保证养老财富的安全性需要个人积极参与。最后，养老财富保全是养老财富管理的重要环节，家庭利用一系列金融和非金融工具进行系统全面的养老财富管理，是保证养老财富储备安全性，避免各种财务风险，进而满足财务安全需求的重要手段。

2. 满足多样化多层次养老需求

做好家庭养老财富管理有利于实现养老财富的保值增值，通过创造更多的财富为满足老年人多样化、多层次的养老需求提供经济支持。首先，老年需求层次不断提高且各层次的需求不断丰富，对养老财富储备规模提出了更高的要求。具体而言，康养意识的觉醒增加了医疗保健支出；家庭小型化使得老年人需要购买正式的护理服务来满足照护需求；社交需求的释放可能会增加维系人际关系的人情支出；承担更多的家庭责任以及满足精神层面的追求同样要求殷实的经济基础。其次，从老龄化程度高的发达国家的经验来看，生命周期的消费曲线发生了根本性变动，美国和日本的老龄人口的平均消费是工作人口的130%，而在中国这一比例是90%（袁志刚 等，2023）。这意味着在未来，满足老年需求的养老财富储备规模将会进一步提升。最后，家庭通过合理的养老资产配置，用时间换取财富的复利增长，保证养老财富的保值与增值，缩小养老财富储备的缺口，有利于从“养老”到“享老”的转变。

二、家庭养老财富管理的现状

随着养老需求的转变，养老财富管理变得愈发重要，需要与多层次、多样化的养老新需求相匹配。接下来，将从养老财富储备意识与规划和养老财富积累与配置两个方面描述家庭养老财富管理的现状。

（一）养老财富储备意识与规划

公共养老金逐渐难以满足人们的养老需求，居民的个人养老意识逐渐觉醒，越来越多的居民意识到提早备老和养老财富储备专款专用的重要性，并开始进行养老规划。但是，受各种主客观因素的影响，居民的养老规划在规划到实施之间仍存在巨大的阻碍。

1. 个人养老意识觉醒

（1）自我养老倾向明显。在少子老龄化的人口结构下，公共养老金和子女的经济支持已难以满足人们多样化、多层次的养老需求，依靠个人储蓄养老是未来更加可靠的养老方式。图7-1显示，有72%的受访者认为退休金不可以满足或者不确定是否可以满足未来的养老需求，仅有28%的受访者明确表示退休金可以满足养老需求。这意味着基本的公共养老金与多样化、多层次的养老需求之间存在巨大的养老财富储备缺口，使得人们必须去寻求其他老年收入渠道。随着家庭结构的小型化，依靠子女的经济支持养老逐渐乏力；同时随着年龄的增加，人们的健康状况逐渐下降，依靠劳动收入养老难以维系。因此，人们逐渐意识到，在未来，依靠个人养老储蓄进行自我养老将成为最重要的方式，有61.64%的受访者认为“自我养老”是预期最可靠的养老方式。

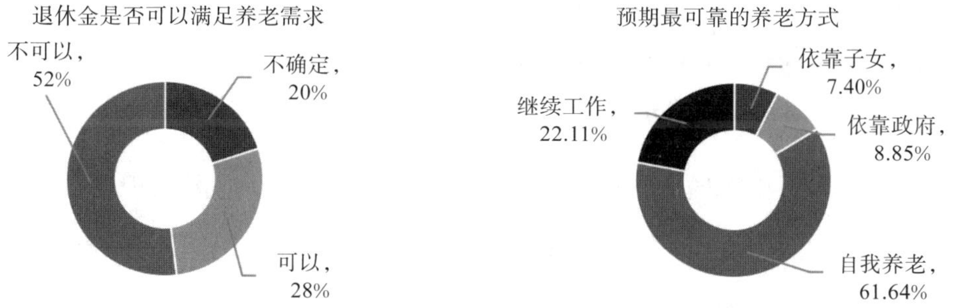

图7-1　个人养老意识觉醒

数据来源：《中国居民养老财富管理发展报告（2023）》《中国养老金融调查报告（2023）》。

（2）备老要趁早。开始进行养老财富储备的理想年龄同样反映了居民的养老意识，越早开始积累养老财富，通过“时间+复利”获取较高的长期投资回报，越可以轻松地实现养老财富储备的目标。随着居民自我养老意识的觉醒，理想的养老财富储备开始年龄出现下降趋势。根据《中国养老金融调查报告（2023）》，2021—2023年，认为40岁之前就需要开始积累养老财富的居民占比整体上升，认为40岁之后才需要开始积累养老财富的居民占比整体下降。尤其是在2023年有66.12%的居民认为应该在40岁之前开始积累养老财富，其中有超过1/3的居民甚至认为应该在30岁之前就开始做好养老准备。同时，在2023年，认为50岁之后才需要开始积累养老财富的居民占比仅为7.52%，相较于前两年，这一比例大幅下降，降幅超过50%。由此可见，人们已经逐渐意识到，在养老形势严峻的当下，只有提早做准备，才能从容不迫地应对未来各式各样的养老需求。

（3）资金专款专用。与其他资产账户不同，养老账户具备“强制储蓄”的特点，这种专款专用性，一方面有利于避免因短期收支缺口或人性弱点而导致账户资金被挪用或占用，另一方面有利于通过账户的长期锁定，从长期投资中获得相对较高的收益，保证养老财富的安全性与收益性共存，尽可能地为老年生活提供更多的财富储备。《养老金融规划白皮书（2023）》指出，有91.72%的受访者基本同意（回答非常同意、比较同意和同意的受访者）养老财富储备需要具有“专款专用”属性。可见，养老账户的专款专用性已基本成为居民的共识。

2. 养老规划行动不足

在政策、行业和市场紧锣密鼓的宣传和推动下，居民逐渐意识到养老规划对实现体面老年生活的重要性，但是由于经济状况、金融知识储备和养老金融产品供给等主客观因素，养老规划从“规划”到“行动”之间仍存在巨大的阻碍。如图7-2所示，2023年有66%的受访者已有养老规划，相较于2022年这一占比提升了5个百分点。然而，这一占比的上升全部源于有养老规划但尚未实施的群体占比增加，且有规划未实施的受访者占有规划的受访者的比例近六成。由此可见，居民养老规划的行动不足。《中国居民养老财富管理发展报告（2023）》对于这一现象的调查结果显示，“目前养老金融产品收益率偏低，不能满足自己的养老财富规划”“没有找到适合自己的养老金融产品”“自己收入不太稳定，无法负担养老财富规划”“缺乏专业养老财富规划顾问帮助自己投资”是阻碍养老规划实施的主要原因。

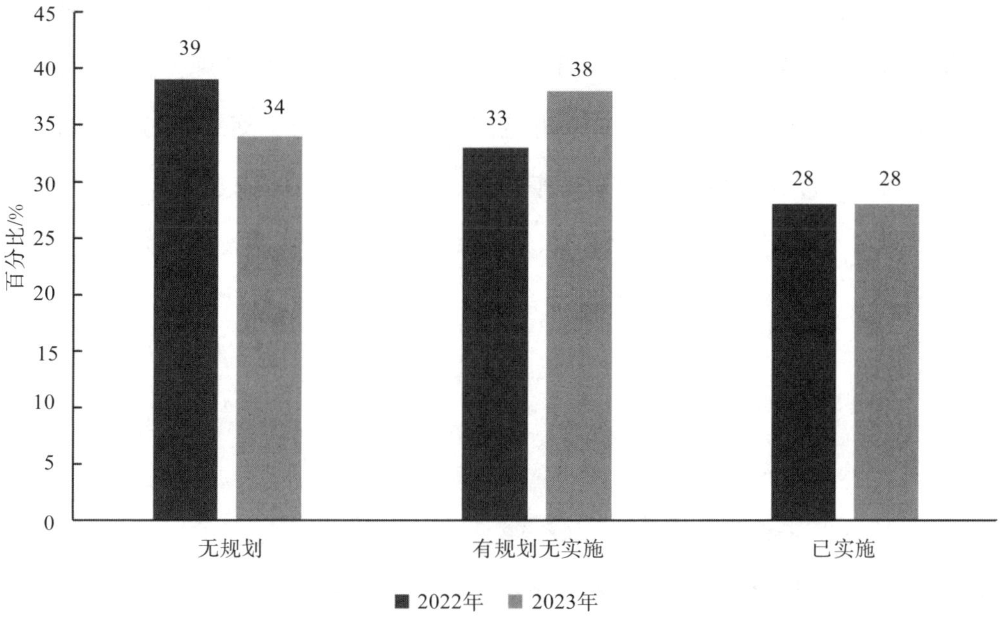

图7-2　养老规划与行动

数据来源：《中国居民养老财富管理发展报告（2023）》。

（二）养老财富积累与配置

我国居民实际积累的养老财富储备规模远远不及预期目标，并且这一养老财富储备的缺口在60岁及以上的群体中仍然存在。从养老财富储备模式来看，由于居民对养老财富投资偏好于安全性和流动性，因此主要将养老资产配置在储蓄型金融产品上，而这种收益相对较低的资产配置组合可能正是养老财富储备存在缺口的原因之一。

1. 养老财富积累状况：预期与现实偏差大

居民的养老财富储备规模远远未达预期目标，存在巨大的缺口。从目标养老财富储备总量来看，认为整个老年期的养老财富储备规模在30万～200万元即可满足养老需求的受访者占比达到73.74%，其中有28.22%的受访者选择了50万～100

万元的目标养老财富储备规模，而选择500万元以上和30万元以下的受访者占比均相对较小，分别为0.47%和6.88%（见图7-3）。从当前养老财富储备总量来看，有71.63%的受访者已经积累的养老财富储备规模在50万元以下，其中14.02%的受访者已经积累的养老财富储备规模在10万元以下，而养老财富储备规模在100万元以上的受访者仅占6.01%（见图7-4）。从养老财富储备目标与实际之间的缺口看，受访者在老年期的目标养老财富储备规模平均为124.90万元，当前已经积累的养老财富储备规模平均为45.61万元，二者相差79.29万元，养老财富储备缺口高达63.48%。

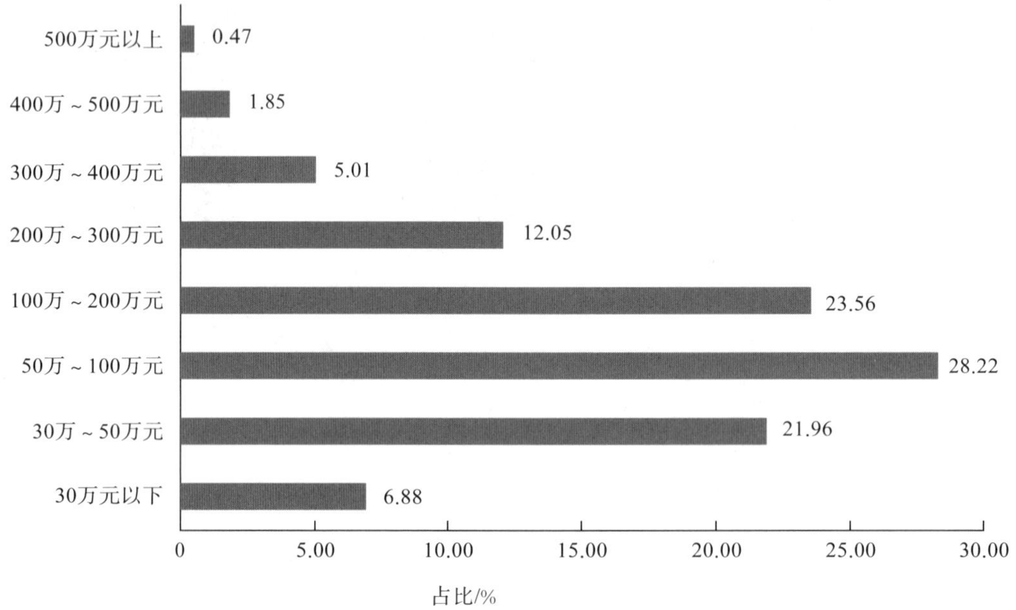

图7-3 目标养老财富储备总量

数据来源：《中国养老金融调查报告（2023）》。

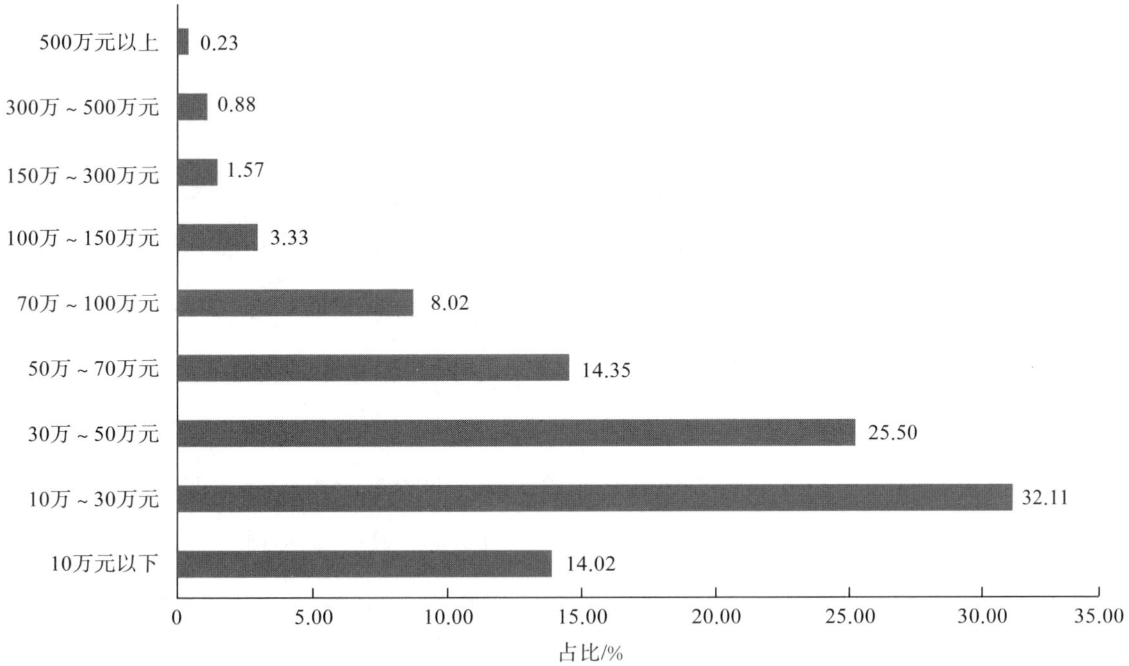

图7-4　当前养老财富储备总量

数据来源：《中国养老金融调查报告（2023）》。

当然，尽管从整体上来看，居民已积累的养老财富储备与目标相去甚远，但是考虑到很多受访者较为年轻，仍处于养老财富的积累阶段，未达预期似乎也在情理之中。因此，理论上，如果居民制定了切实可行的养老规划，并有条不紊地积累养老财富，那么养老财富储备的缺口应当随受访者年龄增加而逐渐缩小，直到退休后这一缺口趋于消失。然而，实际上，养老财富储备缺口在60岁及以上的群体中仍然普遍存在。据《中国养老金融调查报告（2023）》中的调查发现，虽然存在养老财富储备缺口的受访者比例的确随着年龄增加呈现逐渐减小的趋势，但是仍有74.97%的60岁及以上的受访者已储备的养老财富没有达到预期目标。产生这种现象的原因可能有两个：一是个人目标养老财富储备制定得不切实际，远远高于自身承受能力；二是个人养老财富管理模式不合理，导致预期目标未能实现。

2. 养老财富配置选择：低风险金融产品

居民主要将养老财富配置于低风险资产上，对风险相对较高的产品的参与程度不高。图7-5展示了受访者的养老财富储备投资选择的优先级。首先，居民仍将银行存款作为养老财富储备中最主流的资产配置方式，占比高达71.20%，断崖式领先；其次，商业养老保险和银行理财产品这两种低风险金融产品作为养老财富储备位列其后，占比分别为32.65%和25.23%；最后，选择基金、股票和信托产品这类风险金融产品作为养老财富储备的占比相对较低，分别为14.90%、10.77%和3.89%。由此可见，储蓄养老仍然是居民的首选。不过，一个有趣的现象是，有17.09%的受访者选择房产作为养老财富储备的持有形式，与商业养老保险和银行理财产品共同组成了居民最偏爱的三大养老财富投资方式。但是房产作为一种风险资产，居民对其的重视程度似乎与风险规避的投资行为模式具有一定的内在矛盾。

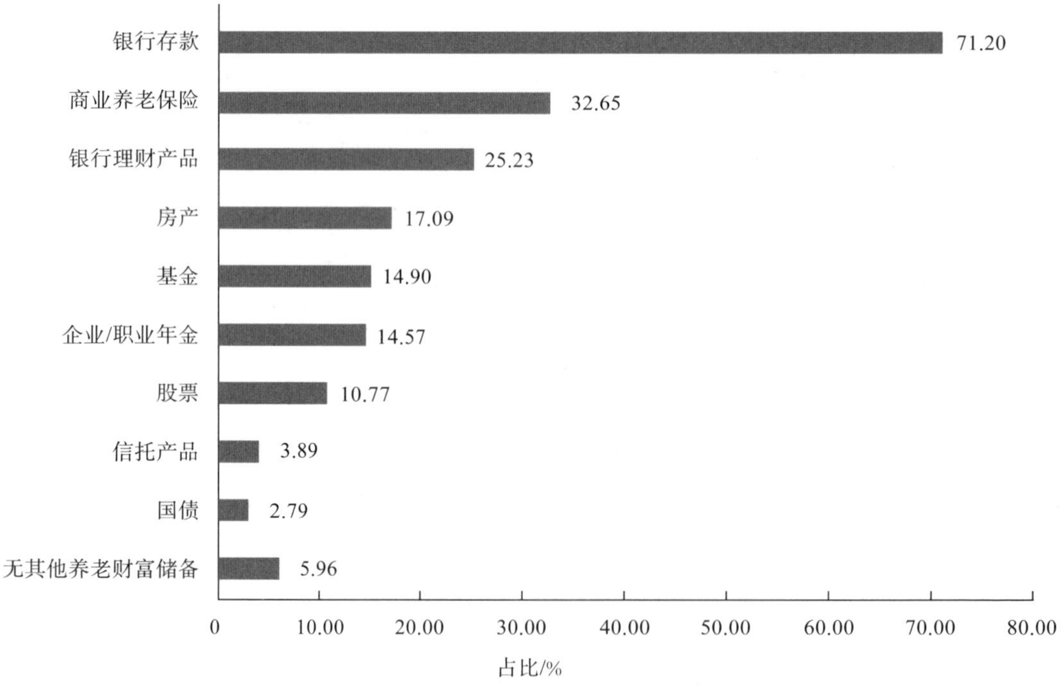

图7-5 养老财富储备投资选择

3. 养老财富投资偏好：重视安全性和流动性

居民的期望投资类型与实际投资行为基本吻合，都是偏好于风险相对较低的金融产品，这是因为居民的投资偏好重视安全性和流动性。从期望的养老财富投资类型来看，居民主要偏好投资于低风险金融产品。《中国养老金融调查报告（2023）》指出，银行存款（68.12%）、现金储蓄（37.96%）、商业保险（30.73%）和银行理财产品（21.14%）是居民最期望投资的金融资产，这与图7-5所反映的居民实际投资行为基本一致。居民的投资偏好在一定程度上解释了居民的期望投资类型和实际投资行为。从居民的风险偏好来看，保证本金安全是受访者的首要选择，2023年选择这一选项的比例为48.63%；其次是追上通货膨胀、实现本金保值，2023年选择这一选项的比例为32.43%；而2023年选择超越通货膨胀、实现本金增值的占比仅为16.54%（见图7-6）。尽管从2020—2023年的趋势来看，居民的投资理念逐渐向本金的保值增值转变，但是本金的安全性始终是居民关注的重点。这与居民风险承受能力较弱有很大的关系。虽然2020—2023年居民的风险承受能力在一定程度上有所提升，选择任何时候都不能出现亏损的受访者占比呈下降趋势，可以阶段性承受各种程度亏损的占比均呈上升趋势，但是从2023年的情况看，选择只能阶段性承受10%以内的亏损（包括任何时候都不能出现亏损）的受访者占比仍高达80.81%，可见居民的风险承受能力仍处于较低的水平（见图7-7）。

从养老资产的流动性来看，与2022年相比，2023年受访者对1年内灵活支取的需求有所上升，占比从37%上升到47%，其中选择随存随取的增幅最大，从20%增加至26%（见图7-8）。居民这种对流动性的偏好可能来自其对未来不确定性的感知，包括就业、收入、家庭状况等方面，使得居民更加倾向于选择可以随存随取等流动性更强的金融产品，以确保资金具有足够的流动性来应对未来的各种突发事件。

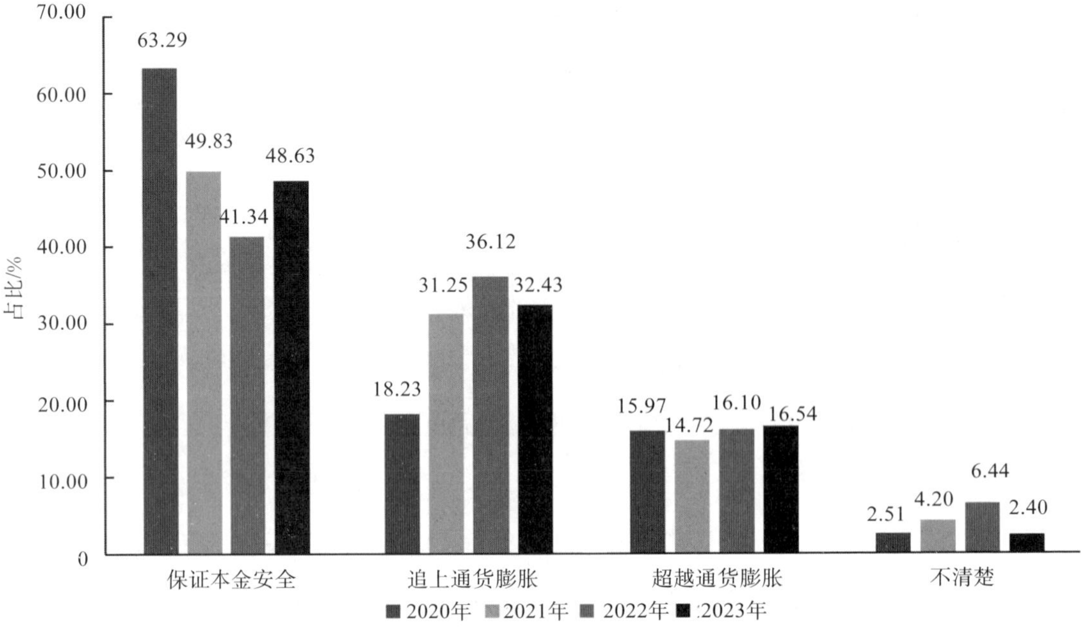

图7-6　居民的风险偏好

数据来源：《中国养老金融调查报告（2023）》。

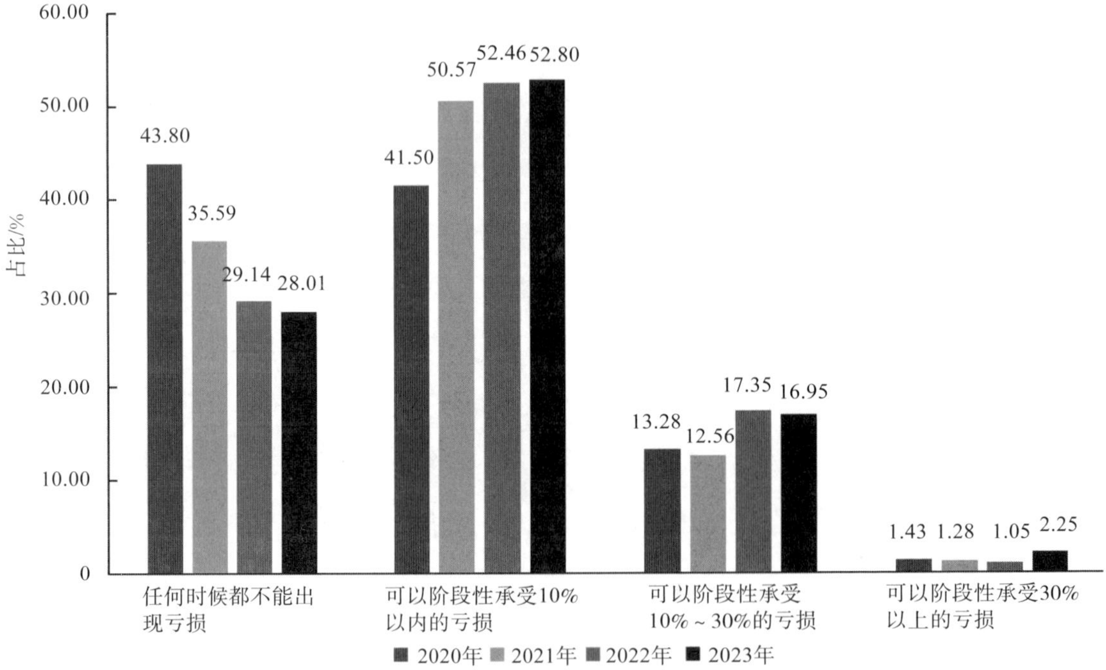

图7-7　居民的风险承受能力

数据来源：《中国养老金融调查报告（2023）》。

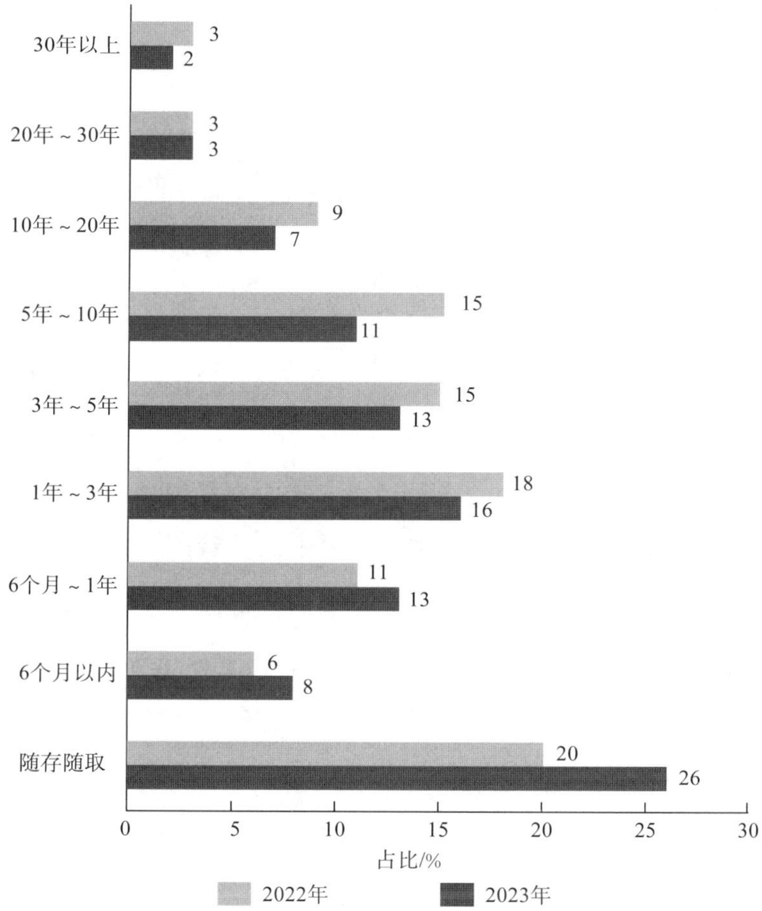

图7-8　意愿投资期限

数据来源：《中国居民养老财富管理发展报告（2023）》。

三、家庭养老财富管理面临的挑战

（一）挑战一：确定合理的养老财富储备目标

1. 问题：目标制定仍处于混沌状态

尽管我国居民的养老意识有所提升，但从养老规划制定到实施这一过程仍存在重重阻碍，尤其是居民可能并不清楚或者难以准确计算出自己还需多少养老财富储备。从养老财富储备缺口难以弥补的现状和居民对弥补养老财富储备缺口的信心之间存在的巨大矛盾可以看出，当前居民在制定养老财富储备目标方面仍处于混沌状态。一方面，按照居民的养老财富积累与管理模式，养老财富储备缺口难以弥补。《中国居民养老财富管理发展报告（2023）》指出，居民平均会将16%的当期收入用于积累养老财富，其中，没有养老规划、有养老规划但未实施和有养老规划且已实施的居民分别会将13%、15%和17%的收入用于积累养老财富。该报告根据居民的财富积累与管理模式进行测算，发现居民平均需要115年才能实现目标养老财富储备规模，没有养老规划、有养老规划但未实施和有养老规划且已实施的居民分别需要159年、113年和99年才能实现目标养老财富储备规模。可见，即使是制定了养老规划且已实施的居民也需要近百年之久才能够弥补养老财富储备缺口。同时，《中国养老金融调查报告（2023）》也发现，即使是60岁及以上的群体，也有七成以上受访者的养老财富储备未达预期。可见，无论是从财富储备缺口的现状还是根据当前财富积累模式来推算，居民实现养老财富储备目标都十分困难。另一方面，居民在主观上对自己未来可以弥补养老财富储备缺口十分自信。《养老金融规划白皮书（2023）》发现，有高达73.79%的受访者非常有信心（22.23%）和比较有信心（51.56%）可以弥补养老财富储备缺口。综上所述，现实与主观认知上的矛盾可能恰恰反映出居民对于切实可行的养老财富储备目标存在一定的困难。制定养老规划是养老财富管理的起点，如何确定合理的养老财富储备目标成为当前的一大挑战。

2. 成因：居民养老认知不清晰

居民弥补养老财富储备缺口在客观上难以实现、在主观上十分自信的矛盾现象，原因主要有两个：其一，居民可能高估了公共养老金水平，从而产生对弥补缺口的盲目自信；其二，居民难以准确估计未来养老需求所需的支出，尤其是可能高估了未来不确定性事件的现值，从而导致目标养老财富储备在客观上难以实现。

从居民对公共养老金的预期水平来看，公共养老金与私人养老储蓄是主要的养老财富来源。因此，居民对公共养老金未来待遇水平的预期，很大程度上影响了其对自身能否实现养老财富储备目标的信心。然而，无论是参与城镇职工基本养老保险的居民还是参与城乡居民基本养老保险的居民，均存在高估未来公共养老金待遇水平的倾向。数据显示，有48.12%的城镇职工受访者认为自己未来的养老金可以达到退休前工资的50%以上，其中超过一半的受访者认为未来的养老金替代率在81%～90%，远远高于当前40%左右的实际养老金替代率。同时，平均而言，城乡居民认为未来养老金水平为2223元/月，远远高于当前204.69元/月的水平，二者相差近11倍。由此可见，无论是城镇职工还是城乡居民，对未来养老金待遇水平均存在不切实际的预期，这在一定程度上解释了居民对未来能够弥补养老财富储备缺口十分有信心的现象。此外，居民对基本养老保险的计发方式理解偏差较大，使得这一政策未能给居民提供一个准确、清晰的预期。城镇职工预期养老金替代率分布见图7-9。

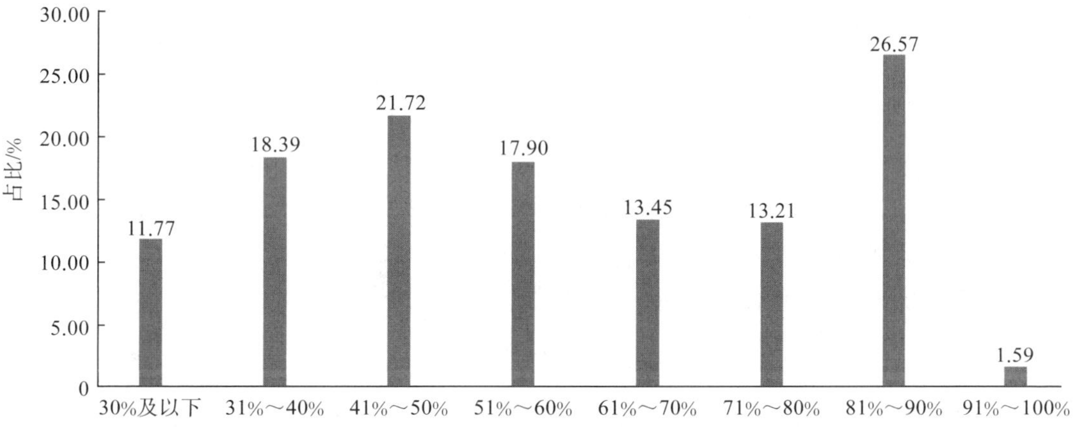

图7-9 城镇职工预期养老金替代率分布

数据来源：《中国养老金融调查报告（2023）》。

从养老需求所需支出看，随着老年需求的转变，多样化、多层次的老年需求带来众多支出项目，具体包括衣食住行等方面的日常生活支出、医疗保健和健康卫生等方面的康养支出、社交需求方面的人情支出等，这使直接确定未来养老支出更加困难。同时，人们都具有厌恶风险的情绪，尤其是可能会高估未来不确定性事件的现值，从而使得制定的目标养老财富储备高于自身实际的经济承受能力。因此，需要寻找一种可以简洁直观确定养老需求所需支出的方式。对此，《养老金融规划白皮书（2023）》中提出按当前支出水平百分比的方式（见表7-1）来确定养老需求所需支出，具体而言，可以根据预期老年生活每月所需支出占当前每月开支的百分比，将未来退休生活水平划分为五个档次，分别为基础退休生活、简约退休生活、无忧退休生活、舒适退休生活和乐享退休生活。居民可以根据想要达到的退休生活水平选择不同的档次，并结合预期养老年限确定目标养老财富储备。

表7-1　不同退休生活水平的确定方式

退休生活水平	每月所需支出占当前每月开支的百分比
基础退休生活	小于50%
简约退休生活	50%～70%
无忧退休生活	70%～90%
舒适退休生活	90%～100%
乐享退休生活	大于100%

（二）挑战二：选择恰当的养老财富配置模式

1. 问题：养老资产配置现状与养老目标不符

随着养老需求的转变——从过去的“养老生活”到现在的“享老生活”，养老预期生活品质的提升对养老财富储备规模提出更高的要求，而养老财富储备的巨大缺口成为横亘在从“养老”到“享老”之路上的最大阻碍。然而，居民以储蓄存款为主的养老资产配置方式与尽可能弥补养老财富储备缺口的目标不符。一方面，中国已经进入低利率时代，一年期银行定期存款利率持续走低，甚至已经低于同时期的通货膨胀率，因此储蓄存款作为养老财富储备难以对抗通货膨胀带来的养老财富贬值风险。另一方面，居民对养老资产安全性和流动性的偏好，使其难以获得长期投资带来的较高收益，不利于养老财富的增值。这与居民对养老账户专款专用的认同程度存在明显的矛盾。养老账户专款专用是指养老账户长期锁定，对资产进行合理配置，从长期投资中获益，从而实现资产的保值增值。换言之，既然养老账户需要长期锁定，那么便可采取适当牺牲资产流动性，从而以相对较低的风险换取相对较高的收益的资产配置策略。

2. 成因：居民金融素养偏低

居民过于保守的投资策略不仅没有发挥出养老账户专款专用的优势，也不利于养老财富保值增值。这可能与居民普遍较低的金融素养息息相关。居民对投资风险的认知较为清晰，对单利和复利原理也有一定的了解，但是对通货膨胀的认知还有待提高。从图7-10可以看出，居民对金融风险计算的正确率最高，在2023年达到77.00%，对复利和单利计算的正确率紧随其后，分别为63.83%和62.98%，而对通货膨胀计算的正确率最低，仅为50.64%。当然，这可能是因为我国通货膨胀率一直处于相对较低的水平，在短期内居民难以察觉物价水平的明显变化，从而出现感知偏差。从整体上来看，2021—2023年居民的金融素养呈上升趋势，但是仍处于及格线水平，在2023年平均正确率为61.11%，未来仍有较大的提升空间。

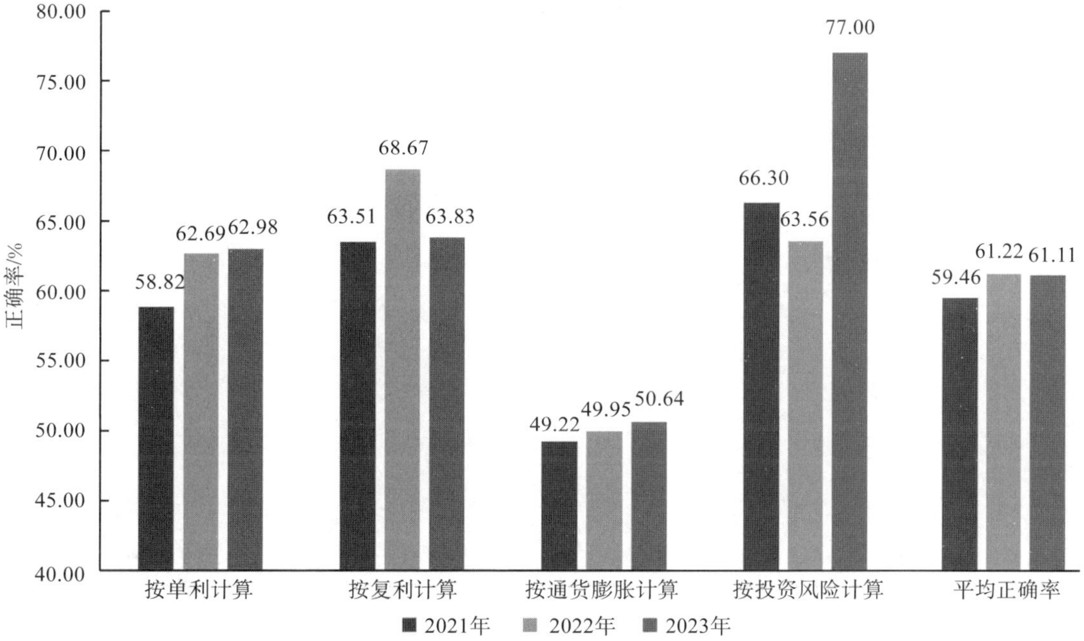

图7-10 居民对金融风险计算的正确率

数据来源：《中国养老金融调查报告（2023）》。

此外，《养老金融规划白皮书（2023）》中列举了居民认知程度较高和较低的金融问题，从表7-2可以看出，居民对于年化收益率3%基本可以跑赢通货膨胀和资产配置能够分散风险这两个问题的回答正确率较高，而对于房产和存款都是无风险资产和高收益、高流动性、低风险能够兼得这两个问题的回答错误率较高。其中，一个有趣的现象是，77%的居民将房产错误地理解为无风险资产，这也能够解释居民在具有明显风险厌恶偏好的情况下，为何将房产作为除储蓄型金融产品外最主要的养老资产配置选择。此外，67%的居民错误地认为高收益、高流动性、低风险能够兼得，结合“没有找到适合自己的养老金融产品”是居民有养老规划但未实施的重要原因，可以合理推断，不少居民可能正在等待市场中出现一种兼顾高收益、高流动性、低风险的金融产品，从而没有将养老规划付诸行动。

表7-2　居民认知程度较高和较低的金融问题

认知程度较高的金融问题	正确率	认知程度较低的金融问题	错误率
年化收益率3%基本可以跑赢通货膨胀	79%	房产和存款都是无风险资产	77%
资产配置能够分散风险	93%	高收益、高流动性、低风险能够兼得	67%

数据来源：《养老金融规划白皮书（2023）》。

第三节

养老金融赋能家庭养老财富管理

一、养老金融赋能家庭养老财富管理的内在逻辑

在“未备先老”的严峻挑战下，人民群众日益增长的美好养老生活需要和现有养老财富储备不平衡、不充分问题之间的矛盾日益凸显。随着人口老龄化的加速，公共养老金偿付压力逐年增大，私人养老储蓄在满足日益多样化、多层次的养老需求中发挥着越来越重要的作用。由于养老问题本质上就是金融问题，养老金融的发展与家庭养老财富管理在目标上存在高度一致性，都是为了满足养老需求，在市场上体现为供需问题。因此，养老金融的发展将极大地促进家庭养老财富管理的优化，助力家庭从生存型养老需求向发展型养老需求转变。

从需求端来看，家庭养老财富管理是以满足家庭养老需求为目的，以金融工具为核心，辅以相关非金融手段对养老财富储备进行一系列系统全面规划的过程，具体包括制定养老规划、积累养老财富、配置养老财富和支取养老财富四个过程。在制定养老规划方面，尽管家庭养老意识逐渐觉醒，但家庭养老财富管理才刚刚起步，家庭对如何制定合理的养老规划仍处于混沌状态。养老规划是一个跨生命周期的综合性财务计划，需要兼顾家庭的短期目标与长期目标，综合考虑家庭财务状况、人口结构、生活方式等一系列因素。因此，家庭迫切需要政策的引导和专业的养老规划咨询服务的指导，帮助其制定个性化、专业、可行的养老规划。在积累养老财富方面，家庭实际养老财富储备与预期目标还存在一定的差距，这一方面可以归因于不合理的养老规划安排，另一方面可以归因于不合理的资产配置结构。在配置养老财富方面，受限于普遍较低的金融素养，家庭对风险、收益和流动性等基础金融知识的认知有限，导致其资产配置能力不强，养老投资趋于保守化和短期化，

与全生命周期的资产配置理念高度不符。因此，家庭表现出对专业且全面的养老金融知识和优质养老金融产品与服务的强烈需求，迫切希望在专业的投资顾问服务的指导下，对全生命周期的养老金融产品进行有效的配置，实现养老财富的保值与增值，从而更好地满足养老需求。在支取养老财富方面，家庭需要根据实际需求，合理安排养老财富储备的支取计划，避免因过度消费或保守消费导致家庭养老财富储备不足或过度节余。因此，在支取养老财富阶段，同样需要专业的财务规划咨询服务的支持。

从供给端来看，养老金融是一个概念体系，即围绕着社会成员的各种养老需求所进行的金融活动的总和，具体包括养老金金融、养老服务金融和养老产业金融。其中，养老金金融是指制度化的养老金安排衍生的一系列金融活动，养老服务金融则是指非制度化的养老财富储备衍生的一系列金融活动，二者与家庭养老财富管理直接相关。因此，养老金融赋能家庭养老财富管理的内在逻辑体现在以下几个方面（见图7-11）：第一，在政策引导方面，面对家庭制定合理养老规划的需求，一方面，政府可以通过不断优化养老金计发方式和加大政策宣传力度，为家庭提供清晰稳定的公共养老金预期，从而助力家庭制定合理的养老规划，进而明确养老财富储备目标；另一方面，政府可以通过优化个人养老金制度的参与激励机制，引导家庭积极参与这项制度，从而培养家庭进行养老财富储备的习惯，强化多方主体的养老责任。面对家庭提高资产配置效率的需求，政府可以通过推动养老金资产进入资本市场，促进资本市场繁荣，不仅为家庭进行养老投资奠定坚实的市场基础，还为家庭进行养老投资起到示范效应。第二，在金融教育方面，面对家庭掌握专业的养老金融知识的需求，政府、金融机构等多方主体大力宣传养老金融相关知识，建立专业且全面的投资者教育体系，通过全民金融教育扭转家庭固有的养老储蓄习惯，培养全生命周期资产配置理念，推动家庭从储蓄养老向投资养老转变。第三，在产品与服务供给方面，面对家庭多样化的养老金融产品与服务需求，各大金融机构基于各自的金融业务优势，积极进行养老金融产品和服务的创新，以家庭养老需求为核心，为家庭提供全生命周期的专业化、个性化综合服务，满足不同年龄阶段、不同收入水平、不同家庭结构的家庭对养老金融产品组合的不同需求。

当然，养老金融的发展尚处于初级阶段，与匹配家庭养老财富管理的需求仍存在一定的差距。政府、金融机构和社会各界应共同努力，通过政策引导、金融教育和产品与服务创新等多方面措施，积极推动养老金融发展，赋能家庭养老财富管理，从而更好地满足家庭多样化、多层次的养老需求。

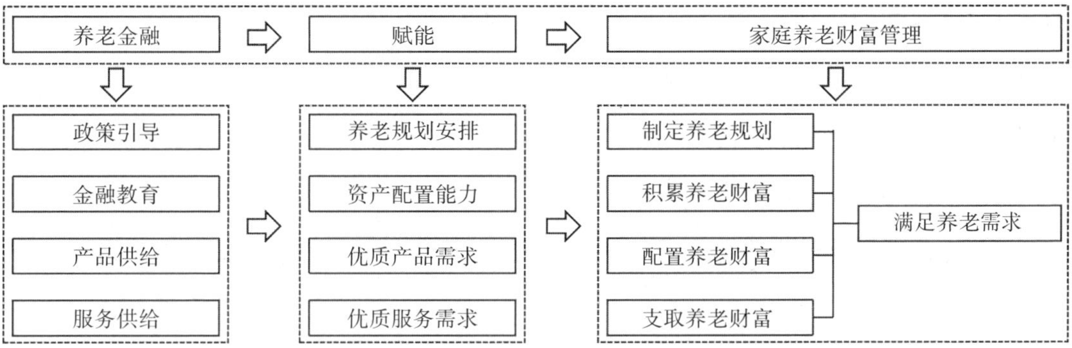

图7-11　养老金融赋能家庭养老财富管理的内在逻辑

二、养老金金融赋能家庭养老财富管理

养老金金融主要包括两个方面：一是养老金制度安排，二是养老金资产管理。因此可以将养老金金融理解为政府主导的公共养老财富管理，它对家庭主导的私人养老财富管理主要起到示范与引导作用。2022年11月，《个人养老金实施办法》实施，标志着我国多层次、多支柱的养老保险体系框架逐步完善。然而，我国多层次、多支柱的养老保险体系中存在的问题仍然突出，对家庭养老财富管理的示范与引导作用有限，主要体现在基本养老保险未能为家庭提供清晰稳定的预期、个人养老金制度参与激励不足和养老金资产管理有待优化，难以有效地助力家庭明确养老财富储备目标、引导家庭培养养老财富储备习惯、打造家庭进行养老投资的市场基础。

（一）提供清晰稳定的公共养老金预期，助力家庭明确养老财富储备目标

制定养老规划是家庭养老财富管理的起点，这一步关键在于确定养老财富储备缺口。然而，家庭对养老财富储备缺口的认识仍不清晰，主要原因可能有两个：一是家庭难以准确计算退休生活所需支出，因而难以确定养老财富储备目标，当然，这可以通过预期支出占当前支出的百分比来简单估算。二是家庭对自己未来的公共养老金待遇水平认知不足，受过去较高养老金替代率的思维惯性影响，人们普遍高估了未来养老金的待遇水平。这种高估不仅使居民对弥补养老财富储备缺口存在盲目自信，也会使家庭减少私人养老财富储备，最终导致实际养老财富储备达不到预期目标，难以实现理想的退休生活。

从基本养老保险计发方式看，养老保险制度改革产生的“新人”“中人”和“老人”分别适用不同的养老金计发办法，但居民对这些复杂的计发方式了解不足。因此，他们在评估自己未来养老金待遇水平时，通常参考已退休职工的养老金替代率，而忽视了这些养老金计发方式是否适用于自己，最终导致对未来养老金待遇水平的高估。针对这一现象，政府及相关部门一方面应加大对养老金待遇水平确定方式的宣传力度，提供线上线下相结合的养老金预测渠道；另一方面应持续完善基本养老保险制度，建立科学、稳定、可预期的待遇水平调整机制，为家庭提供一个清晰稳定的公共养老金预期，使家庭确切地了解自己未来预计会有多少公共养老财富储备，从而明确养老财富储备缺口。

（二）引导家庭积极参与个人养老金制度，助力家庭培养养老财富储备习惯

家庭的养老规划意识逐渐觉醒，越来越多的家庭意识到仅靠公共养老金已无法满足养老需求，少子老龄化的人口结构转变也使得子女养老模式难以维系，需要完善多层次、多元化的社会养老和强化个人养老金融责任。然而，家庭觉醒的养老规划意识并未有效地转化为实际行动，这可能与家庭的短视行为相关。一方面，家庭可能更加重视当期消费，对未来消费赋予了较小的主观贴现因子，从而使得家庭缺乏养老财富储备动机；另一方面，现实中，人们往往存在“心理定势”，尽管近年

来在各方紧锣密鼓的宣传下，人们逐渐意识到个人养老的重要性，但是由于个体心理和习惯的惯性会使他们继续保持原来的生活模式，在切身体会到养老财富储备不足的危害之前，他们很难真正重视养老问题。这便需要政策的干预和引导，以避免家庭的短视行为。

个人养老金制度由个人主导，遵循自愿参与原则，由于家庭的短视行为，需要引入适当的税收优惠政策来引导家庭积极参与这项制度。然而，个人养老金制度的税收优惠设计的激励效应有限，难以调动家庭的积极性。个人养老金的税收优惠政策是，在缴费时按照缴费额进行免税，最高缴费12000元，并且在领取时按照3%的税率缴税。考虑到我国采取累进式个税，因此，当月收入处于税率跨挡的边缘时，缴纳个人养老金带来的税收优惠力度最大。但是由于税率的起征线和个人养老金缴费限额，对于收入相对较低和收入相对较高的群体而言，税收优惠政策对他们税额的影响不大，制度的激励力度不足，难以有效引导人们为自己积累更多的私人养老金、培养个人的养老财富储备习惯。

个人养老金制度仍需不断完善和改进。我国应积极探索符合我国国情的个人养老金制度参与激励机制，具体包括税收优惠政策和财政补贴机制，这也决定了未来个人养老金的发展规模。一方面，探索灵活的税收优惠模式，比如建立EET和TEE相结合的税收优惠激励机制、探索差异化的税收优惠或减免政策。另一方面，探索适当的财政补贴机制，比如，可利用财政补贴的方式调动难以享受税收优惠的低收入群体参与该制度的积极性。此外，适当增加制度的灵活性，比如，适当放宽参加的年龄限制、设置更加灵活合理的提前支取规则，从而提高制度的吸引力，引导家庭培养养老财富储备习惯。

（三）推动养老金资产进入资本市场，打造家庭养老投资的市场基础

积极推动养老金资产进入资本市场，不仅有助于资本市场繁荣，为家庭打造养老投资的市场基础，也为家庭投资行为提供了示范。一方面，由于缺乏长期投资者，我国资本市场的健康发展长期受阻，政府可以通过引入大规模的公共养老金资产，为资本市场注入长期资本和活力，促进资本市场繁荣，提振投资者信心。资本市场的繁荣又会为资产的保值增值提供保障，进而为家庭进行养老投资奠定坚实的市场基础。

另一方面，公共养老金资产的配置模式对家庭养老财富管理模式也起到示范效应。在过去，较高的养老金替代率和“养儿防老”的传统使得人们较少考虑自己的养老问题，更不具有全生命周期的养老财富管理理念。然而，随着人口老龄化程度的加剧，个人养老意识觉醒，人们仍然不知道该如何管理自己的养老财富。这时政府主导的公共养老金资产管理模式便可能成为家庭养老财富管理模式的重要参考。然而，公共养老金资产的运营管理存在投资保守、资产配置结构不合理的问题，未能发挥出公共养老金资产的规模优势，不利于公共养老金资产的保值和增值。借鉴美国等发达国家的养老金市场化运营经验，中国的公共养老金资产管理应提高风险容忍度，适当增加权益类资产的配置比重。

三、养老服务金融赋能家庭养老财富管理

养老服务金融是指除制度化的养老金外，金融机构围绕与社会成员养老相关的投资、消费及其他衍生需求进行的金融服务活动，是家庭养老财富管理需求的供给方。养老服务金融通过建立完善的养老金融教育体系，提升家庭全生命周期资产配置能力；通过加强养老金融产品创新，适配家庭多样化养老金融产品需求；通过丰富养老金融综合服务体系，支持家庭全生命周期养老财富规划。

（一）建立完善的养老金融教育体系，提升家庭全生命周期资产配置能力

家庭的养老金融素养偏低，对各类养老金融产品的风险、收益和流动性的认知不够清晰，同时，家庭的风险承受能力较低且流动性偏好较强。因此，我国家庭养老金融资产仍以短期储蓄为主，家庭缺乏长期投资意识，与全生命周期的资产配置理念相去甚远。尤其在低利率时代下，居民的传统储蓄养老模式难以有效抵御通货膨胀，而随着后资管新规时代准刚性兑付的理财产品退出历史舞台，投资理财收益

的不确定性增加，家庭对产品净值波动的恐慌更是导致其选择更为保守的资产配置组合。在此情况下，政府、金融机构等多方主体应积极参与国民养老金融教育，助力家庭养老储蓄转化为长期投资，建立全生命周期资产配置理念。

在养老金融教育中应注重准确、简单、全面、生动四大原则，以尽可能地降低人们的学习成本，让人们在提升学习兴趣的同时掌握基本的金融知识。一是政府部门应发挥其权威性优势，加强政策引领与宣传，依托国家社会保险公共服务平台对基本的金融知识进行全面的普及。二是金融机构要积极开展知识普及活动，通过线上线下相结合的方式，将养老金融知识普及贯穿养老金融产品购买前、购买中和购买后的全过程，帮助购买者选择最适合自己的养老金融产品。三是行业协会要配合做好宣传工作，提升养老金融的社会关注度，通过建立养老财富规划师行业标准、搭建养老金融教育基地、大力发展职业教育平台等来支持国民养老金融教育。

（二）加强养老金融产品创新，适配家庭多样化养老金融产品需求

我国的养老金融产品体系已初步建立，根据功能的差异可大致分为保障型产品、保值型产品和增值型产品，其中，保障型产品主要包括储蓄存款和商业养老保险，保值型产品主要包括银行理财产品，增值型产品主要包括养老目标基金。然而，养老金融产品创新不足，存在同质化现象，同时养老金融产品设计本土化改造不足。例如，在中国引入住房反向抵押养老保险，与老人普遍存在的遗产动机相冲突，不仅使得这一产品的发展受阻，还难以解决养老问题。由此可见，通过产品创新与本土化改造为人们提供真正需要的养老金融产品具有很大的必要性。随着国民养老财富储备意识的觉醒，家庭已经表现出对优质养老金融产品的强烈需求，且不同家庭的需求存在明显的差异。在纵向上，处于不同生命周期的家庭具有不同的养老金融产品需求。比如在事业成长期，提前思考如何进行养老规划，适度留存养老钱，初步养成养老财富储备习惯；在事业稳定期，养老财富稳步积累，具有较高的资产保值增值需求；在退休期，需要合理规划支出，对养老资金长期稳健配置、资金安全性、周期性现金流、突发性资金支取等都有着明确的需求。在横向上，对于不同收入水平、家庭结构、投资目标、风险偏好的家庭而言，对养老金融产品的需求同样存在差异。

因此，一方面，银行业、基金业、证券业和保险业应充分发挥渠道优势，通过市场调查刻画投资者画像，了解居民的投资偏好、家庭财务状况等，以此细分投资者对养老金融产品的需求，并在此基础上提升产品创新能力，提供个性化、专业化的专属产品及产品组合来匹配差异化、多元化的产品需求，构建基于居民全生命周期的养老金融产品线。另一方面，要持续跟踪投资者画像的变化，掌握投资者在投资偏好、家庭财务状况等方面的动态变化，及时对养老金融产品进行适应性改进与创新，动态匹配家庭的产品需求。

（三）丰富养老金融综合服务体系，支持家庭全生命周期养老财富规划

养老财富管理业务从以提供标准化养老金融产品为核心转向以满足客户养老需求为核心，因此，传统的资产管理服务体系不能满足客户多样化的养老财富管理需求，丰富养老金融综合服务体系、支持家庭全生命周期养老财富规划已成为必然趋势，具体包括投资顾问服务体系、“金融+服务”体系等。

从投资顾问服务体系来看，随着后资管新规时代的到来，产品净值波动加大，对于欠缺金融知识的普通养老投资者来说，层出不穷的养老金融产品增加了他们的选择负担，因此，他们对专业的投资顾问服务有着强烈的需求。然而，市场上“以客户为核心”的投资顾问服务已经实现了从0到1的突破，但尚未形成成熟的体系。投资顾问服务体系的缺位是养老财富管理行业实现高质量发展的瓶颈。投资者的养老投资知识主要来自各大金融机构提供的金融教育宣传，比如银行和保险公司利用微信公众号、App等线上方式进行的养老投资知识普及。但是，在国民金融素养普遍较低且短期内金融教育成效难以显现的情况下，各大金融机构需要打造专业化投资顾问服务体系，将投资顾问业务深度嵌入养老金融业务发展链条，培养客户养老资金长期投资的理念，避免“追涨杀跌”的短视行为，通过优化大类资产配置，帮助客户穿越经济周期，追求长期稳定的投资回报。

从“金融+服务”体系来看，家庭养老财富管理的根本目的是满足养老需求，因此，需要注重养老财富管理与养老服务的有机结合，打造一体化综合服务体系。比如，金融机构可以通过加强与各种服务机构的跨界合作，研发包括养老社区、养老旅游、医疗照护等在内的养老服务平台，全方位地满足客户从养老财富管理到养老服务的一体化需求。

Chapter 8

第八章

金融素养与家庭养老金融资产配置优化

受人口抚养比上升、家庭小型化趋势凸显、现代养老观念形成、风险偏好转变等因素的影响，传统家庭的“养儿防老”功能明显弱化。此外，预期寿命延长也给目前以现收现付制为主的基本养老保险制度带来可持续性挑战。在此背景下，未来，个人自我养老的作用将更加重要，而自我养老更多地依靠个体或家庭的退休规划和养老金融资产配置，也就是将高储蓄转换为高养老金财富。老龄社会将会导致金融资产的重新配置。养老金融资产配置不仅可以保障个体和家庭老年期的财务安全，也可以支持经济增长和金融业发展。金融素养作为影响养老金融产品需求的重要因素，势必在家庭养老金融资产配置中扮演重要角色。

第一节

金融素养与家庭养老金融资产配置测度

一、金融素养的含义及测度

（一）金融素养的含义

20世纪90年代以来，消费者的金融素养低下导致其金融决策不理性，这被视为金融危机的主要诱因之一，人们逐渐意识到现实中不存在消费者完全理性与信息充分的完全竞争市场，人们的消费行为很大程度上受到金融知识、金融技能等因素的影响，关于金融素养的研究也正式兴起。金融素养是消费者做出正确的理财决策、投资决策的重要影响因素之一。金融素养相关研究的重要性表现在以下几个方面。第一，受经济全球化和数字化影响，复杂的金融产品和服务层出不穷，推动金融市场平稳发展，需要培养消费者与产品和服务相匹配的金融素养。第二，随着老龄人口的增加、生育率的下降，许多国家纷纷由DB养老金计划（收益确定型养老金计划）向DC养老金计划（缴费确定型养老金计划）转型，更多的养老责任由政府、企业转移到个人，个人需要提升自身的金融素养以合理做好退休规划，预防老年贫困。第三，金融素养不仅影响个人金融福祉，也会影响政府决策和金融系统的运行。若因个人金融素养低下而做出不理智的金融行为导致其基本生活得不到保障，其可能会向政府寻求帮助，同时给其他人增添负担，进而影响社会资源配置（Noviarini et al.，2021）。基于以上原因，学界从不同视角对金融素养展开了理论与实证上的研究。

何为金融素养？金融素养与个人管理金钱的能力息息相关，通常先在个人层面上进行衡量，然后按群体进行汇总。美国金融素养与教育委员会提出，金融素养是消费者为实现终身金融福祉所掌握的金融知识和进行有效金融管理的能力。OECD将金融素养定义为做出合理财务决策并最终实现个人财务福祉所需的意识、知识、技能、态度和行为的组合，主要包括金融知识、金融态度和金融行为三个要素。其中，金融知识是金融素养的基础，人们掌握金融知识后可以理解金融产品和服务的特性，比如了解风险与收益之间的关系、风险分散的概念等。在掌握金融知识的前提下，人们的金融态度直接影响他们能否做出恰当的金融行为，金融态度包括人们对储蓄的态度、对未来的预期，风险偏好等。金融行为决定了人们在短期和长期内的福祉，比如疏于退休规划会导致老年贫困。因此，金融行为包括制定预算、储蓄、投资目标等。

（二）金融素养的测度

在金融素养的度量方面，早期的度量主要以衡量计数能力为主。尽管计数能力十分重要，但对于中年群体而言，直接学习相关金融知识往往比提高基本的计数能力更为重要。2004年，美国健康与退休研究首次设计了直接反映金融素养的相关问题，最早的金融素养度量主要涉及对复利、通货膨胀、风险分散这三个概念的理解[1]，在后续的研究中，这种简单度量方式所得到的结果被称为基础金融素养（Basic Financial Literacy）。Rooij et al.（2011）进一步拓展了金融素养的度量范围，将其与投资组合相关联，涉及消费者对股票、债券、基金、保险、风险收益等的理解的问题被用于测度高级金融素养（Advanced Financial Literacy）。此后，基础金融素养与高级金融素养共同构成客观金融素养，客观金融素养可以客观公正地反映消费者的金融素养水平。而主观金融素养的测度多采用受访者对自身的金融素养水平进行自我评价的方式。由于自我评价不一定准确，所以主观金融素养与客观金融素养之间可能存在一定的偏差，从而影响资产配置结果。近年来，OECD（2016）[2]从金融知识、金融态度和金融行为三个方面出发来衡量客观金融素养水平，构建了较为完善的金融素养测度体系。在此前问卷的基础上，OECD（2023）[3]将数字金融产品的持有和使用、可持续金融产品的持有以及对可持续金融产品的态度等相关问题也纳入度量范围。研究结果显示，在39个参与调查的国家和经济体中，无论是发达国家还是发展中国家，其国民平均金融素养水平都有待提升[4]。

国内关于金融素养的研究起步较晚，受数据可得性限制，本章利用2017年、2019年中国家庭金融调查中关于金融素养的调查问卷来构建金融素养评价指标，样本年龄区间设置为18～90岁。调查问卷中涉及利息、通货膨胀、主板vs创业板、偏股型基金vs偏债型基金4个问题。根据问题难度系数，将金融素养得分划分为基础金融素养得分与高级金融素养得分，二者加总构成客观金融素养得分。除客观金融素养得分外，主观金融素养得分则由问卷中受访者对自身相关金融知识的了解程度

[1] LUSARDI A ,MITCHELL O S.Financial literacy and planning: implications for retirement wellbeing[R]. Philadelphia: pension research council, 2006.

[2] OECD.OECD/INFE international survey of adult financial literacy competencies[R]. Paris: OECD,2016.

[3] OECD.OECD/INFE. 2023 international survey of adult financial literacy[R]. Paris: OECD,2023.

[4] 所有参与国的平均金融素养得分为60分（满分100），低于OECD设置的最低目标分值（70分）。

的评估得到（见表8-1）。

表8-1　金融素养调查问卷的相关问题

客观金融素养
A.基础金融素养
假设银行的年利率是4%，如果把100元钱存1年定期，1年后获得的本金和利息是多少？ （1）小于104元　（2）等于104元　（3）大于104元　（4）算不出来
假设银行的年利率是5%，每年的通货膨胀率是3%，把100元钱存银行1年之后能够买到的东西与一年前相比会有什么变化？ （1）比一年前多　（2）与一年前一样多　（3）比一年前少　（4）算不出来
B.高级金融素养
您认为，一般而言，主板股票和创业板股票哪个风险更大？ （1）主板股票　（2）创业板股票　（3）没听说过主板股票　（4）没听说过创业板股票　（5）两者都没听说过　（6）一样大
您认为，一般而言，偏股型基金和偏债型基金哪个风险更大？ （1）偏股型基金　（2）偏债型基金　（3）没听说过偏股型基金　（4）没听说过偏债型基金　（5）两者都没听说过　（6）一样大
主观金融素养
您对股票、债券、基金的整体了解程度如何？［选项（1）～（5）分别对应的主观金融素养得分为1、0.75、0.5、0.25、0］ （1）非常了解　（2）比较了解　（3）一般了解　（4）比较不了解　（5）完全不了解

Lusardi和Mitchell（2011）在设计问卷时，设计了“错误”与“不知道”两个选项，尽管选择这两个不同选项的受访者都未正确地回答问题，但选择这两个不同的选项侧面反映出受访者掌握了不同程度的金融知识，选择“不知道”的受访者相较于选择“错误”的受访者的金融素养更低。在构建客观金融素养评价指标时，本书也考虑了“不正确”和“不知道”之间的差异，针对选项包含“不知道”或“没听说过”的金融素养问题分别设置两个虚拟变量。一是是否能够理解问题，若选择“不知道”或“没听说过”，则取0，选择其余选项则取1。二是是否回答正确，若

回答正确，则取1，回答不正确取0。本书所涉及的4个客观金融素养问题对应8个虚拟变量。参考Rooij et al.（2011）的做法，利用主成分分析法得到每个受访者加权以后的客观金融素养得分[1]。将主观金融素养与客观金融素养一一对应，得到的结果如图8-1所示。整体而言，主观金融素养得分越高的人群所对应的客观金融素养水平也越高，二者呈显著正相关关系。但值得注意的是，对于主观金融素养得分在0.75以上的群体，其客观金融素养呈现出下降趋势，表明存在“自负”现象，对自身金融素养水平的评估过高，可能导致金融行为出现偏差。

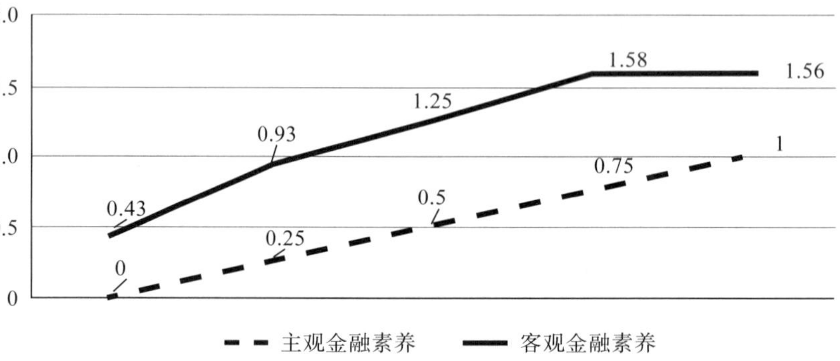

图8-1　主观与客观金融素养分值对照

受认知水平、经济状况和社会环境的影响，不同年龄群体的金融素养水平存在一定的差异。根据世界卫生组织的相关规定，将样本群体划分为18岁到44岁的青年群体、45岁到59岁的中年群体和60岁及以上的老年群体。由图8-2可知，我国居民的客观金融素养水平随着年龄的增长呈现出下降趋势。一方面，这是因为青年群体使用技术设备更加娴熟，该群体接触的信息量增加，有利于提升其客观金融素养水平；另一方面，受身体情况、认知水平下降等因素的影响，老年群体的客观金融素养水平相对较低。从发展趋势来看，2017—2019年，各年龄段人群的客观金融素养水平均呈上升趋势，中老年群体的客观金融素养水平提升得更加显著。

[1]　客观金融素养主成分分析结果提取2个主要成分，其中KMO值为0.752，累计方差百分比达到70%以上，说明数据适用于主成分分析。

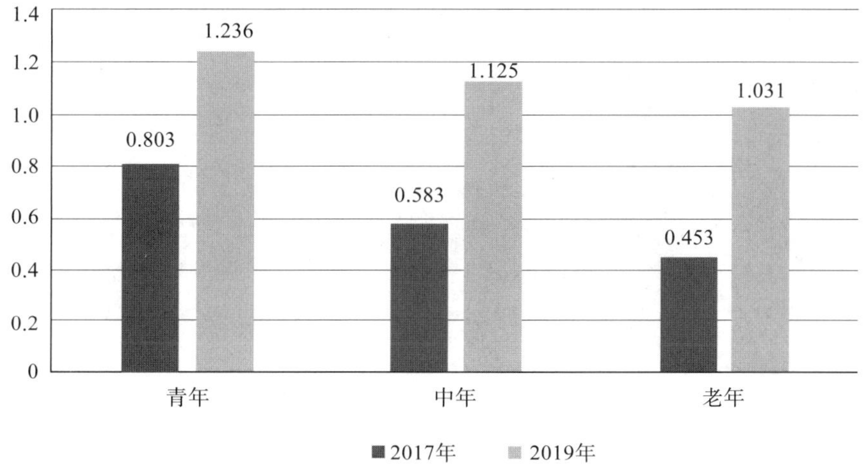

图8-2　不同年龄群体的客观金融素养水平比较

为了进一步描述我国居民的金融素养分布情况，本书根据客观金融素养和主观金融素养得分高低，将样本的金融素养水平划分为以下四种类别（Bannier et al., 2016）：低水平（双低）、自负型（客低、主高）、自卑型（客高、主低）、高水平（双高）。以中位数作为划分标准，由于主观金融素养中得分为1的样本量非常少，因此将得分为0、0.25的样本认定为低主观金融素养，其余为高主观金融素养。客观金融素养得分的中位数为0.97，得分低于0.97的划分为低客观金融素养，其余划分为高客观金融素养。整理后得到的样本金融素养分布情况如图8-3所示。整体而言，我国居民平均金融素养处于较低水平，46.66%样本的主、客观金融素养得分均较低。此外，有32.46%的样本对自身的金融素养水平估计得过于保守，属于“自卑型”。目前，已有部分研究关注到“自负型”金融素养可能产生一系列不恰当的金融行为。比如Kawamura et al.（2021）通过实证研究发现，主观金融素养水平远超客观金融素养水平的样本更有可能错过抵押贷款支付、接到催收电话或做出其他不理智的金融行为。然而，“自负”现象在我国并不常见，仅占总样本的2.51%，“自卑型”与“自负型”金融素养水平的样本在很大程度上受到中国传统文化中的自谦文化的影响，导致投资过度保守。此外，“高水平”的样本占比仅为

18.36%，说明我国居民整体金融素养水平还有较大的提升空间。

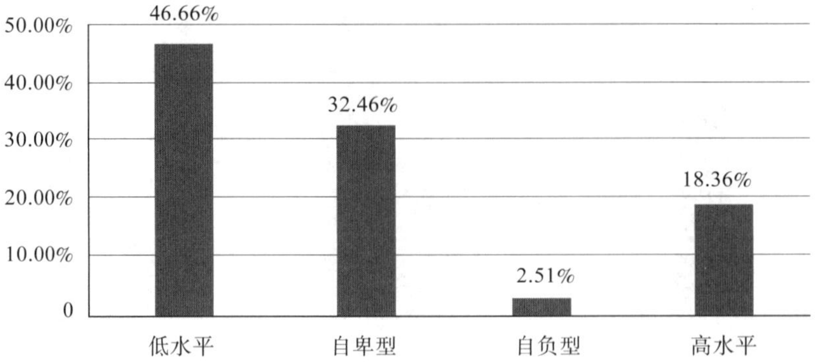

图8-3　我国居民金融素养分布情况

注：因四舍五入，各分项数据相加未达100%。

二、家庭养老金融资产配置测度

养老金融资产与普通金融资产最大的区别在于其目的性更强，是以实现养老规划、应对长寿风险、维持老年生活水平为目标，以某种价值形态存在的金融资产，大部分具有长期投资属性，养老金融资产配置要根据个体所处生命周期的不同阶段做出相应的调整。本书选择以中老年家庭为样本，这是因为根据人们所处的人生阶段，中老年家庭子女已成年，一般不存在抚养子女、购置房产等大型开支，金融资产配置的主要目的是通过资产保值增值来维持老年生活水平、预防老年贫困、应对长寿风险等，所以，用户主年龄在45岁以上的家庭的金融资产配置情况来衡量家庭养老金融资产配置具有可行性。此外，由于实践中难以清晰地区分养老金融资产与一般金融资产，在一般金融资产的基础上，参考《中国养老金融调查》的问卷设计，特别考虑了寿险（包括商业养老保险）和企业年金的参保情况。其中，寿险的参保情况可以从侧面反映出个体进行退休规划的积极性；企业年金作为第二支柱，在部分中高收入群体的退休收入构成中扮演了重要角色。

由于缺乏具体的投资收益率相关数据，下文将从养老金融资产金额、养老金融资产分散化程度、风险性金融资产[1]持有、寿险持有和企业年金参加五个方面来反映家庭养老金融资产配置情况。参考Shin et al.（2017）的研究方法，金融资产分散化程度测度公式如下：

$$资产分散化程度=1-\sum_{i}^{N}\left(\frac{资产i的持有金额}{持有的金融资产总额}\right)^2$$

该资产分散化程度测度公式源于赫芬达尔-赫希曼指数（Herfindahl-Hirschman Index），该指数在经济学中常被用于衡量一个行业的市场集中度。如果家庭将整个投资组合投资于单一资产类别，则资产分散化程度为0；投资越分散，则资产分散化程度越接近于1。与传统方法相比，使用这种衡量标准的好处在于，同时考虑了资产分散化的两个主要维度——不同资产的数量和每种资产的投资集中度。此外，在风险性金融资产持有方面，考察了 “是否持有风险性金融资产”；在寿险持有方面，考察了“是否持有寿险”；在企业年金参加方面，考察了“是否参加企业年金”。

[1]　风险性金融资产包括股票、基金、债券和金融衍生品等。

第二节

金融素养与家庭养老金融资产配置优化

一、金融素养与家庭养老金融资产配置优化的理论分析

（一）金融素养与家庭养老金融资产配置

关于金融素养与投资行为的研究最早可以追溯到20世纪末。Mitchell et al.（1998）最早发现大多数美国家庭缺乏基本的金融知识，导致他们在进行储蓄和投资时使用粗略的经验法则。其后，Calvet et al.（2007）评估了瑞典投资者的不理智投资行为，虽未明确提及金融素养的概念，但指出较贫穷、受教育程度低的移民家庭更有可能犯财务上的错误。

近年来，随着金融市场复杂程度的日益上升，消费者要想做出明智的投资决策，就需要拥有更高水平的金融素养来理解金融产品，关于金融素养与投资决策的关系的研究也更加丰富。

现有研究大多认同金融素养水平的提升能提高风险性金融资产投资参与度和投资收益率水平。首先，金融素养水平较高的群体可以更好地了解金融产品的特征，减少搜索和处理信息的费用（Rooji et al.，2011）；其次，受过更高金融教育的投资者在做出投资决策时更加自信，甚至因过度相信自己的知识水平而做出超出其风险承受能力的决策；最后，拥有更多金融知识的人的风险厌恶程度更低（Dohmen et al.，2010）。这些研究都表明金融素养水平提升有利于鼓励家庭购买风险性金融资产。此外，Lusardi et al.（2014）的研究表明，金融素养水平的提升可以有效提高消费者购买股票的收益率，而金融投资经历也会反作用于金融素养水平的提升。与一般教育相比，金融素养教育更显著地影响寿险购买行为，因为金融素养水平提升能减少信息不对称，帮助家庭更好地评估自身的寿险需求。在投资组合多样性方

面，金融素养水平提升有利于提高资产配置的多样化程度，从而有效分散风险。在养老金融资产配置方面，大多数研究肯定了金融素养水平提升对养老金融资产配置优化的促进作用。比如，有学者探讨了未来预期和金融知识对消费者参与401（k）计划的影响，发现具有较高未来预期和金融知识的消费者更有可能参与401（k）计划。周弘 等（2020）基于2014年中国家庭追踪调查（CFPS）的研究数据发现，家庭金融素养水平提升能显著增加养老计划的多样性，其中影响商业保险购买的渠道是金融素养水平提升会提高消费者对保险产品的信任度。

从理论模型的角度来看，假设代表性个体的一生由工作期和退休期两个时期构成，在工作期期初个体进入劳动力市场时，其个人资产为0，个人初始金融素养水平为FL_0，初始金融素养水平与消费者的教育经历息息相关。在工作期，消费者可以以成本P进行额外的金融素养投资（P是金融素养投资相对于消费品的价格）。随着时间的流逝，金融素养以δ（$\delta \in [0,1]$）的速度进行折旧，由此得到退休期期初的金融素养水平FL_1为：

$$FL_1=(1-\delta)FL_0+\phi$$

其中，ϕ表示投资ϕ单位的金融素养。金融素养水平越高，投资收益越多，金融知识转换成实际收益率，因此，令退休期储蓄的投资收益率$R=FL_1^{\alpha}$，其中$\alpha \in$（0，1）。消费者的终生效用由两个时期的消费水平所决定，同时受到预算约束的限制：

$$U(C_0,C_1)=InC_0+\beta InC_1$$

$$C_0+S+P\phi=y$$

$$C_1=RS$$

消费者追求终生效用最大化，整理后得到最优金融素养投资额φ^*、最优金融素养存量FL_1^*和最优储蓄水平S^*，用公式表示如下：

$$\phi^* = \frac{1}{1+\beta+\alpha\beta}\left[\frac{\alpha\beta y}{p} - FL_0(1-\delta)(1+\beta)\right]$$

$$FL_1^* = \frac{\alpha\beta}{1+\beta+\alpha\beta}\left[FL_0(1-\delta) + \frac{y}{p}\right]$$

$$S^* = \frac{\beta}{1+\beta+\alpha\beta}\left[y + PFL_0(1-\delta)\right]$$

由此可见，最优储蓄水平随着金融素养存量的增加而增加，说明金融素养水平的提升有利于养老金融资产的积累。由此提出以下假设：

H1：金融素养水平的提升有利于优化家庭养老金融资产配置。

（二）金融素养对家庭养老金融资产配置优化的作用机制

1. 金融素养、金融普惠性与家庭养老金融资产配置

金融素养水平提升可以从需求侧促进金融普惠性提升，从而优化家庭养老金融资产配置。反之，缺乏与金融素养水平提升匹配的金融普惠性提升会带来一系列问题。比如，小额信贷领域的经验表明，若穷人接受了没有能力偿还的贷款，基本债务问题甚至可能会衍生出一系列社会问题；当人们不能对自身的风险承受能力做出正确判断而购买金融产品时，亏损可能超过其本身的承受能力，带来负面效应；在不理解较为复杂的商业养老保险产品的情况下购买该产品可能会导致退休后的现金流不能较好地满足消费者的实际养老需求。因此，金融素养与金融普惠性是相辅相成的关系。有学者利用金融素养测量调查来反映各个国家微观层面的金融普惠程度，并论证了金融素养与金融普惠性之间的相关性，对金融产品了解程度较低的人群，其金融素养得分也较低。他们认为，金融普惠性指标由金融产品持有行为和金融产品主动消费心理两部分构成，其中金融素养是金融产品主动消费心理的决定性因素。

2005年，联合国首次提出普惠金融的概念，呼吁在全球范围内建立普惠金融体系。与传统的金融发展强调金融总量的扩大、金融机构和产品数量的增加、市场规

模的扩大和功能的完善不同，普惠金融的发展目标是让不同阶层的人都可以以合理成本获取所需的金融服务，强调金融产品的质量和可及性。首先，提高金融普惠性有利于提高居民储蓄率。根据凯恩斯的现金持有理论，人们会通过比较持有现金的交易成本和机会成本来决定最优的现金持有比例。当金融普惠性较低时，受金融机构网点数量、交通设施、通信设备等因素限制，人们将存款储蓄到正规金融机构的交易成本较高，且金融机构与投资者之间存在较为严重的信息不对称，这导致储蓄率低下。同理，当能合法销售金融产品的金融机构覆盖面扩大时，人们更有可能持有养老金融资产。其次，加强产品和养老知识宣传能够促使人们正确认识到养老金融资产配置的重要性，有利于推动储蓄养老向投资养老转变，既能帮助消费者实现养老金融资产保值增值，也能吸纳长期资金推动金融市场发展。基于上述理论分析，提出以下假设：

H2：金融素养水平提升可以提升金融普惠性，从而优化家庭养老金融资产配置。

2.金融素养、风险偏好与家庭养老金融资产配置

第一，金融素养水平提升可以提升家庭风险偏好水平。Dohmen et al.（2010）研究发现，金融素养水平较高的人，其风险厌恶程度相对较低，他们能通过长期投资、分散化投资来取得高收益。反之，金融素养水平低下会导致投资局限于银行存款等传统的低风险金融产品，长此以往，使得家庭成员的风险规避思想根深蒂固，这一局面在短期内难以逆转。

第二，风险偏好水平提升会优化家庭养老金融资产配置。风险态度是影响家庭金融资产配置的主要因素之一，风险偏好型家庭持有风险性金融资产的可能性更高，且风险偏好提升能显著提升家庭参与金融市场的积极性（卢亚娟　等，2021）。因此，金融素养水平提升能改善我国居民保守的投资偏好，通过让家庭更多地参与金融市场来优化其养老金融资产配置。由此提出以下假设：

H3：金融素养水平提升可以提升家庭的风险偏好水平，从而优化家庭养老金融资产配置。

二、金融素养与家庭养老金融资产配置优化的实证检验

（一）数据处理

中国家庭金融调查（CHFS）是中国家庭金融调查与研究中心在全国范围内开展的抽样调查项目，旨在收集家庭金融微观层面的相关信息，主要内容包括人口特征与就业、负债与信贷约束、收入与消费、社会保障与保险等，对家庭经济、金融行为进行了全面细致的刻画。CHFS覆盖全国29个省（自治区、直辖市）355个县（区、县级市），数据具有代表性。

下文关于金融素养与家庭养老金融资产配置优化的实证检验运用了中国家庭金融调查（CHFS）2017年和2019年两年的数据，并对数据进行了以下处理：剔除家庭年收入、家庭资产总额小于或等于0的样本；剔除变量明显异常或缺失的样本；剔除户主年龄在45岁以下、90岁以上的样本；对家庭总资产和家庭总收入2.5%上下截尾取自然对数。数据经处理后，得到最终样本量6387个。

（二）变量的描述性统计及模型设定

表8-2报告了变量的描述性统计结果。除了客观金融素养这个主要的解释变量以外，本书将其他可能影响养老金融资产配置的因素纳入控制变量，包括户主性别、户主年龄、户主婚姻状况、家庭资产规模等。

表8-2　变量的描述性统计结果

变量类型	变量名称	变量定义	均值	标准差	最小值	最大值
被解释变量	ln养老金融资产	养老金融资产的对数	9.88	2.22	0	18.12
	养老金融资产分散度	根据Shin et al.（2017）[1]研究方法计算得到养老金融资产分散化程度	0.25	0.22	0	0.80
	是否持有风险性金融资产	持有=1，未持有=0	0.07	0.25	0	1
	是否持有寿险	持有=1，未持有=0	0.05	0.22	0	1
	是否参加企业年金	参加=1，未参加=0	0.06	0.23	0	1
解释变量	客观金融素养	由4个客观金融素养问题回答情况所得到的8个虚拟变量，通过主成分分析加权计算所得	0.89	0.67	0	2.11
机制变量	金融普惠性	对于“您是否觉得缺乏投资渠道”的问题，回答“是”=0，表明存在金融排斥；回答“否”=1，表明金融普惠	0.86	0.34	0	1
	风险偏好	对于“您最愿意选择哪项投资”的问题，无风险项目=1，略低风险、略低回报的项目=2，平均风险、平均回报的项目=3，略高风险、略高回报的项目=4，高风险、高回报的项目=5	2.21	1.14	1	5

[1]　SHIN S H, SEAY M C, KIM K T. Measurement of diversification between asset classes in the Survey of Consumer Finances [J]. Economics letters, 2017, 156:22 - 26.

续表

变量类型	变量名称	变量定义	均值	标准差	最小值	最大值
控制变量	户主性别	男性=1，女性=0	0.76	0.43	0	1
	户主年龄	由于年龄太小资产配置受到经济水平限制，年龄太大资产配置受到认知能力限制，因此剔除户主年龄在45岁以下、90岁以上的样本	60.35	10.40	45	90
	户主年龄平方	户主年龄平方除以100	37.51	13.12	20.25	81
控制变量	户主学历	未上过学、小学、初中、高中、中专/职高、大专/高职、本科、硕士、博士依次取1～9	4.10	1.83	1	9
	户主户口	农村户口=1，非农户口=0	0.40	0.49	0	1
	户主婚姻状况	未婚=0，已婚=1	0.86	0.35	0	1
	户主健康状况	非常不好=1，不好=2，一般=3，良好=4，很好=5	3.55	0.94	1	5
	ln家庭总收入	家庭总收入的对数。家庭总收入包括工资性收入、农业经营收入、工商业经营收入、转移性收入和投资性收入	11.00	1.14	7.23	13.67
	ln家庭总资产	家庭总资产的对数，包括金融资产与非金融资产	13.10	1.70	6.97	16.48

构建如下基准回归模型，用以识别金融素养水平与家庭养老金融资产配置之间的因果关系：

$$y_{it}=\alpha_0+\alpha_1 FL_{it}+\alpha_2 X_{it}+year_t+prov_i+\varepsilon_{it}$$

其中，y_{it}为被解释变量，表示第t年i家庭的养老金融资产配置情况；FL_{it}为解释变量，表示第t年i家庭户主的客观金融素养水平；X为控制变量，包含个体、家庭特征变量；$year$和$prov$分别代表时点和省份固定效应，用以控制时间和地区的不可观测因素；ε_{it}为误差项。

（三）基础回归结果

客观金融素养由基础金融素养与高级金融素养两部分组成，对金融素养的测度更加客观、全面。前文通过测度我国居民的金融素养水平发现，主观金融素养与客观金融素养间呈正相关关系，但对于主观金融素养过高的群体，其客观金融素养呈现出下降趋势，存在“自负”现象，主、客观金融素养的偏差可能导致不理智的金融行为。因此，在下文中，选取最具有代表性的客观金融素养来代表中老年居民金融素养水平。在被解释变量中，虚拟变量用Probit模型进行回归。豪斯曼检验（Hausman检验）*P*值趋近于零，拒绝原假设，更倾向于选择固定效应模型，同时控制省份固定效应与时点固定效应。表8-3报告了基础回归结果。金融素养水平提升能显著提高养老金融资产配置金额，提高养老金融资产分散度，提高持有风险性金融资产、寿险和参加企业年金的概率，因此，能优化家庭养老金融资产配置。由此，假设H1得证。

表8-3　基础回归结果

变量名称	ln养老金融资产	养老金融资产分散度	是否持有风险性金融资产	是否持有寿险	是否参加企业年金
客观金融素养	0.853*** (19.04)	0.045*** (9.49)	0.599*** (16.89)	0.022* (1.90)	0.152*** (2.66)
户主性别	0.066 (1.38)	−0.010* (−1.90)	−0.110*** (−2.90)	0.017 (0.34)	0.210*** (3.51)
户主年龄	0.026*** (3.45)	0.001* (1.70)	0.005 (0.94)	−0.005 (−0.61)	0.034*** (3.10)
户主年龄平方	−0.024*** (−3.28)	−0.002*** (−2.99)	−0.006 (−1.09)	0.003 (0.41)	−0.042*** (−3.70)
户主学历	0.176*** (12.47)	0.005*** (3.25)	0.071*** (6.67)	−0.024* (−1.73)	0.212*** (12.74)

续表

变量名称	ln养老金融资产	养老金融资产分散度	是否持有风险性金融资产	是否持有寿险	是否参加企业年金
户主户口	-0.552*** (-11.20)	-0.014*** (-2.65)	-0.314 (-8.08)	0.034 (0.68)	-0.632*** (-7.67)
户主婚姻状况	0.500*** (8.12)	0.013** (2.02)	0.069 (1.44)	-0.014 (-0.23)	0.206** (2.53)
户主健康状况	0.250*** (11.34)	0.006** (2.78)	0.040*** (2.17)	-0.002 (-0.08)	-0.008 (-0.28)
ln家庭总收入	0.046** (2.21)	-0.001 (-0.46)	0.034** (2.00)	0.128*** (4.83)	0.036 (1.25)
ln家庭总资产	0.044*** (2.90)	-0.001 (-0.51)	0.079*** (6.19)	0.141*** (7.29)	-0.010 (-0.49)
常数项	0.288*** (0.130)	-34.74*** (3.112)	-4.511*** (0.284)	-2.100*** (0.134)	0.142*** (0.035)
Pseudo R^2/R^2	0.116	0.262	0.305	0.323	0.244
省份固定效应	是	是	是	是	是
时点固定效应	是	是	是	是	是
样本量	6387	6387	6387	6387	6387

注：*、**、***分别表示在10%、5%和1%的水平上显著；下同。

（四）稳健性检验

1. 内生性处理

在上述分析中，客观金融素养可能存在内生性问题。比如样本可能在金融资产投资的过程中积累金融知识，从而提高金融素养。为了解决内生性问题，本书选择样本父母的学历作为客观金融素养的工具变量，利用两阶段最小二乘法、两阶段Probit模型和Tobit模型进行回归，回归结果见表8-4。F值均显著大于Stock-Yogo弱工具检验的临界值，说明不存在弱工具变量。由表8-4可知，工具变量回归结果与原回归结果一致，说明前文所提出的假设H1依旧成立。

表8-4　内生性处理结果

变量名称	客观金融素养	ln养老金融资产	养老金融资产分散度	是否持有风险性金融资产	是否持有寿险	是否参加企业年金
	第一阶段	第二阶段	第二阶段	第二阶段	第二阶段	第二阶段
客观金融素养	—	2.311**	0.122*	0.819***	1.17*	1.56***
		（2.06）	(1.89)	(3.41)	(1.78)	(3.43)
父亲学历	0.114*	—	—	—	—	—
	（1.76）	—	—	—	—	—
母亲学历	0.067**	—	—	—	—	—
	（2.95）	—	—	—	—	—
控制变量	是	是	是	是	是	是
省份固定效应	是	是	是	是	是	是
时点固定效应	是	是	是	是	是	是
样本量	4501	4501	4501	4501	4501	4501

2. 替换解释变量

为了检验研究结果的稳健性，本书分别替换了解释变量和被解释变量。对解释变量而言，更换了客观金融素养的度量方式，用得分加总法计算金融素养水平。用得分加总法衡量金融素养时，选择“不知道”计0分，选择错误选项计1分，选择正确选项计2分。对被解释变量而言，以选择持有的养老金融资产种类来替换养老金融资产分散度，以选择持有的风险性金融资产占比来替换是否持有风险性金融资产，以ln寿险保费来替换是否持有寿险，以ln年金个人账户额来替换是否参加企业年金。其中，风险性金融资产占比、ln寿险保费和ln年金个人账户额为0点左截尾数据，用Tobit模型进行回归，回归结果见表8-5。由回归结果可知，金融素养水平提升对家庭养老金融资产配置优化的正向效应依旧存在，说明前文的回归结果稳健。

表8-5　替换解释变量回归结果

变量名称	养老金融资产种类	风险性金融资产占比	ln寿险保费	ln年金个人账户额	ln养老金融资产	养老金融资产分散度	是否持有风险性金融资产	是否持有寿险	是否参加企业年金
客观金融素养(主成分分析)	0.421*** (22.07)	0.058*** (4.07)	0.015* (1.83)	0.179** (2.03)	—	—	—	—	—
客观金融素养(得分加总)	—	—	—	—	0.243*** (20.04)	0.013*** (10.24)	0.172*** (17.88)	0.001* (1.73)	0.153*** (2.66)
控制变量	是	是	是	是	是	是	是	是	是
省份固定效应	是	是	是	是	是	是	是	是	是
时点固定效应	是	是	是	是	是	是	是	是	是
Pseudo R^2/ R^2	0.210	0.382	0.292	0.269	0.390	0.267	0.261	0.343	0.273
样本量	6387	6387	6387	6387	6387	6387	6387	6387	6387

（五）机制分析

基于前文的理论分析，金融素养水平提升还会通过提升金融普惠性、家庭风险偏好水平来优化家庭养老金融资产配置，下文将进行作用机制检验，在此之前设定模型如下：

$$M_{it}=\alpha_0+\alpha_1 FL_{it}+\alpha_2 X_{it}+year_t+prov_i+\varepsilon_{it}$$

$$y_i=\alpha_0+\alpha_1 M_i+\alpha_2 X_t+year_t+prov_i+\varepsilon_{it}$$

其中，Mit代表第t年i家庭的机制变量。表8-6报告了机制分析结果。由表8-6、表8-7可知，金融素养水平提升显著提升金融普惠性（在1%的置信水平下显著），进而优化家庭养老金融资产配置。这是由于金融素养水平提升对于金融普惠性提升具有需求拉动效应，能激励金融机构创新养老金融产品和服务，进而更好地满足投资者的养老金融资产配置需求。同时，金融素养水平提升也会显著提升家庭风险偏好水平（在1%的置信水平下显著），进而优化家庭养老金融资产配置[1]。这表明高金融素养水平的群体的风险偏好度更高，不会满足于传统的低收益投资模式，会通过分散化投资来更好地实现资产保值增值，优化养老金融资产配置。由此，假设H2和假设H3得证。

表8-6　机制分析结果1

变量名称	金融普惠性	ln养老金融资产	养老金融资产分散度	是否持有风险性金融资产	是否持有寿险	是否参加企业年金
客观金融素养	0.032*** （5.69）	—	—	—	—	—
金融普惠性		1.011*** (22.36)	0.034*** (7.72)	1.144*** (15.51)	0.231** (2.75)	0.213* (1.70)
控制变量	是	是	是	是	是	是
省份固定效应	是	是	是	是	是	是
时点固定效应	是	是	是	是	是	是
Pseudo R^2/R^2	0.234	0.456	0.247	0.241	0.343	0.213
样本量	6387	6387	6387	6387	6387	6387

表8-7　机制分析结果2

变量名称	风险偏好	ln养老金融资产	养老金融资产分散度	是否持有风险性金融资产	是否持有寿险	是否参加企业年金
客观金融素养	0.181*** （8.09）	—	—	—	—	—
风险偏好	—	0.067*** (3.67)	0.008*** (4.39)	0.116*** (8.33)	0.070*** (3.87)	0.032 (1.51)
控制变量	是	是	是	是	是	是

[1]　由于企业年金是被动持有，家庭风险偏好提升对企业年金持有并没有显著影响。

续表

变量名称	风险偏好	ln养老金融资产	养老金融资产分散度	是否持有风险性金融资产	是否持有寿险	是否参加企业年金
省份固定效应	是	是	是	是	是	是
时点固定效应	是	是	是	是	是	是
Pseudo R^2/R^2	0.174	0.257	0.191	0.262	0.166	0.196
样本量	6387	6387	6387	6387	6387	6387

（六）异质性分析

家庭财富水平是影响家庭养老金融资产配置的重要因素，以其为划分标准进行异质性分析。按照家庭财富水平排序，令后50%为低财富家庭，前50%为高财富家庭，样本量分别为3193、3194。表8-8报告了以家庭财富水平为划分标准的异质性检验结果。由表8-8可知，一方面，金融素养水平对养老金融资产积累、养老金融资产分散、风险性金融资产持有的促进作用在不同财富水平的中老年家庭中始终存在，并未表现出明显的异质性。进一步进行组间系数差异检验发现，金融素养水平对养老金融资产积累、养老金融资产分散、风险性金融资产持有的促进作用在低财富家庭中更突出，表现为系数值更大。这可能是因为现在许多养老金融资产投资都有一定的门槛，对于资产规模较大的家庭，通常有理财经理人、保险代理人等金融从业者为其提供专业的、有针对性的投资咨询服务，因此，该群体对自身金融素养水平的依赖度相对较低。对于低财富家庭而言，受资金规模限制，他们难以得到匹配度较高的理财服务，当自身金融素养水平提升时，更有利于优化家庭养老金融资产配置。

另一方面，金融素养水平对持有家庭寿险和参加企业年金的影响在不同财富水平的家庭中表现出明显的异质性。对于低财富家庭而言，户主金融素养水平提升不再显著提高持有寿险和参加企业年金的概率。原因包括以下两个方面：第一，目前保险产品的购买门槛较高，其主要受众仍是中高收入群体，即使金融素养水平有所提升，低财富人群可能仍不满足购买条件，导致其影响不显著。第二，企业年金有被动参与性质，持有企业年金的多为事业单位、国企工作人员，低财富家庭持有企业年金的可能性较小，即使金融素养水平有所提升，愿意通过更换工作来获取企业年金的概率也很小。

表8-8　异质性分析结果

变量名称	ln养老金融资产	养老金融资产分散度	是否持有风险性金融资产	是否持有寿险	是否参加企业年金
低财富家庭					
客观金融素养	0.986*** （14.76）	0.052*** （7.79）	0.755*** （12.69）	0.016 （0.11）	0.115 （1.18）
控制变量	是	是	是	是	是
省份固定效应	是	是	是	是	是
时点固定效应	是	是	是	是	是
R-squared	0.3535	0.3517	0.2981	0.1028	0.1527
样本量	3193	3193	3193	3193	3193
高财富家庭					
客观金融素养	0.752*** （12.55）	0.038*** （6.11）	0.510*** （11.32）	0.032** （2.05）	0.189*** （2.56）
控制变量	是	是	是	是	是
省份固定效应	是	是	是	是	是
时点固定效应	是	是	是	是	是
R-squared	0.2752	0.3010	0.2845	0.3281	0.2382
样本量	3194	3194	3194	3194	3194
组间系数差异检验					
似无相关检验卡方统计量	6.84*** （p=0.00）	2.78* （p=0.09）	10.67*** （p=0.00）	3.65* （p=0.06）	3.78** （p=0.05）
费舍尔组合检验系数差异	−0.234*** （p=0.00）	−0.014** （p=0.06）	−0.040** （p=0.03）	−0.005* （p=0.12）	−0.008* （p=0.10）

第三节

金融素养水平提升与老龄金融教育

金融素养水平提升能通过提高金融普惠性、提升家庭风险偏好水平来优化家庭养老金融资产配置。目前，我国国民的平均金融素养还处于较低水平，制约了个人养老金制度的推广和制度外的养老财富积累。特别是对老年群体而言，一方面，受认知退化、教育水平等因素限制，这部分群体的金融素养本就处于较低水平；另一方面，近年来新兴技术的快速发展在提高金融服务效率的同时，也正在成为老年群体参与现代金融体系的“数字鸿沟”。

为了提升我国国民金融素养水平，助力老年群体跨越“数字鸿沟”、培养健康积极的老龄观，养老金融教育必不可少。有学者将金融教育定义为“通过提供信息、指导和客观建议，提高金融消费者对金融产品、概念和风险的理解，培养消费者的技能和信心，帮助消费者做出有效的投资决策来改善他们的财务状况”。其中，关于长期储蓄和投资的老龄金融教育是金融教育的重点内容，旨在为消费者提供积累和管理财富的知识和能力，以满足他们的长期财务需求，并就长期财务目标做出理性的投资决策。目前，我国国民的老龄金融教育普及程度较低，未来可以从以下四个方面着手构建系统性的养老金融教育体系。

一、从国家顶层设计层面制定国民金融教育计划

金融欺诈、金融滥用及金融产品与服务的高度复杂性是制定金融教育计划最重要的驱动因素。随着人口结构的转变与金融结构的变迁，许多发达国家纷纷推行国家金融教育计划，一国的金融教育计划往往与该国其他长期公共政策目标相一致，旨在促进该国资本市场的成熟和经济的高质量发展。

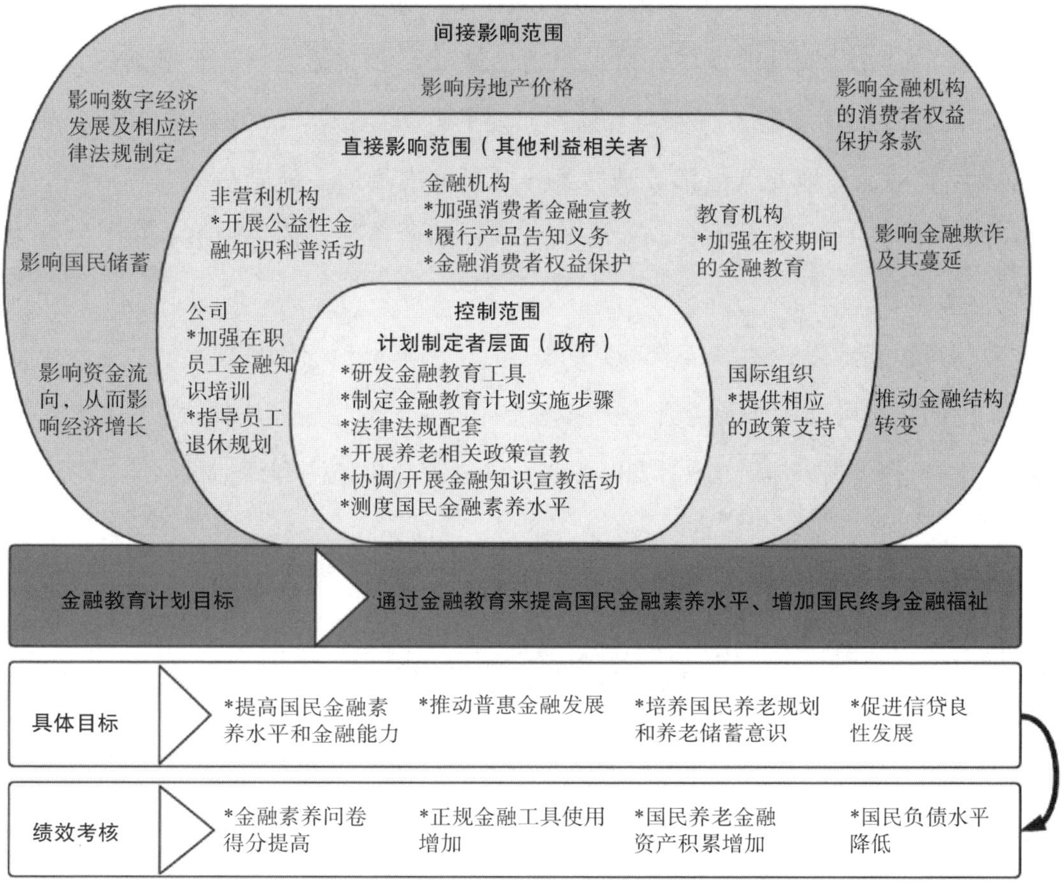

图8-4　代表性国家金融教育计划实施框架

近年来，部分国家将金融教育计划上升到国家战略层面。比如，日本于2005年和2007年制定了两项国家金融教育战略，并分别于2013年和2016年进行了修订。第一项金融教育战略的目标是“提升国民的金融素养，从而改善个人的生活质量；提高市场供给的金融产品质量，并通过增加流入朝阳产业的资金量来促进经济增长”。第二项金融教育战略的目标是“促进学校的金融教育”。葡萄牙国家金融教育计划于2011—2015年启动，在2016—2020年进行了修订，旨在通过提升国民金融知识水平和促进适当的金融行为来增加人口的福祉并加强金融体系的稳定。其计划内容包括开展国民金融知识普及、进行数字金融服务知识和技能培训、提升金融普惠程度、促进信贷良性发展、培养预防性储蓄习惯、加强企业金融知识宣教等（OECD，2022[1]）。经多方参与主体两年多的筹备，希腊于2024年提出国家养老金融教育战略，实施要点包括鼓励储蓄并避免过度负债、鼓励长期财务规划、促进安全使用数字金融服务、提高对资本市场的知情参与、促进税务合规、禁止赌博等。

我国可以借鉴发达国家经验（见图8-4），从国家顶层设计层面重视金融知识普及，适时将金融知识普及上升为国家发展计划并配套相应的法律法规，制定具体的金融教育计划并按步骤实施，同时引入金融教育效果监测和评估机制。

二、为国民普及养老金融知识和提升养老金融素养

随着人口老龄化和全球经济不确定性加剧，各国积累型养老金占比提高，个人在长寿风险和投资风险管理方面承担更多责任。在此背景下，首先应帮助国民充分了解养老金制度构成、未来改革方向以及金融格局演变对个人养老储蓄的影响。

第一，在社区、企业、学校等场所开展养老金知识普及教育活动，使国民充分了解与养老金制度息息相关的风险（长寿风险、投资风险、通货膨胀风险等）、获得与退休规划相关的财务知识（复利、贴现、多元化投资等）。在社区环境中提供的养老金融教育效果取决于培训的具体性质和参与者们利用闲暇时间参与培训的积极性。有研究显示，在工作中提供金融教育往往能取得良好的效果（Lusardi et al.，2009）。因此，企业应成为提升员工养老金融认知的重要平台，组织专业机构进行政策宣讲，根据员工的具体情况分层开展差异化老龄金融教育。

第二，推动养老金待遇调整政策更加透明化、科学化，帮助国民评估退休后的养老金待遇水平，便于其提前规划需要积累的补充性养老储蓄规模。

第三，受居民消费和投资意愿下降的影响，我国居民存款储蓄创新高。可以以

[1] OECD.Evaluation of national strategies for financial literacy[R]. Paris: OECD,2022.

此为契机，加强老龄风险管理教育，推动短期储蓄向养老资产转换。

第四，政府、媒体、企业、社区、家庭、金融机构等在养老知识宣教中各有优势，因此，老龄金融教育体系的建立需要多元主体协同发力。比如，金融机构是养老金融产品的提供者，直接接触投资者的机会较多，在养老金融产品推广的过程中，有义务使投资者了解养老金融产品配置的必要性和潜在的投资风险，帮助投资者选择符合自己风险承受能力的养老金融产品。自个人养老金落地以来，已有诸多金融机构启动养老金融资产配置宣教工作，为投资者解读个人养老金制度设计，普及长期投资理念，提升国民金融素养。

三、建立覆盖全生命周期的老龄金融教育体系

老龄金融教育应具有持续性，覆盖全生命周期。对于处于不同生命周期的人群，老龄金融教育应各有侧重。对于青少年人群而言，学校可以通过“线上+线下”“课本+培训”等模式开展金融教育，在基础教育阶段普及全生命周期资产配置理念，树立未雨绸缪的意识，通过金融教育使年轻一代了解与老龄社会相关的基本金融知识。对于工作期人群而言，可以进一步划分事业萌芽期、家庭初建期、子女教育期、退休准备期，工作期是资金积累的主要阶段，在这一时期，老龄金融教育可以更加侧重多元化投资、个人养老储备建立等。对于退休期人群而言，退休以后收入减少、健康支出增加，处于资产消耗期，这一时期的老龄金融教育应转向保守型投资、养老金融风险管理和涉老金融欺诈防范。对于低龄老人而言，这一人群受教育水平有限，金融素养相对较低，各金融机构可以将养老金融服务延伸至“最后一公里”，利用“网点+社区服务点”模式向低龄老人普及金融知识，帮助低龄老人更好地认识养老金融产品，建立风险防范意识，鼓励其通过优化养老资产配置来承担更多的养老责任。对于高龄老人而言，受健康状况、认知能力下降等因素影响，这一人群往往难以做出最优经济决策，且经常成为涉老金融诈骗的受害者，为了防范可能发生的养老金融风险，金融机构可以在服务中探索监护人制度、高龄老

人金融账户监管制度等，帮助高龄老人合理配置资产，安享晚年。

除了教育周期外，老龄金融教育强度[1]是金融教育设计中的一个重要变量。一种理论认为，金融教育的效果需要在较长时间内才能有所显现，短期的金融教育并不能显著提升金融素养水平（Doi et al.，2014）。另一种理论认为，金融教育具有阈值效应，即在效果显现之前需要大量的接触或重复，但金融教育强度过大会使受培训者丧失兴趣，从而对教育效果产生负面影响（Fernandes et al.，2014）。因此，金融教育的最佳强度需要根据授课方式和目标受众来确定。

四、开展数字金融教育，帮助老年群体跨越“数字鸿沟”

随着金融业数字化的快速发展，数字金融服务在许多国家日益普及，甚至成为“新常态”。经济合作与发展组织调查结果显示，目前大多数国家的国民的数字金融技能水平与其行为和需求并不匹配，数字接入鸿沟和数字使用鸿沟都普遍存在[2]。

在此背景下，可以从以下三个方面推进数字金融教育进程，帮助老年群体跨越“数字鸿沟”。

第一，充分利用数字化金融教育工具。在数字经济时代，数字化金融教育工具的普及可以大大提高养老金融教育效率。目前被应用于金融教育领域的数字化金融工具主要包括大数据分析（精准定位投资者财务规划目标）、智能投顾（根据投资者实际需求变更推荐的养老金融产品）、植入游戏（通过游戏机制让用户参与解决问题，潜移默化地改变用户投资行为）、视频与其他可视化途径（特别是对教育水平较低的群体而言，可视化途径可以帮助他们从数据的趋势和模式中快速学习金融知识）。未来，应进一步促进金融教育工具的精准化和数字化，结合数字金融服务模式多、覆盖广、频次高等特点，统筹提升用户的金融素养水平。

[1] 老龄金融教育强度是通过对参与者的指导持续时间或频率来衡量的。

[2] OECD. Digital transformation in the age of COVID-19: building resilience and bridging divides[R]. Paris：OECD，2020.

第二，为了实现数字金融与养老金融的深度交融与协同发展，应将养老金融素养培养与数字金融素养培养有机结合起来，多方协同、共同推进养老金融教育和数字养老金融产品与服务知识传播，完善数字养老金融风险防控、数字养老金融反欺诈等相关措施，进一步完善数字养老金融消费者权益保护机制。

第三，应引导老年群体形成积极的数字价值观，在推动数字效率提升的同时，从顶层设计层面注重对老年群体“数字权利”的保护，兼顾老年群体差异化需求，加快公共服务设施适老化改革。同时，还应充分发挥家庭与社会服务在帮助老年群体跨越“数字鸿沟”中的支持作用，通过开发针对性产品、社区上门科普、家庭教育等渠道来激发老年群体学习数字技术的热情和积极性。

Chapter 9

第九章

养老金融风险管理

养老金融涉及政府、市场、个人等多元主体，涉及多层次养老保障的诸多制度载体，涉及银行、保险公司、基金公司等多种金融机构，其风险具有多元化、系统化、复杂化的特征。养老金融风险若不能充分准确地被识别，并得到精准有效的治理，将会危及国家金融安全和金融稳定。在养老金融方兴未艾之际，我国为保护老年群体、防范金融欺诈而制定的金融政策、养老保险政策、金融理财安全政策等亟待优化。

第一节

养老金融的多维风险识别

一、养老金融风险的含义

（一）金融风险与养老金融风险

养老金融风险从属于金融风险，因此，理解养老金融风险，首先需要理解金融风险。

从经济理论上看，金融风险是一种植根于现代经济的特殊风险，但它又对现代经济具有全局性的影响力。现代经济本质上是通过货币体系和信用体系自我生成的系统，而货币体系和信用体系正是金融的核心要素。这一系统以货币为媒介，对资源分配进行精确表达，以此来提升资源分配效率，即通过货币体系形成的价格标识来构建一套高度简化的资源分配方式，以及与之相配套的管理制度。信用体系则使跨越时空的资源分配成为可能。这一系统化的运作，使得现代经济的运作离不开金融制度，而现代经济的风险也因此表现为金融风险。一方面，货币体系所标识的价格变动，构成经济活动的外生性风险；另一方面，因金融资金的委托人和代理人信息不对称而产生的信用风险，构成经济活动的内生性风险。在此意义下，金融风险可以被表达为：在不完全信息的作用下形成的、对现在及未来价格变化的不确定性。金融风险具有潜在性和积累性、突发性和加速性、扩散性和传染性的特征。

从实践上看，人们对金融风险的认知存在多个角度。从金融体系的运行要素角度看，巴塞尔协议将金融风险划分为信用风险、市场风险、操作风险、流动性风险、国家风险、声誉风险、法律风险、战略风险等八类风险。其中，信用风险的核心是偿付能力缺失，市场风险则源于金融产品的价格波动，操作风险主要由交易系统缺陷、技术能力不足和管理失范引起，流动性风险表现为现金偿债能力问题[1]。金融风险主要表现为金融体系参与者的损益，这种损益会通过金融体系对现代经济体系的基础性作用而向整个经济社会外溢。从金融产品结构角度看，金融风险在不同的金融产品上也有不同的表现。从银行表内业务、表外业务，到债券、股票、金融衍生品等复杂投资产品，金融风险随着金融产品复杂性的增加也变得更为复杂。比如，债券风险是到期偿债能力缺失的表现，股票风险则是因信息不对称、不透明而造成的权益损失。

随着互联网金融、数字金融的发展，金融风险的外延产生了新的拓展。中国人民银行将互联网金融定义为传统金融机构与互联网企业利用互联网技术和信息通信技术实现资金融通、支付、投资和信息中介服务的新型金融业务模式[2]。部分学者将数字金融理解为：传统金融机构与互联网企业利用数字技术实现融资、支付、投资等服务的新型金融业务模式[3]。吴晓求指出，互联网金融是一种基于“二次脱媒”后的新金融业态，其风险源发生了某种转型或变异，导致其风险类型更加复

[1]　吴晓求.中国金融监管改革：逻辑与选择[J].财贸经济，2017，38（7）：33-48.

[2]　许志峰，王观.中国人民银行有关负责人解读《关于促进互联网金融健康发展的指导意见》——互联网金融获政策助力[EB/OL].(2015-07-019)[2024-06-01].https://www.gov.cn/zhengce/2015-07/19/content_2899473.htm.

[3]　黄益平，黄卓.中国的数字金融发展：现在与未来[J].经济学（季刊），2018，17（4）：1489-1502.

杂。具体而言，在互联网金融中，第三方支付的技术问题更加敏感，技术风险更大，脉冲式风险更加突出；网上贷款和与之对应的网上投资的信用风险同时叠加了透明度风险[1]。这意味着，互联网催生出的金融科技，在提高了金融体系运行效率的同时，也引发了更多的信息不对称现象和由此而来的不确定性。

（二）养老金融风险的内涵与外延

1.养老金融风险的内涵

养老金融风险既遵循金融风险的基本特征，又具有极大的特殊性。这些特殊性与养老金融本身的生成逻辑密不可分。养老金融是为老龄群体准备的金融化资产，主要包含养老金等为老龄群体预留的资金、以金融方式从实体经济发展中获得的利润等。从这一意义出发，养老金融风险可以界定为养老金融体系在运行过程中，所遭遇到的无法达成其预设的为老龄社会需求提供有效储备目标的各种不确定性。简言之，养老金融的建立，无论是由国家主导，还是市场供给，抑或是个人自主，必然是为了实现将当前资源转移给未来养老所需的特定目的。而如果在相关制度、产品、决策的运作过程中，其预设的目标未能达成，便可认为在这一维度下的养老金融会发生损失。可能导致这些损失发生的因素，便是养老金融的风险。进一步来讲，对于养老金融的风险，我们是通过紧扣其背后的养老需求目标，以及实现这一特定目标的金融机制的结构与要素来认知的。因此，养老金融风险既有共性，也有个性。从共性上看，要实现特定的养老目标，养老金融应做到充足性与可持续性，那么，在相关制度和产品设计与运行中有碍于充足性与可持续性的因素，便是养老金融的风险。从个性上看，不同类型的养老金融载体所要实现的目标的范围、层级有差异，那么不同养老金融载体的风险便不可一概而论，对此载体有风险的，不一定对其他载体有风险。比如用于缓冲目的的养老储备基金和用于长期投资目的的养老储备基金，对二者各自的风险判断，不可用一个标准来衡量。

---

[1] 吴晓求.资本市场发展与中国金融的结构性改革[J].经济体制改革，2015(1):8-9.

2.养老金融风险的外延

养老金融风险的外延随着养老金融外延的拓展而拓宽。养老金融具有丰富的认知维度，比如，从参与主体看，养老金融既包含个人、企业等筹资主体，又包含参与养老金融运行的金融市场主体，还包含养老金融参与实体经济的产业主体；从投资主体看，养老金融涵盖政府、市场、个人等多个主体；从制度约束看，养老金融涵盖国家顶层设计、市场自治规范等多个层级。养老金融风险的外延因养老金融的不同认知维度而拓展。

根据养老金融的载体来勾勒养老金融风险的外延，可以将其分为两个维度：一是多层次、多支柱养老保障制度框架下的养老金融风险，二是其他储蓄或资产转化为养老资源的过程中形成的养老财富消费风险。养老金融概念的提出始终与老龄化快速发展下的社会保障制度密切相关。在这一视角下，养老金融风险主要包括公共养老金个人账户中的金融风险、补充养老金制度下的金融风险、养老服务中的金融风险、涉及养老储备基金的金融风险。公共养老金个人账户中的金融风险，在我国表现为城镇职工基本养老保险中的个人账户部分的风险，以及城乡居民基本养老保险采用匹配缴费模式的个人养老金运行中的风险；补充养老金制度（如职业养老金和个人养老金）下的金融风险，在我国主要表现为企业年金、职业年金、个人养老金、其他商业养老保险、养老理财产品、养老储蓄等的风险；养老服务（如长期照护、养老服务等）中的金融风险，在我国主要表现为长期照护保险的可持续性风险、养老服务融资的财务风险等；涉及养老储备基金的金融风险，在我国主要表现为社保储备基金投资管理的风险。其他储蓄或资产转化为养老资源的过程中形成的养老财富消费风险，主要包括将房产转化为养老资源的住房反向抵押贷款带来的风险、把居民的其他资产转化为终身年金等养老收入保障产品蕴含的金融风险等。

此外，养老金融风险还可以根据金融机制在养老资源积累和转化过程中的阶段来划分。从这个意义上看，养老金融风险包含在各项养老金融制度建设过程中和在产品设计阶段、筹资阶段、投资管理阶段和待遇递送阶段中所面临的不同类型的不确定性因素里。比如，与养老金融载体相关的制度政策稳定性不足、产品设计的规范性欠缺、融资管理的安全性不够、偿付能力不足、履约能力不足、养老服务欺诈等，这些都可看作养老金融风险在养老金融体系运行的不同阶段中的表达。各阶段所面临的风险随着金融介质的进一步细分、金融技术的精细化、金融场景的丰富化而形成更加细化的表达。

养老金融外延的丰富性，使养老金融风险识别和治理的时空难度极大，而养老金融风险一旦爆发，将深刻影响宏观经济、民生保障和政府信誉。

二、养老金融风险的多维度识别

养老金融风险的多面性，意味着对其进行风险识别同样具有多面性。养老金融风险识别是养老金融风险治理的基础，也是养老金融充足、安全、可持续发展的必要保证。

（一）功能实现维度下的养老金融风险识别

从制度功能出发，建立养老金融的目的有三个。一是通过金融机制提供更加充足的老龄收入保障；二是通过金融机制助力完善养老服务；三是通过对养老资产的投融资提升养老产业水平，为银发经济发展提供动能。因此，对于养老金融在立制度、建机制、出产品、投融资、行监管过程中产生的、可能造成功能失效的诸多不确定性因素，便需要多角度地进行识别、锚定。

1.老龄收入保障的充足性风险

老龄收入保障的充足性体现在三个维度：绝对意义上的充足性、相对意义上的充足性、个人意义上的充足性。绝对意义上的充足性指向基本生存保障，是反贫困目标的体现，领取养老金能够让老龄群体满足基本生存所需，一般用替代率来体现。相对意义上的充足性指向收入替代，其实质是满足消费平滑，表现为养老金收入对劳动者退休前工资收入的替代性，一般用养老金替代率来体现。个人意义上的充足性基于个人对其老龄收入的个性化预期而定，存在较大的群体间差异。在养老金融中，以养老金金融为代表的分支，便是以维持老龄收入保障的充足性为目标的。不同类型的养老金融载体对应着不同的充足性目标，而其充足性目标的实现风险便构成了养老金融风险在这一维度的表现。

（1）城乡居民基本养老保险的绝对充足性不足。2014—2022年，我国城乡居民养老保险平均待遇水平在88.82元/月～204.70元/月之间，基础养老金最低标准在70元/月～98元/月之间。2014—2022年，城乡居民养老保险平均待遇水平仅为农村最低生活保障平均标准的35%左右，仅占城镇职工养老保险平均待遇水平的5%左右。仅为农村居民人均可支配收入的12%左右，仅为农村居民人均消费支出的14%左右，且增长幅度小（见表9-1）。

表9-1　2014—2022年全国城乡居民养老保险待遇水平及其与相关指标的比较

相关指标	2014年	2015年	2016年	2017年	2018年	2019年	2020年	2021年	2022年
城乡居民养老保险平均待遇水平/（元/月）	88.82	119.18	117.36	126.74	152.30	161.88	174.00	190.94	204.70
基础养老金最低标准/（元/月）	70.00	70.00	70.00	70.00	88.00	88.00	93.00	93.00	98.00
基础养老金最低标准÷城乡居民养老保险平均待遇水平/%	78.81	58.73	59.65	55.23	57.78	54.36	53.45	48.71	47.87
城乡居民养老保险平均待遇水平÷农村最低生活保障平均标准/%	43.79	45.01	37.62	35.36	37.81	36.41	35.02	36.01	35.17
城乡居民养老保险平均待遇水平÷城镇职工养老保险平均待遇水平/%	3.74	4.21	5.07	4.47	4.41	4.83	4.86	5.19	5.56

续表

相关指标	2014年	2015年	2016年	2017年	2018年	2019年	2020年	2021年	2022年
城乡居民养老保险平均待遇水平÷农村居民人均可支配收入/%	10.16	12.52	11.39	11.32	12.50	12.13	12.19	12.10	12.20
城乡居民养老保险平均待遇水平÷农村居民人均消费支出/%	12.71	15.51	13.90	13.88	15.07	14.58	15.23	14.40	14.77

资料来源：林闽钢、曹思远：《城乡居民基本养老保险的制度优化研究》。

（2）补充养老保险的相对充足性不足。在我国多层次养老保险体系下，城镇职工和机关事业单位基本养老保险是老龄收入保障的主要组成部分，因此，企业年金、职业年金的补充作用主要体现在对基本养老保险可能遭遇的待遇降低风险的弥补上。随着人口老龄化的加剧，我国城镇职工基本养老保险替代率已从1997年的76.34%下降到2020年的41.28%[1]，明显低于2005年完善企业职工基本养老保险制度时59.2%的预期目标替代率。显然，要达成“补充”目的，年金的替代率应超过10%。但是，企业年金由于受到参保率、缴费率、基数设置等多种因素的影响，其平均收入替代水平仅有3%～5%[2]，距离制度内生的替代率目标尚有差距。

（3）第三支柱（个人养老金）的投资产品收益率低，保值增值水平不足。目前，保险公司提供的商业养老保险主要呈现出低收益特征；理财公司提供的养老理财产品也以固定收益类产品为主，收益水平较低；商业银行的养老金融产品以养老储蓄为主，但养老储蓄侧重于保本收益，储蓄期限长，灵活性相对较差，且收益率偏低、产品竞争力有限。这意味着当前个人养老金产品在过度关注投资的低风险的过程中，忽略了充分保障的风险性。2022—2023年个人养老金的投资表现远差于企

[1] 张琳，董克用，张栋. 中国老年人养老财富储备：现状、问题与优化路径[J]. 新金融，2023（9）：45-50，56.

[2] 韦樟清，王媛. 我国企业年金保障水平的测算及其敏感性分析[J]. 福建师范大学学报（哲学社会科学版），2019（6）：99-111，170-171.

业年金，这也在客观上抑制了公众的参与意愿。各类主流第三支柱养老金融产品的收益特征如表9-2所示。

表9-2　各类主流第三支柱养老金融产品的收益特征

发行机构	产品类型	产品期限	投资金额	收益水平	风险等级	年化费率
保险公司	普通商业养老险	长期缴费，60岁以上定期或终身领取	灵活投入，起投门槛不一	平均结算利率4.40%	低风险，保底收益	—
	税延商业养老险			平均结算利率4.70%		
	专属商业养老险			稳健性利率4.86%～4.90%		
公募基金	养老目标基金	1年、3年、5年（多为3年）	大部分起购金额为1元	收益根据风险等级有所不同，养老FOF产品3年年化收益率7.66%	根据权益资产投资比例，风险等级为R2—R4	平均管理费率0.82%，托管费率0.17%，销售服务费率0.30%
理财公司	养老理财	5年、6年、10年（多为5年）	大部分起购金额为1元	大部分业绩比较基准为年化收益率5.00%～8.00%	多为固收类产品，部分为混合型，风险等级为R2—R3	管理费率0.1%或0，托管费率0.15‰～0.02%
商业银行	特定养老储蓄	5年、10年、15年、20年	特定养老储蓄产品存款本金上限为50万元	略高于大型银行5年期定期存款的挂牌利率	低风险，保本保收益	—

资料来源：袁志刚、张冰莹：《养老金融与中国金融体系改革》。

2.养老服务和养老产业金融投入不足风险

（1）养老服务金融产品供给单一，补充效应单薄。目前，我国长期护理保险主要聚焦于重度失能护理，且待遇标准以保基本、普惠性为原则，现有的长期护理保障产品并未充分填补市场空白。首先，作为满足多元化需求的商业长护险、护理年金产品等存在较大空白。其次，其他满足养老服务需求的养老金融产品供给不足、发展受限，比如住房反向抵押贷款机制曾在我国试点探索，但因产品自身风险和与我国家庭观念冲突而遇到很大的阻力。最后，市场化的养老服务产品同质化严重、品类单一，主要为短期的大众金融理财产品，缺乏中长期养老理财产品，不能满足未来巨量养老服务的需求。

（2）养老金融对养老产业的支持和转化明显不足。首先，养老产业融资模式单一，主要集中在固定资产抵押贷款等传统的银行信贷，这种融资模式审批流程烦琐、对重资产抵押要求高，不符合养老产业融资特性和金融风险管控要求。其次，养老项目普遍具有资金投入大、回报周期长等特点，短期内难以偿还债务，风险隐患大，项目融资未落实、项目未落地、合同未签署等现象频发。再次，养老产业长周期盈利模式与资本市场短期业绩压力之间存在矛盾，导致养老产业难以得到大量私募资金的支持。最后，政府层面的资金扶持模式如产业基金、PPP（政府和社会资本合作）等尚在探索阶段，未能产生明显的政策实效。因此，通过养老金融促进养老产业发展的路径依然沿袭传统金融投资产业的既定模式，与养老产业需求的匹配度低。

（二）阶段维度下的养老金融风险识别

1.制度建设和缴费阶段存在参与不足风险

养老金融相关制度设计中的自愿原则，使其制度效果有赖于个人参与的积极性，具有较大的参保弹性，容易面临参与不足的风险。在以养老金体系为载体的养老金融中，缴费阶段参与不足的风险主要体现在以下两个方面。

（1）企业年金参与不足。根据人社部公布的历年“全国企业年金基金业务数据摘要”，截至2022年底，领取过企业年金的不到490万人，不足当年1.36亿离退休参保人数的4%[1]。参保缴费方面，截至2022年底，全国有12.8万户企业建立了企业年金，仅覆盖职工3010万人[2]。

（2）个人养老金参与不足。2022年11月，我国启动个人养老金制度试点，在36个城市及地区先行实施。截至2023年6月底，开户数达到4030万，个人养老金参与人数已超过企业年金参与职工总数。但是，与开户数形成对照的是，账户的实际缴存数很低，实账积累不足。

2.养老金个人账户运营阶段存在充足性和可持续性风险

（1）我国城乡居民基本养老保险的个人账户属于实账积累模式，长期存在记账利率低、透明度低的风险。目前，居民个人账户的利率根据《人力资源社会保障部 财政部关于规范城乡居民基本养老保险个人账户记账利率的通知》（人社部发〔2021〕60号）执行，其中规定养老保险个人账户记账利率由上年委托投资收益和利息收入等参数计算得出。各省份已公布的2022年城乡居民个人账户记账利率显示，安徽省为3.57%，山东省为6.04%，河北省为2.75%，福建省为2.62%，青海省为3.81%。

（2）职工个人账户记账利率存在可持续性风险。2017年以来，随着《人力资源社会保障部 财政部关于印发统一和规范职工养老保险个人账户记账利率办法的通知》的发布，国家统一了企业职工个人账户记账利率的记账原则。这一改革将过去的实账积累制转变为了名义积累制，其记账利率与此前的实账利率差异巨大。目前的记账利率背后既没有实际投资数据支撑，也缺乏透明的记账利率形成机制，在老龄化高峰期的兑付阶段容易诱发规模性风险。2013—2022年企业职工养老保险个人账户记账利率如表9-3所示。

[1] 张盈华.我国个人养老金制度理念、设计和运行的若干问题辨析[J].华中科技大学学报（社会科学版），2024，38（1）：51-61,90.

[2] 曹德云.专家观点丨曹德云：借鉴国际经验 采取综合措施，共建中国特色养老金融体系[EB/OL].（2024-02-02）[2024-06-01].https://mp.weixin.qq.com/s/qhnkemwdDXOM2S2NXOpGLw.

表9-3 2013—2022年企业职工养老保险个人账户记账利率

年份	1年期存款基准利率	养老保险个人账户记账利率
2013	3.25%	3.25%
2014	3.26%	3.26%
2015	3.26%	3.26%
2016	1.75%	8.31%
2017	1.75%	7.12%
2018	1.75%	8.29%
2019	1.75%	7.61%
2020	1.75%	6.04%
2021	1.75%	6.69%
2022	1.75%	6.12%

资料来源：根据人力资源社会保障部历年数据整理。

3.养老保险基金投资运营阶段存在保值增值风险

（1）基金投资存在长期性诉求和短期化行为之间的矛盾。目前，企业年金、职业年金养老金资产的基金投资的长期性诉求和短期化行为之间有较大矛盾。投资行为的短期化降低了投资回报率，增加了投资波动性，影响养老金保障目标的实现。造成这一风险的根本原因是基金管理部门在相应监管条件下对短期风险规避程度的增大。长期以来，我国各类年金投资并未明确长期投资目标，导致对年金投资保值增值的长期性诉求转化为对每一年度是否跑赢CPI的考核，各投资主体不愿或不敢进行突破。事实上，2020年底人社部就下发了《人力资源社会保障部关于调整年金基金投资范围的通知》，将年金基金权益投资比例上限由30%提升到40%并新增港股通标的投资；在固定收益投资方面，新增资产支持证券、同业存单、优先股、永续债、国债期货等投资品种。但实际投资中各投资主体囿于短期化的风险控制目标，新增投资品种均未达到比例限制。近年来，在宏观经济环境恶化、低利率趋势已成、优质资产明显减少的背景下，养老基金投资的收益水平开始走低。2022年，企业年金加权平均投资收益率为-1.83%，是近10年以来首次出现负收益。个人养老金方面，截至2023年中期，个人养老金账户公募基金的年内平均收益率为-0.08%[1]。基金保值增值压力开始显现。在基金投资压力下，现有的养老金融体系没有充分关注投资失败后对投资人的权益保障问题，也未就因各种情形导致的投资失利后的责任划分与赔偿机制作出说明，进一步放大了参保人养老金安全风险。

（2）人口老龄化风险。人口老龄化加速发展，老龄化的规模、高龄化的发展给养老金投融资的可持续性、充足性带来巨大的挑战。人口老龄化对养老金融形成两个维度的风险冲击。一方面，人口老龄化会对宏观经济、利率、价格等造成综合影响，形成系统性投资风险，影响投资收益。实践表明，随着主流工业国家步入深度老龄化阶段，其养老基金投资收益在近10年已经停止了过去的高速增长，进入长期低利率阶段。另一方面，养老基金如果在领取端转化为年金支付，就必然面临高龄风险难以预估的问题[2]。

（3）其他传统金融投资风险。传统金融投资过程中的市场风险、投资组合风险、信用风险、流动性风险、操作风险、系统性风险等，也同样作用于养老金融投资的全过程。一是市场风险。我国养老基金存在投资委托人与投资受托机构、投资受托机构与托管机构、投资受托机构与投资管理机构等多重委托代理关系。在信托制度和产权制度不够完善、信托公司内部治理结构存在缺陷、信托法律体系不够健全的大背景下，极易导致养老基金运营风险。二是投资组合风险。受制于资本市场的不完善，政府设计的养老保险基金的投资运营规则较为严格，特别是对基本养老金采取保底收益的模式，使得养老基金投资人难以引入多元化的投资组合，不易发

[1]　曹德云.多方合力助推个人养老金行稳致远[J].新金融，2023（11）：31-34.

[2]　联合国人口预测中变化幅度最大的就是对目标年份的高龄人口预测。

展多元化的投资策略，不利于养老基金分散风险、提高收益[1]。三是系统性风险。系统性风险源自金融市场本身的缺陷、金融机构的脆弱性、金融监管的放松、宏观经济危机的冲击等，具有复杂性、突发性、传染快、波及广、危害大的特征[2]。在系统性风险下，养老金融资产难免会遭遇投资损失。

4.养老金融消费转化阶段存在金融欺诈风险

养老金融消费是养老金融的必要阶段。因老龄群体的特殊性，他们容易遭遇诈骗等消费风险。养老金融消费转化阶段的金融欺诈风险主要体现在以下三个方面。一是相关金融机构的集资诈骗。部分金融机构在未取得相关金融许可的情况下利用高息的投资噱头非法集资。二是来自金融从业人员的误导消费。金融从业人员基于自身利益的考量，会利用信息不对称，过分夸大某类金融产品的功能，或者规避金融产品本身存在的风险，如隐瞒或混淆产品信息、暗藏搭售、夸大保证收益或保险责任。三是新型诈骗手段。随着金融科技的多元发展，新型诈骗手段已涵盖理财、股市、投资、保险、信贷等众多领域，具有一定养老金储备且想通过金融市场获得更多投资收益的中老年人，最容易成为被诱导和欺诈的对象。

[1] 董克用，姚余栋. 中国养老金融发展：挑战与应对[J]. 中国经济报告，2019（1）：113-117.

[2] 张晓朴. 系统性金融风险研究：演进、成因与监管[J]. 国际金融研究，2010（7）：58-67.

第二节

养老金融的风险控制途径

风险控制旨在化解因信息不对称而造成的不确定性，形成市场稳定预期，从而使价格机制与契约机制更好地发挥作用，是对内生性风险的直接控制和消解[1]。养老金融风险控制是指通过制度、机制、法律规范、政策约束等，防范和减少养老金融各类实践载体在发挥功能过程中的风险损失，从而防止危及养老金融各载体提供必要的、充分的养老保障的风险。因此，在制度层面，需要强化养老金融的系统化顶层设计，实现制度的稳定性、可预期性。在市场层面，需要规范养老金融投资市场和消费市场，保障养老金融资产安全和消费安全。在个人层面，则需要强化金融素养教育，加强个人对养老金融的风险内控。

一、强化多层次养老保障制度的稳定性与可预期性

养老金融不同于其他市场化金融，其本身便带有相当明显的公共干预特征。有相当一部分养老金融载体由政府直接供给，其余的则均在政府规制的基础上开展业务。这意味着养老金融的风险控制需要从顶层设计开始，立足养老金融的整体制度架构进行系统性的谋划，赋予养老金融制度体系稳定的制度预期，引导养老金融在各领域发挥效能。

（一）厘清基本养老保险的功能定位和权责分担

基本养老保险虽然不是养老金融最主要的载体，但却是养老金融的逻辑起点。基本养老保险制度的边界决定着养老金融在不同经济社会背景下的功能定位，决定着养老金融的市场规模和作用范围。在制度发展初期，我国基本养老金制度存在福

[1]　张亦春，许文彬. 风险与金融风险的经济学再考察[J]. 金融研究，2002（3）：65-73.

利外溢效应，养老金不仅是一笔老龄收入，还承担着疾病治疗、养老服务甚至家庭内部财富再分配的功能。但是，随着各类社会保障走向成熟，基本养老保险逐渐回归本位。因此，需要审慎论证和设计基本养老保险制度的功能边界，厘清其责任，为养老金融市场拓展建立可靠的市场预期。我国在长期二元经济结构下，形成了城乡分制的基本养老保险制度。长期以来，城镇职工基本养老保险作为唯一可靠的制度性保障，在单位保障向社会保障逐步转变的过程中，成为承担老龄综合保障职责的主要制度，存在过度担责的问题，需要以内在公平为出发点重塑其边界，为养老金融留出余地。城乡居民基本养老保险则收入明显过低，存在担责不足的问题。城镇灵活就业者的劳动收入和养老收入之间的差距有逐渐拉大的趋势，亟须通过养老金融建立适应其劳动特征的养老储备机制，增大养老金融载体的缴费吸引力。农村居民则存在货币性收入不足、养老金积累不足的风险，因此，需要适时提高其基本养老金待遇，加大转移支付力度，实现切实的基本保障。目前，城乡居民基本养老保险的匹配缴费机制在实践中形成了“按最低缴费最划算”的不利引导，应将补贴比例适度向中等档次倾斜，帮助城乡居民建立能够切实保障基本生活的基本养老保险制度。唯有厘清基本养老保险应当承担的保障职责，并提供切实可靠的兜底性保障，才能为养老金融留出空间，促使其构建起立足长远的风险控制理念。

（二）建立清晰适度、公平合理的个人账户记账机制

目前，城镇职工和城乡居民的个人账户记账机制差异很大，前者缺乏以实际投资为支撑的清晰准则，埋下可持续性风险的隐患；而后者则缺乏以有效投资为支撑的适度收益，存在充足性的风险。因此，需要加快明确、厘清两种个人账户的记账机制。对于城镇职工个人账户记账利率，需要从顶层设计上明确其属性，厘清记账利率的形成机制，分清记账利率是与金融资产挂钩（如盯住全国社会保障基金理事会的各类委托投资来确定利率）还是与工资增长率或CPI挂钩，形成类似名义账户制下的名义利率确定机制，以体现基本养老保险个人账户的资产负债平衡。对于城乡居民个人账户记账利率，则应参照当前社保结余基金的委托投资规则或职业年金

投资规则，探索更能实现保值增值功能的投资路径，实现其记账利率与城镇职工基本养老保险基本看齐。

（三）拓展养老保险制度的广度与深度

以补充养老保险为基础的养老金融，其核心是个人账户制，而个人账户制的规模效应意味着账户的扩展、扩大有利于其投融资管理优化。因此，应尽快打通养老保险第二、第三支柱，实现第二、第三支柱投融资规则一体化和税收规则一致化。一是从养老金计划这一基本机制出发，建立第二、第三支柱统一的账户管理模式、投资监管模式、税收优惠政策。二是建立默认投资和自主投资多元结合的投资选择模式。当前，企业年金、职业年金个人账户均为默认投资；而个人养老金个人账户则为自主投资，参保人根据自身意愿开设账户，并自由选择不同的金融行业和金融产品进行账户资金配置。这两种方式各有利弊，从风险控制的角度来看，应适时进行融合统一。在个人养老金账户中引入默认投资组合，并给予最低保障收益；而在自主投资方面，则应加强对产品类别的管理，并给出明确的投资组合建议，帮助参保人优化选择。三是尽快明确对个人养老金的补贴机制，并适时扩大参保范围。国家主导建设的个人养老金，其本质均为补强或补缺机制。在我国，这一机制一方面体现为对职工群体、机关事业单位人员的保障补强，另一方面则体现为对灵活就业群体的保障补缺。但后者目前尚不是第三支柱的主要覆盖范围，亟须在确保风险可控的基础上对养老保险进行适时扩面，并借鉴德国李斯特养老金计划的经验，对城乡居民基本养老保险参保者参加第三支柱投融资给予适当的缴费匹配，鼓励其建立可靠的保障，弥补因第一支柱保障严重不足而造成的老龄收入短缺。

二、强化养老金融投融资监管及欺诈防范

（一）优化和规范养老金融机构投融资管理

养老金融的实际从业者包括银行、养老基金公司、养老保险公司等多种类型的金融机构。这些金融机构承担着控制养老金融风险的职责，需要在体制机制上进一

步强化养老金融机构投融资管理。2023年11月，国家金融监督管理总局（简称“国家金融监管总局”）发布《养老保险公司监督管理暂行办法》，2024年5月，国家金融监管总局又发布《关于银行业保险业做好金融“五篇大文章”的指导意见》，要求“银行保险机构要严格按照风险可控、商业可持续原则开展业务……加强对相关产品业务的合规性审查……精准确定支持对象和范围，严防以‘五篇大文章’之名骗取、套取金融机构资金。加强业务后续跟踪管理和风险监测，前瞻性做好风险预警及化解处置预案”。这标志着养老金融机构监管开始进入更加精细化、精准化的管理时期，需要从多个维度优化和规范养老金融机构投融资管理。

第一，明确监管责任与分工。由国家金融监管总局负责养老金融产品的准入准出、动态监管工作，防止出现监管真空与监管重复。立足养老金融与多层次养老保障的内在关联，加强部门间协作，由人社部、财政部、税务部、证监会等养老金运行相关部门组成金融监管理事会，定期就养老金投资收益情况、养老金融产品发展状况、养老市场变化等召开联席会议，对个人养老金金融产品实施全方位监管。

第二，加大考核力度，强化激励和处罚机制。将养老金融纳入各级机构年度考核，合理确定考核指标和考核权重，积极构建有利于养老金融高质量发展的考核机制。鼓励符合条件的机构结合自身实际组建专业团队、设立专门部门，提升专业化服务水平。充分考虑养老金融的特殊属性，适度弱化养老金融短期利润等方面的考核要求，建立尽职免责和容错纠错机制，明确职责边界，优化操作流程，因地制宜地放宽贷款不良率和利率等约束，更好地发挥市场机制的作用。目前，我国养老金融载体的退出机制不够完善，比如在《企业年金基金管理办法》中没有设计和准入相匹配的退出机制，代替退出机制的“吊销行政许可”在实务中由于《企业年金基金管理办法》和《中华人民共和国行政处罚法》之间不协调而不切实际，缺乏退出机制使企业年金基金成为“终身船票”，不利于企业年金投资的长期发展。监管应该通过退出机制实现对基金管理机构的震慑，严格管理企业年金投资机构。

第三，引导金融机构强化投资管理能力。个人养老金等标志性养老金融载体的落地将改变投资市场的整体格局，商业银行等金融机构需要进一步加强资产配置和投资能力建设，提升服务客户的能力和水平。通过建立多项指标维护的资产管理系统，重新调整资产运营中权益资产的配置比例。建立完善基金评价和筛选体系，布局长周期养老目标基金等产品，制定可供投资者参照的业绩标准。

第四，优化客户服务与强化风险识别。构建客户风险识别体系，通过大数据等互联网手段进行客户画像标签化，根据客户画像，为其提供个性化服务。同时，探索营销服务线下线上交互融合，尽可能多渠道地触达不同客户。此外，建立健全风险管理体系，强化不同业务之间的风险隔离，定期开展内外部审计等。

第五，建立健全多元化资本补充机制。想要提高风险抵御能力，须建立健全多元化资本补充机制。针对养老保险公司的经营特点和要求，在业务范围、机构管理、考核机制、风险控制等方面作出专门规定，根据养老保险公司经营的不同类型业务提高注册资本要求。

第六，建立健全以聚焦养老主业为导向的长期绩效考核机制。目前，监管部门针对养老保险公司已引入不得短于3年的投资考核期，明确养老保险公司应当主要经营与养老相关的业务，包括养老年金保险、商业养老金等，不得受托管理保险资金和开展保险资产管理业务等，应将这些有效措施适时推广到各类养老金融业务的从业机构。

（二）防范养老金融欺诈风险

养老金融欺诈风险的控制是一个多方位、多层次的社会问题，需要政府、社会、个人协同发力，从金融教育、金融监管、社会监督、技术融入等多个维度建立养老金融诈骗防治体系。

第一，完善监管体系和法律保障。强化金融机构的监管责任，确保金融机构在推广产品和服务时充分履行告知义务，向老龄客户明确说明产品的风险性质和可能产生的后果。同时，加大对违法违规操作的惩罚力度，对存在诱导或误导老龄客户行为的金融机构加大处罚力度。制定和完善专门针对老年人的金融保护法规，根据老年人的特殊需求和状况，制定相应的保护措施和法律。比如，设定针对老年人的金融产品购买“冷静期”，允许在一定时间内无条件退订产品，降低冲动或被误导购买的风险。

第二，提升社会监督和互助机制。鼓励成立老年人金融保护志愿者组织，在社区和老年协会中成立志愿者组织，由具有一定金融知识的中老年人或年轻志愿者组成，帮助其他老年人理解金融产品、识别潜在的金融骗局。建立易于操作的老年人金融服务评价和反馈系统，让老年人可以对金融服务进行评价和反馈，类似于现有的消费者评价系统，这不仅可以增加服务提供商的透明度，增强服务提供商的责任心，还可以帮助其他老年人在选择金融产品时作出更明智的决策，积极发挥老龄协会等社会组织与专家团队的作用。2024年3月，中国老龄科学研究中心和中信银行联合发布了《老年金融消费者风险防范手册》，应利用老龄群体对知识分子的相对信任，鼓励其他老龄化科研组织深入社区进行政策解读和防诈宣传。

第三，充分利用科技手段提高防范能力。数字金融与养老金融的并行使得金融诈骗更加隐蔽，应开发专为老年人设计的、简单易用、界面友好的金融管理手机应用程序，帮助老年人及其子女实现账目管理、支出追踪等。开发手机应用程序的金融诈骗预警功能，利用大数据和人工智能技术自动检测并提示潜在的欺诈风险。同时，提供有针对性的技术教育和辅导，利用公共图书馆、社区中心提供免费的数字技能培训课程，教会老龄群体正确使用互联网银行服务、识别网络安全威胁，提高其对现代金融工具的熟悉程度和使用能力。

三、构建和强化养老金融素养等风险内控机制

强化金融教育、提高金融素养是强化老年群体防范金融投资风险能力的重要内控机制。金融市场越是成熟的国家，就越重视对金融素养的培养。美国早在2003年就颁布了《公平交易与信用核准法案》，正式提出建立美国金融素养与教育委员会。此后，英国、俄罗斯、瑞典、德国、意大利、荷兰、日本等国家也以不同的形

式开始普及金融素养教育[1]，以提升国民金融素养水平。相较于发达国家，我国在老年金融素养培育方面起步较晚。2015年，国务院办公厅出台《关于加强金融消费者权益保护工作的指导意见》，首次明确提出“金融机构应当进一步强化金融消费者教育，积极组织或参与金融知识普及活动，开展广泛、持续的日常性金融消费者教育，帮助金融消费者提高对金融产品和服务的认知能力及自我保护能力，提升金融消费者金融素养和诚实守信意识”。但金融素养教育总体滞后，没有得到充分重视。同时，以老年群体为对象的金融教育尚处于起步阶段，亟待多维度地推进。

第一，建立和完善国家层面的金融教育体系。借鉴发达国家经验，建立以政府为主导、多方参与的全民金融教育体系。这个体系应特别包含针对中老年人的金融教育补强计划。推动政府部门、各地金融学会或专业委员会积极投入，与养老金融投融资机构积极合作，建立健全养老金融教育体系，推动养老金融教育载体普及，并对养老金融教育资源建设提供必要的资金支持。

第二，整合资源，跨部门合作推动金融知识普及。养老金融涉及从政府到个人的多元主体，养老金融教育也需要多方主体积极参与。强化不同部门之间的协作，教育部门、老龄事务部门、金融监管机构和民间组织共同参与老年金融素养教育工作，通过资源共享和专业分工，形成一套完整的教育推广系统。利用现有科教平台和设施开展老年金融素养教育，如在老年大学、社区中心和养老机构中定期开设金融课程等。此外，还可以探索与金融机构合作，利用其专业优势和渠道资源，向老年人提供实用的金融知识。

第三，创新教育方式，建立培训和实践相结合的教育方式，提高金融教育的有效性和针对性。考虑到老年人对新技术的接受程度可能有限，金融教育应采取多样化方式，如结合线上线下教学、使用生活化的案例教学、开展互动式讲座等，使教学内容更易于被老年人理解和接受。教学内容应覆盖日常财务管理、常见金融产品知识、数字支付安全等多个方面，全面提升老年人的金融处理能力和风险防范意

[1] 王宇熹，杨少华. 金融素养理论研究新进展[J]. 上海金融，2014（3）：26-33，116.

识。同时，应注重将金融知识普及和金融投资实践紧密结合，建立“做中学”的机制。例如，日本在养老金融普及教育过程中，将其与个人养老金投资紧密结合，在参保人进行投资选择的过程中对产品类型、风险特征进行解释，将实操和培训有机结合起来，这一经验值得借鉴学习。

第四，转变金融教育理念，实现从参保人教育到投资人教育的理念转型。随着养老金融的机制拓展和新产品开发，越来越多的养老金融产品会投资于权益类产品，这就意味着养老金融的参与者实质上是养老金融的投资者，因此应让其树立起从参保者向投资者转型的投资理念。养老金融的良性发展不仅有赖于专业投资机构的有效投资，更有赖于参与者的积极投入，应引导其从被动的投资结果接受者转变为投资过程的参与者，最终使其在投资过程中更加积极有为。事实上，部分发达国家已呈现出中老年投资者风险偏好更高的现象，客观上也印证了随着受教育程度更高、金融素养更高的人群老去，养老金融实践可能从保守逐渐走向积极。

第三节

养老金融的风险管理策略

一、明确政府在养老金融构建中的主导责任和监管责任

养老金融涵盖极为广阔的制度、政策和产品空间。在大多数西方发达国家，因其“国家—市场”二元分立、合作博弈的形态，在多层次养老保险体系中，政府、市场、个人的权责划分相对清晰，彼此之间的作用界限相对明确，从而在养老金融发展过程中呈现出更高的市场自由度，而养老金融的参加者也能较清晰地认同风险责任。

我国与之存在本质上的差异。在我国基于“国家—市场”同构的社会主义市场经济体制下，国家和市场不是对立的关系，也不是合作的关系，而是一体的关系。国家通过有序开放市场机制来实现更有效率的分配，而市场主体和人民群众之间的关系并非一种对立的劳资关系，而是市场分配结构中的参与关系。在这一基本关系下，我国在主导建设养老金融的过程中，没有如西方国家那样将政府责任向市场转移，而是运用市场机制来实现党和政府在老龄社会下的基本民生保障责任。因此，在老百姓的认知中，政府主导建设的各类以养老为目的的金融载体，政府必须承担主导责任及重要的监管责任。举例而言，当个人养老金账户在市场波动中遭受损失且危及养老金资产净值时，在我国的政策语境下，不应让参保者完全承担固有风险。这将成为我国在发展养老金融方面与西方发达国家的最大区别。

因此，需要明确政府在养老金融风险管理中所承担的重要监管责任。首先，要为政府推动建设的养老金融载体如企业年金、职业年金、个人养老金账户等，设计最低收入保障的救助机制，为参加缴费的个人最终能够获得不低于其缴费净值的养老金资产积累创造条件，并对全局性的系统性风险、金融灾害中形成的个人账

户损失提供一定程度的救助。其次，对个人账户养老金建立默认投资或指导性投资机制，降低参保者因金融素养不足而产生的投资风险。最后，在健全政府监管责任的基础上，规范市场主体的投资行为，建立精准有效的准入、考核、退出与处罚机制，尤其要避免市场主体将政府兜底作为免责方式来利用。

二、拓展养老金融机构的参与维度和参与深度

养老金融是金融机制参与面向老龄需求的资源分配的形式，首先需要在参与主体层面充分拓展，鼓励更多类型的金融实体参与不同维度的养老金融实践，根据各类养老金融机构的经营特征引导其有针对性地参与养老金融服务供给，从源头上实现风险分散。

第一，应大力推动银行业拓展养老金融业务路径。银行业作为金融体系的基石，长期以来承担着养老保险等多种社保待遇发放、企业年金管理、个人养老金开户等多种基础业务，与其他金融机构相比，在渠道、客户、数据和信任度方面有显著优势。大型国有商业银行在养老金融领域的基石作用和服务声望已在老龄群体中形成显著的品牌效应，也是政府驱动养老金融发展的关键节点。但是，传统银行业提供的产品也存在因过于标准化而与养老金融的多元性、灵活性需求不够匹配的问题。因此，应当鼓励国有商业银行拓展养老金融产品和进行业务创新，积极探索应用契合养老产业需求的信贷政策和融资模式，关注国家城企联动普惠养老专项行动中央预算内投资项目等在养老问题上的重要布局，找准金融服务切入点，创新普惠融资产品，满足更多养老产业客户的融资需求。

第二，第三支柱等明显依赖市场主体参与的养老金融载体应吸纳和鼓励证券投资基金业更加深入地参与，提高投资的长期回报率。在老龄社会深度发展的背景下，养老金融和资本市场的长期共生既是防范投资风险的重要途径，也是金融市场系统性风险治理的关键环节。证券投资基金业服务于第三支柱养老金，为提高直接融资比重筹集长期资金，同时为养老金领取人带来丰厚的回报。长期权益投资不仅

可以通过复利效应来增加个人养老财富储备，让投资者享受实体经济增长的红利，其“长期锁仓”效应更可以促进资本市场稳定，是人们从储蓄养老向投资养老转变的最佳方式。

第三，保险业作为养老金融最直接的载体，养老保险公司在养老金融发展中承担着产品、技术、渠道的开发任务。养老保险公司应加大力度发挥专业优势，立足差异化，构建多元化产品及服务体系，针对各类客户在不同年龄、收入及养老生活规划状态下的个性化需求，提供覆盖全生命周期、分阶段、多层次的养老保险保障服务，提供满足不同群体需求的养老金融产品及服务。推动养老保险公司以合规经营促进健康发展，夯实全面风险管理根基，提升风险应对能力。

第四，我国以补充养老保险为代表的养老金融管理模式大多采用养老信托机制，因此应加大力度完善信托业，防范委托—代理风险，促进我国金融业综合经营、综合监管体制的形成。在信托机制下，作为养老金融承担者的银行、证券、保险、信托等多种业态均可以作为受托人，通过实现综合经营来分散风险。同时，养老金融的发展将成为金融行业综合经营及监管层展开综合监管的契机。积极应对老龄化的金融实践涉及的不是某一个金融子行业的业务，对养老金融的监管将会演变成金融监管中的综合监管，有利于国家的金融稳定和风险防范[1]。

三、优化养老金融投资方向和投资理念

第一，加大养老金融对面向新质生产力发展方向的优质科技企业的投资。历史经验表明，养老基金最有效的投资路径应是投资面向未来的科技发展方向的高科技产业，通过审慎的风险评估和分散策略，捕捉原创性、颠覆性的科技创新点。美国正是依靠养老基金投资硅谷的新兴科技产业，使其养老基金得到长期回报，也因此在20世纪90年代搭上信息高速公路的快车，获得新一轮发展机遇。养老金融投资只有与新质生产力的发展方向同向同行，才能真正做到与经济增长互为支撑，才

［1］　胡继晔. 做好养老金融大文章 积极应对老龄化[J]. 中国人力资源社会保障，2024（3）：35-37.

能取得长效的投资成就。应加快促进养老金融投资新一代人工智能技术和智能经济载体，把握好人工智能与数据要素推动科技跨越发展、产业优化升级、生产力整体跃升的历史窗口期。养老金融长效可持续发展的本质在于面向新质生产力的发展方向。近年来，我国多支柱养老基金已呈现出这一倾向。比如，企业年金基金也呈现出更多的科技行业投资趋势，截至2023年第三季度，共有34家上市公司前十大流通股股东中包含企业年金，持股比例大多在0.5%～1%之间，从持股情况来看，企业年金基金正在加大对制造行业和科技行业的投资力度[1]。

第二，引导养老金融机构树立长期投资目标。通过政策引导和行业规范，引导养老金融机构建立长期绩效评估体系，奖励基于长期业绩的投资决策，并通过教育和培训，促进投资团队对长期投资理念的认知深化。其中，长期权益投资应成为养老金融投资的核心指向。养老金融的“长期锁仓”效应有助于促进资本市场稳定，有助于将养老金融积累的庞大资金与银发经济需求对接，通过债权、股权等方式输送长期资金，支持银发产业和银发消费发展。同时，养老金融还应与其他金融领域形成长期互动，利用养老金融的长期投资特性投资绿色金融产品等可持续投资项目，协同五大金融发展目标，取得多元化的投资回报。

第三，提高养老金融机构全生命周期的财富管理能力。养老金融贯穿个人从青年到老年的整个人生阶段，需要加快提升资产主动配置能力和管理能力，加强体系化的投资研发，构建适应养老金融的金融科技手段，充分将财富管理、资产管理、资产托管、投资银行等业务有机融合和相互协同，形成覆盖全生命周期的产品供给体系。通过金融科技的不断创新来满足不断变化的金融需求，实现不同类型投资者在不同结构层面的收益和风险的匹配，形成适合不同生命阶段的投资组合。个体在不同生命阶段的风险特征和风险承受能力有较大差异。2008年，美国股灾过程中，有不少养老金账户受到突发性金融海啸影响造成大幅亏损，此后各国开始广泛引入生命周期投资策略，要求人们在临近退休5年内减少或不得投资高风险投资组合。

[1] 根据Wind数据库整理。

我国目前也采取了相关举措，比如证监会于2018年2月发布的《养老目标证券投资基金指引（试行）》便对养老目标基金进行了规范，以投资人的退休日期为主要参考指标来设计长期投资策略，避免随着市场波动购买、赎回基金而遭受损失。自试点以来，养老目标基金快速增长，但其发展过程中也暴露出养老属性认知不足、税收优惠不够、开户渠道单一等问题，亟须借助第三支柱（个人养老金）的发展契机，通过默认账户设置引导养老目标基金投资选择，并适度放宽养老目标基金的投资范围和投资比例限制。

四、拓展养老金融产品类型

拓展更加多样化的产品和服务是养老金融风险分散的必要举措。纵观全球，在过去的几十年里，许多金融创新都是从养老金融领域开启的，养老金融已成为金融创新的重要驱动力量。零息债券、抵押担保债券、投资担保合同等都是通过金融活动来满足多元化养老需求的典型例子。养老金融投资管理机构需要不断探索产品和服务创新，以满足不同群体多元化、综合化、复杂化、个性化的养老需求。

第一，在养老金融产品设计上，做到全生命周期的多元化产品开发。应针对不同客户具有的不同风险偏好特征，将投资者风险保护嵌入产品设计，实现横纵交织的风险分散布局。需要动态把握参保者特别是中老年参保者的风险偏好特征。国际实践表明，随着老龄群体受教育程度的提高和金融素养水平的提升，不同时代老龄群体的风险偏好会出现差异。投资机构应结合客户画像和投资行为，树立以用户风险偏好特征为中心的产品设计理念，持续提升产品适配性。积极开发能合理分摊投资风险的产品，立足本金安全需求和长期收益目标来平衡风险收益关系。在领取时期，应注重资金管理与风险保障相配合，实现养老资金管理与老年风险管理的功能衔接。同时，鼓励开发多元化商业养老保险产品，发挥后端优势，有效对接企业（职业）年金、第三支柱养老保险参加人和其他金融产品消费者的长期领取需求。尤其是根据老龄群体的认知特征，探索开发投保简单、交费灵活、收益稳健、收益形式多样的养老年金保险产品。

第二，重视多元化、个性化的投资扩展。养老金融的多层次特性使其可以在风险隔离的前提下引入更加强调收益性的机制和产品。比如，日本的个人储蓄账户计划（NISA计划）要求全部投资于权益类资产。因此，未来养老金融深化发展过程中，需要促进养老金融产品的多元化开发，注重拓展个性化、定制化和专业化的产品，以满足多层次的风险投资需求。例如，可加大对私募基金投资的研判。较之其他投资方式，私募基金更加灵活，投资对象更加多样化，可以投资市场上大多数的投资品种。其灵活性有利于基金管理人更精准地把握养老基金风险与收益的平衡。私募基金募集对象的具象化和私密化，便于其针对不同投资者的核心诉求量身打造不同的养老基金产品，从而有效地隔离风险承受能力较弱的养老产品投资者，从源头上提高投资者的风险识别能力。当然，如何促进私募基金等新兴投资工具作用于养老金融的多元投资领域，还需要更加强有力的政策引导和政策监管。在这一导向下，应加快研究出台鼓励和拓展养老金融投资创业投资基金的各项政策，放宽养老金、年金对私募股权、创业投资基金的投资准入和比例限制。例如，支持全国社会保障基金理事会在各项社保基金委托投资中探索提高创业投资基金的比例，推进社保基金引入私募证券投资的政策尝试。在由银行机构主导推进的养老金融领域，建议加大银行资金支持创业投资基金的政策探索。例如，鼓励银行理财资金投资部分优质创业投资基金，允许符合条件的经营主体以银行贷款认购试点范围内的创业投资基金。在保险公司等金融企业层面，优先选择风控能力强的保险公司、保险投资管理公司试点直接配置私募证券投资基金，丰富保险资金资产配置类型，提升保险资金资产回报率[1]。多措并举实现多元化、个性化投资，提高养老金融投资的风险分散性和收益多样性。

[1] 汤立斌，梁银妍.全国政协委员、证监会市场监管二司一级巡视员刘云峰：允许社保基金投资私募证券投资基金[N].上海证券报，2024-03-05（2）.

Chapter 10

第十章

养老金融实践创新与探索

第一节

金融机构养老金融实践创新

金融机构的养老金融实践创新一直在国家顶层设计和大政方针的引导下开展，与国家政策和制度创新密不可分。从养老金融市场、产品和服务方面，金融机构的养老金融实践创新集中体现在以下三个方面。

一、养老金融市场的转型升级

（一）打破保险公司单一供给主体格局

为活跃养老金融市场，打破保险公司长期作为养老金融单一供给主体的格局，2018年2月，证监会发布《养老目标证券投资基金指引（试行）》，并推出养老目标基金，引导形成专门的养老投资基金产品类别，发挥公募基金专业理财在居民养老投资中的作用。

为推进多层次养老保险体系建设，2018年4月，财政部、税务总局、人力资源社会保障部、银保监会、证监会五部门联合下发《关于开展个人税收递延型商业养老保险试点的通知》，决定自2018年5月1日起，在上海市、福建省（含厦门市）和苏州工业园区实施个人税收递延型商业养老保险试点。

为探索多元发展路径，2021年6月和9月，国家相继启动了专属商业养老保险试点和养老理财产品试点。此后，养老理财子公司大量涌现，专业养老保险公司和养老金管理公司的业务范围也不断优化。专属商业养老保险试点选择在浙江省和重庆市实施，以积极探索服务新产业、新业态从业人员和各种灵活就业人员养老需求为目标，创新开发投保简便、缴费灵活、收益稳健的专属商业养老保险产品，普惠让利，鼓励行业联动、单位匹配缴费。关于养老理财产品试点的选择，工银理财在武汉市和成都市开展，建信理财和招银理财在深圳市开展，光大理财在青岛市开展，从银行渠道丰富第三支柱养老金融产品，满足人民群众日益多样化的养老需求。

（二）发挥养老金融机构分业与混业经营相融合的优势

2022年3月1日，专属商业养老保险试点区域扩大到全国范围，养老理财产品试点范围由“四地四机构”扩展为“十地十机构”。

2022年3月4日，《关于加强新市民金融服务工作的通知》发布，旨在引导各类金融机构积极参与养老保险第三支柱建设，引导理财公司研发符合长期养老需求和生命周期特点的养老理财产品；支持保险机构针对新市民养老需求和特点，探索开发安全性高、保障性强、投保简便、缴费灵活、收益稳健的商业养老保险产品；支持商业银行研究养老储蓄产品，探索开展养老储蓄业务试点，以拓宽新市民养老资金来源。

2022年3月22日，银保监会批复同意国民养老保险股份有限公司开业，该公司成为我国第十家专业养老保险公司，为第三支柱发展提供了重要的市场条件。从股东构成看，国民养老保险股份有限公司由工银理财、农银理财、中银理财、建信理财、交银理财、中邮理财、信银理财、招银理财、兴银理财、华夏理财等专属理财子公司联合持股，并由平安养老、太平养老、国寿养老、长江养老、泰康养老、大家养老、人保养老、新华养老、恒安标准养老等保险公司同时持股，养老金融专业机构呈现出分业和混业相融合的特点。

（三）优化顶层设计引导养老金融机构转型升级

2022年4月，国务院办公厅印发《关于推动个人养老金发展的意见》，标志着个人养老金制度的建立，开启了第三支柱系统性建设元年。具有自愿参与属性的个人养老金账户资金可用于购买银行理财、储蓄存款、商业养老保险、公募基金等金融产品，并在每年1.2万元的限额内享受税收优惠。当月，银保监会发布《关于规范和促进商业养老金融业务发展的通知》，以规范第三支柱的既有试点产品；证监会发布《关于加快推进公募基金行业高质量发展的意见》，明确提出加大中低波动型产品开发创设力度，开发适配个人养老金长期投资的基金产品。2022年11月，《个人养老金实施办法》发布，并决定从2022年11月25日起，在北京、上海、广州、西安、成都等36个城市（地区）启动试点。2024年12月，人社部等五部委印发《关于全面实施个人养老金制度的通知》，个人养老金制度正式在全国实施。与此同时，商业银行、理财公司和保险公司开展个人养老金业务的具体规范出台，同一时期颁布的《个人养老金投资公开募集证券投资基金业务管理暂行规定》也对纳入个人养老金的养老目标基金的风格、业绩、规模等都作出明确规定，强化了长周期考核及对投资人的保护。

在第三支柱（个人养老金）制度建设之外，与个人税收递延型商业养老保险、专属商业养老保险、养老理财产品相并列的特定养老储蓄试点和养老保险公司商业养老金业务试点也相继于2022年11月底、2023年1月初在试点城市有序开展。政府引导下的养老金融专业化、特色化试点，极大地活跃了养老金融市场，对养老金融机构转型升级提出了新的要求。

二、养老金融产品的开发创新

（一）年金化的养老金产品涌现

1.以银行大额存单为载体的养老储蓄产品开发

中国居民储蓄率长期处于偏高水平，商业银行曾创新定期存款产品付息方式，通过发行月月付息产品，满足以养老为目标的长期储蓄需求。尤其在2015年和2016年《大额存单管理暂行办法》颁布及修订后，按月付息的大额存单产品增多，加上中国存款保险制度的建立，公众对该类养老储蓄产品的偏好增强、市场选择增多。大额存单兴盛时期，全国在售的月月付息存款产品的期限范围多集中在3年及以下，认购金额多以20万元起步，预期最高年利率可达4.18%，为公众提供了可及的养老资产配置通道，拓宽了养老经济保障来源。

养老储蓄是专为养老目标设立的储蓄类别，即更具长期性的定期储蓄，具有产品期限长、收益稳定、本息有保障的特征，可满足低风险投资偏好居民的养老财富储备需求。2022年7月，中国银保监会办公厅、中国人民银行办公厅联合发布《关于开展特定养老储蓄试点工作的通知》，决定自2022年11月20日起，由四行在五地开展为期一年的特定养老储蓄试点，试点期内，单家试点银行的特定养老储蓄业务规模上限为100亿元。截至2024年1月，特定养老储蓄存款人数约20万人，余额接近400亿元。

相较于普通定期存款，特定养老储蓄具有以下优点：一是存款期限更长，分为5年、10年、15年和20年四档期限，符合养老规划的中长期性特质。二是利率较高，虽然试点城市、银行及产品期限不同，年化利率不尽相同，但5年期普遍利率均在3.5%～4%，高于5年期个人养老金专属存款产品的最高利率（3.15%），在利率下行周期达到锁定相对较高利率的效果。三是灵活性更高，支持提前支取，但会损失部分利息收益。

此外，特定养老储蓄产品也存在一定的硬性限制条件：一是设定购买年龄下限，在“购买人年龄+产品期限＞55”的约束下，客户至少要达到35岁才可购买相关产品，且年龄越大能够选择产品的期限范围越大，产品支取条件通常为购买人年满55岁且产品期满。二是限制购买额度上限，购买额度上限为50万元。三是划定购买地区范围，在试点城市拥有户口方可在试点银行柜台办理相关业务。

特定养老储蓄产品迎合了中国居民的储蓄偏好，能更好地兼顾普惠性和养老性，要通过不断地实践探索，找准用户痛点，不断优化产品设计，并制定更高效的优惠支持政策，精准满足低风险投资偏好居民养老财富的积累需求。尽管特定养老储蓄产品能满足长期、安全的资金需求，但难以抵御通货膨胀风险，这要求居民制定更详细的养老规划，进行不同资产的配置，降低整体投资风险。

2.银行养老理财产品多元丰富

2005年《商业银行个人理财业务管理暂行办法》颁布后，我国银行理财业务逐步开展，2007年部分商业银行开始发售带有养老标签的理财产品，截至目前，银行养老理财产品在中国的探索发展已近20年。2018年，《商业银行理财业务监督管理办法》明确了商业银行需设立理财子公司分业经营理财业务，自2019年起，各大银行理财子公司相继获批，截至2023年底，全国共有31家理财子公司获批筹建，包括6家国有大行、11家股份行、8家城商行、1家农商行和5家合资银行。

银行养老理财产品是由银行理财子公司以长期养老需求和全生命周期为核心，采用稳健资产配置策略设计发行的理财产品，具有长期性、低风险等特点。2021年8月31日，中国银保监会办公厅发布《关于开展养老理财产品试点的通知》，决定自2021年9月15日起，由“四地四机构”开展为期一年的养老理财产品试点，单家试点机构养老理财产品募集资金总规模限制在100亿元以内。在政策引导下，四家机构以长期性和安全性为原则，主要配置固定收益类资产，满足稳健、长期的养老财富积累需求。基于试点情况，于2022年3月将试点范围扩大至“十地十机构+贝莱德建信理财”，并将已开展试点机构的养老理财产品募集资金总规模上限提升至500亿元，新增单家试点机构的养老理财产品募集资金总规模上限仍为100亿元，养老理财产品总募集资金上限从400亿元大幅调增至2700亿元，规范和促进了商业养老金融业务发展。截至2023年末，养老理财产品的平均收益率为3.2%，产品均获得正收益，整体业绩相对稳健。

养老理财产品具有以下优点：一是以固定收益类资产为主进行资产配置，债券市场行情较好的情况下，整体业绩表现得以提升。二是养老理财产品多为封闭式或定开式，通过配置净值稳定的非标资产，能够获得相对较高的收益。三是养老理财产品通过引入风险准备金、平滑基金等风险保障机制，大幅提升了产品的风险抗性。此外，相较于其他养老金融产品，养老理财产品具有普惠性、托管费和管理费较低的优势。在满足收益分配的条件下，产品管理人可以通过定期分红，激励人们进行长期投资，充实养老财富积累。

（二）专属商业养老保险的新市民普惠

受产品设计尤其是管理便捷性和税收优惠激励不足的影响，2018年开启的第三支柱（个人养老金）局部地区试点效果不佳。截至2020年末，有23家保险公司参与个人税收递延型商业养老保险试点，其中有19家公司出单，累计实现保费收入4.3亿元，参保人数仅为4.9万人，参保对象多为单位集体投保的企业职工，对普通就业人员的吸引力不足，上海在三个试点地区中贡献了81%的投保人和64%的保费收入[1]。截至2021年10月底，23家参与试点的保险公司累计实现保费收入近6亿元，参保人数略超5万人，与上年度相比，增幅极其有限[2]。

试点3年后，在总结前期经验的基础上，2021年6月，我国在浙江省和重庆市启动新的专属商业养老保险试点，旨在解决新产业、新业态从业人员和各种灵活就业人员的多元化养老保险需求问题。截至2021年10月底，专属商业养老保险累计保费收入约2亿元，承保人数超1.7万人，其中网约车司机约5600人[3]。截至2022年1月底，6家试点公司的承保保单迅速增至5万件，保费累计达4亿元，其中快递员、网约车司机等新产业、新业态从业人员投保人数增至1万人。鉴于专属商业养老保险发展的良好态势，2022年3月，局部地区试点扩大到全国范围，试点保险公司也从原有的6家拓展到所有养老保险公司。通过普惠让利和行业增信的方式，专属商业养老保险产品推广的有效性和渗透率不断提高，截至2023年末，专属商业养老保险投保单数约74万件，累积的养老准备金规模超106亿元。

专属商业养老保险是养老服务金融中重要的保险创新产品，资金长期锁定于养老保障目的，采用“保底+浮动”的收益模式和“双账户”管理模式，包括稳健型和进取型两类账户，被保险人领取养老金年龄应当达到法定退休年龄或年满60周岁。其优点如下：一是投保方式灵活、投保门槛低，可任意选择以月付、年付、趸交、不定期追加等方式缴费，也可选择以终身、固定期限等方式按年或按月领取养

[1] 俞燕.试点两年保费仅3亿元，税延养老险为何遇冷[EB/OL].（2020-06-08）[2024-06-06].https://www.mycaijing.com/article/detail/417692.

[2] 何凡.2022·步调一致向前进丨中保协秘书长：保险业将在民生领域重点发力[EB/OL].（2022-02-09）[2024-06- 06].https://www.sohu.com/a/521679962_120988533.

[3] 向家莹.商业养老保险产品加速创新 第三支柱“保障网”日益完善[EB/OL].（2022-01-24）[2024-06-06].https://www.jjckb.cn/2022-01/21/c_1310433768.htm.

老金；投资组合自由，采用“双账户”模式，可相互转换。二是强化养老保险的长期属性，对领取年龄、年限、退保规则进行了限制规定，帮助投保人更好地进行养老财富积累。三是收益有保障，具有相应的保底利率，以“保底+浮动”的模式提供补充性养老保障。

（三）养老目标基金渐成规模

养老目标基金主要包括养老目标风险基金和养老目标日期基金两类。2006年，汇丰晋信发行了中国首只具有养老属性的混合型目标日期基金[1]；2012年，天弘基金推出首只养老主题基金“天弘安康养老混合型基金”，此后养老主题基金日渐增多。2018年2月，证监会正式发布《养老目标证券投资基金指引（试行）》，同年8月，国内首批14只养老目标基金成立，规模总计34.56亿元，由此开启了公募基金在个人养老金制度建设上的探索。截至2019年，养老目标基金产品达60余只，规模增量达200亿元；2022年8月末，产品数量增至183只，其中目标风险型FOF基金产品103只，规模为879.70亿元，目标日期型FOF基金产品80只，规模为188.03亿元[2]，二者合计规模突破千亿，约占FOF基金规模的47%，成为其重要组成部分。截至2023年末，268只养老目标基金规模合计706亿元，其中，日期基金产品123只，规模为216亿元；风险基金产品145只，规模为490亿元[3]。

养老目标基金是以追求养老资产的长期稳健增值为目的，鼓励投资者长期持有，采用成熟的资产配置策略，合理控制投资组合波动风险的公开募集证券投资基金。根据投资策略，可将养老目标基金分为养老目标日期基金（简称“日期基金”）和养老目标风险基金（简称“风险基金”）。日期基金是指随着目标日期临

[1] 王炯业.年化收益超10% 首只类养老目标基金稳赚十年：汇丰晋信总经理王栋畅谈生命周期基金实践经验[EB/OL].（2018-09-28）[2024-06-06].https://stock.cnstock.com/stock/smk_jjdx/201809/4278633.htm.

[2] 顾志娟.养老目标基金发展四年规模突破千亿 你的养老投资新选择？[EB/OL].（2022-08-31）[2024-06-06]. https://baijiahao.baidu.com/s?id=1742671678734925582&wfr=spider&for=pc.

[3] 黄小聪.养老星球 | 2023年仅24只养老目标基金实现正收益，7只清盘；年内累计新成立规模不到60亿元[EB/OL].（2024-01-02）[2024-06-06].https://www.nbd.com.cn/articles/2024-01-02/3191356.html.

近，资产配置结构逐步向非权益类资产倾斜的基金产品。风险基金是指根据不同的风险偏好，合理设置权益类和非权益类资产的配置比例，并采取有效措施控制基金组合风险的基金产品。

明确的养老属性使养老目标基金呈现出以下优势：一是资产配置优势，可根据养老财富积累的特性以及客户自身的风险偏好、收益预期等，进行差异化资产配置，精准匹配客户个性化的投资需求，更好地应对市场波动。二是风险分散优势，通常采用FOF模式，投资于不同的基金，进行风险二次分散。三是信息透明优势，公募基金规范透明的运作和及时的信息披露，提升投资者对养老目标基金的投资信心。四是税收优惠支持优势，对个人养老金基金专门设立单独份额，享受管理费和托管费的相关优惠，同时豁免销售服务费和申购费等销售费用，并解除申购限制。

（四）养老信托与住房反向抵押养老金融产品探路

中国养老信托起步晚，发展并不充分，主要涉及养老金信托、养老理财信托、养老消费信托、养老产业信托和养老慈善信托。2014年12月，中信信托与四川晚霞康之源养老产业投资有限公司推出“中信和信居家养老消费信托”，它成为国内首支面市的养老消费信托[1]。2016年，国内首批养老金融信托产品“安愉人生”系列面市，它是面向私人银行客群的家族信托产品。截至2023年末，安愉信托服务老年客户超2300万户[2]。2019年，中航信托在中国乡村发展基金会的委托下设立了“雅安公益养老慈善信托”[3]。2022年末，泰康人寿、泰康健投和五矿信托，在寿险市场率先推出信托直付养老社区的“养老类保险金信托”[4]。

[1]　张玉洁.全国首支养老信托问世[EB/OL].（2014-12-21）[2024-06-06].https://www.cs.com.cn/sylm/jsbd/201412/t20141221_4596352.html.

[2]　胡嘉怡.IIGF观点 | 我国养老型家族信托市场的现状及建议[EB/OL].（2019-11-08）[2024-06-06].http://iigf.cufe.edu.cn/info/1012/1314.htm.

[3]　芥末堆.养老信托尚处起步阶段，产品种类逐渐丰富服务模式不断升级[EB/OL].（2022-11-21）[2024-06-06]. https://k.sina.com.cn/article_3949237910_eb649696020010rcy.html.

[4]　泰康人寿保险金信托总规模破百亿[EB/OL].（2023-01-10）[2024-06-06]. https://baijiahao.baidu.com/s?id=1754561997131482953&wfr=spider&for=pc.

此外，以“以房养老”为主题，由商业银行提供的住房反向抵押贷款和由保险公司提供的住房反向抵押养老保险产品也在全国范围内推广，但市场占有率较低。早在2013年，我国就提出鼓励开展老年人住房反向抵押养老保险试点，并于2014年和2016年相继在北京、上海、广州、武汉等城市开展试点，但试点之初，仅幸福人寿和人保寿险两家公司在开展住房反向抵押保险业务。2018年，业务试点扩大到全国范围。相关数据显示，截至2019年8月，全国住房反向抵押保险期末有效保单为126件，仅126户家庭186位老人参保，人均月养老金水平7000余元，最高月养老金水平超3万元，为小众产品[1]。从单个公司的产品来看，截至2023年11月末，共214位老人（147户家庭）参与“以房养老”项目，平均投保年龄71岁；幸福人寿已发放养老金9700余万元，人均月领取养老金近8000元，抵押房产总值近4亿元[2]。

（五）个人养老金及其专属配套产品开启第三支柱元年

2022年11月，以税收优惠和个人账户为特征的个人养老金制度在全国36个先行城市和地区启动实施。截至2023年末，开设个人养老金账户人数突破5000万人，参与人数占2022年全国纳税人数的76.8%，个人养老金产品增至753只，其中储蓄类产品465只、基金类产品162只、保险类产品107只、理财类产品19只。2024年《政府工作报告》中指出，要在全国实施个人养老金制度，这意味着个人养老金制度将在全国范围内开展试点。

在以个人养老金为核心的第三支柱养老保险建设下，更多类别的养老金融产品不断丰富和发展。商业养老金是养老保险公司为个人客户开立的集养老规划、账户管理、金融产品配置等功能于一体的商业养老金账户，旨在为客户提供全生命周期的全面且稳健的养老资金管理服务，是第三支柱养老保险的重要组成部分。商业养

[1] 王优玲，季小波，李延霞，等.新华社揭秘“以房养老”：试点5年 只有126件有效保单[EB/OL].（2019-10-09）[2024-11-12].https://baijiahao.baidu.com/s?id=1646886527096469655&wfr=spider&for=pc.

[2] 邓雄鹰，杨卓卿，刘敬元.8年多才承保200余单“以房养老”破局路在何方？[EB/OL].（2023-12-07）[2024-06-06].https://finance.sina.com.cn/money/insurance/bxdt/2023-12-07/doc-imzxcwra9584555.shtml.

老金产品分为流动性管理类产品、固定收益类产品、权益类产品和混合类产品四大类，按照发行目的和管理方式划分，还包括目标日期型、期限保本型等特定产品。

2022年11月24日，银保监会办公厅发布《关于开展养老保险公司商业养老金业务试点的通知》，决定自2023年1月1日起，由四家保险公司在十个省（市）开展商业养老金业务试点工作，试点期限暂定为一年，要求积极创新商业养老金业务，满足客户全生命周期内多样化的养老需求。截至2023年末，商业养老金存量规模已达80亿元，有效账户数超34万户[1]。截至2024年3月，4家试点保险公司共发行26只商业养老金产品，其中国寿养老12只、国民养老5只、人保养老5只、太平养老4只[2]。

相较于个人养老金，商业养老金虽不享受税收优惠，但不受额度限制，能够投资更广泛的产品，对个人养老金制度具有补充作用。商业养老金的优势如下：一是具有普惠性。面向18周岁以上自愿参加并自主选择购买商业养老金产品的所有客户，缴费门槛低、操作便捷、投保及领取灵活。二是“双账户制”兼顾流动性与长期性。“锁定账户”在期满前对养老资金进行封闭运行，通过强制性满足养老储备需求；“持续账户”用于管理客户通过购买其他养老产品持续积累的养老资金及权益，可按规定支取，以满足不同年龄段对养老资金流动性的需求。三是拥有全面、系统的业务体系。产品设计围绕养老财富储备展开，通过养老规划、资金管理、风险管控等服务，提升客户全生命周期养老金资产管理水平。

三、养老金融服务的创新探索

养老金融服务的创新探索最初源于以银行网点为载体的适老化改造，而后逐渐延伸至更广意义上的“泛金融”功能，并衔接社区、志愿服务、公共设施、经济社

[1] 王骅，宋逸菲. 初心如磐，应势而谋：2023保险资产管理年度报告[R/OL].(2024-03-08)[2024-06-06]. https://www.hangyan.co/reports/3320471113548433405?page_num=36.

[2] 商业养老金业务摸索前进中 试点首年累计开户超59万个[EB/OL].（2024-01-19）[2024-06-08]. https:// finance.sina.com.cn/jjxw/2024-01-19/doc-inaczekr8516316.shtml.

会生活、宣教科普等与金融载体相关的应用场景。2020年12月，中国人民银行发布《关于提升老年人支付服务便利化程度的意见》，旨在提升老年群体的支付服务水平；2021年3月，银保监会办公厅发布《关于银行保险机构切实解决老年人运用智能技术困难的通知》，拟通过金融适老服务改造，帮助老年人跨越“数字鸿沟”。2022年4月，银保监会发布《关于规范和促进商业养老金融业务发展的通知》，对金融机构加快适老化金融服务升级改造提出了具体要求，以提高金融服务适老化的广度与深度，推动金融机构主动适应老龄化趋势。普遍来说，以银行性金融机构为主体，养老金融服务的创新探索主要围绕一揽子养老金融生态场景展开。

（一）打造场景融合的养老金融服务生态

中信银行是打造场景融合的养老金融服务生态的典型代表。早在2009年，中信银行就推出了国内首张老年客户专属借记卡“幸福年华卡”。2019年，中信银行与中国老龄协会、中国老年大学协会进行战略合作，以综合金融服务助力养老事业发展。创新“幸福+”养老金融服务体系，业务结构包括一个多渠道、多功能、多场景的个人养老金资金账户，一个算得清、管得住、投得好的养老账本，一套品类齐、功能全、质量优的养老金融产品体系，一套覆盖财富、健康、优惠、学院、舞台、传承的“金融+非金融”服务，一支养老金融规划师队伍，和一个中信养老金融研究服务平台。截至2024年5月，业内首创的“幸福+”养老账本用户突破360万户[1]。同时，创新全生命周期养老财富管理宣传教育。为“Z世代”客群匹配“健康资产负债表”，帮助青年群体规划好收支平衡；为“中生代”客群匹配“科学养老账本”，提前建立养老心理账户，构建与生命等长的现金流；为“银发代”客群提供“幸福晚年生活账本”，通过稳健投资确保养老年金可持续。

（二）发挥养老金融品牌优势

中国建设银行创新打造“健养安”统一养老品牌，整合公司金融、个人金融、

[1] 中信银行刘成：商业银行做好养老金融大文章的“中信思考”[EB/OL].(2024-04-26)[2024-06-08]. https://echannel.citicbank.com/about/companynews/banknew/message/202404/t20240428_3531679.html.

资金资管三大板块的养老产品、服务和资源，提供一站式养老金融综合服务。中国建设银行还推动网点适老化改造，配置专属产品及权益，融入周边社区居家养老生态圈；持续优化完善手机银行、建行生活“双子星”养老服务专区，推动线上线下服务融合；深度运用人工智能、大数据、云计算等技术，构建客户养老财富“全景视图”，打通客户养老资金资产信息通道，“因客制宜”提供更具针对性、体验更好的专属养老服务。

（三）融合数字赋能新场景

2023年末，中国银行已建成853家养老服务示范网点。2024年4月，中国银行正式成立总行级养老金融中心，构建推动养老金金融、养老个人金融、养老产业金融和银发场景生态“3+1”业务发展的养老金融组织体系。为繁荣银发场景数字生态，一方面，帮助银发群体跨越“数字鸿沟”，推出线上适老化App功能，让老龄用户获得大字体、宽行距、有声读等舒适便捷的App使用体验，并同步在线下推动建设敬老服务机构，为老年人提供便利化设施和无障碍通行服务保障。另一方面，采取自建、采购、互换等方式，汇聚各类康养资源，打造面向个人的银发场景生态体验，整合金融产品和非金融权益，将财富管理和品质生活有机融入线上平台。在手机银行“银发专区”设置品质生活板块，围绕高频生活场景，推出银发地图、中银老年大学等服务，举办“99银发节”等丰富的活动，助力老年人享受高品质生活。聚焦“住房租赁+养老”的特色场景，推广“城市更新+养老”模式，助力盘活居民住房资产，满足老年客户的住房出租需求。此外，中国银行还因地制宜地探索养老金融产品开发，加快建设特色驿站，开展系列养老主题活动，如在海南等地通过金融服务方案关联“候鸟”客群康养旅居服务。

中国工商银行推进养老金业务数字化转型，以养老金服务场景和数字生态建设为切入点，打造数字化模式下的养老金服务新生态[1]，推出养老金融全景服务

[1] 许予朋.工商银行全面打造养老金数字服务新生态[EB/OL].(2022-07-13)[2024-06-08].http://www.cbimc.cn/content/2022-07/13/content_464592.html.

视图，一键查询涵盖第一支柱（基本养老保险）、第二支柱（企业年金和职业年金）、第三支柱（个人养老金）等的全视图养老资产情况，实现养老金融一站式服务[1]。

（四）发挥不同金融主体优势，协同推进养老金融与养老产业

一是保险资金参与养老服务体系建设尤其是养老社区的投资与运营，采用债权、股权或物权的方式投资养老、医疗不动产，探索实现长期护理、风险保障与机构养老、社区养老等服务的有效衔接。二是银行资金加大对养老产业的信贷投入。协同民政部、财政部等部门推出“养老服务批次贷”专项合作方案，参与城企联动普惠养老专项行动和普惠养老专项再贷款试点，提升养老产业金融服务质效。三是养老产业引导基金等各类金融主体积极参与养老产业建设，通过政策性专项贷款、引导基金等方式带动养老产业健康发展[2]。四是综合运用信贷、债权、股权、REITs（房地产投资信托基金）等投融资工具，加大对适老用品、智慧养老、康养旅居等养老产业的支持力度，积极探索养老金融与养老产业协同发展路径，提升养老资金配置效率，推动“夕阳事业”成为“朝阳产业”。探索“以房养老”模式，盘活存量房产资源，满足老年人养老需求。五是协同推进养老金金融、养老产业金融、养老服务金融和养老金融生态持续发力。开展适老客群社区食堂及“社保卡带你趣旅行”活动，推动在交通出行、旅游观光、文化体验等方面一卡多用，兑现养老金融服务承诺[3]。

---

[1] 许予朋，英草卓玛.工商银行推出养老金融全景服务视图[EB/OL].(2023-12-14)[2024-06-08].http://www.cbimc.cn/content/2023-12/14/content_502670.html.

[2] 刘金.中国银行行长刘金：牢记使命担当 奋力书写养老金融大文章[EB/OL].(2024-07-04)[2024-07-16].https://finance.sina.com.cn/zl/china/2024-07-04/zl-incaycpn7430601.shtml.

[3] 中国建设银行从“养老”到“享老” 做好“养老金融”大文章[EB/OL].(2023-12-22)[2024-07-16].http://www.cbimc.cn/content/2023-12/22/content_503461.html.

第二节

非金融机构养老金融实践创新

非金融机构的养老金融实践，其推动主体主要集中在与养老事业、养老产业、养老金需求和基金储备相关的机关事业单位、社会机构及金融机构以外的企业。

一、国家层面的养老金融制度创新

国家顶层设计一直致力于养老与金融、养老产业与养老事业的有机融合和高效协同。2013年9月，国务院发布《关于加快发展养老服务业的若干意见》，将老年金融服务作为养老服务业的组成部分，提出要引导和规范商业银行、保险公司、证券公司等金融机构开发适合老年人的理财、信贷、保险等产品。同时，明确通过加大财政性资金支持力度，吸引金融机构和民间资本进入养老产业，协同优化产业发展环境，破解产业投融资难题，正式开启中国养老产业金融发展的新篇章。

2014年，国家发展改革委、民政部、财政部等10部委联合下发《关于加快推进健康与养老服务工程建设的通知》，鼓励社会资本采用PPP模式参与养老产业改革，增强银行对养老产业的金融支持，鼓励社会资本参与设立产业基金，促进资本聚集，提升养老产业投融资效率。同年，财政部出台《关于开展以市场化方式发展养老服务产业试点的通知》，以试点的方式探索市场化发展养老服务产业。

2015年，民政部、国家发展改革委等10部委联合印发《关于鼓励民间资本参与养老服务业发展的实施意见》，提出加大财政性投入，强化扶持力度，鼓励民间资本参与养老服务产业发展。同年，国家发展改革委办公厅印发《养老产业专项债券发行指引》，旨在通过债券市场，利用养老产业专项债券的政策支持等优势，缓解产业资金缺口难题，推动养老产业持续发展。同年，财政部、国家发展改革委、中国人民银行出台的《关于在公共服务领域推广政府和社会资本合作模式的指导意见》，进一步强化了政府与社会资本合作框架，推动养老产业参与主体多元化。

2016年3月，中国人民银行、民政部、银监会等5部委联合发布《关于金融支持养老服务业加快发展的指导意见》，首次将养老和金融相结合，提出建立和完善有利于养老服务业加快发展的金融组织、产品、服务和政策体系，切实改善和提升养老领域金融服务水平。

2017年，财政部、民政部、人社部印发的《关于运用政府和社会资本合作模式支持养老服务业发展的实施意见》，对社会资本参与养老产业进行更细致的政策指引、提供更全面的政策支持，旨在拓展养老服务业资金投入渠道，充分调动社会资本参与的积极性，发挥养老产业金融的支持作用，推动养老服务业供给侧改革。

2019年4月，国务院办公厅发布《关于推进养老服务发展的意见》，为银行、基金公司、保险公司、信托公司等金融机构养老金融业务进一步发展指明了方向。2021年12月，国务院印发《“十四五”国家老龄事业发展和养老服务体系规划》，鼓励金融机构开发符合老年人特点的支付、储蓄、理财、信托、保险、公募基金等养老金融产品，加强涉老金融市场的风险管理，严禁金融机构误导老年人开展风险投资。

2022年4月，银保监会发布《关于规范和促进商业养老金融业务发展的通知》，支持和鼓励银行保险机构依法合规发展养老金融业务，向客户提供养老财务规划、资金管理、风险保障等服务。强调商业养老金融业务应体现养老属性，产品期限符合客户长期养老需求和生命周期特点；同时，要求银行保险机构持续开展客户教育，逐步培育公众成熟的养老金融理念和长期投资理念。该文件突出养老金融产品的养老属性、长期性和全生命周期特征，指出养老金融业务发展面向的对象不局限于老年人，并要求培育社会公众的养老金融理念。

2024年1月，国务院办公厅印发《关于发展银发经济增进老年人福祉的意见》，支持金融机构依法合规发展养老金融业务，提供养老财务规划、资金管理等服务。同年5月，国家金融监管总局发布《关于银行业保险业做好金融“五篇大文章”的指导意见》，要求聚焦现实需求加快养老金融发展，提出“第三支柱养老保险规范发展，养老金融产品更加丰富，对银发经济、健康和养老产业的金融支持力度持续加大，更好满足养老金融需求”的目标。此外，还要求推动金融适老化改造，提升老年人金融服务体验。

二、地方层面的养老金融试点探索

（一）年轻型社会养老金融发展的“深圳模式”

根据深圳市第七次全国人口普查公报的数据，深圳是一座年龄结构“年轻”的城市，常住人口中15～59岁劳动适龄人口占比高达79.53%，60岁及以上老年人口仅占5.36%；同时，超过70%的常住人口为新市民群体。在丰富养老金融产品供给、优化多层次养老金体系建设、推动康养产业和银发经济发展方面，深圳一直走在全国前列。截至2024年6月末，深圳全市21家银行启动个人养老金业务，个人养老金账户开立户数为405.78万户；商业养老金账户开立人数达6.2万人，销售金额达44.16亿元；市辖内2家人身险公司设立或参股养老服务公司，10余家保险机构深耕“保险+养老社区”业务，积极引导保险资金投向康养产业和养老服务领域；全市首批684个网点挂牌“智志助老e站”，并同步推进1517个营业网点无障碍改造，不断优化适老金融服务。作为中国特色社会主义先行示范区，深圳创新养老金融发展的政策亮点和实践特色集中体现在以下两个方面。

1.推进社会民生领域的金融生态营造和制度创新

从深圳市社会金融发展的脉络看，早在2018年，深圳市福田区就出台了《关于打造社会影响力投资高地的若干意见》和《福田区关于打造社会影响力投资高地的扶持办法》，积极推动社会事业与金融产业的深度融合。2020年9月，深圳市残疾人联合会、深圳市地方金融监督管理局联合印发的《关于促进身心障碍者信托发展的指导意见》，是中国内地首个针对特殊需要信托推出的地方性政策文件。2021

年11月，深圳银保监局、人民银行深圳市中心支行和深圳地方金融监管局联合出台《关于推动金融业服务新发展格局的指导意见》，鼓励银行保险机构以市场需求为导向，积极开发个性化、差异化、普惠性的金融产品，丰富社会民生领域金融产品供给。为提升老年人金融服务体验，2022年4月，深圳银保监局印发《关于切实提升辖区老年人金融服务质效的指导意见》。2022年7月，以占全市常住人口超75%的1350万新市民为政策对象，深圳市出台《关于加强新市民金融服务工作的实施细则》，强化新市民金融服务的可及性和可得性。

2023年10月，中央金融工作会议之后，深圳市积极主动作为，推进社会民生领域的金融生态营造和制度创新，于2023年12月29日出台《关于推动深圳社会金融发展的意见》，这是国内首个市级层面提出支持社会金融发展的政策。

在营造老龄社会新金融生态、促进养老金融创新方面，深圳市选择了一条“大民生”之路，运用金融手段解决社会问题，为劳动就业、医疗卫生、乡村振兴、教育托幼、养老服务、助残扶弱等社会民生领域提供投资、融资和相关金融服务，通过对其内涵进行整合，提出涵盖普惠金融、养老金融、民生金融三大板块的社会金融体系建设目标，鼓励社会金融产品和服务创新，推动金融可持续服务于社会民生，不断满足经济社会发展和人民群众金融服务需求。

深圳市将养老金融创新融入社会民生整体，打造全方位可持续的社会金融生态，力求发挥金融优势，通过社会力量弥补市场供给的不足，突破了老龄社会金融转型的焦点和痛点。

2.将科技和服务元素融入养老金融

深圳市不仅将养老金融融入社会金融生态，还将科技和服务元素融入养老金融中。早在2020年，深圳市就委托平安银行在全市范围内面向年满60周岁的户籍、非户籍和港澳台老年人发行政府养老服务电子身份凭证“智慧养老颐年卡”，充分利用云计算、大数据、物联网等先进技术，集成身份识别、敬老优待、政策性津贴发放、银行储蓄卡、公共交通出行等功能[1]。截至2023年末，深圳市颐年卡发卡量超过100万张，覆盖全市90%以上的60周岁及以上常住人口[2]，为养老金融服务的精准化、精细化提供了强大的网络支撑。

与此同时，在国家金融监管总局《关于银行业保险业做好金融“五篇大文章”的指导意见》的政策指引下，2024年7月12日，深圳市发布《关于做好深圳养老金融大文章的实施意见》，以推进养老金融高质量发展，强化第三支柱养老保险体系建设，并将长期护理保险制度建设纳入其中，提出建立长期护理保险、商业保险与居家养老、社区养老和机构养老相融合，长期照护、康养结合、医养结合协同发展的综合养老保障体系；率先探索养老保险第二、第三支柱的联动衔接。此外，深圳市还积极推动金融服务与养老场景有效融合，消除老年人“数字鸿沟”，助力提升养老金融服务水平；加大对养老事业的银行信贷和保险等金融支持力度，深耕养老金融生态，筑牢养老金融安全防线。

（二）创新推出养老金融专项政策的先行省市

自2023年中央金融工作会议提出养老金融等“五篇大文章”以来，各地养老金融的政策支持力度显著加大，金融高质量发展融入积极应对人口老龄化战略进入快车道。2024年以来，先后有河南、福建、安徽、山东、河北、广东六省相继创新养老金融专项政策，积极引导地方养老金融实践创新。

《河南银行业保险业加快推动养老金融高质量发展行动方案》是全国首个省级层面发布的养老金融方案，明确了未来5年养老金融的两步走战略。福建省和厦门市相继出台《关于促进养老金融高质量发展的指导意见》和《关于印发推进养老金融高质量发展的十条措施的通知》，从养老金融生态营造等特色亮点打造入手，将养老金融创新实践具体化。安徽省印发《关于促进养老金融加快发展的通知》，立

[1]　深圳将发行智慧养老颐年卡[EB/OL].（2020-04-11）[2024-07-24].https://www.sz.gov.cn/cn/xxgk/zfxxgj/zwdt/content/post_7134002.html.

[2]　庄瑞玉.“一卡多用，全市通用”　深圳智慧养老颐年卡发卡量突破100万张[EB/OL].（2023-11-17）[2024-07-24]. https://new.qq.com/rain/a/20231117A087GF00.

足养老保障、养老服务、养老产业、老年消费者保护等维度，创新构建庞大的养老金融运行监测指标体系。青岛市作为全国首批养老理财产品、首批特定养老储蓄、首批个人养老金业务、首批商业养老金业务等国家养老金融改革试点城市，聚焦养老金金融、养老服务金融、养老产业金融、老年人便捷性支持四个重点方向，在山东全省率先探索形成养老金融改革创新发展的“青岛模式”。2023年9月广东省出台《关于进一步促进我省养老保险第三支柱高质量发展的若干措施》，该文件是中央金融工作会议明确提出养老金融后，2024年以来的省市专项政策文件。

（三）养老金融融入金融高质量发展

部分省市将养老金融的实践探索融入推动金融高质量发展的一揽子政策创新中。宁波市是国家积极应对人口老龄化的重点联系城市，宁波市融资担保有限公司根据《关于印发“养老服务机构担保贷”业务实施方案的通知》，通过政府、银行、担保公司三方联动，推出“微担通”品牌项下惠通十三号“养老保”产品，以“名单制”管理为基础，推出贷款利率优惠、减收担保费用等政策，充分发挥融资担保的增信分险作用，为养老服务机构提供信贷支持，以缓解其融资难问题[1]。

上海市于2021年出台《上海国际金融中心建设“十四五”规划》，持续聚焦养老、健康金融服务体系的完善。鼓励金融机构通过银行信贷、信托产品和融资租赁等方式，多渠道、多元化加大对养老、健康产业的融资支持力度。支持符合条件的养老、健康企业通过挂牌上市、发行债券和资产支持证券等方式融资。支持基金公司扩大养老目标基金管理规模，推动个人商业养老金账户投资范围扩容。推动养老、健康金融产品创新，支持上海保险交易所建设健康保险交易平台，鼓励保险机构投资设立医养结合型养老护理机构，增加多样化养老服务供给。构建与养老资金属性相匹配的投资管理体系，引导社会资本加大对养老、健康产业的投资力度。

天津市出台《关于金融支持天津高质量发展的意见》，助力加快普惠金融和养

[1] 我市首笔政策性养老担保业务成功落地[EB/OL].（2023-11-16）[2024-07-24].http://www.creditnb.com.cn/?action=article&id=584.

老金融发展，提升金融服务获得感。

（四）大型年金计划企业办养老

中国石油化工集团有限公司（简称“中石化”）作为中国最大的雇主之一，其企业年金计划也是全国单体规模最大的央企年金计划之一。为有效提高年金运营管理效率，2022年8月，中石化成立产融养老有限公司，由其负责集团年金及养老业务，履行资产配置、投资监督、风险管控、账户管理等受托运营职能，旨在通过专业化、公司化运作，不断提高养老金运营管理效率和投资管理效率，并与专业的金融机构合作，为员工提供投资者教育、长期投资方案制定、产品选择等服务。同时，开发“石化金融”App，整合工资收入、生活基础设施、养老金融产品和服务，为员工提供个人养老金开户、缴费、产品选择、领取等一站式服务，使员工最大限度地享受个人养老金税收优惠政策[1]。

[1]　央企创新！中石化打造个人养老金服务专区　加速国家第三支柱启航[EB/OL].(2022-12-20)[2024-07-24]. https://cj.sina.com.cn/articles/view/3164957712/bca56c100200218a6.

第三节

养老金融创新的发展趋势

根据国家统计局发布的人口统计数据，截至2023年底，我国65岁及以上人口为21676万人，占全国总人口的15.4%，这意味着我国已经步入深度老龄社会。随着银发经济的推动和新质生产力的发展，在深度老龄社会，将会涌现新的金融生态、新的就业形态、新的产业形态，人们对可持续、高质量的养老生活也有了更高的期待，养老金融将迎来更大的发展。

一、优化多层次养老保障体系，畅通养老金融制度创新通道

（一）创新金融机构参与多层次养老金体系的制度通道

第一，优化个人养老账户设计。在短期内，在坚持基本养老保险“统账结合”模式不动摇的前提下，可适度打通第一层次个人账户封存基金向第三层次转移的通道，以盘活账户基金。从长期来看，可将基本养老保险个人账户从第一层次分离出来，将更多的缴费空间和经济能力配置到第二层次的集合年金计划中，为金融机构更深入地参与多层次养老保障体系建设提供更广阔的人群基础。

第二，创新企业集合年金计划扩面和运营管理，探索地方政府或雇主以不同形式对第二、第三层次的匹配缴费，扩大企业年金覆盖面，优化金融机构参与企业年金业务的客群基础。借鉴民营经济活跃的浙江、江苏等地鼓励开展实施的“中小企业人才集合年金计划试点”，以及上海市实行的“人才企业年金试点”，对企业及引进落户的个人划拨财政资金匹配缴费，做大企业年金市场规模，提升金融机构的市场活跃度。

第三，关注非正规就业群体和中小微市场主体的养老保障需求，积极发挥金融

机构在服务新市民、新机构中的能动作用。激活金融机构参与个人养老金及其他第三支柱养老金融产品和服务的积极性，为新市民群体打造一揽子养老金融服务政策。

（二）增强养老金融的可及性，强化金融的普惠性和人民性

以金融的普惠性和人民性为导向，优化金融机构治理结构，创新养老金融产品和服务，增强养老金融的可及性。

中国商业养老保险起步较晚，发展滞后，养老金融产品市场供给严重不足，居民家庭的主要资产仍以活期存款和定期存款为主，其次是理财产品，养老资产配置不充分，但对房产等重资产和股票这一风险资产的持有有着相当的偏好。这反映出我国居民家庭养老储蓄鸿沟的形成，除受经济能力限制外，存量市场中更重要的因素，一是家庭金融资产存在错配和结构性失衡问题，二是养老金融产品创新不足、供给滞后，市场激励和可及性有限。

因此，应有效激励金融机构积极融入国家应对人口老龄化战略，以普惠金融为导向，利用不同产品的优势特征和差异化目标定位，开发适合大多数家庭不同生命周期的养老金融产品，强化养老与非养老金融产品的区别和关联性，在丰富养老金融产品市场供给的同时，通过完善养老金融服务及其网络体系，增强养老金融的可及性。

拓宽适老金融服务渠道。通过出台行之有效的措施和具体的指导意见，规范和引导各类金融机构针对不同年龄群体的养老保障需求，开发可提供长期稳定收益、符合跨生命周期养老需求的养老储蓄产品，满足包括老年人在内的不同年龄阶段人群的养老金融服务需求。比如增强长期存款产品收益兑付的灵活性、降低养老理财产品的准入门槛、明确养老收益型产品和保险消费型产品的界限，通过搭建跨生命周期的适老金融服务通道，为公众养老储备规划和产品服务选择提供全面的信息和有效的引导。

同时，鼓励金融机构优化网点布局，完善服务网点无障碍设施，开辟绿色服务通道，营造智能化、科技友善型的适老敬老服务场景。

（三）增强养老金融的可得性，强化激励机制和政策支持

目前，不论是对商业养老保险的配置还是对养老资产的持有，中国年轻化、小型化的居民家庭表现出更多的理性、更强的活力和参与度，而老龄化、大规模的家庭代际赡养功能更强，持有养老资产相对集中，进一步的养老储蓄意愿下降。同时，居民家庭对保险保障类养老金融产品的需求弹性弱于对保值增值类养老金融产品的需求弹性。因此，推进养老金融发展、优化多层次养老保障体系，当务之急就是分层建立针对不同目标人群和养老金计划的协同激励机制。对于中高收入人群，可以引入跨生命周期的综合性税收激励方案，以家庭为单位调整多层次养老金体系下的税收优惠额度、设计个人所得税与其他税种的优惠置换机制；对于中低收入人群，可以以家庭为单位，通过默认加入机制的设计，辅之以现金激励或匹配缴费，提升该群体的养老储蓄体验和认知，增强养老金融的可得性。

（四）以系统思维推进人口战略、金融普惠与经济社会文化和谐共生

居民家庭养老储蓄行为和多层次养老保障体系联动，是人口、经济社会、教育环境、文化等因素共同作用的结果。因此，须立足系统思维，在少子化老龄化发展的当下，激励金融机构创新产品和服务，积极参与多层次养老保障体系高质量建设。

第一，积极出台适应当前人口和家庭发展情况的家庭支持政策，以解决好“一老一小”问题为切入点，将家庭老年津贴、子女津贴、赡养和抚养相关的个税优惠、假期陪伴等社会福利项目有效融入多层次养老保障体系中。

第二，强化对金融机构的引导和政策支撑，整合金融对家庭全生命周期的系统支持，对经济保障和服务保障的支撑，协同发挥金融在老年救济、老年保障和老年福利中的重要作用，真正释放其普惠利好和资金融通功效。

第三，优化人口政策，营造老龄社会的积极氛围，提升公众和市场机构对老龄社会的共建共享体验和养老金融认知，为家庭生育选择、抚养赡养安排和经济决策提供切实可行的公共服务支持和政策救济通道，促进不同板块政策支持体系的协同发展。

第四，利用金融机构网点的延伸性和金融服务的普惠性，加大对老龄金融知识的宣传和普及，在全社会营造良好的跨生命周期的经济风险管理氛围。除了加强科技友好型社会建设和适老化设施改造，为老年群体提供有针对性的老年金融产品和服务外，还应将跨生命周期的风险管理意识和家庭老龄金融资产配置需要传递到中青年人中，打破老龄金融和老年人金融在社会认知上的局限。

二、打造养老金融生态，释放养老金融有效需求

（一）拓宽国民可支配收入渠道，夯实养老金融经济基础

居民收入水平是参与养老金融的经济基础，过大的收入差距在很大程度上抑制了国民养老财富储备的能力，从而降低了人们对养老金融的需求。因此，政府需要不断调节与优化初次分配和再分配结果，缩小收入差距，提高弱势家庭的可支配收入，增强广大居民参与养老金融的能力。在初次分配领域，政府应致力于创造公平的政策环境，保证居民从人力资本积累、就业创业到公共服务的各个环节享有平等的机会。在再分配领域，政府应借助制度改革和法律等手段，通过税收、转移支付、社会保障等各种公共政策合理地调节初次分配结果，注重保护弱势群体获取劳动收入的权益。只有通过不断缩小国民的收入差距，提高低收入群体参与养老金融的能力，才能充分释放有效需求，促进养老金融发展。

（二）创新养老金融产品和服务，适应新业态新经济新社会形态

第一，适应新就业形态的金融普惠和产品创新。突破正规就业模式限制，创新打造满足弱雇佣关系和灵活就业需求的养老金融产品；优化多层次制度目标，打通多支柱通道，构建养老普惠金融嵌入机制；完善公众、市场机构和社会力量积极参与养老金融的优惠政策和激励机制。

第二，匹配新经济需求的新金融供给和服务拓展。探索与银发经济互动的养老

金金融、养老储蓄金融、养老健康金融、养老照护金融协同发展的立体供给机制；构建普惠金融生态与可持续养老保障深度融合的系统对接机制；设计数字金融与养老金融有机融合的服务拓展机制；建立针对农村和中西部地区金融普惠程度有限、对新群体新产业支持不力问题的协同帮扶机制。

第三，衔接新社会形态的认知重构和风险防控。探索构建与老龄社会转型同步的国情教育体系和金融知识普及机制；优化适应老龄社会风险管理需要的风险预警、防范和化解机制；建立与养老普惠目标相一致的政府兜底责任清单制度。

（三）充分引入数字和普惠元素，促进养老金融内部协同

第一，对接大数据平台和数智场景，实现资源共享。充分整合民生大数据资源和智能平台，助力“智慧金融”“智慧社保”“智慧养老”的数字场景建设，营造全龄友好的养老金融服务环境，打造便捷可及的资源交互平台，建立精准高效的民生保障机制。

第二，优化可持续社会金融生态并完善政策配套。构建运用金融手段解决民生问题的生态圈；打造参与主体众多、基础设施完备、产品结构丰富的社会金融体系；开辟社会信贷、社会影响力债券、社会影响力投资等业态协同发展的新路径；完善新市民金融服务的政策配套。

第三，强化服务老龄社会转型和高质量发展的战略协同。重视社会文化价值的潜在影响，探索家庭养老与普惠养老金融的文化协同路径；充分考虑财税金融体制改革和民生社会治理的融通性，完善养老金融融入积极应对人口老龄化战略、国家金融安全、国家治理体系的战略协同路径。

（四）加强养老金融普及教育，提升国民养老金融知识储备

养老金融教育是将居民对养老金融的潜在需求转换为有效需求的重要基础。较低的金融素养水平不仅使居民难以识别出适合自己的养老金融产品，还会抑制金融机构对产品与服务的创新动力。因此，政府、金融机构、各级学校、行业协会等多方主体应充分发挥自身优势，通过线上线下的多种方式将养老金融教育贯穿居民整个生命周期，持续开展养老金融理念、素养、风险意识教育，增强公众对养老金融重要性的认识，提升消费者养老金融知识储备和反诈防骗意识，营造有利于养老金融发展的舆论氛围。特别是银行性金融机构，需发挥适老化网点的便利性和可及性优势，做好提升公众对养老金融素养和老龄社会认知的宣传教育工作。

三、完善养老金融基础设施，促进养老产业金融与银发经济协同发展

（一）强化政策引导，开发养老产业金融产品

政府作为养老产业的协调者和促进者，需要推出有战略前瞻性的连续性支持政策，坚定社会资本的进入信心，积极构建由政府引导，养老企业、金融机构和社会资本等多方主体参与的投融资支持体系，通过强化政策性金融支持，持续破解养老产业资金供需错配难题。

第一，将财政投入精细化。通过明确养老用地性质，增强用地保障，为养老产业提供更多专项优惠，减轻养老企业前期投入压力；加大优惠政策宣传力度，运用数字化手段精准定位税费优惠对象，打造符合养老产业发展特征的税费优惠体系；利用好养老产业基金、PPP模式、养老专项债券等工具，撬动更多社会资本进入养老产业，同时规范养老产业投融资业务和工具的监管框架和退出机制，通过积极的风险管理和制度配套降低金融风险。

第二，降低政策性融资门槛。开发性金融专项贷款、养老产业引导基金等为养老项目提供融资时，设置了较高的挑选门槛，优化项目评估机制能够使更多的养老企业争取到开发性金融专项贷款、养老产业引导基金乃至全国社保基金提供的稳定融资。此外，要为初创型和成长型企业提供更为精准和个性化的政策倾斜。政策支持也需要战略和耐心，如养老项目建设期和运营期均有较大的资金需求，但养老项目运营期的政策支持力度远低于建设期[1]，需要平衡好养老产业支持政策在全生命

[1]　董克用，孙博，张栋. 从养老金到养老金融：中国特色的概念体系与逻辑框架[J]. 公共管理与政策评论，2021，10（6）：15-23.

周期内的配置力度。

第三，做好金融与养老的对接。一方面，通过用地支持、人才补贴、税费优惠、风险补偿等形式积极引导社会资本进入养老产业；另一方面，搭建养老产业投融资对接服务平台，将金融资源、养老资源、政策资源接入平台，助力解决投融资信息不对称问题[1]。

（二）激励市场驱动，创新可持续金融模式

第一，强化保险资金的跨周期属性，探索保险业以股权合作的方式参与养老服务机构建设，推动养老产业领域“资金—资本—资产”的良性循环，打造新型养老产业投资模式。

第二，各类金融机构以床位收费权质押、养老批次贷等为创新产品，破解养老企业因缺少抵押物而导致的融资困境，同时，提升市场化融资手段与养老产业的适配度。比如，多数养老企业存在盈利不稳定和债务占比过重等问题，难以通过A股上市融资，许多企业转投新三板后可能面临过重的挂牌成本。对此，可以适当加大对挂牌上市的政策支持力度，提高企业在新三板的曝光率，锚定私募基金作为投资项目源，在建立良好产融关系的同时也须做好新三板转IPO的衔接工作，缓解养老产业融资成本较高的问题。

第三，可通过探索“养老+REITs”的组合试点，利用REITs风险低和投资门槛低等特点吸纳更多资金进入养老产业，填补养老产业资金缺口并助力实现全国性布局，探索“REITs+养老PPP”模式，为PPP项目提供更加长期稳定和来源多元的资金支持。

（三）推进信用建设与融资渠道拓展，培育养老相关企业

第一，完善信用体系。受限于银行对资金安全、贷款主体信用的要求，大部分养老企业采取轻资产运营模式，难以实现信用担保，企业债务融资受限，因此亟须

[1] 陈茵.产业链视角下养老地产融资体系构建[J].重庆交通大学学报(社会科学版)，2021，21（4）：65-71.

建设养老企业的融资信用体系，开发金融机构对养老企业的专属信贷政策。由政府牵头建立符合养老产业特点的信贷管理机制，从企业的盈利能力、发展预期、风险防控能力、市场竞争力以及融资风险等方面进行信用评价[1]，为金融机构提供可靠的评估依据。

第二，拓展融资渠道。一方面，企业通过增强养老项目运营的信息透明度，借由政府增信担保、优化养老债券发行设计、提升企业自身信用评级等多种手段，提升其发行养老债券的市场认可度。另一方面，随着政策对养老信托、养老REITs等融资模式的支持，企业可以挖掘自身亮点“投其所好”，通过股权、贷款、融资租赁等模式获得融资。此外，个人也可通过对各类养老保险、养老基金和其他养老相关投资产品的了解，并利用政府提供的税收优惠或减免服务收费等政策，加大对诸如养老房地产项目、养老服务企业等的投资力度。

（四）立足养老金融安全，完善养老产业金融监管

健全养老产业监管体系，是确保养老产业金融可持续发展和资金安全的关键。

第一，建立健全针对养老产业金融的专门法律法规体系和监管框架，对产业内的信息披露和投融资行为进行规范。国外有专门的PPP合同法、特许经营合同法、PPP指南、REITs法案、REITs现代化法等，通过政策、法规、指南等工具，规范推动PPP和REITs等融资模式发展，引导养老企业做好信息披露工作，提升项目信息透明度，增强市场投资信心。

第二，由于养老产业在发展过程中涉及多部门，因此需要将养老产业监管体系嵌入各部门并建立相应的协调机制，以统筹养老产业的发展和监管，确保政策的连贯性和执行力。

第三，建立健全决策风险评估机制，定期对养老产业内的金融活动进行风险评估，包括市场风险、信用风险、操作风险、流动性风险等，完善风险控制和应对措施，保障养老产业金融可持续发展。

[1] 张留禄，李骁辰.养老产业融资风险问题研究[J].上海商学院学报，2017，18（5）：68-74.

Chapter 11

第十一章

养老金融国际经验借鉴与启示

养老金融在国外有较长的发展历史，它起源于以多层次多支柱养老金制度为载体的养老金金融，具体表现为通过养老金基金的金融投资运营实现自身保值增值，并与金融市场和宏观经济实现深度互动[1]。近年来，随着人口老龄化在全球的加速发展，以养老为目的的跨期资源分配需求大幅增加，养老金融也迎来新的发展机遇。

在国际实践中，养老金融的实践形式大致可以分为两类。第一类是直接针对老年收入和服务储备需求的制度机制和金融产品，可细分为公共养老金个人账户的养老金融、补充养老金制度的养老金融、为养老服务进行储备的养老金融和养老储备基金的养老金融四个方面。第二类是将其他储备和资产有意识、有计划地转化为人的生命周期晚期财务准备的养老金融行为，比如住房反向抵押贷款、年金保险等。

基于此，本章分别梳理发达国家和发展中国家养老金融在制度设计、投融资实践、金融监管、风险治理等方面的实践，并对典型国家进行案例分析，提炼出对我国养老金融发展具有借鉴价值的经验。

第一节

发达国家养老金融发展经验

一、多层次多支柱养老保障体系建设中的养老金融发展

（一）养老金融融入基本养老保险制度的相关实践

发达国家较早进入人口老龄化深度发展阶段，其养老保障体系受人口老龄化的

[1] 胡继晔. 养老金融：理论界定及若干实践问题探讨[J]. 财贸经济，2013（6）：43-52.

影响非常突出，养老金融已成为其养老保障体系中不可或缺的制度要素。据统计，经合组织国家65岁及以上人口占比预计到2050年上升至27%，严重威胁现收现付制下的养老金可持续性。基于此，20世纪80年代以来，将基金化的养老金引入基本养老保险体系成为一种改革潮流。老牌发达国家中，瑞典在进行名义账户制改革的同时，尝试在其基本养老金体系中嵌入完全积累制的个人账户养老金。智利、阿根廷、秘鲁、墨西哥、乌拉圭等拉美国家和波兰、匈牙利、捷克等东欧国家也纷纷步入基金化的转型道路。这些国家通过组建养老保险基金管理公司、严格立法规范、实施市场化运作等措施，加快了养老金融对基本养老金领域的介入。但是，随着2000年后人们对基金制认识的进一步深入，加上2008年以来国际金融危机对养老金金融形成的负面效应，已有部分拉美国家和东欧国家再度将其基本养老保险从基金积累制转回现收现付制。秘鲁、阿根廷、哥伦比亚、乌拉圭、玻利维亚、尼加拉瓜、厄瓜多尔、匈牙利、波兰、拉脱维亚、保加利亚、克罗地亚、爱沙尼亚、俄罗斯、立陶宛、斯洛伐克、罗马尼亚、马其顿均在2002—2017年间终止了“智利模式”[1]。从实践看，将基金制从基本养老金体系“撤回”的实质在于，养老金融投资市场波动性与基本养老金兑付责任之间存在矛盾，这也从侧面反映了养老金融风险控制的必要性。

（二）养老金融在补充养老保险体系中加速拓展

相较于第一支柱，第二、第三支柱才是养老金融集中发力的主场。在这一领域，养老金融实践得到较大的发展，主要体现在三个方面：一是养老金计划的待遇设计机制在从收益确定型（DB）走向缴费确定型（DC）过程中发生结构性变化，二是参保人群规模扩大，三是私营养老金资产规模快速增长。

第一，20世纪末以来，随着全球人口老龄化趋势的到来和私有化改革浪潮的兴起，DC型职业养老金计划逐渐超过DB型。在经合组织国家中，有19个经济体的

[1]　宋晓梧，王新梅. 职工基本养老保险个人账户占比不宜提高：与周小川先生商榷[J]. 社会保障评论，2020（3）：28-38.

DC计划下的养老金资产超过了其DB计划下的养老金资产。近年来，一些有较深厚DB制传统的国家也在谋求转型，步伐迅速。比如，以色列2001年末在DB计划下的养老金资产占养老金资产总额的比重高达91%，但2022年末下降到42.5%；意大利2001年末在DB计划下的养老金资产占比为40.1%，2022年末下降到2.3%且已对新成员关闭。冰岛将政府雇员的养老金计划从DB制转换为DC制；拥有大规模DB型职业养老金计划的荷兰自2023年起开始从DB制向DC制过渡，预计到2028年其DB计划将完全转换为DC计划；德国于2018年也推出了第一个DC型职业养老金计划[1]。DC计划的兴起无疑改变了养老计划的风险结构，将风险责任更多地向雇员倾斜，也对雇员的金融素养提出了更高的要求。为了平衡风险责任，一些国家尝试引入DB-DC混合计划。荷兰在2023年生效的职业养老金计划中提出，对养老金进行系统性改革，允许会员在每月固定金额的年金（本质上就是DB型年金）和以投资回报率确定的可变年金（DC型年金）中作出选择；而日本、比利时、美国引入的现金余额计划通过结合缴费率和保障收益率来分散雇员风险[2]。

第二，一些国家设计相关机制加快推动个人参与职业养老金计划。其中最典型的是英国的职业养老金自动加入机制，这一机制使其职业养老金的覆盖面迅速扩大。在制度设计方面，自动加入机制有两项核心内容。一是建立“自动加入”（Automatic Enrolment）制度，从2012年10月开始，雇主有法律义务把满足一定条件的雇员自动加入一个职业养老金计划中。自动加入后，雇员默认缴费，雇主匹配缴费，国家提供税收减免，雇员可以主动申请退出计划。二是颁布《2010年国家职业储蓄养老金计划法令》（*The National Employment Savings Trust Order 2010*），设立国家职业储蓄养老金计划（NEST），提供简单、收费低廉且具备高质量管理服务的养老金计划，帮助中小规模企业的雇主履行“自动加入”职责[3]。在自动加

[1] OECD.Pensions at a glance 2023: OECO and G20 indicators[R].Paris：OECO，2023.

[2] OECD.Pensions at a glance 2021: OECO and G20 indicators[R].Paris：OECO，2021.

[3] 中国证券投资基金业协会.英国职业养老金“自动加入”政策与国家职业储蓄养老金计划（NEST）介绍[J].声音，2020（1）：1-26.

入机制下，雇员的养老金在其未选择投资方案时，会被投入默认的生命周期基金中[1]。此后，自动加入机制被全球很多国家效仿，成为促进职业养老金扩面的重要机制。

第三，私营养老金总体规模快速扩大。发达国家的职业养老金和个人养老金本质上都体现为私营市场管理的养老金计划，其区别主要在于是否存在雇主方的匹配缴费，但在基金管理方面则多有混同，体现为私营养老金资产规模。随着职业养老金和个人养老金的快速发展，经合组织国家中的私营养老金资产逐步增多。除美国、加拿大、英国等国家持续维持超过GDP规模的养老金资产外，养老金资产规模在养老金融普遍不够发达的欧洲国家增长也很迅速。比如，2019年，意大利的个人养老金规模已超过GDP的17.0%，希腊达到15.8%，奥地利和法国也达到13.7%，均超过经合组织国家的平均水平[2]。

（三）第三支柱个人养老金快速发展

作为多支柱养老金体系的重要组成部分，个人养老金近年来快速发展。一方面，传统上补充养老较为发达的国家，个人养老金规模在稳步扩大；另一方面，传统上补充养老不够发达的国家，也倾向于建立个人养老金来实现补充保障，以弥补基本养老保险在改革中的替代水平下降。前者以美国、加拿大、英国等典型自由主义福利国家的个人养老金为代表；后者以德国等欧盟国家21世纪以来推出的个人养老金为代表。

美国的个人退休账户（Individual Retirement Accounts，IRAs）自1974年启动以来持续扩大。2023年末，美国个人退休账户资产总额已达13.6万亿美元，比2023年第三季度末增长7.9%，占美国养老金总资产的35%。个人退休账户资产有5.8万亿美元投资于共同基金，3.3万亿美元投资于股票基金，1.1万亿美元投资于混合基

[1] 赵海珠，朱俊生，刘贝妮.英国企业年金自动加入机制及对我国的启示[J].南方金融，2022（6）：80-89.

[2] OECD.Pensions at a glance 2023: OECO and G20 indicators[R].Paris：OECO，2023.

金[1]。个人退休账户在家庭金融资产配置中的地位稳步上升。2023年中期，美国个人退休账户资产占所有家庭金融资产的11%，5550万户美国家庭（占美国家庭规模的42.2%）参与个人退休账户[2]。美国的个人退休账户以其显著的税收优惠、较高的缴费限额、灵活的缴费参保机制，以及第二、第三支柱互通的运营模式而受到欢迎[3]。加拿大的养老储蓄计划（Registered Retirement Savings Plan，RRSP）允许加拿大居民以税前收入存款，并在退休时按照较低的税率纳税。英国的个人养老金计划（Personal Pension Plan）和澳大利亚的超级养老金计划（Superannuation）则是商业养老保险的典型代表，由保险公司或金融机构提供，允许个人以定期或不定期缴纳保费的方式建立养老金资金，具有较大的灵活性。

作为欧陆国家实施个人养老金的代表，德国为应对其基本养老保险在改革中的待遇下降问题，于2001年推出李斯特养老金计划和于2005年推出吕鲁普养老金计划，此后又将这些计划进行了多次优化，比如推出带有生命周期性质的XY养老金产品等。2019年7月，欧盟推出自愿退休储蓄计划（泛欧个人养老金产品）以增加退休储蓄。该计划鼓励欧盟居民参与个人账户养老金，是欧盟国家拓展个人养老金的标志性举措。

（四）公共养老储备基金持续增长

公共养老储备基金是预先建立的储备性基金，既可以作为短期流动性缓冲、抵御冲击（如人口变化）的临时缓冲，也可以作为应对人口老龄化深度发展时期的收支平衡储备[4]。

目前，已有近2/3的经合组织国家建立了公共养老储备基金。截至2022年底，

[1] The Investment Company Institute[EB/OL].（2024-03-14）[2024-06-06].https://www.ici.org/statistical-report/ret_23_q4.

[2] Investment Company Institute.The role of IRAs in US households’ saving for retirement, 2023[R].Washington DC：ICI，2024.

[3] 董捷，郭浩东.我国发展养老保险第三支柱的国内外经验及政策建议[J].上海保险，2022（12）：37-41.

[4] OECD.Pensions at a glance 2021: OECO and G20 indicators[R].Paris：OECO，2021.

经合组织国家公共养老储备基金的资产总额约为6.4万亿美元。最大的储备基金由美国社会保障信托基金持有，为2.7万亿美元，其中包括美国财政部向社会保障信托基金发行的不可交易债务工具等。日本政府养老投资基金位居第二，为1.4万亿美元。在其余国家中，韩国、加拿大、瑞典和澳大利亚也积累了大量储备，分别占资产规模总数的11.2%、7.4%、2.7%和2.1%。从GDP口径衡量，截至2022年底，公共养老储备基金资产占所有拥有公共养老储备基金的经合组织国家GDP总和的11.7%。其中，韩国国民养老基金和政府雇员养老基金的储备基金占比最高，达到GDP的41.9%。日本（34.4%）、芬兰（31.2%）、瑞典（30.5%）和卢森堡（30.1%）等国家也都拥有庞大的储备基金。预计未来几年在一些国家如加拿大、新西兰，储备基金还有扩大的可能。德国和西班牙已在考虑设立或增加储备基金，比如德国准备建立代际资本基金；西班牙在2022年向现有储备基金注入了新的资金，并于2023年建立了新的“代际公平”储备基金，由2023—2050年雇员和雇主的特别缴费形成，以此来保障公共养老金待遇调增[1]。但在一些养老金收支压力凸显的国家，其储备基金已经有下降的征兆，如法国。

（五）以长期照护为目的的养老金融开始受到重视

全球范围内长期护理保险保持快速增长的态势，其产品和服务更加个性化和多样化，以满足不同人群的需求。近年来，保险公司进一步强化了与医疗机构、社会福利机构的合作，共同推动长期护理保险行业的发展。各国政府也加大了对长期护理保险市场的政策支持力度，长期护理保险的市场规模逐步扩大，一些新的产品和机制也得以产生。其中，终身照护年金等金融产品的市场规模将随着全球老龄化的趋势而持续增长。根据相关数据，全球长期护理保险市场近年来已经实现显著增长，预计到2029年将达到更高的市场规模。虽然针对终身照护年金的具体数

[1] OECD.Pensions at a glance 2023: OECO and G20 indicators[R].Paris: OECO, 2023.

据可能有所不同，但可以合理推测其市场规模也将呈现类似的增长趋势[1]。全球范围内已经有一些知名的保险公司开始提供终身照护年金产品，如好事达保险公司（Allstate）、长期护理保险财务解决方案有限责任公司（LTC Financial Solutions）、万通互惠人寿保险公司（MassMutual）等。这些公司在产品研发、市场推广和客户服务方面有着丰富的经验，将继续引领市场的发展。同时，随着市场的不断扩大，新的竞争者也将进入这一领域，形成更加多元化的竞争格局。

在实践中，除照护类金融产品外，住房反向抵押贷款也是较为典型的应对养老服务开支的金融产品。美国有当前世界上规模最庞大、体系最成熟的住房反向抵押贷款市场，其主要运行机制可归纳为“四三三”，即由借款人、贷款人、政府机构和中介组织四个市场主体共同参与构建证券、保险和二手房交易三个市场，主要提供政府开展型、政府支持型和私人开展型三种抵押贷款产品，由此形成一级和二级市场运行流程和多层次市场体系[2]。一是政府开展型产品。根据开展机构差异，可进一步分为政府主导开展、政府和社会组织共同开展两类。其中，政府主导开展的住房反向抵押贷款是经过国会特别授权，由政府机构设计、住房和城市发展部（HUD）监管、联邦住房管理局（FHA）担保的产品，专为62岁及以上的房主设计，这种贷款允许房主将部分房屋净值转换为现金，而无须每月偿还贷款[3]，它的最大特点是政府机构为借贷双方提供担保。另一类为政府和社会组织共同开展的单一用途产品，由政府机构或非营利组织作为贷款人，主要面向中低收入群体，且资金具有指定用途，其中以适用于房产维修改善的递延偿还贷款（Deferred Payment Loan, DPL）和适用于财产税的递延财产税（Property Tax Deferral, PTD）

[1] 宇智博业.2024—2029全球及中国长期护理保险行业市场发展分析及前景趋势与投资发展研究报告[R].中国报告大厅，2024

[2] 郑秉文，陈功.美国住房反向抵押贷款市场的机制特征与主要启示[J].保险研究，2023（4）：75-87.

[3] U.S.Department of Housing and Urban Development[EB/OL].（2023-05-02）[2024-06-06].https://www.hud.gov/program_offices/housing/sfh/hecm/hecmhome.

为典型代表[1]。二是政府支持型产品。房利美于1995年推出的Home Keeper正是此类产品的典型代表，该产品旨在满足住房反向抵押贷款未能满足的需求，在贷款限额、贷款用途、房产类型等方面规定得更为宽泛，比较适合中等价值的房产。三是私人开展型产品。该类产品以私营机构老年人财务自由基金公司于1999年推出的“财务自由（Financial Freedom）”产品最为典型，这一产品的最大吸引力在于没有贷款额度限制，大多表现出升值分享、贷款成本相对较高和无政府担保等特点，比较适合价值较高的房产，不过该产品已于2011年退出市场[2]。日本的住房反向抵押贷款制度启动于1981年，首次试行于东京的武藏野市，允许老年人利用自己的房产作为养老资金的来源。其实施模式包括政府直接融资型、政府间接融资型和民间机构参与型三种类型。在政府直接融资型中，地方政府如东京的武藏野市和中野区直接管理和提供贷款，主要服务于本地区的居民，要求申请者满足一定的年龄条件和居住条件，并将自己的住宅用作抵押。在政府间接融资型中，政府部门作为协调者，帮助老年人通过银行系统获得贷款，但政府本身不直接参与贷款发放。在民间机构参与型中，涉及银行、信托公司和房地产公司等，它们提供更为多样化的贷款产品，以适应不同老年人的需求[3]。英国的反向抵押贷款制度也较为完善，涵盖较多种类，既包括已退出市场的部分，如家庭收入计划（Home Income Plan）、共享升值住房反向抵押贷款（Shared Appreciation Mortgage），也包括市场现有产品，如终身抵押贷款（Lifetime Mortgage）、住房转换计划（Home Reversion Plan）等。市场现有产品中，终身抵押贷款适用于55周岁以上人群，借款人终身不需要出售住房，只有当其身故或进入长期护理时才需要进行房权处置；而住房转换计划适用于65周岁以上人群，申请人从一开始就需将住房抵押给借款人，只留下住房的使

[1]　Gina Pogol.Reverse Mortgage Requirements by Loan Type[EB/OL].(2023-10-23)[2024-06-06]. https://www.moneygeek.com/mortgage/reverse/requirements/.

[2]　KAGAN J.Proprietary reverse mortgage: What it is how,it works[EB/OL].(2024-05-22)[2024-06-06].https://www.investopedia.com/terms/p/proprietary-reverse-mortgage.asp.

[3]　娄飞鹏.发展养老金融的国际实践与启示[J].西南金融，2019（8）：80-88.

用权，该产品可以让借款人享有比终身抵押贷款更高的一次性给付金额[1]。

二、养老金融资产管理及其变化趋势

（一）传统养老基金投融资

养老金融资产管理是养老金融稳定可持续发展的关键环节。在国外，这一领域以养老基金投融资管理最为典型。经合组织国家养老基金资产传统上主要投资于债券和股票。截至2021年底，这两种工具平均占养老金计划投资的70%以上和公共养老储备基金的90%。选择债券进行投资主要出于对收入稳定性和低风险偏好的考虑，或者由于国内缺乏其他投资机会。在传统投资策略中，监管机构可能会对投资债券的比例有所要求，比如美国立法要求其老年和遗属保险信托基金完全投资于政府债券。投资组合中股票占比更高则是追求更高的风险收益比，如日本政府养老投资基金和韩国国民养老基金[2]。

从实际投资情况看，各国投资股票和债券的比例差异很大。虽然大多数经合组织国家对债券的偏好更高，但也有14个经合组织国家的股票投资比例超过债券，其中澳大利亚的股票投资达到47.3%，立陶宛更是高达74.6%。在投资比例中，股票和债券此消彼长的关系较为明显。在债券投资中，公共部门债券在一些国家的直接债券持有量中占了更大的份额。比如，公共部门债券占捷克直接债券持有总额的90.9%，以色列占90.5%。此外，在一些经合组织国家，现金及存款占据了较大分量，以确保流动性。比如，现金及存款占韩国养老金计划投资的20.4%，捷克为12.0%，澳大利亚为12.0%，斯洛伐克为2.7%。其中，斯洛伐克为保障养老基金的流动性，在2022年将其现金持有量增加了8个百分点，使其现金持有量达到10.7%，此举意在便于将养老金资产从债券基金转移到新的默认的生命周期养老基金[3]。

[1] 朱亚鹏，庄留华. 以房养老：英国的政策实践及其对中国的启示[J]. 中国公共政策评论，2017，13（2）：215-231.

[2] OECD. Pension markets in focus 2023[R]. Paris：OECD, 2023.

[3] OECD. Pensions at a glance 2023: OECO and G20 indicators[R]. Paris：OECO, 2023.

（二）拓宽新兴投资方向

近年来，受疫情及多种国际冲突事件影响，养老金资产的保值增值备受冲击。一方面，利率的上升降低了养老金投资组合中债券的价值；另一方面，股市又在全球范围内下跌，比如，标准普尔500指数在2022年下跌了19%，日经225的价格下跌了9%，DAX的价格在2022年底下跌了12%。养老基金和公共养老储备基金的债券和股权持有量都遭受了损失，导致2022年许多发达国家的总体名义回报率为负值。这无疑让依赖股票和债券的基金投资结构不得不另寻他路。雪上加霜的是，其他金融工具在系统性风险下同样遭受损失。比如，在利率回升的背景下，荷兰和英国的养老金计划在为对冲利率下降的风险而持有的利率衍生品上遭受了损失。荷兰养老基金也遭遇了来自海外投资和房地产投资的损失[1]。显然，在低利率环境下，传统的固定收益投资工具的低收益率对养老基金的长期盈利能力构成了威胁。因此，养老基金管理者需要探索更广泛的投资机会，以实现其长期资金增值目标。

第一，外汇投资受到关注。一些经合组织国家的养老基金探索如何从外汇汇率的变化中获益。近年来，美国利率的快速上升使美元对投资者具有强烈的吸引力，促使投资者出售其他货币来购买美元，这加剧了美元对这些货币的升值[2]。还有一些经合组织国家的养老金计划在海外投资中获得了外汇收益，而在国内货币对美元贬值（比如荷兰）的背景下，抵消了一些海外投资损失，甚至导致一些国家的投资回报率为正（比如赞比亚）。

第二，社会责任投资（ESG）受到更多的关注。ESG在进行投资决策时会考虑环境、社会和公司治理因素，从而增加对可持续经济活动和项目的长期投资，与养老金融内在的长期性诉求相一致。ESG投资在过去的十年中迅速增长，在全球范围内，集成了ESG评估关键要素的专业管理的投资组合规模超过17.5万亿美元。

[1]　OECD.Pension markets in focus 2023[R].Paris：OECD,2023.

[2]　AlDERMAN A, CAMP K M,MANDIAK E.How currency appreciation can impact prices: the rise of the U.S. dollar[J]. Beyond the numbers:prices & spending, 2023, 12 (6).

此外，机构和散户投资者可获得的与ESG相关的交易投资产品的增长超过1万亿美元，并在主要金融市场上继续快速增长[1]。日本养老金融领域的ESG投资主要体现为日本政府养老投资基金（GPIF）。日本政府养老投资基金通过与外部资产管理公司、指数提供商及ESG评级机构的合作，将环境、社会和公司治理因素全面整合到整个投资流程中。这种综合性策略使得日本政府养老投资基金能够在控制风险的同时追求最优的投资回报，其年化收益率在0至7%之间波动，显示出在全球金融环境中的稳健表现，不仅强化了资产的长期增值潜力，也体现了对社会责任投资的承诺[2]。英国大学养老金计划（USS）是英国资产规模最大的私人养老金计划，也是最早探索ESG投资的养老基金之一。英国大学养老金计划在投资战略、资产配置、风险管理、绩效评估等方面建立了ESG投资治理体系，且取得较好的财务、社会和环境成效。作为一个混合计划，英国大学养老金计划对DC和DB两类养老金计划都进行了ESG投资制度探索创新。比如，在DC计划中引入生命周期资产配置策略，建立了资产驱动型ESG投资模式，开发了与传统资产配置对应的伦理型资产，如伦理成长基金、伦理股票基金等；在DB计划中实施负债驱动型ESG投资。加拿大通过建立养老投资管理公司，采用ESG投资理念开展投资活动，搭建出可持续投资框架、ESG评分框架以及对应的投研体系框架，通过影响企业董事会决策、启动气候变化项目、开展尽职调查等办法提升投资绩效。加拿大养老投资管理公司认为，在投资决策中适当考虑环境、社会和公司治理因素可以提高整个基金的长期业绩。基于这一理念，加拿大养老投资管理公司将ESG因素纳入实现养老基金价值最大化的投资策略之中[3]。法国养老储备基金（FRR）非常重视ESG投资，从2007年开始，法国养老储备基金就对其投资组合的碳足迹进行测算。根据平安保险公司的研究报

[1] BOFFO R,PATALANO R.ESG investing:practices,practices,progerss and challenges[R]. Paris:OECD,2020.

[2] 邵成多，邱峰，肖扬等.养老金开展ESG投资的国内外探索实践[J].上海保险，2023（11）：46-49.

[3] Canada Pension Plan Investment Board.2023 Report on sustainable investing[R]. Toronto:CPPIB,2023.

告，2022年法国养老储备基金各类资产投资组合的碳足迹均低于其同类资产的基准指数。此外，为推动能源转型，法国养老储备基金积极投资了绿色债券、基础设施、私募股权、绿色建筑等一系列环境友好项目。

三、养老金融监管及风险治理

（一）养老金融监管的发展趋势

在发达国家，养老金融监管的发展趋势涵盖了多个方面，主要包括强化监管框架、加强资产管理和投资监管、提升信息披露透明度以及促进创新和数字化转型等。

第一，发达国家在养老金融监管方面越来越注重建立健全监管框架，以确保养老金市场稳定运行和保护投资者权益。不同国家依据不同类型的养老基金特性采用了不同的监管架构。比如，美国的《雇员退休收入保障法案》（ERISA）自1974年起生效，对养老金计划管理人设定了严格的信托责任和披露要求[1]。加拿大金融监管采取联邦和省两级平行监管体系，两级监管无垂直领导关系，但有协调和合作关系。银行业和保险业监管由联邦负责，证券业、信用合作社等由省政府主导。在省级层面，设有金融服务委员会，对省注册的信托、贷款和保险公司的市场行为进行监管。此外，加拿大还成立了金融机构监管委员会，由各监管机构首长组成，负责协调和沟通各监管机构[2]。德国社保基金采用国家监督和工会监督的双重架构，工会代表可采取协商谈判的方式反映工人对基金运营情况的意见和诉求[3]。欧盟的《职业退休计划指令》（IORP II）自2016年实施，要求成员国加强对职业养老金

[1]　U.S. Department of Labor's. Employee Benefits Security Administration[EB/OL].（2011-12-06）[2024-06-06]. https://www.govinfo.gov/content/pkg/FR-2011-12-06/pdf/2011-30920.pdf.

[2]　方涛. 浅议加拿大金融监管体系及对我国金融审计的启示[EB/OL].（2011-11-02）[2024-06-06]. https://www.audit.gov.cn/n6/n41/c19451/content.html.

[3]　高新宇，孟佳娃. 德国基本养老保险基金投资运营管理的启示[J]. 现代商业，2020（36）：51-53.

计划的监管，并提升跨境活动的透明度[1]。

第二，资产管理和投资监管成为发达国家养老金融监管的重要议题。监管机构加强对养老基金和相关机构的监督，确保其资产管理和投资行为符合法律法规，并且有利于实现长期投资目标和风险管理要求。荷兰中央银行（DNB）对其职业养老基金投资进行严格监管，确保其投资组合的多样化和风险管理[2]。不同类型的养老基金的监管策略有所差异。比如各国对DB计划的监管更加严格，对其资产负债率有较高要求，以防止计划因筹资率不足而破产。有的国家对DB计划建立了公共担保机制，比如美国的养老金收益担保公司（Pension Benefit Guaranty Corporation，PBGC）和英国的养老金保护基金（Pension Protection Fund，PPF）。对混合型养老金计划则缺乏统一的国际标准，大部分国家将混合型养老金计划纳入DB计划大类，比如英国的现金余额（CBP）计划按税法规定被纳入DC计划，但在筹资率要求上则被纳入DB计划监管；美国的现金余额（CBP）计划也被纳入DB类监管范围[3]。

第三，提升信息披露透明度是养老金融监管的趋势。监管机构要求养老基金和相关机构提供更加全面和透明的信息披露，包括投资组合的构成、风险管理策略、费用结构等，提高市场的透明度和效率，便于投资者更好地了解和评估投资情况。比如，日本金融服务局（FSA）要求养老基金定期披露详细的投资信息和费用结构，以确保投资者能够清楚地了解基金的运作情况[4]。

第四，促进创新和数字化转型也是发达国家养老金融监管的重要方面。监管机

[1] European Insurance and Occupational Pensions Authority.Review of the IORP II Directive:embracing the future while protecting the legacy[EB/OL].(2023-09-28)[2024-06-06].https://www.eiopa.europa.eu/review-iorp-ii-directive-embracing-future-while-protecting-legacy-2023-09-28_en.

[2] De Nederlandsche Bank.Pension funds(supervision)[EB/OL].[2024-06-06]，https://www.dnb.nl/en/statistics/dashboards/pension-funds/pension-funds-supervision/.

[3] 房连泉.国际上混合型养老金计划的发展趋势及启示：基于风险共享机制的视角分析[J].新疆师范大学学报（哲学社会科学版），2021，42（2）：84-96，2.

[4] Financial Services Agency.Pension Funds[EB/OL].（2024-02-01）[2024-06-06].https://www.fsa.go.jp/en/index.html.

构鼓励养老基金和相关机构采用先进科技和数字化技术，提升运营效率和服务水平，同时加强对新兴金融科技和数字资产的监管，以保护投资者利益和维护金融稳定。比如，澳大利亚的养老金监管机构积极推动数字化服务，提高养老金系统的透明度和用户友好性，并通过Mysuper改革[1]简化养老金产品[2]。

（二）养老金融风险治理不断加强

在发达国家，养老金融风险治理手段的发展趋势反映了各国对稳定性和可持续性日益增强的关注。这些趋势主要包括加强风险识别和评估、推动风险管理和监测、实现投资组合多样化及促进国际合作和标准化。各国在实践中形成了一些共通性做法。

第一，加强风险识别和评估是发达国家养老金融风险治理的核心。监管机构和养老基金管理者通过定期的风险评估和压力测试，识别和评估养老金资产和负债面临的各种风险，包括市场风险、信用风险、流动性风险等，以及养老金长期可持续性和人口老龄化带来的结构性风险[3]。比如，欧洲保险和职业养老金管理局（EIOPA）定期对欧盟成员国的职业养老金计划进行压力测试。2021年的压力测试覆盖了187家职业养老金机构，总资产超过3万亿欧元，主要评估这些机构应对市场波动和经济下行的能力[4]。

第二，推动风险管理和监测是发达国家养老金融风险治理的重要手段。监管机构要求养老基金管理者建立健全风险管理体系，包括制定明确的风险管理政策和流程、建立有效的风险监测和控制机制、加强对投资组合和资产负债匹配的监督和管

[1]　澳大利亚在2013年前后推出Mysuper账户，这是会员未达到最低领取年龄前的缴费及投资账户，雇主需要为雇员向Mysuper账户缴费。自2014年1月1日起，只有Mysuper授权/认证的基金，才能成为Mysuper的管理人。

[2]　Australian Prudential Regulation Authority.APRA's Superannuation Data Transformation [EB/OL].[2024-06-06].https://www.apra.gov.au/apras-superannuation-data-transformation.

[3]　朱文佩，林义.人口老龄化背景下养老金融风险的识别、防范与治理[J].当代经济管理，2023,45（9）：79-89.

[4]　European Insurance and Occupational Pensions Authority.2021 Insurance stress test[R]. Frankfurt:EIOPA,2021.

理等。比如，美国的《雇员退休收入保障法案》（ERISA）要求养老基金管理人履行严格的信托责任，确保养老资产的安全和稳健管理[1]。

第三，实现投资组合多样化是发达国家养老金融风险治理的重要策略。养老基金通过投资于不同类型和不同地区的资产，分散风险并实现长期稳健回报。以加拿大为例，加拿大养老金计划投资委员会（CPPIB）在全球范围内投资超过5000亿加元的资产，涵盖基础设施、房地产和私募股权等多个领域。加拿大养老金计划投资委员会的多样化投资策略在2020—2021财年实现了20.4%的年化回报率[2]。

第四，随着全球金融市场联系的日益紧密，发达国家加强了跨国监管合作和信息共享。比如，经合组织通过制定养老金管理的国际标准和最佳实践，促进成员国之间的监管协调和合作[3]。

在各类风险治理手段中，生命周期投资基金是2008年金融危机后备受关注的风险控制机制。其中，英国的生命周期基金较有代表性。英国的生命周期基金（Lifecycle Funds）也称为目标日期基金（Target Date Funds），是一种为投资者提供简化的退休储蓄投资选择的基金类型。生命周期基金是用于帮助投资者在特定的目标日期（通常是预期的退休年份）达到最佳投资组合的基金。基金经理根据目标日期的临近程度自动调整资产配置，从初期的高风险高回报资产（如股票）逐渐转向低风险低回报资产（如债券），以降低投资风险。在投资初期，基金主要投资于高风险高回报的资产，如股票和国际股票；在投资中期，随着目标日期的临近，基金会逐渐减少股票的持有比例，增加债券和现金等低风险资产的配置，这一过程称为“下滑路径”（Glide Path），旨在保护积累的财富免受市场波动的影响；到达目标日期时，基金的资产配置将变得非常保守，以确保投资者的资金能够安全地

[1] U.S. Department of Labor.Employee Benefits Security Administration, ERISA[EB/OL]（2024-06-01）[2024-06-06].https://www.dol.gov/general/topic/health-plans/erisa.

[2] Canada Pension Plan Investment Board.Annual Report 2023[R].Toronto:CPPIB,2023.

[3] OECD.Pension Markets in Focus 2022[R].Paris:OECD,2022.

用于退休[1]。与之类似，荷兰职业养老金的集体投资计划也采用了生命周期投资策略，这意味着投资于风险资产的资产份额在积累阶段开始时更大，并随着个人接近退休而下降[2]。近年来，德国也引入了类似的策略，根据参保者的年龄阶段来划分流动性和风险偏好，按照监管要求为产品设立保险费储备基金，将客户缴存的保险金通过权益投资配置其份额。当客户年龄在55岁以下时，资产配置中的80%为权益资产；当客户年龄达到55岁，资产配置进入流动性相对较高的配置池；当客户年龄高于58岁时，其委托资金进入强制性去风险池，客户可选择终身年金或以一次性支付方式支取其养老金，养老产品进入“退休”阶段。

四、发达国家养老金融发展的典型案例——美国的养老金融实践

美国是最早进入人口老龄化社会的国家之一，是全球金融体系最发达的国家，也是养老金融体系发展较全面的国家，其养老金融的发展历史较长，已经形成较为成熟且多元的运作模式，具有较高的案例观察价值，下文主要说明美国养老金融体系的主要构成及其典型机制。

（一）美国的多支柱养老金体系

美国是最早建立三支柱养老金体系的国家之一，现已形成第一支柱兜底，第二、第三支柱为主导的多层次养老金模式。美国拥有经合组织国家中最大的养老金市场，2022年美国的养老金资产规模为35万亿美元，占GDP的比重为137.5%，是经合组织国家中养老金资产规模最大的国家[3]，截至2023年底，美国的养老金资产规模达到38.4万亿美元。2023年，第一支柱的社会保障计划（OASDI）的资产规模为2.8万亿美元，其中，老年和遗属保险（OASI）信托基金的规模为2.6万亿美元，残

[1] The Investment Association.What are target date funds?[EB/OL].（2024-06-06）[2024-06-06].https://www.theia.org/.

[2] OECD.OECD pensions outlook 2022[R].Paris:OECD，2020.

[3] OECD.Pensions at a glance 2023: OECO and G20 indicators[R].Paris：OECO,2023.

疾保险（DI）信托基金的规模为0.14万亿美元[1]；第二支柱的政府DB计划、私营部门DB计划分别为8.7万亿美元和3.2万亿美元，DC计划的资产为10.6万亿美元，其中401（k）计划的规模为7.4万亿美元；第三支柱的个人退休账户（IRA）中的资产总额为13.6万亿美元[2]。

美国的社会保障计划（OASDI）包括老年和遗属保险信托基金、残疾保险信托基金。老年和遗属保险信托基金是根据1939年《社会保障法修正案》第201条创建的，取代了根据1935年《社会保障法》设立的养老金账户，残疾保险信托基金则在1957年设立。社会保障计划由美国社会保障署（SSA）进行管理，其资金主要来自社会保障税。职业养老金按照给付方式可分为DB和DC两种模式，均享受EET税收优惠，20世纪80年代之前，职业养老金以DB计划为主，占比超过80%。由于雇主控制成本和资金波动的压力较大，政府部门DB计划等也面临着较大的养老金缺口，DB计划参与率逐年降低，DC计划占比不断扩大。DC计划通常由雇主与员工共同缴费，存入员工个人账户。第三支柱包括个人退休账户与商业养老保险，是个人自愿参加的养老金计划，其中个人退休账户为主导模式，即个人在金融机构开设个人退休储蓄账户，自主选择委托机构进行账户管理。个人退休储蓄账户主要有传统个人退休账户（Traditional IRA）、罗斯个人退休账户（Roth IRA）、简化式个人退休账户（SIMPLE IRA）等多种形式。美国个人养老金计划普及程度高的重要原因之一是税收优惠程度高，且更惠及中低收入群体[3]。美国的第二、第三支柱养老基金普遍引入生命周期基金来进行资产配置，生命周期基金是一种根据持有人年龄增长来调整资产配置结构的投资基金。这类基金通常包括目标日期基金与目标风险基金等类型，其中，目标日期基金因资产配置均衡且风险分散受到年轻投资者的欢迎，

[1] Social Security Administration. Social security trust fund data[EB/OL].[2024-06-06]. https://www.ssa.gov/oact/progdata/funds.html.

[2] The Investment Company Institute[EB/OL].（2024-06-06）[2024-06-06].https://www.ici.org/statistical-report/ret_23_q4.

[3] 张田.中国养老金融的改革路径:中国现状、美国案例与应对策略[J].西部金融，2023（2）：9-17.

近年来发展迅猛，被401（k）与IRA作为主要投资工具。

（二）美国的养老服务类金融产品

住房反向抵押贷款（HECM）是美国最常见的反向抵押贷款类型，约占整体份额的90%，是由联邦住房管理局（FHA）为借贷双方同时提供担保的反向抵押贷款计划，是一种特殊类型的住房贷款，可让借款人提取部分房屋净值，接受美国住房和城市发展部（HUD）的严格监管。美国长期护理保险（LTCI产品）由美国保险监督官协会（NAIC）监管，执行《长期护理保险示范法规》，现已成为美国健康保险市场上的重要产品之一，且品种不断丰富。美国长期护理保险分为六类：个人长期护理保险、联邦和州长期护理保险、雇主购买的团体保险、协会保险、持续护理退休社区提供的长期护理保险、人寿保险或年金保险。

（三）美国养老基金投融资管理

1.养老金融投融资市场建设

截至2022年底，美国金融服务公司旗下的投资公司有16159家，总体数量较十年前有所下滑。美国注册投资公司的净资产在2022年降至28.9万亿美元，其中大部分由共同基金和ETF持有，集中于长期基金，仅股票型基金就持有16.6万亿美元，占2022年末所有投资公司净资产总额的57%。具体来看，国内股票型基金（主要投资于美国公司股份的公司）持有净资产12.8万亿美元，全球股票型基金（对非美国公司的股份进行重大投资的公司）持有净资产3.8万亿美元，债券型基金持有净资产5.9万亿美元，货币市场基金、混合型基金与其他基金（如主要投资于大宗商品的基金）持有其余6.4万亿美元资产[1]（见图11-1）。

[1] Investment Company Institute.2023 Investment company fact book[R].Washington DC:ICI,2023.

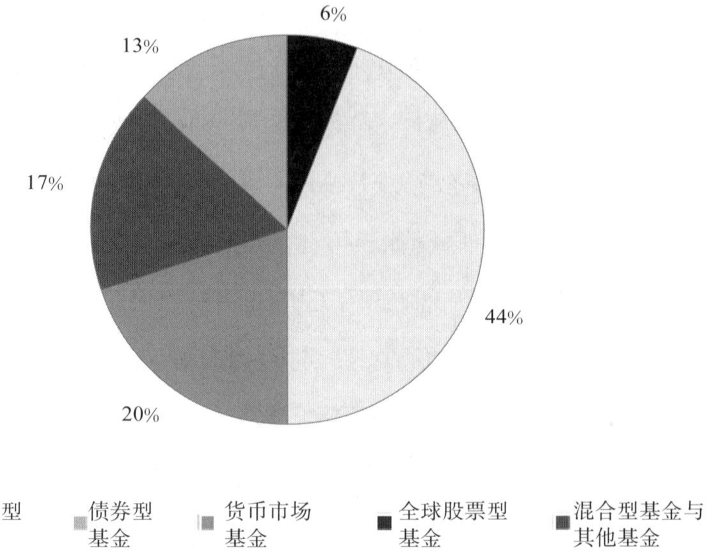

图11-1　截至2022年底美国投资公司各类基金的净资产总额占比

资料来源：2023 *Investment Compant Fact Book*。

目前，美国养老金融产业已经形成了一个具备完整产业链、多种融资渠道的成熟体系。养老产业的融资渠道主要分为三大类：联邦政府资助，房地产投资信托基金（REITs）融资，通过融资租赁、私募基金、保险公司等渠道获取资金。其中，房地产投资信托基金是养老产业最主要的融资渠道，养老地产公司通过投资获得养老地产的所有权，再通过出租和委托管理等方式获得稳定的资金流入，同时也可将所获资产以低买高卖的形式出售[1]。

2.养老基金ESG投资

近年来，美国基金业投资者对ESG投资的兴趣增加，此外，新的基金建设也明确地将其投资与特定的ESG标准结合起来[2]。

美国富达投资集团（Fidelity Investments，简称“富达”）成立于1946年，是

[1]　刘昌浩.中国养老金融发展路径研究：基于美国养老金融体系经验[J].老字号品牌营销，2024（6）：48-50.

[2]　Investment Company Institute.2023 Investment company fact book[R].Washington DC:ICI,2023.

一家提供多元化金融服务的独立投资公司。富达早在2003年就确立了基本的责任投资理念，2017年正式将ESG因素纳入投资决策中，并成立了全球首只ESG股票型基金。富达可持续投资基金共有两大分支，一个是主题型基金，另一个是比较型基金或指数型基金。富达共研发了五款主题型基金和四款比较型基金。此外，富达还设立了一款名为富达“妇女领导力基金”（Women's Leadership Fund）的主题型基金，它是富达研发的与社会因素直接相关的可持续投资基金[1]。

3.养老地产投资

养老地产是养老产业中的核心，美国养老地产自20世纪30年代开始发展，于20世纪60年代初具规模，目前已形成一个产业生态相对完善、融资渠道宽广、运营模式多样化的成熟体系，为老年客户提供养老住宅、医疗护理、生活服务等。在相关产业链中，上游主要由投资方（政府、REITs、寿险公司、私募基金）组成，中游主要由运营商（提供不同类型的养老社区）和开发商组成，下游则主要由衍生服务行业（社交平台、文化娱乐等）组成[2]。

（四）美国的养老基金管理

美国联邦社保基金有三大专业管理机构：社会保障基金信托委员会、社会保障署和社会保障咨询委员会。这三大管理机构分工明确、责任清晰[3]。

社会保障基金信托委员会是管理联邦社保基金的主要机构，根据1939年《社会保障法修正案》设立，每年需向国会提供报告，对信托基金在上一年度的运行状况进行评估，并对未来5年的运行情况进行预估。社会保障署是执行社会保障计划的行政机构，根据1935年的《社会保障法》设立，原名为“社会保障委员会（SSB）”，专门管理社会保障的日常行政事务，负责个人社会保障税缴纳情况的记录、受益资格的认定、养老金数额的计算和咨询等工作，并提供高效优质的服务

[1]　郑梦.美国富达投资集团养老基金ESG投资产品与投资策略[J].经济研究参考，2022（3）：68-78.

[2]　张田.中国养老金融的改革路径:中国现状、美国案例与应对策略[J].西部金融，2023（2）：9-17.

[3]　王亚柯.中国养老保险基金管理:制度风险与管理风险：基于美国联邦社保基金管理经验的启示[J].华中师范大学学报（人文社会科学版），2012，51（3）：8-13.

网络。社会保障咨询委员会作为一个主要的监督机构，于1934年建立，原名为“社会保障咨询理事会”，该委员会独立于行政部门，由跨党派的7名成员组成，负责对联邦社保基金管理进行整体上的监管和评估，并定期向国会、总统和社会保障署提供咨询服务。

第二节

发展中国家养老金融发展经验

相较于发达国家，发展中国家的养老金融发展情况远为落后。究其原因，一方面在于发展中国家养老保障体系发展普遍滞后，另一方面在于发展中国家金融体系发展尚不成熟。本节归纳发展中国家养老金融在养老金体系、养老服务供给等板块的概况，并将一些实践中较典型的国家作为案例进行剖析。

一、发展中国家养老金融发展

（一）发展中国家的个人账户养老金实践——基于匹配缴费制的实践

近年来，发展中国家同样重视第三支柱（个人养老金）建设，但与发达国家不同的是，发展中国家的个人养老金广泛采用匹配缴费制，并主要将其用于养老金扩面，而非养老金补缺，其运行原理和作用机制与我国城乡居民基本养老保险相似。

突尼斯的个人养老金体系包括为非正规部门工人（主要包括渔业劳动者）设计的缴费匹配型个人账户计划，通过灵活的缴费机制和政府的激励措施，为非正规部门的工人提供相对稳定可靠、权责清晰的养老金收入。在制度运行中，政府会对个人账户缴费进行匹配，具体而言，对于参保者每一单位的缴费，政府会匹配0.5至1单位的缴费；缴费者每年可以根据自己的收入情况灵活地调整缴费金额，以适应其收入状况的灵活性，比如允许渔民根据是否渔季和收入情况，灵活选择供款时间和金额，从而不会因为季节性收入变化而失去养老金保障[1]；政府通过财政激励和政策支持，提供税收优惠或直接的财政补贴来吸引更多劳动者参与；在投资运营方面，个人账户会进行低风险投资运营，即使在市场波动的情况下，让非正规部门工

[1]　GLOBACS.Tunisia[EB/OL].[2024-06-06].https://www.globacs.org/location/tunisia/.

人也能维持生活水平，确保非正规部门工人获得相对稳定的养老金收入[1]。

秘鲁建立了中小微企业养老金计划，鼓励更多的中小微企业员工参与到养老金体系中，从而扩大他们的社会保障覆盖面。秘鲁政府在这一方面实施了多个计划，通过匹配缴费来激励企业和个人为退休储蓄。主要计划包括中小微企业支持基金（FAE-MYPE，Business Support Fund for MSMEs）和中小微企业支持计划（PAE-MYPE，Business Support Programme for micro and small businesses）等，这些计划提供金融支持和贷款，以帮助中小微企业度过经济困难时期，便于其持续为员工缴纳养老金。新冠疫情期间推出的“复苏秘鲁”（Reactiva Peru）计划则在疫情防控期间提供大量贷款支持，98.6%的受益者是中小企业，这些贷款帮助企业保持运营并继续为员工缴纳养老金[2]。同时，秘鲁建立了匹配缴费计划，通过政府与企业共同缴费的模式，鼓励小微企业及其员工参与到养老金储蓄中，帮助员工的养老金账户快速积累资金。

印度建立了国家养老金系统（National Pension System，NPS），旨在为所有印度公民建立DC型个人账户养老金。该计划最初仅覆盖公务员等正规部门雇员，自2009年起向全体公民开放，为包括非正规部门劳动者在内的各类劳动者提供可持续的退休储蓄和收入保障机制。截至2023年4月，印度国家养老金系统的养老金账户累积达到898954千万卢比（约合1100亿美元）。印度国家养老金系统设立了两个缴费账户，分别为第一级养老金计划（Tier I）账户和第二级养老金计划（Tier II）账户[3]。自2004年1月1日起，加入政府服务的所有公务员都必须参加第一级养老金计划。第一级养老金计划对公共部门雇员实行强制参保，要求公共部门雇员缴纳其基本工资、生活津贴工资（Dearness Pay，DP）和生活津贴（Dearness Allowance，

[1] World Bank Group.Options for pension reform in Tunisia[EB/OL].[2024-06-06].https://documents.worldbank.org/en/publication/documents-reports/documentdetail/297941468781762735/options-for-pension-reform-in-tunisia.

[2] OECD.Financing SMEs and entrepreneurs 2022 : an OECD scoreboard[R].Paris:OECD,2022.

[3] CGDA.Controller General of Defence Accounts：National Pension System[EB/OL].（2024-06-06）[2024-06-06].https://cgda.nic.in/php?page=nps.

DA）的10%，相关薪酬与账户办公室（Pay and Accounts Office，PAO）每月会从其工资单中扣除这些金额。政府将进行等额的匹配缴纳。其中，第一级养老金缴费将存入不可提取的养老金账户中，仅在年满60岁后才能提取，并且提取时至少投资40%的账户余额来购买年金产品。如果在60岁之前退出养老金缴费，则必须将账户余额的80%用于购买年金产品。第二级养老金计划账户则采取自愿参保原则，向各类劳动者开放。印度国家养老金系统由印度财政部管辖的养老基金监管及发展局（PFRDA）监管，国家养老金体系信托（NPS Trust）则由养老基金监管及发展局根据《印度信托法》的规定成立，对养老基金进行信托投资。非正规部门工人通过印度国家养老金系统，不仅能够享受长期的退休保障，还能获得政府的财政支持和税收优惠。总的来说，印度国家养老金系统在印度促进了养老金的普及和覆盖，为非正规部门劳动者提供了可预期的退休保障[1]。

（二）发展中国家的养老服务金融

养老服务金融在发展中国家普遍处于初创阶段，其实践模式还较为零散。比较值得关注的是肯尼亚的非洲老龄观察基金会（AgeWatch Africa Foundation，AAF）。

AAF于2016年2月在肯尼亚基苏木县成立，是一家以社区为基础的组织，也是一家总部位于肯尼亚的非营利性社会企业，致力满足老年人的生计和长期护理需求。2019年1月，AAF转型为国家控股的基金会，通过提供家庭护理、团体日托和住宿（或机构）护理等服务，致力形成养老服务的储备基金。AAF拥有一支由5名长期工作人员和超过12名志愿者组成的团队，足迹已遍及基苏木、卡卡梅加、布西亚、西亚亚、米戈里、霍马湾和纳库鲁7个县[2]。沙特阿拉伯近年推动了金融科技战略的实施，旨在通过创新和科技应用使金融服务更加便捷、高效和安全，其中涵盖了以养老为目的的金融基础设施建设。这一战略旨在促进养老金体系的数字化和

[1] National Pension System-Wikipedia[EB/OL].（2024-06-06）[2024-06-06].https://en.wikipedia.org/wiki/National_Pension_System.

[2] HelpAge International.East Africa[EB/OL].[2024-06-06].https://www.helpage.org/global-network/africa/east-africa/.

现代化，助力养老金产品投融资创新。此外，沙特王储穆罕默德·本·萨勒曼承诺每年投入超过10亿美元用于长寿和健康领域研究。这些措施不仅关注养老金的支付能力，还关注老年人的生活质量和健康状况，可视为养老金融的延伸[1]。

二、养老基金投资与管理

（一）养老基金投资向多元化发展

与发达国家类似，发展中国家养老金计划资产投资的两个主要资产类别也是债券和股票，这两类资产占大多数发展中国家养老金计划资产投资的一半以上。例如，土耳其的债券和股票投资占养老金计划资产投资的80%，智利为98.2%，巴西为90.4%就投资组合规模来说，智利（98.2%）和墨西哥（96.2%）的债券和股票总和比例最高。各发展中国家养老金计划资产投资股票和债券的比例差异很大，总体而言，对债券的偏好更高一些，比如多米尼加共和国的债券投资达到93.1%，加纳为88.9%，但也有一些国家是股票投资超过债券投资，比如摩洛哥的股票投资达50.6%，而债券投资只有39.9%；津巴布韦的股票投资为53.1%，债券为1.4%[2]。

一方面，债券在发展中国家的养老基金投资组合中占据重要地位，政府债券被广泛视为安全且稳定的投资选择。以巴西为例，其养老基金有73.9%的资产投资于政府债券。这种高比例的债券投资反映了基金管理机构在应对市场波动和确保资金安全方面的保守策略。另一方面，股票也在养老基金的投资组合中占据重要位置，尽管其所占养老金计划资产投资的比例相对较低。比如，南非的养老基金有约40%的资产投资于股票，目的是通过参与企业增长和分红实现更高的长期回报。智利是一个显著的例子，其养老基金逐步增加了对股票的投资比例，以寻求更高的收益率。此外，现金及存款也占养老金计划资产投资的很大一部分。在印度尼西亚，

[1] 财联社.沙特PIF“崛起”之路：2030年有望成为全球第二大主权基金[EB/OL].（2024-04-28）[2024-06-06].https://baijiahao.baidu.com/s?id=1797562833254016746&wfr=spider&for=pc.

[2] OECD.Pension markets in focus 2023[R].Paris：OECD,2023.

现金及存款占养老金计划资产投资的27.2%；在泰国，这一比例为8.9%；在亚美尼亚，这一比例为29.3%；在安哥拉，这一比例为54.8%。这种高比例的现金及存款投资主要是由于这些国家的金融市场不够成熟，投资工具相对有限，从而导致养老基金管理机构倾向于选择低风险和高流动性的资产。在大多数发展中国家，贷款、房地产（土地和建筑物）、未分配的保险合同和私人投资基金占养老金计划资产投资的份额相对较小。

不同国家的养老基金资产规模的差异也很显著。比如南非的养老金资产占GDP的78.2%，这一高比例反映了其养老基金体系的成熟和发展程度；而印度尼西亚的养老金资产仅占GDP的1.7%，这表明其养老基金体系仍处于发展初期，市场渗透率较低。2022年，通货膨胀加剧使名义投资收益变为实际损失，并使名义损失的实际值大大增加，这不仅对发达国家，也对发展中国家产生了极大的影响，使发展中国家的养老金计划的实际收益率降为负值。在一些通货膨胀率最高的国家，其实际收益率最低，加纳、苏里南和津巴布韦的消费物价指数分别上涨了52%、55%和111%。大多数国家的公共养老储备基金在2022年也出现了实际亏损，只有几个非洲国家（如莱索托、赞比亚）和马尔代夫的实际收益率为正值，这些国家的通货膨胀没有抵消名义投资收益[1]。

近年来，为了分散风险和寻求更高的投资回报，发展中国家的养老金投资机构正逐渐将其投资组合多元化，不仅投资于本地区的资产，还积极寻求国际投资机会。比如，越来越多的中东资本正在全球范围内寻找投资机会，包括私募股权、风险投资和房地产等领域[2]。每个国家都在探索适合自身经济和人口结构的解决方案，以确保养老金体系的可持续性和有效性。此外，发展中国家的养老基金不仅投资传统的政府债券和股票，还逐步扩展到基础设施、住房和其他具有社会影响力的项目，以促进国家的可持续发展和经济增长。为了分散风险并提高长期回

[1]　OECD.Pensions at a glance 2023: OECO and G20 indicators[R].Paris：OECO，2023.

[2]　孙帮俊.中东欧国家养老金制度改革研究[D].北京：中国社会科学院大学,2016.

报，秘鲁中央银行逐步提高了私人养老金资金在国外的投资上限，从最初的22%提高到30%，以实现投资多样化和获得更高的回报率[1]。马来西亚的雇员公积金（Employee's Provident Fund，EPF）在战略资产配置中通过多元化资产配置实现保值增值，其中固定收益工具保障稳定收入，股票资产提供增值潜力，房地产和基础设施投资对冲通胀，而货币市场工具则满足日常运营需求。2019年，马来西亚雇员公积金对2020年至2022年的战略资产配置进行了有效性审查[2]。马来西亚雇员公积金在全球40个国家及地区进行了多元化投资，覆盖28种货币。截至2020年底，海外投资占其总投资的近35%，且海外投资收入占其投资总收入的49.80%。2020年，海外投资的回报率达8.64%，超过国内投资的5.02%。墨西哥的强制性私人管理账户（AFORE）自1997年起运行，参与率较高，资产管理规模不断增加。截至2022年底，墨西哥强制性私人管理账户系统管理的资产已达约3.5万亿墨西哥比索（约合1800亿美元），这些资金主要投资于低风险的政府债券及国内外的股票和公司债券[3]。巴西的私人养老金计划［自选个人养老金计划（PGBL）/自选人寿保险计划（VGBL）］发展迅速，截至2022年底，资产管理规模达到约1.4万亿巴西雷亚尔（约合2700亿美元）。该计划主要投资于固定收益证券、股票和房地产投资信托基金（REITs），以追求更高的回报率[4]。肯尼亚的养老基金资产已达GDP的12%，通过“联合资本市场计划”（J-CAP），多个基金协会联合起来支持肯尼亚的发展目标，如可负担住房和基础设施投资[5]。肯尼亚养老基金投资联合会（KEPFIC）自

[1] World Finance. Peru pushes through pension reforms[EB/OL].（2010-12-31）[2024-06-06]. https://www. worldfinance. com/inward-investment/americas/peru-pushes-through-pension-reforms.

[2] India Employee's Provident Fund Organisation. Annual report 2009—2020[R].

[3] KPMG. Klynveld Peat Marwick Goerdeler: Servicios Financieros-KPMG México[EB/OL].（2024-06-06）[2024-06-06]. https://kpmg. corn/xx/en/home. html.

[4] CEIC. Brazil Other financial corporations: pension funds:tnvestment income:expense | economic indicators[EB/OL].（2024-01-01）[2024-06-06]. https://www. ceicdata. com/en/brazil/2019-methodology-sectoralfinancial-statement-income-and-expense-quarterly/other-financial-corporations-pension-funds-investment-income expense.

[5] ATWOOD R. Pooling pensions in kenya[EB/OL].（2023-05-04） [2024-06-06]. https://www. ifc. org/en/stories/2023/pooling-pensions-in-kenya.

2018年成立以来，已集结24个成员基金，总资产约50亿美元，已投资多个住房项目，并计划在基础设施领域进行更多投资[1]。

（二）养老基金管理逐渐走向正规化和制度化

近年来，随着养老保障制度和金融市场逐渐走向成熟，发展中国家的养老基金管理正朝着制度化、规范化方向发展。许多国家通过立法、监管和政策创新，力图提升养老基金管理的效率和透明度。比如，马来西亚的雇员公积金建立了三层风险治理结构。第一层由董事会风险管理委员会和投资小组风险委员会主导，负责制定和发布关键风险管理政策。第二层在高管层面，负责制定和批准总体风险管理流程，由风险管理部和合规部负责监督和管理风险，确保风险策略得到有效执行。第三层强调日常投资和中后台一线工作人员在风险管理中的合规性要求。雇员公积金的风险管理涵盖投资风险管理、市场风险管理、信用风险管理和流动性风险管理四个方面[2]。尼日利亚的养老金体系由尼日利亚养老金运营商协会（PenOp）监管，确保所有养老基金遵循严格的管理规定和投资策略，这一体系的资产约为300亿美元[3]，其养老基金必须定期提交财务报表，任何延迟或不合规行为都将面临严厉处罚。印度的国家养老金体系（NPS）自2004年起实施，覆盖了大量低收入群体。印度国家养老金体系采用透明化的管理架构，允许不同资产管理公司参与竞争，提高了整体管理效率，其管理框架要求严格的风险管理和定期审计，以确保基金的安全性和持续增长[4]。津巴布韦引入新的《养老金法案》以推动养老基金的合规管理。法案要求所有养老基金在财年结束后3个月内提交经审计的财务报表，并设立严格的处罚机制来应对不合规行为，强调透明度和消费者保护，基金管理者需确保所有

---

[1] ATWOOD R.Pooling pensions in kenya[EB/OL].（2023-05-04） [2024-06-06].https://www.ifc.org/en/stories/2023/pooling-pensions-in-kenya.

[2] India Employee’s Provident Fund Organisation.Annual report 2009—2020[R].

[3] Oxford Academic：Journal of African Economies[EB/OL].（2024-06-06）[2024-06-06].https://academic.oup.com/.

[4] KARNAM G.Public expenditure in India: policies and development outcomes[M].Oxford:Oxford University Press，2022.

投资和运营决策都符合新的法律规定[1]。

三、养老金融发展的典型案例——智利、土耳其的养老金融发展

发展中国家的养老金融发展总体上具有一定程度的零散性，发育程度不高，有较大的优化空间。在发展中国家中，接近发达国家经济发展水平的头部发展中国家的养老金融水平也相对较高。下面以智利、土耳其为案例对发展中国家的养老金融发展状况进行阐述。

（一）智利的养老金融体系及其发展

1. 智利的三支柱养老金体系

智利养老金体系是典型的三支柱体系，包括作为第一支柱的非缴费型普惠养老金、作为第二支柱的实账积累型个人账户养老金和作为第三支柱的自愿型补充养老金，是20世纪80年代以来受新古典自由主义影响形成的典型养老金制度改革的代表。

智利的第一支柱是普惠型养老金，覆盖1983年1月1日前缴纳社会保险费并选择继续参加社会保险的工薪人员、受薪职工和收入低于法定月最低工资三倍的个体户，以及某些特殊制度的受薪雇员，包括铁路雇员、海员和港口工人、公共部门雇员及军事和警察人员。第二支柱为强制性个人账户，面向1982年12月31日以后进入劳动力市场的雇员和开具专业服务发票的个体经营者，年参保收入不低于法定月最低工资标准。1983年1月1日前参加社会保险的劳动者和年参保收入低于法定月最低工资标准的个体经营者自愿参保，其年参保收入为其上一年总收入的80%。第三支柱是自愿储蓄计划，智利鼓励个人进行额外的自愿储蓄，以增加其退休收入，

[1] Muvingi and Mugadza Legal Practitioners. The New Pensions Law in Zimbabwe: an overview of compliance for pension funds in 2023[EB/OL]. (2024-02-28) [2024-06-06]. https://www.mmmlawfirm.co.zw/the-new-pensions-law-in-zimbabwe-an-overview-of-compliance-for-pension-funds-in-2023/.

政府通过匹配激励和税收优惠来促进这些自愿储蓄计划[1]。1980年，智利颁布3500号法令（Decree Law No. 3500 of 1980），提出将现收现付制（Pay-As-You-Go, PAYG）养老保险制度改为完全积累制个人养老账户。1981年，该项计划得到全面推行。每个参保人员都有自己的专属个人账户，参保人必须定期向个人账户缴纳收入的10%，且最终领取的退休金与个人账户余额挂钩。这种DC型个人养老金模式又被称为“智利模式”[2]，改革初期在提升养老金财政可持续性和推动金融体系建设方面发挥了正面作用，在当时引起了广泛关注。但是，随着近二十年来投资回报率的持续下降，智利养老金的承兑问题日益严峻，而个人账户制对低收入人群的保障作用也备受质疑。这些质疑迫使智利政府实施了一系列改革，以扩大养老金系统的覆盖面，提升其公平性。比如2022年智利推出普遍保障养老金（PGU），旨在为所有年满65岁且养老金不足一定水平的退休人员提供额外的财政支持[3]。

2. 智利的养老金融资产管理

智利养老金体系的全盘个人账户化带来大量的养老基金积累，养老基金规模逐年增长，使智利成为养老金资产管理最成熟的发展中国家之一。截至2024年4月，智利的养老基金价值达到1878亿美元，相比上一年度增长了12.8%（扣除通货膨胀水平后也有8.5%的增幅）[4]。智利的养老基金投资主要包含政府部门投资产品（包括智利中央银行、财政部发行的国债，养老金认购债券等）、金融部门投资产品（包括金融机构的抵押贷款、定期存款，发行的债券、股票，以及远期合约等）、企业部门投资产品（包括国内公司发行的债券、股票、投资基金等）、境外部门

[1] International Social Security Association[EB/OL].（2024-06-06）[2024-06-06].https://www.issa.int/node/195546?country=994.

[2] 唐福雨.我国养老保险三支柱结构优化方案研究：基于国际比较分析[D].北京：中国财政科学研究院，2023.

[3] Pension Policy International.Chile’s Boric announces plan to end private pension system[EB/OL].（2021-11-03）[2024-05-22].https://www.pensionpolicyinternational.com/chiles-boric-announces-plan-to-end-private-pension-system/.

[4] 资料来源：Pension Policy International.Inversiones Y Rentabilidad de los fondos de pensiones:Marzo de 2024.

投资产品（包括其他国家的债券、股票、投资基金、远期合约，以及其他非直接投资）。基金化改革初期，智利的养老基金投资仅限于低风险的国内证券，要求100%投资于政府债券。1985年，随着智利的资本市场开始发展，智利政府引入了多元化投资的概念，私人养老基金管理公司（Administradoras de Fondos de Pensiones，AFPs）可以投资10%～30%的股票，而政府债券的最高投资限额降至50%。1996年，智利放开了境外工具的投资，设定上限为6%，此后进一步放宽至2004年的30%和2008年的45%[1]。

近年来，智利同样受困于投资收益低迷的大环境，也在谋求养老基金保值增值的新方法。目前，智利养老金投资组合中的另类投资占比低于世界平均水平，根据经合组织的数据，全球范围内该类型投资占比从2001年的11.5%增加到2021年的18.6%，而智利养老金占比最高的另类投资——基金A为13%，智利法律允许投资此类工具的资本占比为5%~20%。此外，智利养老金的另类资产投资组合由18%的国内投资和82%的国际投资组成，因此，需要在包括英国在内的国际市场寻求更多合作机会。从国际趋势看，另类投资工具是一种全球趋势，由于其良好的业绩、稳定性和长期战略而日益普及，有助于提高养老金盈利水平。对智利而言，另类投资还有机会为锂、绿氢等战略行业的增长作出贡献，从而促进智利经济增长。2024年，智利养老金监管局已向智利央行发出申请，要求扩大智利养老金对另类资产的投资限额以提高其盈利能力[2]。截至2024年4月，智利各类养老基金的资产价值情况如表11-1所示。

[1] 陈懿冰. 智利养老金的投资管理[J]. 中国保险资产管理，2015（2）.

[2] 资料来源：中华人民共和国驻智利共和国大使馆经济商务处。

表11-1　截至2024年4月智利各类养老基金的资产价值

单位：百万比索

养老基金管理公司（AFPs）	A 更高风险	B 高风险	C 中等风险	D 保守型	E 更保守型	总计	12个月总变化 / %
CAPITAL	5497029	6003699	10775508	6149460	4596344	33022040	10.6
CUPRUM	6487346	5846979	10677586	3885084	4062118	30959113	9.5
HABITAT	8083197	7728978	18426420	7416039	5543596	47198230	10.8
MODELO	1898724	4492904	2946401	719071	1558594	11615694	32.8
PLANVITAL	1109257	2838672	2749151	1215634	1111297	9024011	32.3
PROVIDA	4543447	6124068	12897379	9495913	3809006	36869813	9.2
UNO	295451	736234	414125	88255	218890	1752955	68.9
总计	27914451	33771534	58886570	28969456	20899845	170441856	12.8
12个月总变化 / %	33.0	33.5	12.3	4.9	−15.5	12.8	—

资料来源：SP，Inversiones Y Rentabilidad de los Fondos de Pensiones。

3. 养老基金的运营和监管

智利管理个人养老金的基金管理公司统称为AFPs，AFPs主要负责个人账户资金的收缴、记录、投资和给付，智利政府规定了较为严苛的准入条件，只有满足全部条件的基金管理公司才可以成为AFPs。此外，智利还成立了养老基金监管局（SAFP）负责批准、监管和授权AFPs。

智利的基金管理呈现由紧到松的动态变化。2000年前，一家基金管理公司只能管理1类基金，而2002年后1家基金管理公司可管理5类不同风险收益的投资基金。

AFPs有严格的管理流程。首先，雇员根据每家AFPs的投资业绩和管理服务水平选择一家加入，将养老金委托给AFPs进行投资管理，需向AFPs支付一定的佣金和管理费用。其次，AFPs在监管政策的约束下根据投资目标与风险政策，制定相应的投资策略，由投资经理根据市场状况实施投资决策。2000年后，AFPs可以设立两只基金，其中第二只基金是专为临近退休或已退休的雇员设计的固定收益类基金。

自2002年起，智利开始实施多基金（Multifunds）制度，每家AFPs要为雇员提供A、B、C、D、E五只具有不同投资组合、风险水平和投资回报的投资基金，由雇员根据自身风险偏好进行自主选择。参保人员在退休时有两种选择：一是按计划在AFPs中支取养老金，账户中的基金仍由AFPs进行管理，个人作出投资选择，同时享有养老基金的剩余索取权；二是购买年金产品，雇员获得相应的固定收入，与此同时，养老基金资产转移给保险公司，由保险公司享有剩余索取权[1]。

养老金监管局（SP）是智利养老金体系中的监管部门，是基于多部门合作形成的自治实体。其组织结构包括负责人（监察长）和下设的多个部门和单位，主要行政部门有两个——内阁办公室和内部审计部，此外还有通信和养老金教育部、机构风险管理控制部，主要职能部门有四个——检察署、公共和私人服务提供者监督管理部门、公共和私人服务提供者服务部门、内部管理部。检察署包括法律与社会保障部、司法部、合规部、行政法部以及透明法和个人数据保护部；公共和私人服务提供者监督管理部门包括养老金和保险部、金融部、机构控制部、医疗委员会、人体工学部；公共和私人服务提供者服务部门包括规范发展部、研究部及用户服务部；内部管理部包括系统开发部、系统工程部、行政和财务部及人力资源发展部。

养老金监管机构采用基于风险的监管模型（RBS）来实现基金监管，该模型通过评估所涉及流程的管理来识别、监控、控制和减轻被审计者面临的最关键风险。此外，智利还成立了风险分类委员会，该委员会是一个独立机构，由养老金监管局（SP）、银行和金融机构监管局（SBIF）总监、金融市场委员会主席（CMF）和联邦警察组成，职责包括批准养老基金资产可投资的证券清单、根据风险级别对每种证券进行分类、制定外国投资程序规则并批准国际认可的评级公司对这些资产的

[1] 陈懿冰. 智利养老金的投资管理[J]. 中国保险资产管理，2015（2）.

风险分类。该委员会的资金来源是对AFPs征收的税款[1]。

（二）土耳其的养老金融体系及其发展

1. 土耳其的多支柱养老金体系

土耳其的养老金体系同样包含三个支柱。第一支柱为现收现付的公共养老金，第二支柱为职业养老金，第三支柱为私人资助，即个人养老金（IPS），也称为私人养老金（Bireysel Emeklilik Sistemi，BES）[2]。公共养老金制度由土耳其社会保障机构（Sosyal Güvenlik Kurumu，SGK）管理，覆盖所有正式员工，包括私营部门员工、公共部门员工和自雇人士，员工缴纳其工资的9%，雇主缴纳11%，根据缴费年限和缴费金额来计算员工退休后的养老金[3]。包括免于强制性社会保险制度的职业年金计划（第一支柱替代品）、职业年金基金和特殊职业年金计划（如OYAK和POLSAN）。武装力量养老保险基金（OYAK）成立于1961年，是土耳其武装部队雇员的强制性养老金计划。该基金是国防部的相关机构，在单独立法下运作，并被排除在土耳其保险和私人养老金监管局（IPRSA）的监管之外，截至2021年，拥有451564个成员和2960亿土耳其里拉资产价值。为在安全局工作的警察、警卫和公务员提供的养老金（POLSAN）成立于1952年，是针对2018年12月28日之前开始在安全局工作的公务员的自愿计划，并强制要求在该日之后开始在安全局工作的警察、警卫和公务员参加。POLSAN也在单独立法下运作，被排除在IPRSA的监管之外。截至2022年，该基金有10.9万名参与者，资产净值超过50亿土耳其里拉[4]。

第二支柱职业养老金主要由雇主提供，大型公司和公共部门通常会参与。这类

---

[1] International Social Security Association.Turkey[EB/OL].（2022-12-09）[2024-06-06]. https://www.issa.int/node/195546?country=994.

[2] SARITAS,S.Financialisation of pensions: the case of Turkey[J].Global social policy, 2020，20（1）：60-79.

[3] Pensions in Turkey-Wikipedia[EB/OL].（2024-06-06）[2024-06-06].https://en.wikipedia.org/wiki/Pensions_in_Turkey.

[4] IOPS.IOPS country profile: Turkey[EB/OL].（2021-12-31）[2024-06-06].https://www.iopsweb.org/resources/T%C3%BCrkiye%20-%20IOPSWebsite-Country-Profile-2022.pdf.

计划是雇主为员工设立的额外养老金计划，作为公共养老金的补充，通常由雇主和金融机构联合管理，提供给员工作为额外的退休保障。土耳其的职业养老金计划包括雇主支持的团体账户（IGES）、自动入职的职业年金计划（OKS）、小学教师养老基金（ILKSAN）。小学教师养老基金（ILKSAN）成立于1943年，是一项针对小学教师的自愿养老金计划（直到2012年才强制要求参与）。该基金受国家教育部门统筹，被排除在IPRSA的监管之外，在设计上属于设定受益，截至2021年，该基金拥有285830个成员和25亿土耳其里拉资产价值[1]。

第三支柱的个人养老金计划包括个人储蓄账户（BES）和团体个人养老金账户（GBBES），个人养老金计划是指通过金融投资提供额外养老金收入的私人资助计划，于2003年正式启动，是对公共社会保障体系的补充，旨在将个人的养老金储蓄引导到投资中，以便为经济创造长期资源。个人养老金得到国家激励措施的支持，比如免税（直到2013年），这使得个人养老金的贡献和福利可以被排除在所得税之外。近年来，土耳其当局继续努力推广个人养老金。2013年，个人养老金的激励形式从免税改为25%的直接匹配贡献（参与者每节省100里拉，政府贡献25里拉）。此外，在2016年，加入个人养老金从自愿改为45岁以下的所有工人自动注册。从2017年起，雇员的个人养老金财产由其雇主在个人养老金平台注册，在注册后的前两个月，雇员有权选择退出该系统；如果没有退出，雇员每月工资的3%将直接存入养老基金。因此，根据土耳其养老金监测中心（PMC）的数据，截至2017年底，个人养老金是一个拥有690万自愿参与者和320万自动注册参与者的系统，资金为700亿土耳其里拉，总投资为210亿美元，占GDP的2.6%[2]。

2. 其他养老金融产品

土耳其的其他类型养老金融产品主要由私人养老金和人寿保险公司如AgeSA

[1] IOPS. IOPS Country profile: Turkey[EB/OL].（2021-12-31）[2024-06-06]. https://www.iopsweb.org/resources/T%C3%BCrkiye%20-%20IOPSWebsite-Country-Profile-2022.pdf.

[2] SARITAS, S. Financialisation of pensions: the case of Turkey[J]. Global social policy, 2020, 20（1）: 60-79.

管理，旨在满足不同人群的需求，为他们提供安全和多样化的退休储蓄和投资选项[1]，主要包括未来累积计划、养老金投资计划、VIP累积计划、尊贵养老金投资计划、土耳其公民计划、养老金收入计划六种。

未来累积计划（Future Cumulative Plan）旨在通过定期缴费和投资积累资金，提供长期的养老金储蓄，适合那些希望在退休时拥有稳定收入的个人。养老金投资计划（Pension Investment Plan）提供多种投资选项，允许参与者根据风险偏好选择不同的投资组合，目标是通过多样化投资实现更高的回报率。VIP累积计划（VIP Cumulative Plan）主要针对高收入群体，提供专门的养老金储蓄和投资服务，包括个性化的财务顾问服务和定制化的投资策略。尊贵养老金投资计划（Prestigious Pension Investment Plan）主要提供高级的投资选项和服务，适合那些希望退休储蓄回报最大化的个人，包括高回报的投资工具和专业的资产管理服务。土耳其公民计划（Turkish Citizenship Plan）专为希望通过养老金投资获得土耳其公民身份的外籍人士设计，通过在特定养老金计划中的投资，可以满足土耳其的公民身份要求。养老金收入计划（Pension Income Plan）旨在为参与计划者提供退休后的稳定收入来源，参与者在退休后可以根据计划设定的时间和金额定期领取养老金[2]。

3. 养老金融投融资实践

与其他国家类似，近年来，土耳其养老基金大幅拓展了对新金融工具的投资。土耳其货币市场当局在2010年推出银行票据、公司债券、资产支持证券（ABS）和权证等新工具。银行票据与国库券非常相似，其发行利率更高。因此，在存款利率较低的时代，银行发行这些票据是为了筹集资金。同时，公司债券也为寻求债务工具多样化的公司提供了另一种融资方式[3]，即资产支持证券，它使负债（如消费贷

---

[1] AgeSA.AgeSA pension and life insurance[EB/OL].（2024-06-06）[2024-06-06].https://www.agesa.com.tr/en/.

[2] Oxford Business Group.Turkey: regulating the pension system[EB/OL].(2012-11-12)[2024-06-06].https://oxfordbusinessgroup.com/articles-interviews/turkey-regulating-the-pension-system.

[3] SARITAS S.Financialisation of pensions: the case of Turkey[J].Global social policy, 2020, 20（1）: 60-79.

款、公司贷款、抵押贷款和融资租赁贷款）能够转换为证券与不同的债权人交换。在操作中，投资者实质购入了贷款，其回报来自债务人的收入流。土耳其在2010年引入租赁证书“无息票据”，目的是加强金融融资与养老基金的结合，使发起人能够使用“转让—租赁—接管”方式筹集资金。此前，马来西亚是唯一一个有大量退休基金且对伊斯兰债券有很大需求的国家，它也是全球伊斯兰债券市场的先驱。土耳其在这一方面效仿了马来西亚的做法，推出类似的伊斯兰债券，这些债券被设计为无息金融工具，目的是吸引海湾地区的投资者[1]。

4. 土耳其养老金融的投资管理

土耳其的养老基金由获得资本市场委员会许可的投资组合管理公司管理，养老金公司向投资组合管理公司支付管理服务佣金。土耳其法规明确了具体的投资限制，以防止养老基金投资过度集中；此外，还会根据投资工具对养老基金进行分类，每一类基金都有资本市场委员会规定的不同投资限额。参与者可以完全自由地选择他们要投资基金，并有权在1年内更换基金12次。自2021年7月1日起，参与者可以在养老基金交易平台（BEFAS）上交易其他养老金公司的基金，该平台是养老共同基金股票交易的中央电子平台，由伊斯坦布尔结算和托管银行运营[2]。土耳其的主要监管机构包括四个，分别为土耳其共和国保险和私人养老金监管局（ZPRSA）、资本市场委员会（CMB）、养老金监控中心（PMC）、伊斯坦布尔结算和托管银行（Takasbank）。

土耳其共和国保险和私人养老金监管局主要负责个人养老金制度的监管安排和改进工作，也是养老金公司运营的监督机构。职责包括规范个人养老金制度，确保制度正常运行；向养老金运营颁发许可证；办理养老金计划的审批、修改业务；规定向参与者或公众披露信息的依据和程序、披露的期限或时间以及广告和出版物；

[1] Gumus E.Varlik Kiralama Sirketlerine Ait Kira Sertifikalari ve Vergilendirilmesi[J]. Vergi Sorunlari Dergisi.2011（275）：82-88.

[2] International Social Security Association.Turkey [EB/OL].（2022-12-09）[2024-06-06]. https://www.issa.int/node/195546?country=994.

制定有关养老金中介机构的资格案例、活动以及进入登记处、从登记处删除的依据和程序；审计公司养老金业务。

资本市场委员会监管养老金共同基金、投资组合管理公司以及与这些公司和个人养老金系统托管人有关的合同。养老金公司的投资组合、养老基金和托管人的账目和程序也受到资本市场委员会的监督。基金的设立须经资本市场委员会批准，有关投资组合限制的规则和程序由资本市场委员会决定。

养老金监控中心是土耳其共和国保险和私人养老金监管局授权的控制机制和监控工具，主要执行以下任务：对养老金公司的活动进行日常电子监控，并向当局进行电子报告；存储所有个人账户的标准化数据；根据养老金公司的日常交易整合数据；向公众和参与者提供信息；生成统计和精算信息，提供分析报告；实施中介机构执照考试并跟踪电子登记；管理参与者的投诉；分析查询系统；利用养老金公司发送的数据计算国家补贴，将财政部支付的补贴分配给养老金公司，转入个人养老金账户。

伊斯坦布尔结算和托管银行负责保管养老金资产。它的主要职能是：为基金资产买卖业务的清算和结算提供合适的环境；控制基金资产；保存参与者的基金份额记录；确保基金投资组合的管理按照招商银行制定的规则进行，确保投资组合价值和单位基金价值按照规定的评估程序计算；检查基金的付款和转账交易；确定资本市场委员会和土耳其共和国保险和私人养老金监管局所需的有关基金交易和资产的信息是否以电子格式提供[1]。

[1] International Social Security Association. Turkey [EB/OL].（2022-12-09）[2024-06-06]. https://www.issa.int/node/195546?country=994.

第三节

养老金融国际经验借鉴

一、辩证看待养老金融在不同社会保障制度模式中的作用

国际养老金融实践差异巨大，其根本原因在于社会保障制度模式、金融体制发展形态、人口老龄化发展阶段存在国别差异。这也意味着需要慎重看待国际养老金融发展的经验，厘清其先决条件和适用范围，在中外对比中，以辩证的态度明确养老金融的中国特色和中国道路。

（一）厘清养老金融在不同社会保障制度模式下的不同特征

养老金融本质上是以金融机制解决养老保障问题的跨期资源分配，因此，社会保障制度结构的差异性是养老金融发展的底层逻辑。不同国家的养老金融发展必须回归到该国的社会保障制度体系，甚至进一步回归到其国家与市场的协同逻辑上。在国际实践中，养老金融的实质是基金化的多层次多支柱养老保险、金融介质化的多层次养老服务和多元化养老产业融资问题。但是，养老金融的发挥空间无疑与社会保障制度模式为金融机制留下的适用空间密切相关。实践表明，不同社会保障制度模式或福利国家模式下，养老金融的发育形态有极大的差异，其本质在于在特定国家和市场的关系模式下，社会保障应由哪一方来主导供给和供给到何种程度。

自由主义福利国家模式下，养老金融实现形式的本质在于社会保障的供给往往交由市场机制来完成。市场主体担负供给保障的中心责任，国家通过税收转移支付形成补缺式的剩余保障。这一模式就必然需要通过金融机制来实现更有效的资源配置，因为其社会保障功能的实现有赖于市场运作，否则无法应对市场化保障的高度流动性和携带性问题，也无法解决充分供给问题。简言之，这类直接由政府提供的公共养老金往往处于低水平补缺形式下，劳动者要想得到充分的替代率，就必须依

赖以市场机制为基础的补充保障，而后者则需要金融介质的充分参与才能得到充分供给。因此，在这类福利国家模式下，养老金融会天然地成为社会保障制度的主要经济机制，其分量不亚于政府给予社会保障的转移支付，因此可以得到快速发展。实践表明，目前全球养老金融发展最迅速、规模最大的国家，要么是以美国、英国、加拿大、澳大利亚为代表的自由主义福利国家，要么是深受新古典自由主义市场派改革影响的南美和苏东国家。这些国家普遍遵循政府管基本、市场管充分的逻辑，其养老保障依赖于劳动者在市场初次分配中的地位，这一地位被养老金融所保障和放大，既推动了养老金融的繁荣发展，也带来了不可避免的马太效应。结果就是，在自由主义福利国家模式下，养老金融作为养老保障的核心机制会非常发达、有活力。主要表现为：资产规模在长期积累下普遍超过GDP规模；金融机制介入养老保障的范围宽广，不仅充分介入养老金领域，还充分融入养老服务、养老产业等广义的养老保障领域；养老金融产品丰富且市场成熟，比如美国拥有全球最大的商业长期护理保险市场；养老金融监督管理和风险控制相对完善。

与之相对，以社会保险为核心的保守主义福利国家和以普惠福利为核心的社会民主主义福利国家，其养老金融发展也会相对保守，尤其在养老金融发展规模上会相对局限。比如德国、法国等欧陆国家的养老金资产占GDP的比重远低于英国和美国，长期处于不显著的位置。但是，这类国家在金融工具运用和监督管理中，也不乏一些成熟的经验，比如德国对养老保险业就有成熟的分类监管和现场检查机制，对系统性风险、投资风险防范和危机应急处置均有成熟的规则体系和工作机制。北欧国家也建立了相当成熟的养老基金投融资体系，其中丹麦劳动力市场补充养老金计划（ATP）、芬兰地方政府公务员养老金（Keva）、挪威政府全球养老基金（GPFG）、瑞典国民养老金公司（AP）均是成熟的代表，这些养老基金通过建立负债驱动的投资策略，立足长期目标开展投资，通过固定收益投资和多样化投资的切割与组合（如丹麦劳动力市场补充养老金计划），或引入竞争机制保障投资活力（如瑞典国民养老金公司），在近十年来动荡的全球金融局势下较好地实现了基金保值增值。这些国家虽然大多没有巨量的养老金融规模，但其养老金融发展经验丰富，形成了系统性、精细化的组织体系和监管形态。

（二）形成适应我国养老保障制度理念的养老金融发展思路

在我国，这些国际实践经验需要充分辩证地看待。

第一，不能对养老金融发展作出简单化的评价判断，养老金融的发展依赖于其嵌入社会保障的整体结构，一国养老金融的规模大小和成熟程度不可简单比附其他国家，而应因地制宜地分析。部分研究将我国与美国、英国、加拿大等国家的养老基金规模进行对比后，得出我国第二、第三支柱发展程度过低的结论，这无疑忽视了社会保障制度模式对养老金融的先决限制。事实上，在我国以公平、正义、共享为核心诉求的社会保障体制下，财政主导的资源分配本来就应占据主流，而金融机制作用于养老保障的功能实现本就不可能成为主流。

第二，虽然养老金融的相对规模在我国不可能形成自由主义福利国家的那种态势，但在我国庞大的经济总量下，养老金融的绝对规模依然庞大，精细化、长期化、可持续化的管理依然不可忽略，因此，我国应有针对性地学习借鉴德国、法国、瑞典等将基础保障和补充保障作出较好结合的国家的养老金融建制和管理实践经验，建立“小”（相对规模意义下）而精的养老金融体系。

第三，随着人口老龄化和信息化叠加效应的显现，养老金融的灵活性、清晰性、透明性变得愈发重要，这使其在应对人口老龄化和就业灵活化方面确实有着独到之处。随着全球人口老龄化走入深水区，金融机制在养老服务融资和养老产业发展过程中还将发挥更显著的作用，养老金融在总量上和范围上将呈增长态势，因此，无论采用哪种社会保障制度模式，养老金融都有其适宜发展的空间，应给予充分扶持。在我国人口老龄化加速的关键节点，通过金融机制将改革开放第一代、第二代的发展红利尽快储备、充分运用起来，将中年人群、已退休人群中的金融资产向养老金融转化，这具有战略性意义。

二、充分发挥养老金融在补充养老保险中的作用

补充养老保障是养老金融发挥作用的主要场域。补充保障通常要求更高的灵活性，而其补充特征也使其具有更大的容错空间。从国际实践看，职业养老金、个人养老金建立个人账户式的FDC养老金计划（完全积累型缴费确定型养老金计划）已成显著趋势，也将成为我国未来的重点发展方向。

（一）探索建立企业年金的稳定拓展机制

国际实践表明，在人口老龄化加速发展的背景下，以职业养老金为代表的补充保障应具有更大的发展空间。职业养老金是养老金融最核心的构成载体之一，其发展水平直接决定了养老金融的资产规模水平。

我国的企业年金扩面一直是一道难题，从参保企业和参保人数上看，近五年来，企业年金扩面已深陷瓶颈。建立稳定、可持续的企业年金参保机制已成为迫切需求。

从国际实践看，职业养老金虽属自愿参保，但在国际实践中是以集体谈判形成保护和保障作为其实施基础的，本质上蕴含着劳资双方的合作契约。简言之，在合作主义博弈下，职业养老金在特定国家本就具有半强制特征，比如荷兰的职业养老金便具有相当高的强制性，其性质与公共养老金已无太大差异。因此，发达国家的职业养老金虽然不是政府强制，但却受集体谈判的充分约束，其潜在的“强制”水平很高，这是相关国家能够维持较高的职业养老金参保率的原因。相对而言，我国的企业年金缺乏来自行业、集体谈判等维度的促进，是否建立企业年金、如何建立企业年金往往由企业决定，劳动者很难表达诉求。唯有那些在企业年金层面面临政治责任的国企和央企才会选择建立企业年金。在其母国普遍实施职业养老金的外企在我国开设分公司时，因没有强制性约束条件，往往也不会选择建立企业年金。这导致我国私营企业很难有动力建立企业年金，而国有企业在效益不好的时候也容易优先牺牲企业年金缴费。

因此，进一步探索促进企业年金发展的有效机制，探索基于劳动法规有效约束

的参保机制，是促进企业年金扩面的根本机制。这需要从顶层设计到地方劳动部门的认知转型和制度拓展，需要更强的制度想象力，从多层次养老保险体系的结构优化着眼。比如，目前，我国个人账户养老金和企业年金存在制度重叠，可考虑将个人账户养老金缴费部分划转为企业年金，以参保时间为节点，划转前的人群保留原个人账户的名义积累，划转后的人群按照企业年金运行方式进行实账积累。

（二）推动个人养老金有序发展

在补余方面，应拓宽个人养老金的覆盖面，探索对非正规就业群体的缴费补贴机制，使其能惠及更广大的劳动群体。推动个人养老金有序发展，还应完善制度设计，扩大政策惠及面。

第一，为新业态等用工形式灵活、员工流动频繁的行业设计符合其劳动特性的个人养老金参保缴费计划，鼓励平台企业为员工的个人养老金账户缴费。拓展个人养老金的功能边界，充分关注遗产动机、健康需求，细化个人养老金的支取规则，满足参保者在养老金积累过程中的流动性、灵活性需求，减轻参保者对参保缴费的疑虑。

第二，推进第二、第三支柱衔接发展。从国际实践看，第二、第三支柱的差异在逐步缩小，或者本身即为一体，均为养老金计划的组成部分，从属于相似或相同的制度模式与管理机制。打通二者之间的联合，也有助于减少多层次养老保障的制度冗余和叠加。具体而言，可允许将第二支柱税收优惠政策用于支持职工参加个人养老金积累。对于目前尚无条件建立企业年金的企业，可以将单位缴费税前列支额度和个人缴费税前列支部分用于支持员工参与个人养老金。已参加企业年金的劳动者若从单位离职，可将个人账户资金直接全额转入个人养老金账户，继续享受税收优惠政策。

第三，鼓励金融机构加强产品和服务创新，形成多元化的产品供给，方便不同风险偏好的参保人灵活参保。将更多缴费灵活且能有效管理长寿风险的养老保险产品纳入个人养老金实践。鼓励参与机构发展专业性养老投资顾问服务。

第四，鼓励扶持养老资金投入实体经济，严格规范机构准入标准，确保养老资金运作安全性、稳健性和风险可控性。在养老资金运用的监管规则、税收优惠、信息披露和业绩考核要求等方面出台针对性扶持政策，支持养老保险公司、信托公司等专业机构创新投资路径、提升投资效率，确保年度投资收益和长期投资收益，在确保养老资金可持续发展的同时，更好地落实投资收益，增强参保者对个人养老金制度的信心。

三、拓宽养老金融在养老服务和养老产业中的作用领域

养老金融创新为灵活性、多层次的养老保障提供了新的解决方案，助力和推动养老服务、养老产业可持续发展。

（一）加快拓展多元化的养老金融产品供给

当前，我国养老金融产品主要集中于养老金领域，其他类型的养老金融产品在开发和拓展层面尚存在较大缺口。

发达国家更加重视金融机制在养老保障各个方面的拓展，比如美国、日本等国家的住房反向抵押贷款、护理年金产品、商业长护险等产品，遗属信托等新型养老金融产品，以及年金咨询顾问、资产管理等养老金融服务，这些产品和服务都较大限度地适应了养老保障的多元化、多维度需求。

我国在养老金融深化发展的过程中，应持续鼓励银行、证券公司、信托公司、基金公司等各类养老金融机构通过细分客户群体进行精准的客户画像，应对不同群体的养老保障需求，积极探索、挖掘、开发可提供长期稳定收益且能够实现养老跨生命周期需求的专业化金融产品，探索适应中国房地产市场特征和养老需求的住房反向抵押贷款、房地产投资信托基金（REITs）、商业养老年金、养老信托等多维度产品。同时，引导商业保险机构积极开发长期护理保险、健康保险、护理年金、老年人住房反向抵押养老保险等产品，引导金融企业构建养老金融一揽子解决方案，助推养老、康复、医疗、护理等服务有机结合。除此之外，应加强养老金融投

资顾问服务业务和养老理财规划业务在各年龄层的推广，帮助参保人通过投资顾问服务筛选出合适的养老服务金融产品。

（二）探索养老金融与银发经济融合发展的可行路径

养老金融的发展与银发经济密不可分，前者为后者提供稳定的长期资金，后者为前者提供坚实的实体基础。但与发达国家通过养老金融推动实体经济长效发展的经验相比，我国养老金融对实体经济、养老产业的支撑尚存局限，亟待突破。

第一，应创新特色信贷产品，引导机构加大对养老产业金融的支持力度。一方面，鼓励商业银行开发针对中小养老机构的普惠养老专项再贷款、基于专用土地设施和应收账款的抵押质押贷款等新产品。另一方面，商业银行应发挥自身综合性优势，积极与医疗保健、文旅地产等实体企业跨行业合作，整合信贷、投行、资管和信托等资源，为养老产业发展提供全方位的金融支持。

第二，积极引入社会资本，构建多元化融资渠道。支持政府和社会资本合作建设适合PPP项目的融资机制，为社会资本投资参与养老产业提供渠道。发挥政府产业引导基金、产业专项债券等政策性金融工具的作用，加快推动债券融资、私募基金等市场性金融资本参与产业发展。在符合投向要求且能有效分散风险的基础上，支持保险资金通过股权、债权、基金、资产支持计划、保险资产管理产品等形式，为养老产业提供获取立足中长期发展的低成本资金的渠道。

第三，加强政策布局，促进产业与金融的有效协同。要加强金融政策与产业政策协调配合，立足医养结合等产业发展的重点方向，通过政策工具引导金融机构加大对医养健康产业的支持力度。明确行业投融资模式，有效降低社会资本准入门槛并增强养老产业金融支持政策的有效性和精准性。同时，积极运用财政贴息、税收优惠、担保增信等工具，加大养老金融支持养老产业发展的政策激励和税优扶持。

四、优化养老金融投融资管理的多元性和可持续性

国际实践表明，养老金融投资需要通过多元性来获得保值增值能力，突破经济下行压力，取得可持续的发展成果。

（一）鼓励金融机构拓展新兴投资方向

从国际趋势看，养老金融既面临极大的发展空间，同时也面临更加复杂不确定的金融投资大环境。养老金融不是解决可持续性的天然手段，其本身也需要应对可持续发展问题。养老金融的可持续发展，需要从投资多样性出发，谨慎试点，勇于尝试新兴的投资工具和投资领域。养老金融规模较大从而受宏观经济影响更直接的国家已纷纷开始尝试固定资产投资、ESG投资、私募基金投资等新兴投资方式。

对我国而言，首先，可以允许个人根据各自的风险偏好扩大投资选择的范围，将新兴投资工具的选择权开放给更稳定的群体。

其次，稳步增加市场参与者的数量，拓宽资金的投资渠道，鼓励商业银行、券商、基金公司、保险公司等金融机构共同参与，利用其在投资研究、资产管理和运营方面的专业优势，加快推出比居民储蓄和理财更具针对性且长期收益更高的多元化投资产品，并探索试点将部分养老金投资于基础设施建设和海外资产。

再次，鼓励养老基金捕捉新质生产力发展方向。一方面，面向高新技术领域，投资先进制造业、信息技术行业、人工智能独角兽企业等；另一方面，面向银发经济领域，捕捉老龄准备时期、低龄老龄期、中高龄老龄期的产品和服务需求，引导养老金融与银发经济同向同行。比如，未来健康养老产业将成为我国发展的重点之一，市场空间和资金需求巨大。可以综合利用银行信贷、股票和债券市场、私募股权市场等多种渠道，为养老产业提供充足的金融支持，并发挥政策性银行的优势，为其提供低成本、中长期融资。同时，积极推动有条件的商业银行精准对接健康养老产业的需求，从养老服务机构“轻资产”运营和养老地产项目“重资产”建设两个方面的融资需求入手，丰富产品供给，鼓励银行充分运用普惠养老专项再贷款等

货币政策，利用其综合金融平台，整合信贷、投行、资管等领域的资源进行协同合作，为养老产业发展提供一站式综合金融支持。

（二）引导注重养老金融投融资的长期性

养老金融的特质使其从积累到运用具有很长的运营周期。国际经验表明，养老金融投融资需要树立充分的长期意识，通过长期缴费积累、投资积累，形成巨量的资产积累，以此获得充分的时间价值和规模效应。然而，限于监管规则，我国养老金融投资往往出现“长钱短投”现象，因此，应通过政策引导和行业规范，引入长期绩效评估体系，奖励基于长期业绩的投资决策，并通过教育培训，提高投资团队对长期投资理念的认知。长期权益投资应成为我国养老金融投资的核心指向，借助养老金融的“长期锁仓”效应促进资本市场稳定，并将养老金融积累的庞大资金与银发经济需求对接，通过债权、股权等方式输送长期资金，支持银发产业和银发消费发展。同时，养老金融还应与其他金融领域形成长期互动，利用养老金融的长期投资特性投入绿色金融等可持续投资，协同五大金融发展目标，取得多元化的投资回报。

五、强化养老金融风险管理

国际实践表明，养老金融从纵向影响多个世代，从横向影响多个经济领域，如果没有强有力的风险管理，则容易引发系统性、全局性风险。

（一）优化生命周期默认投资策略

2008年金融危机是养老金融资产管理的分水岭，金融海啸造成当年度养老金资产的大幅缩水，也造成部分退休群体退休收入的大幅下降，这让许多国家开始布局生命周期投资策略，以适应养老资产积累的全生命周期特性。伴随第三支柱个人养老金的兴起，我国养老金融发展已步入快车道，对生命周期投资方式提出了更高的要求。

第一，应加快在第三支柱个人养老金中布局生命周期默认投资策略，帮助缺乏金融素养或投资兴趣的个人选择。

第二，要加快体系化的投资研发，建设适应养老金融的金融科技手段，形成覆盖个人全生命周期的产品供给体系。通过大数据实现精细化管理，优化个人投资组合，确保这些组合能够适应个人在不同生命周期阶段的需求，通过技术创新形成适应不同生命阶段的投资组合。

第三，不断优化养老目标基金投资。自2018年以来，我国以养老目标基金为代表的生命周期投资策略也开始步入正轨。但是，我国养老目标基金在近年来已暴露出养老属性认知不足、税收优惠不够、开户渠道单一等问题，亟须借助第三支柱个人养老金的发展契机，通过默认账户设置引导养老目标基金投资选择，并适度放宽养老目标基金的投资范围和投资比例限制，凸显养老目标基金的养老储备属性。

第四，要提升公众对生命周期投资策略的认识，通过教育和宣传，增强公众对生命周期财务规划和投资重要性的理解，引导公众建立更加成熟的养老金融投资观，减少因年度投资损益而产生的信心损失。

（二）建立多维度、多主体的养老金融投融资监管网络

养老金融的快速发展对金融监管提出了更高的要求。养老金融的特殊服务目标使其一旦遭遇大规模风险，就可能导致系统性、全局性的风险，不仅会影响经济金融发展，甚至可能形成社会风险和政治风险。国际经验表明，需要建立多维度、多主体的养老金融投融资监管网络。加强政府对养老金体系的整体性监管，在现行监管架构下设立针对养老金融的专门监管机构，负责各类养老金融资产的监督管理，积极维护养老金融投资市场公平竞争的环境。增强政府部门上下联动和横向协同能力，践行主动监管，强化风险预防。同时，国外养老金融监管主体具有多样性特征，政府部门、法人团体、行业协会、集体谈判、第三方监管等都在不同层面、不同维度履行着养老金融监管职责。养老金融的多元性和复杂性要求监管主体具备灵活性与实时性，需要从监管主体到监管技术进行全面优化拓展，形成规范有序、精准可控的养老金融风险预警机制和防范机制。此外，还可通过金融科技

（FinTech）的应用，提升养老金管理和服务效率。瑞士和新加坡利用区块链、大数据和人工智能等技术，提高养老金账户的透明度和安全性，提供精准的投资建议和风险管理服务，也是值得关注的经验。

（三）多措并举提高全民金融素养

国际经验表明，养老金融的纵深发展离不开金融素养的普遍化提升。

第一，借鉴发达国家经验，建立以政府为主导、多方共同参与的全民金融教育体系。推动政府部门、各地金融学会或专业委员会积极投入，与养老金融投融资机构积极合作，建立健全养老金融教育体系，并对养老金融教育资源建设提供必要的资金支持。

第二，整合资源，通过跨部门合作，推动金融知识普及。教育部门、老龄事务部门、金融监管机构和民间组织都应参与老年人金融素养教育工作，利用现有的科教平台和设施，比如在老年大学、社区中心、养老机构中定期开设金融课程，并探索与金融机构合作，利用其专业优势和渠道资源，向老年人提供实用的金融知识。

第三，考虑到老年人对新技术的接受程度可能有限，金融教育应采取多样化的方式，如线上线下教学相结合、使用生活化的案例教学、开展互动式讲座等，使教学内容更易于被老年人理解和接受。日本在养老金融普及教育过程中，将教育与个人养老金投资紧密结合，在参保人进行投资选择的过程中对产品类型、风险特征进行解释，将实操和培训有机结合起来，这值得借鉴学习。

第四，进行从参保人教育到投资人教育的理念转型。随着越来越多的养老金融产品投资于权益类产品，养老金融的参与者最终会成为养老金融的投资者，因此，应让投资者树立从参保者向投资者转型的投资心理，应引导其从被动的投资结果接受者转变为投资过程的参与者，最终在社会中形成更加积极有为的金融意识。事实上，部分发达国家已呈现出中老年投资者风险偏好更高的现象，客观上也印证了随着受教育程度更高、金融素养更高的人群老去，养老金融实践可能从保守逐渐走向积极。

参 考 文 献

安东尼·吉登斯，2000.第三条道路：社会民主主义的复兴[M].郑戈，译. 北京：北京大学出版社.

彼特·F·德鲁克，2009.养老金革命[M].刘伟，译.北京：东方出版社.

蔡昉，2022. 社会福利的竞赛[J]. 社会保障评论，6（2）：36-45.

陈彦斌，郭豫媚，姚一旻，2014. 人口老龄化对中国高储蓄的影响[J]. 金融研究（1）：71-84.

成欢，2023. 以共同富裕和社会公平为目标的多层次养老金体系协同发展研究[J]. 社会保障评论，7（4）：79-98.

成欢，林义，2019. 多层次养老保险协同发展的联动机制及配套政策研究[J]. 经济理论与经济管理（9）：75-88.

党俊武，2013.老龄金融是应对人口老龄化的战略制高点[J].老龄科学研究，1（5）：3-10.

党俊武，2020.全面推进老龄经济产业是加快内循环的重大战略主攻方向[J].老龄科学研究，8（9）：3-22.

董克用，孙博，张栋，2023.中国养老金融发展现状、挑战与趋势（2023）[M].北京：社会科学文献出版社.

董克用，张栋，2017.中国养老金融：现实困境、国际经验与应对策略[J].行政管理改革，（8）：16-21.

杜鹏，2023. 中国人口老龄化现状与社会保障体系发展[J]. 社会科学文摘，（7）：8-10.

多米尼克·拉沙勒，格列塔·卡托切蒂，王爱松，2022.数字时代的社会保障：应对社会保障体系的新挑战和新机遇[J].国际社会科学杂志（中文版），39（3）：101-125，10.

房连泉，2021.国际上混合型养老金计划的发展趋势及启示：基于风险共享机制的视角分析[J].新疆师范大学学报（哲学社会科学版），42（2）：84-96，2.

封进，2019.人口老龄化、社会保障及对劳动力市场的影响[J].中国经济问题，（5）：15-33.

佛朗哥·莫迪利亚尼，阿伦·莫拉利达尔，2013. 养老金改革反思[M]. 北京：中国人民大学出版社.

高珂，王涛，任金凤，等，2022.以财政投融资政策促进养老产业发展[J].宏观经济管理，（2）：68-75.

高培勇，李扬，蔡昉，等，2022.深化经济与金融改革 推进中国式现代化：学习贯彻党的二十大精神专家笔谈[J].金融评论，14（6）：1-21.

辜胜阻，吴华君，曹冬梅，2017.构建科学合理养老服务体系的战略思考与建议[J].人口研究，41（1）：3-14.

国家金融监督总局福建监管局办公室.关于印发《国家金融监督管理总局福建监管局关于促进养老金融高质量发展的指导意见》的通知[EB/OL].（2023-01-13）[2024-06-23]. https://www.soyanglaoyuan.com/article/zf0whr00152.html.

国务院新闻办就金融服务经济社会高质量发展举行发布会[EB/OL].（2024-01-26）[2024-06-06].https://www.gov.cn/zhengce/202401/content_6928406.htm.

胡鞍钢，刘生龙，马振国，2012.人口老龄化、人口增长与经济增长：来自中国省际面板数据的实证证据[J].人口研究，36（3）：14-26.

胡继晔，2013. 养老金融：理论界定及若干实践问题探讨[J].财贸经济，34（6）：43-52.

胡秋明，2009. 可持续养老金制度改革的理论与政策研究[D].成都：西南财经大学.

胡湛，彭希哲，2018.应对中国人口老龄化的治理选择[J].中国社会科学，（12）：134-155，202.

黄益平，黄卓，2018.中国的数字金融发展：现在与未来[J].经济学（季刊），17（4）：1489-1502.

江世银，陈曦，魏君飞，2021.居民生命周期内养老资产配置研究[J]. 财经科学，（3）:69-82.

贾康，孙洁，2014.公私伙伴关系（PPP）的概念、起源、特征与功能[J].财政研究，（10）：2-10.

彭瑶.中国发布丨金融监管总局：养老理财产品规模超千亿元　商业养老金开户超59万个[EB/OL].（2024-01-25）[2024-06-06].http://news.china.com.cn/2024-01/25/content_116965156.html.

景天魁，高和荣，2018. 探索复杂社会的治理之道[J]. 领导决策信息，（6）：18.

柯文轩，施文凯，2023.中国养老产业金融发展业态研究[J].新金融，（9）：51-56.

李宏，2001. 从消极福利国家到积极福利国家：民主社会主义探索新福利制度[J]. 当代世界社会主义问题，（1）：53-58.

李绍光，1998.养老金制度与资本市场[M].北京：中国发展出版社.

李扬，2021.应对全球超低利率，我国需从四方面布局[J].中国保险，（3）：5-5.

李志宏，金牛，2022.实施积极应对人口老龄化国家战略：中国的路径选择与认知转向[J].南开学报（哲学社会科学版），（6）：11-18.

林熙，2022. 社会保障系统集成与协同高效之路[J]. 中国社会保障，（8）：48-49.

林熙，林义，2013.人口老龄化与新兴经济体养老保障体系改革[J].老龄科学研究，1（4）：24-34.

林义，1995.我国养老保险基金管理模式选择与投资政策[J].保险研究，（2）:5-7.

林义，1997.社会保险制度分析引论[M].成都：西南财经大学出版社.

林义，2005.养老基金与资本市场互动发展的制度分析[J].财经科学，（4）：90-96.

林义，2017. 中国多层次养老保险的制度创新与路径优化[J]. 社会保障评论，1（3）：29-42.

林义，2022. 我国多层次养老保障体系优化与服务拓展[J]. 社会保障评论，6（5）：56-65.

林义，等，2021.多层次社会保障体系优化研究[M].北京：社会科学文献出版社.

林义，2023. 服务国家重大战略，促进养老金融健康发展[J]. 经济学家，12（12）：11-13.

娄飞鹏，2019.发展养老金融的国际实践与启示[J].西南金融（8）：80-88.

鲁全，2021.系统集成视角下积极应对人口老龄化的社会保障改革研究[J].学术研究，441（8）：81-87.

陆杰华，张莉，2024.从长寿到健康：中国特色人口健康的理论与实践[J].南开学报（哲学社会科学版），（2）：1-12.

民政部，全国老龄办.2022年度国家老龄事业发展公报[R/OL].（2023-12-14）[2024-06-23].https://www.gov.cn/lianbo/bumen/202312/P020231214405906944856.pdf.

穆光宗，2002.老年发展论：21世纪成功老龄化战略的基本框架[J].人口研究（6）：29-37.

彭希哲，陈倩，2022.中国银发经济刍议[J].社会保障评论，6（4）：49-66.

齐传钧，2023. 账户养老金的发展历程与功能定位[J]. 华中科技大学学报（社会科学版），37（4）：19-27.

清家笃，2020.老年金融学[M].殷雨涵，译.北京：中信出版社.

全国社会保障基金理事会社保基金年度报告（2022年度）[EB/OL].（2023-09-28）[2024-06-23].https://www.ssf.gov.cn/portal/xxgk/fdzdgknr/cwbg/sbjjndbg/webinfo/2023/09/1697471208931405.htm.

券商中国.养老服务+金融保险！交银人寿深化布局康养生态，发掘金融养老业务蓝海[EB/OL].（2021-11-23）[2024-06-23].https://m.thepaper.cn/baijiahao_15518841.

邵成多，邱峰，肖扬，等，2023.养老金开展ESG投资的国内外探索实践[J].上海保险，（11）：46-49.

施文凯，董克用，2024.人口老龄化背景下建设中国特色养老金融体系研究[J].中国高校社会科学，（1）：96-104，159.

斯蒂芬·M. 霍兰，2015.私人财富管理[M].翟立宏，蔡栋梁，盛方富，译.北京：机械工业出版社.

锁凌燕.保险业如何做好养老金融大文章[EB/OL].（2023-11-08）[2024-06-23].http://www.cbimc.cn/content/2023-11/08/content_499423.html.

童星，2015.发展社区居家养老服务以应对老龄化[J].探索与争鸣，（8）：69-72.

汪伟，李骏，2024.养老金融高质量发展赋能金融强国建设的内在机理与政策选择[J].湖南科技大学学报（社会科学版），27（2）：81-89.

王大波，林义，2006.关于商业银行参与企业年金市场的思考[J].金融理论与实践，（7）：7-9.

王德文，蔡昉，张学辉，2004.人口转变的储蓄效应和增长效应：论中国增长可持续性的人口因素[J].人口研究，（5）：2-11.

王骅，宋逸菲.初心如磐，应势而谋：2023保险资产管理年度报告[R/OL].（2024-03-08）[2024-06-22].https://www.xdyanbao.com/doc/er4ho3d1me.

王向楠，2022.个人养老金的市场竞争和稳步发展分析[J].经济研究参考，（8）：71-79.

王延中，2021. 加快发展满足老年人美好生活期待的老年保障体系[J]. 中国党政干部论坛，（4）：50-53.

王亚柯，2012.中国养老保险基金管理：制度风险与管理风险：基于美国联邦社保基金管理经验的启示[J].华中师范大学学报（人文社会科学版），51（3）：8-13.

王增武，黄国平，陈松威，2014.财富管理的内涵、理论与实证[J].金融评论，6（6）：113-120，124.

吴晓求，2017.中国金融监管改革：逻辑与选择[J].财贸经济，38（7）：33-48.

吴玉韶.关于养老产业与养老产业金融的几点认识[EB/OL].（2024-01-25）[2024-06-23]. https://ciprc.pbcsf.tsinghua.edu.cn/pff50/info/1026/1183.htm.

肖洋，段进，2010.商业银行深度介入养老金金融的动力及路径研究[J].国际金融研究，（6）：86-92.

谢勇才，范傲，2023.双重政策路径赋能个人养老储蓄：加拿大个人养老金制度的实践经验及其启示[J].社会保障研究，（5）：97-111.

姚均芳.中国银行成立养老金融中心[EB/OL].（2024-04-20）[2024-06-08].https://baijiahao.baidu.com/s?id=1796839787473275177&wfr=spider&for=pc.

杨复卫，温涛，2022.养老产业发展中金融政策工具的优化选用与配置方案[J].安徽大学学报（哲学社会科学版），46（2）：148-156.

杨晓奇，2021.积极应对人口老龄化国家战略与发展老龄经济[J].老龄科学研究，9（3）：1-12.

杨燕绥，2014.银发经济发展战略三大指标和时间表[J].人民论坛，（S2）：70-71.

阳义南，2024.积极应对人口老龄化中的养老金融研究[J].中国高校社会科学，（3）：62-72，159.

姚大锋，2018.以保险机构为核心的养老金融服务模式研究[J].新金融，（11）：41-44.

姚余栋，董克用，等，2019.中国金融养老之路的战略研究：从“十三五”到2049[M].北京：企业管理出版社.

伊志宏，张慧莲，等，2009.养老金投资与资本市场[M].北京：中国人民大学出版社.

易行健，2021.财富管理：理论与实践[M].北京：机械工业出版社.

袁志刚，张冰莹，2020. 养老体系、家庭资产需求与金融结构研究[J]. 复旦学报（社会科学版，62（4）：148-158.

袁志刚，张冰莹，2023.养老金融与中国金融体系改革[J].新金融，（1）：8-14.

张琳，董克用，张栋，2023.中国老年人养老财富储备：现状、问题与优化路径[J].新金融，（9）：45-50，56.

张留禄，李骁辰，2017.养老产业融资风险问题研究[J].上海商学院学报，18（5）：68-74.

张思锋，王立剑，张文学，2010.人口年龄结构变动对基本养老保险基金缺口的影响研究：以陕西省为例[J].预测，29（2）：37-41，57.

张盈华，2024.我国个人养老金制度理念、设计和运行的若干问题辨析[J].华中科技大学学报（社会科学版），（1）：51-61，90.

张玉洁.全国首支养老信托问世[EB/OL].（2014-12-21）[2024-06-06].https://www.cs.com.cn/sylm/jsbd/201412/t20141221_4596352.html.

张中锦，2020.养老金融：理论溯源、分析框架与发展战略[J].现代经济探讨，（5）：36-42.

翟振武，郑睿臻，2016. 人口老龄化与宏观经济关系的探讨[J]. 人口研究，40（2）：75-87.

曾毅，2005.中国人口老化、退休金缺口与农村养老保障[J].经济学（季刊），（4）：1043-1066.

郑秉文，2024. 个人养老金一周年评估与前瞻：基于一个理论框架的分析[J]. 华中科技大学学报（社会科学版），38（1）：21-38.

郑秉文，董克用，赵耀辉，等，2021.养老金改革的前景、挑战与对策[J].国际经济评论，（4）：9-31.

郑功成，2019. 多层次社会保障体系建设：现状评估与政策思路[J]. 社会保障评论，3（1）：3-29.

郑功成，2020. 中国养老金：制度变革、问题清单与高质量发展[J]. 社会保障评论，4（1）：3-18.

中国银保监会办公厅.关于扩大养老理财产品试点范围的通知[EB/OL].（2022-02-21）[2024-06-06].https://www.gov.cn/zhengce/zhengceku/2022-02/27/content_5675878.htm.

中国银保监会办公厅，中国人民银行办公厅.关于开展特定养老储蓄试点工作的通知[EB/OL].（2022-07-15）[2024-06-06].https://www.gov.cn/zhengce/zhengceku/2022-07/29/content_5703512.htm.

中华人民共和国人力资源和社会保险部.2023年度人力资源和社会保障事业发展统计公报[R/OL].（2024-06-17）[2024-06-23].https://www.mohrss.gov.cn/xxgk2020/fdzdgknr/ghtj/tj/ndtj/202406/t20240617_520366.html.

周弘，夏鸣，李继增，2020.金融素养影响家庭风险资产配置的效果及其机制研究[J].青岛科技大学学报（社会科学版），36（1）：8-13.

朱俊生，邹琼，2021.德国：养老基金投资与资本市场的互动[J].保险理论与实践，（7）：105-125.

朱文佩，林义，2022.养老金融发展与家庭金融资产配置的国际经验借鉴[J].西南金融，（7）：3-17.

朱文佩，林义，2023. 人口老龄化背景下养老金融风险的识别、防范与治理[J]. 当代经济管理，45（9）：79-89.

朱亚鹏，庄留华，2017.以房养老：英国的政策实践及其对中国的启示[J].中国公共政策评论，13（2）：215-231.

AGESA.AgeSA pension and life insurance[EB/OL].（2024-06-06）[2024-06-06]. https://www.agesa.com.tr/en/.

ALDA M，2021. The environmental，social，and governance（ESG）dimension of firms in which social responsible investment（SRI）and conventional pension funds invest：the mainstream SRI and the ESG inclusion[J]. Journal of Cleaner Production，298：126872.

ALDERMAN A，CAMP K M，MANDIAK E，2023. How currency appreciation can impact prices：the rise of the U.S. dollar[J].Beyond the Numbers：Prices and Spending，12（6）.

ANDONOV A，BAUER R，CREMERS M，2017. Pension fund asset allocation and liability discount rates[J]. The Review of Financial Studies，30（8）：2555-2595.

ARISTA J D，2006. The implications of aging for the structure and stability of financial markets[R]. World Economic and Social Survey.

ATKINSON A，MESSY F，RABINOVICH L，et al.，2015. Financial education for long-term savings and investments：review of research and literature[R].Paris：OECD .

Australian Prudential Regulation Authority. APRA's Superannuation Data Transformation [EB/OL].[2024-06-06].https://www.apra.gov.au/apras-superannuation-data-transformation.

BANNIER C E，NEUBERT M，2016. Gender differences in financial risk taking：the role of financial literacy and risk tolerance[J]. Economics Letters，145：130-135.

BARR N，2021. Pension design and the failed economics of squirrels[J]. LSE Public Policy Review，2（1）：1-8.

BBVA Research.Matching contributions for pensions in olombia, Mexico, and Peru: experiences and prospects[EB/OL].（2024-07-18）[2024-06-06].1.https://www.bbvaresearch.com/wp-content/uploads/migrados/WP_1232_tcm348-363598.pdf.

BECKER S, 2019. Digital structural change and the welfare state in the 21st century[R]. Frankfurt: Deutsche Bank Research.

MITCHELL O S, SCHIEBER SJ, 1998. Living with defined contribution pensions: remaking responsibility for retirement[M].Philadelphia: University of Pennsylvania Press.

BISETTI E, FAVERO C A, 2014. Measuring the impact of longevity risk on pension systems: the case of Italy[J].North American Actuarial Journal, 18（1）: 87-103.

BLAKE D, 2006. Pension Finance[M]. London: John Wiley & Sons.

BODIE Z, 1989. Pension Funds and Financial Innovation[R].Cambridge MA: National Bereau of economic research.

BODIE Z, DAVIS E, 2000.The foundations of pension finance[M].London: Edward Elgar Publishing.

BONIZZI B, CHURCHILL J, 2017. Pension funds and financialisation in the European Union[J]. Revista de economía mundial,（46）: 71-90.

BORSCH-SUPAN A, HARTL K, LEITE D N, 2016. Social security and public insurance[J]. Handbook of the Economics of Population Aging,（1）: 781-863.

BRAUN B, 2021. From exit to control: the structural power of finance under asset manager capitalism[J]. Max Planck Institute for the study of societies.

BODIE Z, CLOWES M J, 2003.Worry-free investing: a safe approach to achieving your lifetime financial goals[J].Journal of Pension Economics & Finance, 3（1）: 99-105.

BRINSON G P, HOOD L R, BEEBOWER G L, 1986. Determinants of portfolio performance[J]. Financial Analysts Journal, 42（4）: 39-44.

BURNES D, HENDERSON C R, SHEPPARD C, et al., 2017.Prevalence of financial fraud and scams among older adults in the United States: a systematic review and Meta-Analysis[J].American Journal of Public Health, 107（8）: 13-21.

CALVET L E, CAMPBELL J Y, SODINI P, 2007. Down or out: assessing the welfare costs of household investment mistakes[J].Journal of Political Economy, 115（5）: 707–747.

Canada Pension Plan Investment Board, 2023.Annual Report 2023[R].Toronto: CPPIB.

CARONE G, ECKEFELDT P, GIAMBONI L, et al., 2016. Pension reforms in the EU since the early 2000's: achievements and challenges ahead[R]. Luxembourg: Publications Office of the European Union.

CEIC, 2024.Brazil other financial corporations: pension funds: investment income: expense | economic indicators[EB/OL].（2024–01–01）[2024–06–06].https://www.ceicdata.com/en/brazil/2019–methodology–sectoral–financial–statement–income–and–expense–quarterly/other–financial–corporations–pension–funds–investment–income–expense.

CLARK G L, 1998. Pension fund capitalism: a causal analysis[J]. Geografiska Annaler: Series B, Human Geography, 80（3）: 139–157.

CLARK G L, URWIN R, 2008. Best–practice pension fund governance[J]. Journal of Asset Management,（9）: 2–21.

COUGHLIN JF. 2017.The longevity economy: unlocking the world's fastest–growing, most misunderstood market[M].New York: Public Affairs.

Canada Pension Plan Investment Board, 2023.2023 Report on sustainable investing[R]. Toronto: CPPIB.

CRANE D B, FROOT K A, MASON S P, et al., 1995. The global financial system: a functional perspective[M].Boston: Harvard Business School Press.

CROCE R D, GATTI S, 2014. Financing infrastructure–international trends[J]. OECD Journal: Financial Market Trends,（1）: 123–138.

DAVIS E P, 1998.Pension funds: retirement–income security and capital markets: an international perspective[M].Oxford: Oxford University Press.

DAVIS E P, 1998. Pension fund reform and European financial markets[R]. London: Financial Markets Group.

DEATON A，1991. Saving and liquidity constraints[J]. Econometrica，59（5）：1221–1248.

De Nederlandsche Bank.Pension funds（supervision）[EB/OL].[2024–06–06].https://www.dnb.nl/en/statistics/dashboards/pension–funds/pension–funds–supervision/.

DISNEY R，EMMERSON C，WAKEFIELD M，2001. Pension reform and saving in Britain[J]. Oxford Review of Economic Policy，17（1）：70–94.

DOI Y，MCKENZIE D，ZIA B，2014. Who you train matters：identifying combined effects of financial education on migrant households[J].Journal of Development economics，109：39–55.

DOHMEN T，FALK A，HUFFMAN D，et al.，2010. Are risk aversion and impatience related to cognitive ability?[J].The American Economic Review，100（3）：1238–1260.

DORFMAN M，HOLZMANN R O'KEEFE P. et al.，2013. China's pension system[R]. Washington DC：The World Bank.

EBBINGHAUS B，2019. Multipillarisation remodelled：the role of interest organizations in British and German pension reforms[J]. Journal of European Public Policy，26（4）：521–539.

European Insurance and Occupational Pensions Authority.Review of the *IORP II Directive*：embracing the future while protecting the legacy[EB/OL].（2023–09–28）[2024–06–06].https://www.eiopa.europa.eu/review–iorp–ii–directive–embracing–future–while–protecting–legacy–2023–09–28_en.

FAMA E F，1970. Efficient capital markets：a review of theory and empirical work[J]. The Journal of Finance，25（2）：383–417.

FELDSTEIN M，LIEBMAN J，2006. Realizing the potential of China's social security pension system[N]. China Economic Times.

FERNANDES D，LYNCHJR J G，NETEMEYER R G，2014. Financial literacy，Financial education，and downstream financial behaviors[J].Management Science，60（8）：1861–1883.

FONG J H，KOH S K B，MITCHELL O S，et al.，2021. Financial literacy and financial decision-making at older ages[J]. Pacific-Basin Finance Jaurnal，65：1-17.

FOX L，PALMER E，2000. New approaches to multi-pillar pension systems：what in the world is going on?[R]. Geneva：ISSA.

GENSER B，HOLZMANN R，2019. National pension policy and globalization：a new approach to strive for efficient portability and equitable taxation[R]. Konstanz：University of Konstanz.

HAMMOND D B，MAURER R，MITCHELL O S，2023. Pension funds and sustainable investment：challenges and opportunities[M]. Oxford：Oxford University Press.

HARVEY M，URBAN C，2023.Does financial education affect retirement savings?[J]. The Journal of the Economics of Ageing，24：100446.

HINZ R，HOLZMANN R，TUESTA D，et al.，2013. Matching contributions for pensions：a review of international experience[R]. Washington DC：The World Bank.

HOLZMANN R，1997. On economic benefits and fiscal requirements of moving from unfunded to funded pensions[R]. Luxembourg：European Economy Reports and Studies.

HOLZMANN R，2009. Aging population，pension funds，and financial markets：regional perspectives and global challenges for central eastern，and southern europe[M]. Washington DC：The World Bank.

HOLZMANN R，2012. Global pension systems and their reform：worldwide drivers，trends，and challenges[J]. International Social Security Review，66（2）：1-29.

HOLZMANN R，2014.人口老龄化和养老金融保障体系：一项乐观分析[J].劳动经济研究，2（4）：21-52.

HOLZMANN R，HINZ R P，2005.Old-age income support in the 21st century：an international perspective on pension systems and reform[R]. Washington DC：The World Bank.

Investment Company Institute，2023.The role of IRAs in US households' saving for retirement[R].Washington DC：ICI.

ATWOOD R.Pooling pensions in Kenya[EB/OL].（2023–05–04）[2024–06–06].https://www.ifc.org/en/stories/2023/pooling–pensions–in–kenya.

INTERNATIONAL LABOUR OFFICE，2018. The ILO multi–pillar pension model：building equitable and sustainable pension systems[R]. Geneva：ILO.

JIN I，2022. Systematic ESG risk and passive ESG investing[J]. The Journal of Portfolio Management，48（5）：71–86.

KAGAN J. Proprietary reverse mortgage：what it is，how it works[EB/OL].（2024–05–22）[2024–06–06].https://www.investopedia.com/terms/p/proprietary–reverse–mortgage.asp.

KAWAMURA T，MORI T，MOTONISHI T，et al.，2021. Is financial literacy dangerous? financial literacy，behavioral factors，and financial choices of households[J]. Journal of the Japanese and International Economies，60.

LUSARDI A ，MITCHELL O S，2014. The economic importance of financial literacy：theory and evidence[J].Journal of Economic Literature，52（1）：5–44.

LUSARDI A，KELLER P A，KELLER A M，2009. New ways to make people save：a social marketing approach[R].Cambridge MA：National Bureau of Economic Research.

LUSARDI A，MITCHELL O S，2011. Financial literacy and planning：implications for retirement wellbeing[R]. New York：Oxford University Press.

MARKOWITZ H M，1952. Portfolio selection[J]. The Journal of Finance，7（1）：77–91.

MCCARTHY M A，SORSA V P，VAN DER ZWAN N，2016. Investment preferences and patient capital：financing，governance，and regulation in pension fund capitalism[J]. Socio–Economic Review，14（4）：751–769.

MERTON R C，BODIE Z，2004. The design of financial systems：towards a synthesis of function and structure[R].Cambridge MA：National Bureau of Economic Research.

MITCHELL O S，SCHIEBER S J，1998. Living with defined contribution pensions：remaking responsibility for retirement[M].Philadelphia：University of Pennsylvania Press.

MURPHY P L，MUSALEM A R，2004. Pension funds and national saving[M]. Washington DC：World Bank.

NATALI D，2020. Pensions in the age of COVID–19：recent changes and future challenges[R]. Brussels：European Trade Union Institute.

NICHOLLS A，PATON R，EMERSON J，2015. Social finance[M]. Oxford ：Oxford University Press.

NOVIARINI J，COLEMAN A，ROBERTS H，et al.，2021. Financial literacy，debt，risk tolerance and retirement preparedness：evidence from New Zealand[J]. Pacific–Basin Finance Journal，68：101598.

OECD，2023a. Annual survey on financial incentives for retirement savings[R].Paris：OECD.

OECD，2023b. Digital transformation in the age of COVID–19：building resilience and bridging divides[R].Paris：OECD.

OECD，2023c.Pension markets in focus 2023[R].Paris：OECD.

OECD，G20 Indicators，2023.Pensions at a glance 2023[R].Paris：OECD.

ROOIJ M V，LUSARDI A，ALESSIE R，2011. Financial literacy and stock market participation[J]. Journal of Financial Economics，101（2）：449–472.

SAMUELSON P A，1969. Lifetime portfolio selection by dynamic stochastic programming[J]. The Review of Economics and Statistics，51（3）：239–246.

SARITAS S，2020.Financialisation of pensions：The case of Turkey[J].Global Social Policy，20（1）：60–79.

SHIN S H，SEAY M C，KIM K T，2017. Measurement of diversification between asset classes in the survey of consumer finances [J]. Economics Letters，156：22–26.

SORENSEN O B，BILLIG A，LEVER M，et al.，2016. The interaction of pillars in multi–pillar pension systems：a comparison of Canada，Denmark，Netherlands and Sweden[J]. International Social Security Review，69（2）：53–84.

SORSA V P，2015. Public–private partnerships in European old - age pension provision：an accountability perspective[J]. Social Policy & Administration，50（7）：846–874.

WORLD BANK GROUP，1994. Averting the old age crisis：policies to protect the old and promote growth[M]. Oxford：Oxford University Press.

YAARI M E，1965. Uncertain lifetime，life insurance，and the theory of the consumer[J]. The Review of Economic Studies，32（2）：137–150.

后　记

2023年12月，养老金融正式出现在中央金融工作会议的文件中，会议强调要做好科技金融、绿色金融、普惠金融、养老金融、数字金融五篇大文章。养老金融成为建设金融强国的重要议题，具有重要的现实意义和重要战略价值。大力发展养老金融，为加快发展中国特色现代金融体系注入了新内涵，为加快推进积极应对人口老龄化国家战略提供了新的发展思路。

养老金融是国际国内研究的理论前沿。但总体而言，国内对养老金融的系统研究还相当匮乏，仍处于理论探索阶段。在20世纪90年代初研究养老保险基金管理时，我曾提出通过建立社会保障银行的思路，实现养老保险基金的有效投资与监管。2004年受国家自然科学基金资助，我开始研究养老基金与资本市场互动的相关理论与政策问题，对于养老金融问题开始有一些先期的研究成果。2009年我有幸参加国家老龄委组织的应对人口老龄化战略研究课题组，在2014年出版的专著《人口老龄化养老保障制度可持续发展研究》中，有几章内容是专门研究动态经济金融背景下我国养老保险基金投资战略问题。2018年以来，四川省金融学会养老金融专委会召开多次养老保障与老龄金融创新发展研讨会，邀请国内知名专家聚集蓉城，进一步深化养老金融问题的研究，并在西南财经大学社会保险与经济保障专业设立养老金融方向，率先在国内招收养老金融的博士研究生。2021年研究团队在国家社科重大专项的结题成果《多层次社会保障体系优化研究》，专门聚焦“多层次养老保障与老龄金融发展”和“多层次养老保险基金投融资管理与金融市场发展创新”，关注老龄金融与金融市场发展问题的研究。

本书是在研究团队前期成果的基础之上，更加注重养老金融的理论创新，注重聚焦养老金融长期战略问题，注重拓展养老金融的制度与政策研究，重视老龄财富管理和家庭养老金融资产配置优化，重视提升国民养老金融的认知能力，重视全生命周期养老金融风险管理水平及养老金融素养提升路径，重视国内外养老金融实践探索的提炼总结等。希望本书的出版，能够在养老金融创新发展的系统研究方面作出微薄的贡献。

本书是研究团队集体努力的成果。撰写分工如下：导言　林义教授；第一章　成欢教授；第二章　林义教授；第三章　朱文佩编审、林义教授；第四章　景鹏副教授；第五章　周佩助理研究员、林义教授；第六章　任斌讲师、林义教授；第七章　景鹏副教授；第八章　朱文佩编审、林义教授；第九章　林熙教授；第十章　成欢教授；第十一章　林熙教授。

本书的出版，要特别感谢中国社会科学院金融研究所张晓晶所长的邀请，使《养老金融》能够列入由其主编的“建设金融强国丛书”。同时，也感谢西南财经大学王擎副校长的推荐和大力支持。感谢广东经济出版社刘卫平社长和刘亚平主任对该系列丛书的创意及大力支持。感谢出版社编辑陈念庄女士、曾常熠女士的辛勤付出，她们的敬业及专业精神给我留下非常深刻的印象。

养老金融是有待深入研究的重大战略课题，虽然研究团队已付出了很大的努力，但本书仍存在不足和遗憾。尚乞同道不吝指正。

西南财经大学老龄化
与社会保障研究中心
林义
2025年2月